동아출판이 만든 진짜 기출예상문제집

특급기출

중간고사

중학 영어 **2-1**

How to Study

이 책의 구성과 특징

STEP A 영역별로 교과서 핵심 내용을 학습하고, 연습 문제로 실력을 다집니다. 실전 TEST로 학교 시험에 대비합니다.

Words 만점 노트
교과서 흐름대로 핵심 어휘와 표현을 학습합니다.

Words Plus 만점 노트
대표 어휘의 영영풀이 및 다의어, 반의어 등을
학습하며 어휘를 완벽히 이해합니다.

Words 연습 문제 &
Words Plus 연습 문제
다양한 유형의 연습 문제를 통해 어휘 실력을
다집니다.

Words 실전 TEST
학교 시험 유형의 어휘 문제를 풀며
실전에 대비합니다.

Listen and Talk 핵심 노트
교과서 속 핵심 의사소통 기능을
학습하고, 시험 포인트를 확인합니다.

Listen and Talk 만점 노트
교과서 속 모든 대화문의 심층 분석을
통해 대화문을 철저히 학습합니다.

Listen and Talk 연습 문제
빈칸 채우기와 대화 순서 배열하기를
통해 교과서 속 모든 대화문을 완벽히
이해합니다.

Listen and Talk 실전 TEST
학교 시험 유형의 Listen and Talk 문제를
풀며 실전에 대비합니다. 서술형 실전 문항으로
서술형 문제까지 대비합니다.

Grammar 핵심 노트
교과서 속 핵심 문법을 명쾌한 설명과
시험 포인트로 이해하고, Quick Check로
명확히 이해했는지 점검합니다.

Grammar 연습 문제
핵심 문법별로 연습 문제를 풀며
문법의 기본을 다집니다.

Grammar 실전 TEST
학교 시험 유형의 문법 문제를 풀며
실전에 대비합니다. 서술형 실전 문항으로
서술형 문제까지 대비합니다.

Reading 만점 노트
교과서 속 읽기 지문을
심층 분석하여 시험에
나올 내용을 완벽히
이해하도록 합니다.

Reading 연습 문제
빈칸 채우기, 바른 어휘·어법 고르기, 틀린 문장
고치기, 배열로 문장 완성하기 등 다양한 형태의
연습 문제를 풀며 읽기 지문을 완벽히 이해하고,
시험에 나올 내용에 완벽히 대비합니다.

Reading 실전 TEST
학교 시험 유형의 읽기 문제를
풀며 실전에 대비합니다. 서술형
실전 문항으로 서술형 문제까지
대비합니다.

기타 지문 만점 노트 &
기타 지문 실전 TEST
학교 시험에 나올 만한 각 영역의
기타 지문들까지 학습하고 실전
문항까지 풀어 보면 빈틈없는 내신
대비가 가능합니다.

STEP B 내신 만점을 위한 고득점 TEST 구간으로, 다양한 유형과 난이도의 학교 시험에 완벽히 대비합니다.

고득점을 위한 연습 문제
- Listen and Talk 영작하기
- Reading 영작하기
영작 완성 연습 문제를 통해, 대화문과
읽기 지문을 완벽히 이해하면서 암기합니다.

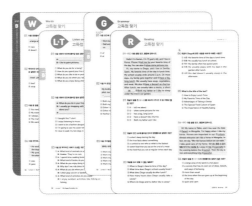

고득점 맞기 TEST
- Words 고득점 맞기   - Listen and Talk 고득점 맞기
- Grammar 고득점 맞기   - Reading 고득점 맞기
고난도 문제를 각 영역별로 풀며 실전에 대비합니다.
수준 높은 서술형 실전 문항으로 서·논술형 문제까지
영역별로 완벽 대비합니다.

서술형 100% TEST
다양한 유형의 서술형 문제를
통해 학교 시험에서 비중이
확대되고 있는 서술형 평가에
철저히 대비합니다.

내신 적중 모의고사 학교 시험과 유사한 모의고사로 실전 감각을 기르며, 내신에 최종적으로 대비합니다.

[1~3회] 대표 기출로 내신 적중 모의고사
학교 시험에 자주 출제되는 대표적인 기출 유형의
모의고사를 풀며 실전에 최종적으로 대비합니다.

[4회] 고난도로 내신 적중 모의고사
학교 시험에서 변별력을 높이기 위해 출제되는
고난도 문제 유형의 모의고사를 풀며 실전에
최종적으로 대비합니다.

오답 공략
모의고사에서 틀린 문제를 표시한 후, 부족한
영역과 학습 내용을 점검하여 내신 대비를
완벽히 마무리합니다.

Contents 차례

Lesson 03   Ideas for Saving the Earth

정답 및 해설

If you can dream it, you can do it.

- Walt Disney -

Lesson 1

My Happy Everyday Life

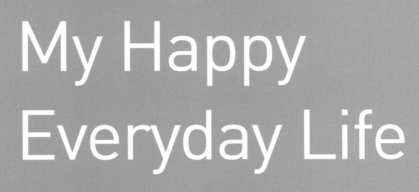

주요 학습 내용	의사소통 기능	여가 활동 묻기	**A:** What do you usually do in your free time? (너는 여가 시간에 보통 무엇을 하니?) **B:** I usually listen to music. (나는 보통 음악을 들어.)
		정보 묻기	**A:** What kind of music do you listen to? (너는 어떤 종류의 음악을 듣니?) **B:** I listen to classical music. (나는 클래식 음악을 들어.)
	언어 형식	수여동사＋간접목 적어＋직접목적어	You can also **show me some pictures**. (나에게 사진 몇 장을 보여 줘도 좋아.)
		both *A* and *B*	**Both** my father **and** I like to sleep under the tree. (아버지와 나는 둘 다 나무 아래에서 자는 것을 좋아해.)

학습 단계 PREVIEW	STEP **A**	Words	Listen and Talk	Grammar	Reading	기타 지문
	STEP **B**	Words	Listen and Talk	Grammar	Reading	서술형 100% Test
	내신 적중 모의고사	제 **1** 회	제 **2** 회	제 **3** 회	제 **4** 회	

Words

만점 노트

Listen and Talk

* 완벽히 외운 단어는 □ 안에 √표 해 봅시다.

□□ classical music	고전 음악, 클래식 음악	
□□ detective	몡 탐정, 형사	
□□ exercise	동 운동하다 몡 운동	
□□ free time☆	여가 시간, 자유 시간	
□□ horror	몡 공포	

□□ introduce	동 소개하다
□□ kind☆	몡 종류 혱 친절한
□□ outside	튀 밖에, 밖에서
□□ romantic	혱 로맨틱한, 낭만적인
□□ usually☆	튀 보통, 대개

Talk and Play

□□ note	몡 메모, 메모지
□□ novel	몡 (장편) 소설

□□ survey	몡 설문 조사
□□ sci-fi	혱 공상 과학 소설(영화)의

Reading

□□ boring	혱 재미없는, 지루한
□□ brush	동 (털을) 빗겨 주다 몡 빗, 솔
□□ culture	몡 (한 국가나 집단의) 문화
□□ carrot	몡 당근
□□ desert☆	몡 사막
□□ dessert☆	몡 후식, 디저트
□□ end	동 끝나다
□□ especially	튀 특별히, 특히
□□ meat	몡 고기
□□ nap☆	몡 낮잠
□□ peaceful☆	혱 평화로운
□□ practice☆	몡 연습 동 연습하다

□□ race☆	몡 경주, 시합 동 경주하다
□□ ride	동 타다 몡 (말·탈것에) 타기
□□ show	동 보여 주다
□□ soup	몡 수프
□□ sunset☆	몡 일몰, 해 질 녘
□□ vegetable	몡 채소
□□ win	동 이기다 (-won-won)
□□ be proud of	~을 자랑스러워하다
□□ get together	모이다
□□ in fact	사실은, 실제로
□□ take a nap	낮잠 자다
□□ take care of	~을 돌보다

Language in Use

□□ beef	몡 소고기
□□ glasses	몡 안경
□□ lie	몡 거짓말 동 거짓말하다

□□ pork	몡 돼지고기
□□ present	몡 선물
□□ truth	몡 진실

Think and Write & Team Project

□□ joke	몡 농담
□□ exciting	혱 흥미진진한, 신나는

□□ moment	몡 순간
□□ after school	방과 후에

Review

□□ architect	몡 건축가
□□ baker	몡 제빵사

□□ movie star	영화배우
□□ be good at	~을 잘하다

Words
연습 문제

A 다음 단어의 우리말 뜻을 쓰시오.

01 horror
02 architect
03 sci-fi
04 detective
05 truth
06 kind
07 exciting
08 desert
09 beef
10 introduce
11 culture
12 moment
13 meat
14 classical music
15 vegetable
16 nap
17 outside
18 romantic
19 present
20 novel

B 다음 우리말 뜻에 알맞은 영어 단어를 쓰시오.

01 운동(하다)
02 일몰, 해 질 녘
03 평화로운
04 경주(하다)
05 거짓말(하다)
06 설문 조사
07 후식, 디저트
08 타다; 타기
09 특별히, 특히
10 끝나다
11 (털을) 빗겨 주다; 솔
12 이기다
13 돼지고기
14 여가 시간
15 연습(하다)
16 보통, 대개
17 재미없는, 지루한
18 제빵사
19 수프
20 당근

C 다음 영어 표현의 우리말 뜻을 쓰시오.

01 take a nap
02 be proud of
03 get together
04 be good at
05 after school
06 take care of
07 in fact

D 다음 우리말 뜻에 알맞은 영어 표현을 쓰시오.

01 ~을 자랑스러워하다
02 방과 후에
03 모이다
04 사실은, 실제로
05 ~을 잘하다
06 낮잠 자다
07 ~을 돌보다

Words Plus
만점 노트

영영풀이

☐☐ boring	지루한	not interesting or exciting
☐☐ carrot	당근	a long orange vegetable that grows under the ground
☐☐ comedy	코미디, 희극	a funny movie, play, or television program that makes people laugh
☐☐ culture	문화	a society that has its own set of ideas, beliefs, and ways of behaving
☐☐ desert	사막	a large area of dry land in a hot place
☐☐ dessert	후식, 디저트	sweet food that you eat at the end of a meal
☐☐ especially	특별히, 특히	in a special way; more than usual
☐☐ joke	농담	something funny that you say or do to make people laugh
☐☐ meal	식사, 끼니	the food that you eat at regular times each day
☐☐ nap	낮잠	a short sleep during the day
☐☐ novel	(장편) 소설	a long written story about imaginary characters and events
☐☐ peaceful	평화로운	quiet and calm
☐☐ pork	돼지고기	the meat from pigs
☐☐ practice	연습; 연습하다	the activity of doing something regularly so that you can do it better
☐☐ race	경주, 시합; 경주하다	a contest to see who or what is the fastest
☐☐ show	보여 주다	to let someone see something
☐☐ smartphone	스마트폰	a mobile phone that also works as a small computer
☐☐ sunset	일몰, 해 질 녘	the time when the sun goes down at the end of the day
☐☐ truth	진실, 사실	the true facts about something
☐☐ vegetable	채소	a plant or part of a plant that is used for food
☐☐ win	이기다	to finish first in something or to be the best in it

단어의 의미 관계

- **반의어**
  inside (안에, 안에서) ↔ outside (밖에, 밖에서)
  start (시작하다) ↔ end (끝나다)
  sunrise (일출, 동틀 녘) ↔ sunset (일몰, 해 질 녘)
  win (이기다) ↔ lose (지다)

- **명사 – 형용사**
  peace (평화) – peaceful (평화로운)
  culture (문화) – cultural (문화의)

- **형용사 – 부사**
  usual (평상시의, 보통의) – usually (대개, 보통)

- **전체 – 부분**
  vegetable (채소) – carrot (당근)
  meat (고기) – beef (소고기), pork (돼지고기)
  job (직업) – architect (건축가), baker (제빵사)

다의어

- **brush** 1. 동 (털을) 빗겨 주다, 솔질(빗질/칫솔질)하다
  2. 명 빗, 붓, 솔
  1. The girl **brushed** her curly hair.
     (소녀는 자신의 곱슬머리를 빗었다.)
  2. I bought a clothes **brush** and toilet paper.
     (나는 옷솔과 화장지를 샀다.)
- **like** 1. 동 ~을 좋아하다   2. 전 ~와 같은, ~처럼
  1. I **like** Italian food very much.
     (나는 이탈리아 음식을 매우 좋아한다.)
  2. He planted vegetables **like** onions and carrots.
     (그는 양파와 당근 같은 채소를 심었다.)
- **ride** 1. 동 타다   2. 명 (말·탈것 등에) 타기
  1. Alex taught me how to **ride** a bike.
     (Alex는 나에게 자전거 타는 법을 가르쳐 주었다.)
  2. Can you give me a **ride** to the station?
     (역까지 저를 태워다 주실 수 있나요?)

Words Plus
연습 문제

A 다음 영영풀이에 해당하는 단어를 [보기]에서 찾아 쓴 후, 우리말 뜻을 쓰시오.

[보기]	especially	race	desert	truth	nap	win	carrot	joke

1 _____ : a short sleep during the day: _____
2 _____ : the true facts about something: _____
3 _____ : in a special way; more than usual: _____
4 _____ : a large area of dry land in a hot place: _____
5 _____ : a contest to see who or what is the fastest: _____
6 _____ : to finish first in something or to be the best in it: _____
7 _____ : a long orange vegetable that grows under the ground: _____
8 _____ : something funny that you say or do to make people laugh: _____

B 다음 빈칸에 알맞은 단어를 [보기]에서 찾아 쓰시오. (단, 필요시 형태를 바꿀 것)

[보기]	boring	ride	brush	moment	introduce

1 She is _____ her long red hair.
2 Let me _____ some popular foods in Korea.
3 I _____ a bike to go to school every day.
4 The movie was _____, so I almost fell asleep.
5 It was one of the most exciting _____ in his life.

C 우리말과 의미가 같도록 빈칸에 알맞은 말을 쓰시오.

1 나는 테니스를 아주 잘 치지는 못한다. → I'm not very _____ tennis.
2 우리 가족은 보통 크리스마스에 모인다. → My family usually _____ _____ at Christmas.
3 그는 젊어 보이지만, 사실은 60살이다. → He looks young, but _____ _____, he is 60 years old.
4 할아버지는 어제 점심 식사 후에 낮잠을 주무셨다.
   → Grandpa _____ _____ _____ after lunch yesterday.
5 그녀는 자신의 아픈 여동생을 돌봤다.
   → She _____ _____ _____ her sick younger sister.

D 다음 짝지어진 단어의 관계가 같도록 빈칸에 알맞은 단어를 쓰시오.

1 win : lose = inside : _____
2 pork : meat = carrot : _____
3 start : end = sunrise : _____
4 culture : cultural = peace : _____
5 careful : carefully = usual : _____

STEP A

01 다음 중 짝지어진 단어의 관계가 나머지와 다른 하나는?

① win – lose
② start – end
③ meat – beef
④ inside – outside
⑤ sunrise – sunset

02 다음 영영풀이에 해당하는 단어를 쓰시오.

sweet food that you eat at the end of a meal

_____

03 다음 빈칸에 공통으로 들어갈 말로 알맞은 것은?

- He's very proud _____ his soccer team.
- I'm good at taking care _____ children.

① of
② on
③ at
④ for
⑤ about

04 다음 중 밑줄 친 부분의 우리말 뜻이 알맞지 않은 것은?

① The town looks very peaceful.
(평화로운)
② She has a club meeting after school.
(방과 후에)
③ We should get together soon for lunch.
(흩어지다)
④ I play board games during my free time.
(여가 시간)
⑤ Tim likes classical music, but I like jazz more.
(고전 음악)

05 주어진 우리말과 의미가 같도록 빈칸에 알맞은 말을 쓰시오.

그 아이는 보통 오후에 낮잠을 잠깐 잔다.
→ The child usually _____ _____ short _____ in the afternoon.

06 다음 중 밑줄 친 단어의 뜻이 [보기]와 같은 것은?

[보기] I usually have a dessert like ice cream.

① I like my new classmates.
② Do you like chocolate cake?
③ We like both soccer and baseball.
④ She likes to watch movies in her free time.
⑤ Tom saw animals like lions and elephants at the zoo.

고 난도
07 다음 중 밑줄 친 단어의 쓰임이 어색한 것은?

① She was a very smart detective.
② All countries have their own cultures.
③ My grandmother often tells me funny jokes.
④ People finally knew the truth about the news.
⑤ The first train leaves in the morning before sunset.

L&T Listen and Talk
핵심 노트

1 여가 활동 묻기

A: **What do you usually do in your free time?**	너는 여가 시간에 보통 무엇을 하니?
B: I usually listen to music.	나는 보통 음악을 들어.

What do you usually do in your free time?은 어떤 여가 활동을 하는지 묻는
표현으로 usually를 생략하고 말할 수 있다. 이에 대한 대답으로 어떤 여가 활동을 하는지
말할 때는 주로 현재 시제로 표현하며, I (usually) ~. /「I like/love+동명사/to부정사 ~.」/
「I enjoy+동명사 ~.」 등의 표현을 사용한다.

시험 포인트 **point**
여가 시간에 어떤 활동을 하는지 고르는 문제
가 출제되므로, 여가 시간에 하는 활동과 관련
된 표현을 익히도록 한다.

- 여가 활동 묻기

  What do you do when you have free time? (너는 여가 시간이 있을 때 무엇을 하니?)

  What do you enjoy doing in your free time? (너는 여가 시간에 무엇을 하는 것을 즐기니?)

  What do you like to do in your free time? (너는 여가 시간에 무엇을 하는 것을 좋아하니?)

  How do you spend your free time? (너는 여가 시간을 어떻게 보내니?)

- 여가 활동 말하기

  I watch movies. (나는 영화를 봐.)

  I like watching movies. (나는 영화 보는 것을 좋아해.)

  I love to watch movies. (나는 영화 보는 것을 정말 좋아해.)

  I enjoy watching movies. (나는 영화 보는 것을 즐겨.)

2 정보 묻기

A: **What kind of** music **do you** listen to?	너는 어떤 종류의 음악을 듣니?
B: I listen to classical music.	나는 클래식 음악을 들어.

What kind of ~ do you ...?는 상대방이 말한 대상의 구체적인 종류를 물을 때 사용한다.
What kind of 뒤에는 셀 수 있는 명사와 셀 수 없는 명사 둘 다 올 수 있는데, 셀 수 있는
명사가 오는 경우 복수형으로 쓴다. 이에 대해 답할 때는 간단히 종류에 해당하는 명사(구)로
답할 수도 있고, 「I (usually)+동사의 현재형 ~.」 등으로 말할 수도 있다.

시험 포인트 **point**
앞에서 언급한 대상의 구체적인 종류를 고르는
문제가 출제되므로, What kind of 뒤에 이
어지는 종류를 나타내는 단어를 익히도록 한다.

- A: What kind of books do you read? (너는 어떤 종류의 책을 읽니?)

  B: Detective stories. (탐정 소설.)

- A: What kind of games do you play? (너는 어떤 종류의 게임을 하니?)

  B: I (usually) play computer games. (나는 (보통) 컴퓨터 게임을 해.)

STEP **A**

Listen and Talk A-1

교과서 12쪽

G: Hajun, ❶what do you usually do in your free time?
B: ❷I like playing games with my dad.
G: ❸What kind of games do you play?
B: I ❹usually ❺play baduk.

❶ 여가 시간에 보통 무엇을 하는지 묻는 표현이다.
❷ 여가 활동을 묻는 말에 대한 대답으로 「I like+동명사/to부정사 ~.」는 '나는 ~하는 것을 좋아해.'라는 뜻이다.
❸ What kind of ~ do you ...?는 상대방이 말한 대상의 구체적인 종류를 묻는 표현이다.
❹ '보통, 대개'라는 뜻의 빈도부사로 주로 일반동사 앞에 쓴다.
❺ 바둑을 두다

Q1 하준이는 여가 시간에 보통 아버지와 게임을 한다. (T / F)

Listen and Talk A-2

교과서 12쪽

G: Hey, Eric. ❶What do you usually do in your free time?
B: I ❷go to the library and read books.
G: What kind of books do you read?
B: I like reading ❸detective stories. I really like Sherlock Holmes' stories.

❶ 여가 활동을 묻는 표현이다. (= What do you do when you have free time?)
❷ 습관처럼 반복해서 하는 여가 활동을 말할 때는 주로 현재 시제로 쓴다.
❸ detective story: 탐정 소설

Q2 What does Eric usually do in his free time? (　　) ⓐ reading books ⓑ writing stories
Q3 Eric은 어떤 종류의 책을 읽는 것을 좋아하나요?

Listen and Talk A-3

교과서 12쪽

G: Seho, what do you do in your free time?
B: I ❶listen to music.
G: ❷What kind of music do you listen to?
B: ❸Rock music.

❶ ~을 듣다
❷ What kind of 뒤에 셀 수 없는 명사가 오면 단수형으로 쓴다.
❸ 종류를 묻는 말에 I listen to rock music.과 같이 문장으로 답할 수도 있고 간단히 명사(구)로 답할 수도 있다.

Q4 세호는 여가 시간에 어떤 종류의 음악을 듣나요? (　　) ⓐ 록 음악 ⓑ 클래식 음악

Listen and Talk A-4

교과서 12쪽

G: Chris, ❶what do you do when you have free time?
B: I make cookies. I ❷enjoy baking.
G: What kind of cookies do you make?
B: I usually make ❸strawberry cookies. I love strawberries.

❶ 여가 활동을 묻는 표현으로, when you have free time은 in your free time과 동일한 의미이다.
❷ enjoy+동명사: ~하는 것을 즐기다
❸ strawberry cookie: 딸기 쿠키

Q5 Chris makes strawberry cakes when he has free time. (T / F)

Listen and Talk C

교과서 13쪽

B: Subin, what do you usually do in your free time?

G: I ❶exercise outside.

B: ❷What kind of exercise do you do?

G: I play badminton with my brother. ❸I'm on the school's badminton team. What do you usually do in your free time, Andy?

B: I like watching movies.

G: What kind of movies do you like?

B: I like ❹action movies. ❺They're fun.

G: Oh, I ❻sometimes watch action movies, too. ❼Why don't we ❽go see an action movie ❾this weekend?

B: ❿Sure. That sounds great.

❶ '밖에서 운동하다'라는 뜻으로 exercise가 동사로 쓰였다.

❷ 어떤 종류의 운동을 하는지 묻는 표현으로, 여기에서 exercise 는 명사로 쓰였다.

❸ be on a team: 팀에 속해 있다

❹ action movie: 액션 영화

❺ They는 앞 문장의 action movies를 가리킨다.

❻ '때때로, 가끔'이라는 뜻의 빈도부사로 주로 일반동사 앞에 온다.

❼ 「Why don't we+동사원형 ~?」은 제안을 나타내는 표현이다. (= Let's+동사원형 ~. / Shall we+동사원형 ~?)

❽ '액션 영화를 보러 가다'라는 뜻으로 go 뒤에 to나 and를 생략 하고 동사를 이어 쓰기도 한다.

❾ 이번 주말에

❿ 두 문장 모두 상대방의 제안을 수락하는 표현이다.

Q6 수빈이와 Andy는 이번 주말에 무엇을 하기로 했나요? (   )

ⓐ 배드민턴 치기   ⓑ 액션 영화 관람

Q7 Subin is a member of her school's badminton team.   (T / F)

Talk and Play

교과서 14쪽

A: Minsu, what do you usually do in your free time?

B: ❶I usually read books.

A: ❷What kind of books do you read?

B: I read ❸sci-fi novels.

A: Is this your ❹note?

B: Yes.

❶ I usually ~.는 여가 활동을 묻는 말에 대한 대답으로 '나는 보 통 ~해.'라는 뜻이다.

❷ 앞에서 말한 대상의 구체적인 종류를 묻는 표현으로 여기에서는 B가 언급한 책의 종류를 묻는 말이다.

❸ sci-fi(science fiction) novel: 공상 과학 소설

❹ 메모지

Q8 민수는 여가 시간에 어떤 종류의 책을 읽나요?

Review-1

교과서 26쪽

B: Emma, ❶what do you usually do in your free time?

G: I usually listen to music. ❷How about you, Chris?

B: I read books. I like detective stories.

❶ 여가 활동을 묻는 말로, in your free time은 when you have free time으로 바꿔 쓸 수 있다.

❷ 상대방이 앞에서 한 질문을 되물어볼 때 '너는 어떠니?'라는 의 미로 쓰는 표현이다. (= What about you, Chris?)

Q9 Emma는 여가 시간에 무엇을 하나요? (   )

ⓐ 음악 듣기   ⓑ 탐정 소설 읽기

Review-2

교과서 26쪽

G: Jiho, what do you usually do when you have free time?

B: I usually watch movies.

G: ❶What kind of movies do you watch?

B: I like action movies. Bruce Lee is ❷my favorite movie star.

❶ 앞에서 말한 대상의 구체적인 종류를 묻는 표현으로 여기서는 지호가 본 영화의 종류를 묻는 말이다.

❷ 내가 가장 좋아하는 영화배우

Q10 지호가 가장 좋아하는 영화배우는 누구인가요?

L&T ▶ Listen and Talk
빈칸 채우기

• 주어진 우리말과 일치하도록 교과서 대화문을 완성하시오.

Listen and Talk A-1

교과서 12쪽

G: Hajun, what do you usually do _____ _____ _____ _____?

B: I _____ _____ _____ with my dad.

G: _____ _____ _____ games do you play?

B: I usually play baduk.

 G: 하준아, 너는 여가 시간에 보통 무엇을 하니?
B: 나는 아빠와 게임을 하는 것을 좋아해.
G: 어떤 종류의 게임을 하니?
B: 나는 보통 바둑을 둬.

Listen and Talk A-2

교과서 12쪽

G: Hey, Eric. What do you _____ _____ in your free time?

B: I go to the library and _____ _____.

G: What _____ _____ _____ do you read?

B: I like _____ detective stories. I really like Sherlock Holmes' stories.

G: 안녕, Eric. 너는 여가 시간에 보통 무엇을 하니?
B: 나는 도서관에 가서 책을 읽어.
G: 어떤 종류의 책을 읽니?
B: 나는 탐정 소설 읽는 것을 좋아해. 나는 Sherlock Holmes 이야기를 정말 좋아해.

Listen and Talk A-3

교과서 12쪽

G: Seho, _____ _____ _____ _____ in your free time?

B: I _____ _____ music.

G: What kind of music _____ _____ _____ _____?

B: Rock music.

G: 세호야, 너는 여가 시간에 무엇을 하니?
B: 나는 음악을 들어.
G: 어떤 종류의 음악을 듣니?
B: 록 음악을 들어.

Listen and Talk A-4

교과서 12쪽

G: Chris, what do you do _____ _____ _____ free time?

B: I make cookies. I _____ _____.

G: What kind of cookies do you make?

B: I _____ _____ strawberry cookies. I love strawberries.

G: Chris, 너는 여가 시간이 있을 때 무엇을 하니?
B: 나는 쿠키를 만들어. 나는 베이킹을 즐겨해.
G: 어떤 종류의 쿠키를 만드니?
B: 나는 보통 딸기 쿠키를 만들어. 나는 딸기를 정말 좋아해.

Listen and Talk C

B: Subin, _____ _____ _____ _____ do in your free time?

G: I _____ outside.

B: _____ _____ _____ _____ do you do?

G: I play badminton with my brother. I'm on the school's badminton team.
What do you usually do _____ _____ _____ _____, Andy?

B: I like _____ _____.

G: What kind of movies _____ _____ _____?

B: I like action movies. They're fun.

G: Oh, I sometimes watch action movies, too. _____ _____ _____
go see an action movie _____ _____?

B: Sure. That sounds great.

교과서 13쪽

해석

B: 수빈아, 너는 여가 시간에 보통 무엇을 하니?

G: 나는 밖에서 운동을 해.

B: 어떤 종류의 운동을 하니?

G: 나는 남동생과 배드민턴을 쳐. 나는 학교 배드민턴 팀에 속해 있어. 너는 여가 시간에 보통 무엇을 하니, Andy?

B: 나는 영화 보는 것을 좋아해.

G: 어떤 종류의 영화를 좋아하니?

B: 나는 액션 영화를 좋아해. 액션 영화는 재미있어.

G: 오, 나도 가끔 액션 영화를 봐. 우리 이번 주말에 액션 영화 보러 가는 게 어때?

B: 그래. 좋아.

Talk and Play

A: Minsu, what do you _____ do in your free time?

B: I usually read books.

A: What kind of _____ do you read?

B: I read sci-fi _____.

A: Is this your note?

B: Yes.

교과서 14쪽

A: 민수야, 너는 여가 시간에 보통 무엇을 하니?

B: 나는 보통 책을 읽어.

A: 어떤 종류의 책을 읽니?

B: 나는 공상 과학 소설을 읽어.

A: 이것이 네 메모지니?

B: 맞아.

Review-1

B: Emma, _____ _____ _____ _____ do in your free time?

G: I usually listen to music. How about you, Chris?

B: I read books. I like _____ _____.

교과서 26쪽

B: Emma, 너는 여가 시간에 보통 무엇을 하니?

G: 나는 보통 음악을 들어. 너는 어떠니, Chris?

B: 나는 책을 읽어. 나는 탐정 소설을 좋아해.

Review-2

G: Jiho, what do you usually do when _____ _____ _____
_____?

B: I usually _____ _____.

G: _____ _____ _____ _____ do you watch?

B: I like action movies. Bruce Lee is my favorite movie star.

교과서 26쪽

G: 지호야, 너는 여가 시간이 있을 때 보통 무엇을 하니?

B: 나는 보통 영화를 봐.

G: 어떤 종류의 영화를 보니?

B: 나는 액션 영화를 좋아해. Bruce Lee는 내가 가장 좋아하는 영화배우야.

Listen and Talk
대화 순서 배열하기

1 Listen and Talk A-1

교과서 12쪽

ⓐ I usually play baduk.
ⓑ I like playing games with my dad.
ⓒ What kind of games do you play?
ⓓ Hajun, what do you usually do in your free time?

(   ) – (   ) – (   ) – (   )

2 Listen and Talk A-2

교과서 12쪽

ⓐ What kind of books do you read?
ⓑ I go to the library and read books.
ⓒ Hey, Eric. What do you usually do in your free time?
ⓓ I like reading detective stories. I really like Sherlock Holmes' stories.

(   ) – (   ) – (   ) – (   )

3 Listen and Talk A-3

교과서 12쪽

ⓐ What kind of music do you listen to?
ⓑ Seho, what do you do in your free time?
ⓒ Rock music.
ⓓ I listen to music.

(   ) – (   ) – (   ) – (   )

4 Listen and Talk A-4

교과서 12쪽

ⓐ I make cookies. I enjoy baking.
ⓑ What kind of cookies do you make?
ⓒ Chris, what do you do when you have free time?
ⓓ I usually make strawberry cookies. I love strawberries.

(   ) – (   ) – (   ) – (   )

5 Listen and Talk C

A: Subin, what do you usually do in your free time?

ⓐ I exercise outside.
ⓑ What kind of movies do you like?
ⓒ I like watching movies.
ⓓ I like action movies. They're fun.
ⓔ What kind of exercise do you do?
ⓕ Oh, I sometimes watch action movies, too. Why don't we go see an action movie this weekend?
ⓖ I play badminton with my brother. I'm on the school's badminton team. What do you usually do in your free time, Andy?
ⓗ Sure. That sounds great.

A – (　　) – (　　) – ⓖ – (　　) – (　　) – ⓓ – (　　) – ⓗ

6 Talk and Play

A: Minsu, what do you usually do in your free time?

ⓐ I read sci-fi novels.
ⓑ What kind of books do you read?
ⓒ Is this your note?
ⓓ I usually read books.
ⓔ Yes.

A – (　　) – (　　) – (　　) – (　　) – ⓔ

7 Review-1

ⓐ I read books. I like detective stories.
ⓑ I usually listen to music. How about you, Chris?
ⓒ Emma, what do you usually do in your free time?

(　　) – (　　) – (　　)

8 Review-2

ⓐ I usually watch movies.
ⓑ I like action movies. Bruce Lee is my favorite movie star.
ⓒ What kind of movies do you watch?
ⓓ Jiho, what do you usually do when you have free time?

(　　) – (　　) – (　　) – (　　)

[01~02] 다음 대화의 빈칸에 들어갈 말로 알맞은 것을 고르시오.

01

> A: _____
> B: I like playing games with my dad.

① When do you have free time?
② What did you do last weekend?
③ How long did you play the game?
④ What's your favorite computer game?
⑤ What do you do when you have free time?

02

> A: Clair, what do you like to do in your free time?
> B: I like to play sports.
> A: _____
> B: I play tennis with my brother.

① Why do you like to play sports?
② What kind of sports do you play?
③ Where do you usually play tennis?
④ Have you ever played tennis before?
⑤ How often do you exercise a week?

03 자연스러운 대화가 되도록 (A)~(C)를 바르게 배열한 것은?

> A: Sora, what do you usually do in your free time?
> (A) What kind of TV shows do you watch?
> (B) I usually watch TV.
> (C) I watch cooking shows.

① (A) – (B) – (C)
② (B) – (A) – (C)
③ (B) – (C) – (A)
④ (C) – (A) – (B)
⑤ (C) – (B) – (A)

04 다음 대화의 밑줄 친 ⓐ~ⓓ 중 흐름상 어색한 것은?

> A: Hey, Eric. ⓐ What do you usually do in your free time?
> B: ⓑ I usually read books.
> A: ⓒ What kind of books do you read?
> B: ⓓ I go to the library with my brother. I really like Sherlock Holmes' stories.

① ⓐ ② ⓑ ③ ⓒ ④ ⓓ ⑤ 없음

[05~06] 다음 대화를 읽고, 물음에 답하시오.

> A: Chris, ⓐwhat do you do when you have free time?
> B: I make cookies. I enjoy baking.
> G: ⓑ너는 어떤 종류의 쿠키를 만드니?
> B: I usually make strawberry cookies. I love strawberries.

05 위 대화의 밑줄 친 ⓐ와 바꿔 쓸 수 있는 것은?

① when are you free
② what are you doing now
③ did you have a good time today
④ how much free time do you have
⑤ how do you spend your free time

06 위 대화의 밑줄 친 우리말 ⓑ를 영어로 옮길 때 4번째로 오는 단어로 알맞은 것은?

① kind ② you ③ cookies
④ do ⑤ of

[07~09] 다음 대화를 읽고, 물음에 답하시오.

A: Subin, what do you usually do in your free time?
B: I exercise outside. (①)
A: What kind of exercise do you do? (②)
B: I play badminton with my brother. I'm on the school's badminton team. What do you usually do in your free time, Andy?
A: I like watching movies. (③)
B: What kind of movies do you like?
A: _____ They're fun. (④)
B: Oh, I sometimes watch action movies, too. (⑤)
A: Sure. That sounds great.

07 위 대화의 ①~⑤ 중 주어진 문장이 들어갈 위치로 알맞은 것은?

Why don't we go see an action movie this weekend?

①   ②   ③   ④   ⑤

08 위 대화의 빈칸에 들어갈 말로 알맞은 것은?

① I like action movies.
② I don't go to the movies.
③ I don't like horror movies.
④ I want to be a movie director.
⑤ I watched the movie three times.

09 위 대화의 내용과 일치하지 <u>않는</u> 것은?

① 수빈이는 여가 시간에 배드민턴을 친다.
② 수빈이는 학교 배드민턴 팀에 속해 있다.
③ Andy는 여가 시간에 영화를 즐겨 본다.
④ 수빈이는 액션 영화를 본 적이 없다.
⑤ 두 사람은 이번 주말에 함께 영화를 보기로 했다.

서술형

10 다음 대화의 밑줄 친 우리말과 의미가 같도록 괄호 안의 표현들을 사용하여 문장을 쓰시오.

A: (1) <u>너는 여가 시간에 보통 무엇을 하니?</u> (9단어)
B: I listen to music.
A: (2) <u>너는 어떤 종류의 음악을 듣니?</u> (8단어)
B: Rock music.

(1) (usually, your free time)

_____

(2) (kind, listen to, music)

_____

11 다음 글의 내용과 일치하도록 주어진 대화를 완성하시오.

Hello, I'm Junho. In my free time, I usually play sports. I especially like playing soccer.

↓

A: Junho, what do you do when you have free time?
B: I usually (1) _____ _____.
A: What kind of sports do you play?
B: I like (2) _____ _____.

고/난도

12 다음 대화를 읽고, 주어진 질문에 대한 답을 완전한 문장으로 쓰시오.

A: Emma, what do you usually do in your free time?
B: I usually listen to music. How about you, Chris?
A: I read books. I like detective stories.

(1) What does Emma usually do in her free time?
→ _____

(2) What kind of books does Chris like?
→ _____

G Grammar
핵심 노트

STEP A

1 수여동사

읽기 본문 **You can also show me some pictures.**
수여동사 ─ 간접목적어 ─ 직접목적어

대표 예문 **I give my horse some carrots.**

Mr. Kim sent me an email.

My grandfather told us a funny story.

She bought me flowers.

너는 나에게 사진 몇 장을 보여 줘도 좋아.

나는 내 말에게 당근을 좀 준다.

김 선생님은 나에게 이메일을 보냈다.

나의 할아버지는 우리에게 재미있는 이야기를 해 주셨다.

그녀는 나에게 꽃을 사 주었다.

(1) 형태: 수여동사+간접목적어+직접목적어

(2) 의미와 쓰임: 수여동사는 두 개의 목적어(간접목적어, 직접목적어)를 취하여 '～에게 (간접목적어) …을(직접목적어) (해)주다'라는 뜻을 나타낸다. 수여동사에는 give, send, tell, show, buy, teach, write, bring, get 등이 있다.

He **sent me a letter**. (그는 내게 편지를 보냈다.)

Dad **bought me two books**. (아빠는 내게 책 두 권을 사 주셨다.)

> **point**
> 시험 포인트 ❶
> 수여동사가 사용된 4형식 문장은 「수여동사+간접목적어+직접목적어」의 순서로 쓰는 것에 유의한다.

한 단계 더!

간접목적어와 직접목적어는 서로 자리를 바꿀 수 있는데, 이 경우에는 수여동사에 따라 간접목적어 앞에 전치사 to, for, of를 쓴다.

to를 쓰는 수여동사	give, send, tell, show, teach, lend, write, pass 등
for를 쓰는 수여동사	buy, make, get, cook, find 등
of를 쓰는 수여동사	ask 등

> **point**
> 시험 포인트 ❷
> 간접목적어와 직접목적어의 순서를 바꿀 때 간접목적어 앞에 쓰는 전치사는 수여동사에 따라 다른 것에 유의한다.

〈4형식〉 He **showed** Jenny his house. (그는 Jenny에게 자신의 집을 보여 주었다.)
간접목적어 직접목적어

〈3형식〉 → He **showed** his house **to** Jenny.
직접목적어 간접목적어

〈4형식〉 Mom **made** me a lemon cake. (엄마는 내게 레몬 케이크를 만들어 주셨다.)

〈3형식〉 → Mom **made** a lemon cake **for** me.

QUICK CHECK

1 다음 괄호 안에서 알맞은 것을 고르시오.

(1) I told (the truth him / him the truth).

(2) He bought some flowers (to / for) his mother.

(3) Mr. Park taught (the students science / science the students).

2 다음 밑줄 친 부분을 어법에 맞게 고쳐 쓰시오.

(1) Yuna showed a picture me.　　　→ _____

(2) They gave to her some birthday gifts.　　→ _____

(3) Subin cooked spaghetti to her sister.　　→ _____

2 both A and B

읽기 본문	**Both** my father **and** I like to sleep under the tree. _{both} _A _{and B}	아버지와 나는 둘 다 나무 아래에서 자는 것을 좋아한다.
대표 예문	**Both** Tamu **and** I want to be like them.	Tamu와 나는 둘 다 그들처럼 되고 싶어 한다.
	Both Tom **and** Joe were late for school.	Tom과 Joe는 둘 다 학교에 늦었다.
	I like **both** math **and** science.	나는 수학과 과학을 둘 다 좋아한다.
	Mom bought **both** beef **and** pork.	엄마는 소고기와 돼지고기를 둘 다 사셨다.

(1) 형태: both A and B

(2) 의미와 쓰임

'A와 B 둘 다'라는 뜻으로, A와 B 자리에는 같은 품사의 단어나 같은 성격의 구를 써야 한다.

Joe can play **both** <u>soccer</u> **and** <u>baseball</u>. (Joe는 축구와 야구를 둘 다 할 수 있다.)
　　　　　　　　　명사　　　　　명사

He will go **both** <u>to Seoul</u> **and** <u>to Busan</u>. (그는 서울과 부산 두 곳에 다 갈 것이다.)
　　　　　　　　부사구　　　　　부사구

both A and B에서 A와 B가 대명사인 경우에 일반적으로 1인칭을 뒤에 쓴다.
Both <u>she</u> **and** <u>I</u> like chocolate cake. (그녀와 나는 둘 다 초콜릿 케이크를 좋아한다.)

both A and B가 주어로 사용되면 주어가 복수이므로 동사도 복수형으로 써야 한다.
Both Miso **and** Jiho <u>are</u> good at English. (미소와 지호는 둘 다 영어를 잘한다.)
Both Andy **and** I <u>cook</u> pizza well. (Andy와 나는 둘 다 피자를 잘 만든다.)

> **시험 포인트 ❶** ^{point}
> both A and B에서 A와 B의 자리에는 같은 품사나 같은 성격의 구가 들어가는 것을 확인하는 문제가 자주 출제된다.

> **시험 포인트 ❷** ^{point}
> both A and B가 주어로 쓰인 경우 동사의 형태를 묻는 문제가 자주 출제되므로 복수 동사가 쓰이는 것을 잘 익혀 둔다.

한 단계 더!

either A or B는 'A 또는 B 둘 중 하나', neither A nor B는 'A와 B 둘 다 아닌'이라는 뜻이다.

Let's bring **either** an umbrella **or** a raincoat. (우산이나 비옷 중 하나를 가져가자.)
I have **neither** a pencil **nor** paper. (나는 연필과 종이 둘 다 없다.)

QUICK CHECK

1 다음 괄호 안에서 알맞은 것을 고르시오.

(1) I love both cats (and / but) dogs.

(2) The island is both quiet and (beautiful / beautifully).

(3) Both Sue and Jake (was / were) playing computer games.

2 다음 밑줄 친 부분을 어법에 맞게 고쳐 쓰시오.

(1) Suji made both pizza <u>or</u> spaghetti. → _____

(2) Both Mom and Dad <u>is</u> having dinner. → _____

(3) James likes both playing soccer and <u>swim</u>. → _____

연습 문제

1 수여동사

STEP A

A 다음 괄호 안에서 주어진 단어들을 바르게 배열하여 문장을 다시 쓰시오.

1 I gave (some advice, him). → _____

2 He bought (a jacket, his son). → _____

3 We (Ann, showed, our pictures). → _____

4 Did you (a package, send, me)? → _____

B 주어진 우리말과 의미가 같도록 괄호 안의 단어들을 사용하여 문장을 완성하시오. (단, 필요시 형태를 바꿀 것)

1 그녀는 자신의 남동생에게 수학을 가르친다. (teach, math)

→ She _____ _____ _____ _____.

2 나는 Sally에게 쿠키를 좀 사 주었다. (buy, some)

→ I _____ _____ _____ _____.

3 너는 Sam에게 그 책을 보냈니? (send, the book)

→ Did you _____ _____ _____ _____?

C 다음 문장을 전치사 to나 for를 사용하여 바꿔 쓰시오.

1 Joe wrote Mina a long letter.

→ Joe wrote _____.

2 Mia cooked her friends dinner.

→ Mia cooked _____.

3 Pass me the soccer ball.

→ Pass _____.

4 She made the children some cookies.

→ She made _____.

D 주어진 우리말과 의미가 같도록 괄호 안의 표현들을 바르게 배열하여 문장을 쓰시오.

1 그는 나에게 우유 한 잔을 가져다주었다. (a cup of milk, brought, me, he, to)

→ _____

2 Tom은 우리에게 재미있는 이야기를 해 주었다. (told, us, a funny story, Tom)

→ _____

3 네가 그녀에게 영화표를 구해 주겠니? (will, get, you, a movie ticket, her, for)

→ _____

2 both A and B

A 다음 밑줄 친 부분을 어법에 맞게 고쳐 쓰시오.

1 Both Tim and I <u>was</u> late for school. → _____

2 Jessica both designs and <u>make</u> clothes. → _____

3 He is interested in both insects <u>or</u> dinosaurs. → _____

4 I enjoy both reading novels and <u>watch</u> television. → _____

B 다음 두 문장을 한 문장으로 바꿔 쓰시오.

1 He is tired. He is thirsty, too.

→ He is both _____.

2 Minho is good at math. James is good at math, too.

→ Both _____ good at math.

3 We can visit the museum. We can also see a movie.

→ We can both _____.

C 주어진 우리말과 의미가 같도록 괄호 안의 단어들을 바르게 배열하여 문장을 쓰시오.

1 Adams는 한국어와 일본어 둘 다 말할 수 있다.

(speak, and, Japanese, Adams, can, Korean, both)

→ _____

2 나의 언니와 나는 둘 다 쇼핑을 하러 갈 것이다.

(are going to, both, I, go shopping, my sister, and)

→ _____

3 탁자 위와 냉장고 안 둘 다에 음식이 있다.

(in the refrigerator, food, there, on the table, is, both, and)

→ _____

D 주어진 우리말과 의미가 같도록 both A and B 구문과 괄호 안의 단어들을 사용하여 문장을 쓰시오. (단, 필요시 형태를 바꿀 것)

1 Steve는 파리와 런던 두 곳에 모두 방문했다. (visit)

→ _____

2 나는 스케이트 타는 것과 스키 타는 것 둘 다를 즐긴다. (enjoy)

→ _____

3 Judy와 그녀의 어머니는 둘 다 거미를 싫어한다. (like, spiders)

→ _____

Grammar
실전 TEST

[01~02] 다음 빈칸에 들어갈 말로 알맞은 것을 고르시오.

01

Ms. Parker teaches _____ music.

① we ② us ③ to us
④ for we ⑤ for us

02

Both my sister and I _____ going to visit the museum tomorrow.

① am ② is ③ are
④ was ⑤ were

[03~04] 다음 빈칸에 들어갈 말로 알맞지 <u>않은</u> 것을 고르시오.

한 단계 더!

03

Simon _____ a science magazine to me.

① lent ② gave ③ sent
④ bought ⑤ showed

04

Chloe is both smart and _____.

① kind ② pretty ③ lovely
④ honest ⑤ beautifully

한 단계 더!

05 다음 두 문장의 의미가 같도록 할 때, 빈칸에 들어갈 말로 알맞은 것은?

James sent me a box of cookies.
→ James sent a box of cookies _____ me.

① to ② for ③ of
④ in ⑤ from

06 다음 빈칸에 들어갈 말이 순서대로 바르게 짝지어진 것은?

• Both you and I _____ not wrong.
• Dave is good at both running and _____.
• I want to eat both pizza _____ spaghetti.

① am – ski – or
② am – skiing – and
③ are – to ski – or
④ are – skiing – and
⑤ are – to ski – and

한 단계 더!

07 다음 중 빈칸에 for를 쓸 수 있는 것은?

① Dave cooked dinner _____ me.
② I'll give my backpack _____ Sally.
③ Did you lend the book _____ Jason?
④ She sent a text massage _____ him.
⑤ He sometimes tells scary stories _____ us.

한 단계 더!

08 다음 중 어법상 <u>틀린</u> 문장은?

① Grandpa made us a toy boat.
② Will you show your passport me?
③ Both Jiho and Mina were at the party.
④ Sarah will give her ring to her daughter.
⑤ Chris can play both the piano and the flute.

[09~10] 다음 우리말을 영어로 바르게 옮긴 것을 고르시오.

09

삼촌이 나에게 스마트워치를 사 주셨다.

① My uncle bought a smart watch me.
② My uncle bought me a smart watch.
③ My uncle bought a smart watch of me.
④ My uncle bought a smart watch to me.
⑤ My uncle bought me for a smart watch.

10

Amy와 John은 둘 다 모임에 늦었다.

① Amy and John was late for the meeting.
② Both Amy or John was late for the meeting.
③ Both Amy and John was late for the meeting.
④ Both Amy or John were late for the meeting.
⑤ Both Amy and John were late for the meeting.

11 다음 네모 안에 주어진 말 중 어법상 올바른 것끼리 순서대로 짝지어진 것은?

• Mike made │pancakes me / me pancakes│.
• Ms. Lee told │they / them│ a moving story.
• Both Ryan and Katie │has / have│ two dogs.

① pancakes me – they – has
② pancakes me – them – have
③ me pancakes – they – has
④ me pancakes – they – have
⑤ me pancakes – them – have

12 다음 중 밑줄 친 부분을 어법상 바르게 고치지 않은 것은?

① Jason showed she his new car.
(→ her)
② She made a dress to her daughter.
(→ for)
③ Both Tokyo and Seoul is big cities.
(→ are)
④ Can I ask a private question for you?
(→ of)
⑤ Mr. White looks both wisdom and gentle.
(→ wisely)

13 다음 문장에서 어법상 틀린 부분을 찾아 바르게 고쳐 쓴 것은?

Steve ①enjoys ②both reading books ③and ④listen ⑤to music.

① → enjoy   ② → as   ③ → or
④ → listening   ⑤ → for

14 다음 두 문장을 한 문장으로 바르게 바꿔 쓴 것은?

Steve likes action movies. Jason likes action movies, too.

① Steve or Jason likes action movies.
② Both Steve and Jason like action movies.
③ Steve and Jason like both action movies.
④ Steve and Jason likes both action movies.
⑤ Both Steve and Jason likes action movies.

고난도 한 단계 더!

15 다음 중 어법상 올바른 문장은?

① I gave a pencil case my sister.
② Jordan sent an email for his teacher.
③ Judy enjoys both singing and to dance.
④ Both my dad and my mom is very tall.
⑤ Peter showed us his new baseball glove.

한 단계 더!

16 다음 중 빈칸에 both(Both)를 쓸 수 없는 것은?

① I am _____ hungry and thirsty.
② _____ Amy and I like to go camping.
③ I want to learn _____ French and German.
④ My family will visit _____ Bali or Hawaii this summer.
⑤ Angela invited _____ Scott and Tommy to her party.

고난도 한 단계 더!

17 다음 중 빈칸에 들어갈 말이 같은 것끼리 짝지어진 것은?

ⓐ Please tell the results _____ me.
ⓑ Can you pass the salt _____ me?
ⓒ My uncle made this chair _____ me.
ⓓ Mr. Hanks teaches history _____ us.
ⓔ The teacher asked a difficult question _____ Jane.

① ⓐ, ⓑ, ⓓ   ② ⓐ, ⓒ, ⓔ   ③ ⓑ, ⓒ, ⓓ
④ ⓑ, ⓒ, ⓔ   ⑤ ⓒ, ⓓ, ⓔ

서술형

18 주어진 우리말과 의미가 같도록 빈칸에 공통으로 알맞은 말을 쓰시오.

• _____ soccer and baseball are team sports.
  (축구와 야구는 둘 다 팀 스포츠이다.)
• The movie was _____ interesting and touching.
  (그 영화는 흥미롭고 감동적이었다.)

한 단계 더!

19 다음 두 문장의 의미가 같도록 빈칸에 알맞은 말을 쓰시오.

(1) Could you get me some more water?
  = Could you get _____ _____ _____ _____ _____?

(2) Mr. Davis showed old photos to his son.
  = Mr. Davis showed _____ _____ _____ _____.

20 다음 문장의 ⓐ~ⓒ 중 어법상 틀린 것을 찾아 기호를 쓰고 바르게 고쳐 쓰시오.

Both Mason ⓐand Olivia ⓑis worried about ⓒfinishing the project on time.

(_____) → _____

[21~22] 다음 그림을 보고, 주어진 표현들을 사용하여 같은 내용의 문장 두 개를 각각 완성하시오.

한 단계 더!
21

gave, a box of chocolates

(1) Mark _____ .

(2) Mark _____ .

한 단계 더!
22

made, some sandwiches, us

(1) Dad _____ .

(2) Dad _____ .

23 다음 글의 ⓐ~ⓓ 중 어법상 틀린 문장을 찾아 기호를 쓰고 바르게 고쳐 쓰시오.

Yesterday was my birthday. ⓐMom cooked delicious food for my birthday. ⓑDad bought me a new bike. ⓒGrandma sent to me a red sweater. ⓓMy friend, Angela, gave me an interesting book.

( ) → _____

24 다음 두 문장을 [조건]에 맞게 바꿔 쓰시오.

> [조건] 1. 각각 both를 사용할 것
>   2. 두 문장을 한 문장으로 바꿔 쓸 것

(1) Jisu is interested in art. Hojun is interested in art, too.
→ _____

(2) Emma wants to be a movie star. I want to be a movie star, too.
→ _____

(3) I finished cleaning my room. I also finished doing my homework.
→ _____

(4) Mia can speak French well. She can also speak German well.
→ _____

고난도
25 다음 표를 보고, Tony와 Jason의 공통점을 찾아 both를 사용하여 [예시]와 같이 문장을 쓰시오.

	Tony	**Jason**
[예시] 성격	honest	honest
(1) 좋아하는 것	soccer, pizza	basketball, pizza
(2) 장래희망	musician	musician
(3) 잘하는 것	singing, painting	singing, cooking
(4) 잘 못하는 것	swimming	swimming

[예시] Both Tony and Jason are honest.

(1) _____

(2) _____

(3) _____

(4) _____

R Reading
만점 노트

십 대들의 이야기: 하루 중 내가 가장 좋아하는 시간

소민

01 안녕! 나는 소민이야.

02 나는 15살이고, 한국에 살아.

03 너희들이 하루 중 가장 좋아하는 시간에 대해 내게 말해 줘.

04 나에게 사진 몇 장을 보여 줘도 좋아.

Diego

05 안녕, 내 이름은 Diego이고, 나는 스페인의 세비야에 살아.

06 내가 하루 중 가장 좋아하는 시간은 점심시간이야.

07 우리 학교는 보통 오후 2시쯤 끝나.

08 대부분의 날에 우리 가족은 모여서 푸짐하고 긴 점심 식사를 해.

09 우리는 보통 수프, 채소, 그리고 고기를 먹어.

10 우리는 또한 추로스와 같은 후식도 먹어.

11 점심 식사 후에 우리는 보통 시에스타, 즉 짧은 낮잠을 자.

12 아버지와 나는 둘 다 우리 정원에 있는 나무 아래에서 자는 것을 좋아해.

Teen Talk: My Favorite Time of the Day

Somin

01 Hello! I'm Somin.
자신의 이름을 소개할 때 사용하는 표현 (= My name is)

02 I'm 15 years old, and I live in Korea.
in+넓은 장소

03 Please tell me about your favorite time of the day.
tell A about B: A에게 B에 관해 말하다   ~(가운데)의, ~ 중의

04 You can also show me some pictures.
간접목적어(~에게)
수여동사   직접목적어(…을)
= show some pictures to me
「show+간접목적어+직접목적어」 ~에게 …을 보여 주다

Diego

05 Hi, my name is Diego, and I live in Seville, Spain.
= I'm(I am)   '도시, 나라'의 순서

06 My favorite time of the day is lunch time.
점심시간

07 My school usually ends around 2 p.m.
대개, 보통   전 약, ~쯤
대부분의 (빈도부사: 일반동사 앞, be동사나 조동사 뒤에 위치)

08 On most days, my family gets together and has a big, long lunch.
on+요일, 날짜, 특정한 날   병렬 구조

09 We usually have soup, vegetables, and meat.
= eat   A, B, and C

10 We also have a dessert like churros.
= eat   명 후식   전 ~ 같은

11 After lunch, we usually take a siesta, a short nap.
전 ~ 후에   = (동격)

복수 주어
12 Both my father and I like to sleep under the tree in our garden.
both A and B: A와 B 둘 다   명사적 용법의 to부정사 (like의 목적어 역할)
복수 동사

Tabin

13 Hi! My name is Tabin, and I live near the Gobi Desert in Mongolia.
= I'm(I am)　　　　　　　　　젠 ~ 근처, ~ 가까이　　명 사막

14 I'm happy when I ride my horse.
젠 ~할 때(때, 시간)

15 Horses are important in our culture.
명 문화

16 Almost everyone can ride a horse in Mongolia.
튄 거의　　　　　　　　　말을 타다

17 In fact, we say, "We ride horses before we can walk."
사실은, 실제로　　　　　　　　　　┌ 절(주어+동사)
(앞 문장에 대해 자세한 내용 추가)　　젠 ~하기 전에 (뒤에 「주어+동사」의 절이 이어짐)

18 I take good care of my horse.
take care of: ~을 돌보다

19 I often brush him and give him some carrots.
자주, 종종 (빈도부사)　　　┌ my horse　= give some carrots to him
　　　　　　　　　　　　「give+간접목적어+직접목적어」~에게 …을 주다

20 I enjoy riding especially in the evening before the sunset.
「enjoy+동명사」~하는 것을 즐기다　　　젠 ~ 전에　명사(구)

21 Then the sky is red, and everything is peaceful.
그때　　　　　　　　　　모든 것(단수 취급)
(= in the evening before the sunset)

Musa

22 Hi! I'm Musa, and I live in Nairobi, Kenya.
in+넓은 장소

23 My favorite time of the day is our running practice time.

24 My friend, Tamu, and I are on the school's running team.
└ = (동격) ┘　　　　be on a team: 팀에 속해 있다
　　　　　　　주어(My friend, Tamu, and I)가 복수이므로 are

25 I'm happiest when I run with Tamu.
happy의 최상급 (형용사가 보어로 쓰일 경우 최상급 앞에 the 생략 가능)

26 Our practice time isn't boring because we can see many animals.
젠 ~ 때문에　　　　　　많은 (셀 수 있는 복수 명사 앞에 사용)
(cf. because of+명사(구))　　(= a lot of, lots of)

27 [Many runners from Kenya won races in the Olympics.]
젠 ~ 출신의　　win(이기다)의 과거형
　　　　　　　win a race: 경주에서 우승하다

28 I'm so proud of them.
be proud of: ~을 자랑스러워하다

29 Both Tamu and I want to be like them.
both A and B:　　「want+to부정사」　└ = 올림픽 육상 경기에서 우승한 케냐 출신의 달리기 선수들
A와 B 둘 다　　~하기를 원하다
　　　　　　명사적 용법의 to부정사

Tabin

13 안녕! 내 이름은 Tabin이고, 나는 몽골에 있는 고비 사막 근처에 살아.

14 나는 내 말을 탈 때 행복해.

15 말은 우리 문화에서 중요해.

16 몽골에서는 거의 모든 사람이 말을 탈 수 있어.

17 실제로, 우리는 "우리는 걷기도 전에 말을 탄다."라고 말해.

18 나는 내 말을 잘 돌봐.

19 나는 종종 내 말의 털을 빗겨 주고 당근을 줘.

20 나는 특히 해 지기 전 저녁에 말 타는 것을 즐겨.

21 그때는 하늘이 붉고 모든 것이 평화로워.

Musa

22 안녕! 나는 Musa이고, 케냐의 나이로비에 살아.

23 내가 하루 중 가장 좋아하는 시간은 달리기 연습 시간이야.

24 내 친구 Tamu와 나는 학교 달리기 팀에 속해 있어.

25 나는 Tamu와 함께 달리기를 할 때 가장 행복해.

26 우리의 연습 시간은 지루하지 않아. 왜냐하면 많은 동물들을 볼 수 있거든.

27 케냐 출신의 많은 달리기 선수들이 올림픽 경주에서 우승을 했어.

28 나는 그들이 정말 자랑스러워.

29 Tamu와 나는 둘 다 그들처럼 되고 싶어.

빈칸 채우기

• 주어진 우리말과 일치하도록 교과서 본문의 문장을 완성하시오.

01 Hello! _____ Somin.

01 안녕! 나는 소민이야.

02 I'm 15 years old, and I _____ _____ Korea.

02 나는 15살이고, 한국에 살아.

03 Please _____ me _____ your favorite time of the day.

03 너희들이 하루 중 가장 좋아하는 시간에 대해 내게 말해 줘.

04 You can also _____ _____ some _____.

04 나에게 사진 몇 장을 보여 줘도 좋아.

05 Hi, _____ _____ _____ Diego, and I live in Seville, Spain.

05 안녕. 내 이름은 Diego이고, 나는 스페인의 세비야에 살아.

06 My _____ _____ of the day is lunch time.

06 내가 하루 중 가장 좋아하는 시간은 점심 시간이야.

07 My school _____ ends _____ 2 p.m.

07 우리 학교는 보통 오후 2시쯤 끝나.

08 _____ _____ days, my family _____ _____ and has a big, long lunch.

08 대부분의 날에 우리 가족은 모여서 푸짐하고 긴 점심 식사를 해.

09 We usually _____ soup, vegetables, and meat.

09 우리는 보통 수프, 채소, 그리고 고기를 먹어.

10 We also have a _____ _____ churros.

10 우리는 또한 추로스와 같은 후식도 먹어.

11 _____ _____, we usually _____ a siesta, a short _____.

11 점심 식사 후에 우리는 보통 시에스타, 즉 짧은 낮잠을 자.

12 _____ my father _____ I like to sleep under the tree in our garden.

12 아버지와 나는 둘 다 우리 정원에 있는 나무 아래에서 자는 것을 좋아해.

13 Hi! My name is Tabin, and I _____ _____ the Gobi _____ in Mongolia.

13 안녕! 내 이름은 Tabin이고, 나는 몽골에 있는 고비 사막 근처에 살아.

14 I'm happy _____ I _____ my horse.

14 나는 내 말을 탈 때 행복해.

15 Horses are _____ in our culture.

16 _____ everyone can ride a horse in Mongolia.

17 _____ _____, we say, "We ride horses _____ we can walk."

18 I _____ good _____ _____ my horse.

19 I often _____ him and _____ _____ some carrots.

20 I enjoy _____ especially in the evening before the _____.

21 _____ the sky is red, and everything is _____.

22 Hi! I'm Musa, and I _____ _____ Nairobi, Kenya.

23 _____ _____ _____ of the day is our running practice time.

24 My friend, Tamu, and I _____ _____ the school's running team.

25 _____ _____ _____ I run with Tamu.

26 Our practice time isn't _____ _____ we can see _____ animals.

27 Many runners _____ Kenya _____ _____ in the Olympics.

28 I'm so _____ _____ them.

29 _____ Tamu _____ I want to be _____ them.

15 말은 우리 문화에서 중요해.

16 몽골에서는 거의 모든 사람이 말을 탈 수 있어.

17 실제로, 우리는 "우리는 걷기도 전에 말을 탄다."라고 말해.

18 나는 내 말을 잘 돌봐.

19 나는 종종 내 말의 털을 빗겨 주고 당근을 줘.

20 나는 특히 해 지기 전 저녁에 말 타는 것을 즐겨.

21 그때는 하늘이 붉고 모든 것이 평화로워.

22 안녕! 나는 Musa이고, 케냐의 나이로비에 살아.

23 내가 하루 중 가장 좋아하는 시간은 달리기 연습 시간이야.

24 내 친구 Tamu와 나는 학교 달리기 팀에 속해 있어.

25 나는 Tamu와 함께 달리기를 할 때 가장 행복해.

26 우리의 연습 시간은 지루하지 않아. 왜냐하면 많은 동물들을 볼 수 있거든.

27 케냐 출신의 많은 달리기 선수들이 올림픽 경주에서 우승을 했어.

28 나는 그들이 정말 자랑스러워.

29 Tamu와 나는 둘 다 그들처럼 되고 싶어해.

STEP A

01   Hello! I'm Somin. I'm 15 years old, and I live (in / from) Korea.

02   Please tell me about your favorite time (to / of) the day.

03   You can also show (me / I) some pictures.

04   Hi, my name (am / is) Diego, and I live in Seville, Spain.

05   My favorite time of the day (is / are) lunch time.

06   My school usually (end / ends) around 2 p.m.

07   On most days, my family gets together and (had / has) a big, long lunch.

08   We usually (has / have) soup, vegetables, and meat.

09   We also have a (dessert / desert) like churros.

10   After lunch, we usually (take / go) a siesta, a short nap.

11   Both my father (and / but) I like to sleep under the tree in our garden.

12   Hi! My name is Tabin, and I live near the Gobi (Desert / Dessert) in Mongolia.

13   I'm happy (when / where) I ride my horse.

14   Horses are important in (our / ours) culture.

15   Almost everyone can (ride / rides) a horse in Mongolia.

16   In fact, we say, "We ride horses (while / before) we can walk."

17   I take good care (for / of) my horse.

18   I (often brush / brush often) him and give him some carrots.

19   I enjoy (ride / riding) especially in the evening before the sunset.

20   Then the sky is red, and everything is (peaceful / peacefully).

21   Hi! I'm Musa, (and / but) I live in Nairobi, Kenya.

22   My favorite time of the day is our (run / running) practice time.

23   My friend, Tamu, and I are (on / at) the school's running team.

24   I'm (most happy / happiest) when I run with Tamu.

25   Our practice time isn't boring (because / because of) we can see many animals.

26   Many runners (from / with) Kenya won races in the Olympics.

27   I'm so proud (of / from) them.

28   Both Tamu and I (want / wants) to be like them.

Reading
틀린 문장 고치기

• 밑줄 친 부분이 내용이나 어법상 바르면 ○, 틀리면 ×에 동그라미하고 틀린 부분을 바르게 고쳐 쓰시오.

STEP A

01 Hello! I'm Somin. ○ ×

02 I'm 15 years old, and I live at Korea. ○ ×

03 Please tell me on your favorite time of the day. ○ ×

04 You can also show to me some pictures. ○ ×

05 Hi, my name is Diego, and I live in Seville, Spain. ○ ×

06 My favorite time on the day is lunch time. ○ ×

07 My school usually ends around 2 p.m. ○ ×

08 At most days, my family gets together and has a big, long lunch. ○ ×

09 We usually have soup, vegetables, and meat. ○ ×

10 We also have a dessert like churros. ○ ×

11 After lunch, we usually taking a siesta, a short nap. ○ ×

12 Both my father or I like to sleep under the tree in our garden. ○ ×

13 Hi! My name is Tabin, and I live near the Gobi Desert in Mongolia. ○ ×

14 I'm happy how I ride my horse. ○ ×

15 Horses is important in our culture. ○ ×

16   Almost everyone can rides a horse in Mongolia.   ☐ ○ ☐ × ☐

17   In fact, we say, "We ride horses before we can walk."   ☐ ○ ☐ × ☐

18   I take good care of my horse.   ☐ ○ ☐ × ☐

19   I often brush him and gives him some carrots.   ☐ ○ ☐ × ☐

20   I enjoy to ride especially in the evening before the sunset.   ☐ ○ ☐ × ☐

21   Then the sky is red, and everything is peaceful.   ☐ ○ ☐ × ☐

22   Hi! I'm Musa, and I living in Nairobi, Kenya.   ☐ ○ ☐ × ☐

23   My favorite time of the day is our running practice time.   ☐ ○ ☐ × ☐

24   My friend, Tamu, and I is on the school's running team.   ☐ ○ ☐ × ☐

25   I'm happiest when I run with Tamu.   ☐ ○ ☐ × ☐

26   Our practice time isn't bored because we can see many animals.   ☐ ○ ☐ × ☐

27   Many runners from Kenya won races in the Olympics.   ☐ ○ ☐ × ☐

28   I'm so proud at them.   ☐ ○ ☐ × ☐

29   Both Tamu and I want to be like them.   ☐ ○ ☐ × ☐

Reading
배열로 문장 완성하기

01 안녕! 나는 소민이야. (Somin / I'm / hello)
>

02 나는 15살이고, 한국에 살아. (and / 15 years old / I / I'm / in Korea / live)
>

03 너희들이 하루 중 가장 좋아하는 시간에 대해 내게 말해 줘.
(favorite time / of the day / your / me / please tell / about)
>

04 나에게 사진 몇 장을 보여 줘도 좋아. (show / also / you / me / can / some pictures)
>

05 안녕, 내 이름은 Diego이고, 나는 스페인의 세비야에 살아.
(my name / Diego / I / hi / and / live in / is / Seville, Spain)
>

06 내가 하루 중 가장 좋아하는 시간은 점심시간이야. (lunch time / favorite time / of the day / is / my)
>

07 우리 학교는 보통 오후 2시쯤 끝나. (around / usually / my school / ends / 2 p.m.)
>

08 대부분의 날에 우리 가족은 모여서 푸짐하고 긴 점심 식사를 해.
(gets together / on most days / a big, long lunch / my family / has / and)
>

09 우리는 보통 수프, 채소, 그리고 고기를 먹어. (vegetables / meat / usually / soup / we / have / and)
>

10 우리는 또한 추로스와 같은 후식도 먹어. (like / also / churros / have / we / a dessert)
>

11 점심 식사 후에 우리는 보통 시에스타, 즉 짧은 낮잠을 자.
(usually / we / a short nap / a siesta / take / after lunch)
>

12 아버지와 나는 둘 다 우리 정원에 있는 나무 아래에서 자는 것을 좋아해.
(my father / and / to sleep / I / both / in our garden / under the tree / like)
>

13 안녕! 내 이름은 Tabin이고, 나는 몽골에 있는 고비 사막 근처에 살아.
(live / hi / my name / Tabin / I / and / the Gobi Desert / is / near / in Mongolia)
>

14 나는 내 말을 탈 때 행복해. (happy / when / I / I'm / my horse / ride)
>

15 말은 우리 문화에서 중요해. (in our culture / are / important / horses)

>

16 몽골에서는 거의 모든 사람이 말을 탈 수 있어.
(in Mongolia / everyone / can / almost / a horse / ride)

>

17 실제로, 우리는 "우리는 걷기도 전에 말을 탄다."라고 말해.
(we / ride horses / we / can walk / before / say / we / in fact)

>

18 나는 내 말을 잘 돌봐. (care of / take / my horse / good / I)

>

19 나는 종종 내 말의 털을 빗겨 주고 당근을 줘. (often / brush him / some carrots / give him / and / I)

>

20 나는 특히 해 지기 전 저녁에 말 타는 것을 즐겨.
(enjoy / I / in the evening / riding / especially / before the sunset)

>

21 그때는 하늘이 붉고, 모든 것이 평화로워. (and / everything / then / is red / is peaceful / the sky)

>

22 안녕! 나는 Musa이고, 케냐의 나이로비에 살아. (in Nairobi, Kenya / hi / I'm Musa / I / live / and)

>

23 내가 하루 중 가장 좋아하는 시간은 달리기 연습 시간이야.
(running practice time / of the day / my favorite time / is / our)

>

24 내 친구 Tamu와 나는 학교 달리기 팀에 속해 있어.
(on / my friend, Tamu / the school's running team / and / are / I)

>

25 나는 Tamu와 함께 달리기를 할 때 가장 행복해. (happiest / I'm / with Tamu / run / when / I)

>

26 우리의 연습 시간은 지루하지 않아. 왜냐하면 많은 동물들을 볼 수 있거든.
(isn't / because / we / our practice time / many animals / boring / see / can)

>

27 케냐 출신의 많은 달리기 선수들이 올림픽 경주에서 우승을 했어.
(races / many runners / won / in the Olympics / from Kenya)

>

28 나는 그들이 정말 자랑스러워. (proud of / I'm / them / so)

>

29 Tamu와 나는 둘 다 그들처럼 되고 싶어 해. (want / like / Tamu and I / to be / them / both)

>

[01~06] 다음 글을 읽고, 물음에 답하시오.

Hello! I'm Somin. I'm 15 years old, and I live in Korea. Please tell me ___ⓐ___ your favorite time of the day. (A)너희들은 또한 나에게 사진 몇 장을 보여 줘도 돼.

Hi, my name is Diego, and I live in Seville, Spain. (①) My favorite time of the day is lunch time. My school usually ends around 2 p.m. (②) ___ⓑ___ most days, my family gets together and has a big, long lunch. (③) We usually have soup, vegetables, and meat. (④) We also have a dessert like churros. (⑤) (B)I like to sleep under the tree in our garden. My father likes to do it, too.

01 윗글의 빈칸 ⓐ와 ⓑ에 들어갈 말이 순서대로 바르게 짝지어진 것은?

① in – At
② for – On
③ for – At
④ about – On
⑤ about – In

02 윗글의 밑줄 친 우리말 (A)를 영어로 바르게 옮긴 것은?

① You can also some pictures show me.
② You can also show some pictures me.
③ You can also show me some pictures.
④ You can also show to me some pictures.
⑤ You can also show some pictures for me.

03 윗글의 ①~⑤ 중 주어진 문장이 들어갈 위치로 알맞은 것은?

After lunch, we usually take a siesta, a short nap.

①   ②   ③   ④   ⑤

04 윗글의 밑줄 친 (B)를 한 문장으로 바꿔 쓸 때, 빈칸에 들어갈 말이 순서대로 바르게 짝지어진 것은?

_____ my father _____ I like to sleep under the tree in our garden.

① Both – or
② Both – and
③ Either – or
④ Either – and
⑤ Neither – nor

05 윗글을 읽고 알 수 없는 것은?

① 소민이의 나이
② Diego가 사는 도시
③ Diego의 하교 시간
④ Diego의 가족 구성원 수
⑤ Diego가 낮잠 자기 좋아하는 장소

06 윗글의 내용과 일치하는 것은?

① Somin wants to know other people's favorite food.
② Diego has lunch at the school cafeteria.
③ Diego has lunch with his family just on weekends.
④ Diego's family enjoys vegetables and meat for lunch.
⑤ Diego and his family usually don't have any dessert.

[07~12] 다음 글을 읽고, 물음에 답하시오.

Hi! My name is Tabin, and I live near the Gobi (A) Desert / Dessert in Mongolia. I'm happy when _____ⓐ_____. Horses are important in our culture. Almost everyone can ride a horse in Mongolia. ___ⓑ___, we say, "We ride horses before we can walk."

I take (B) bad / good care of my horse. ⓒI often brush him and give to him some carrots. I enjoy riding especially in the evening before the (C) sunrise / sunset. Then the sky is red, and everything is peaceful.

07 윗글의 흐름상 빈칸 ⓐ에 들어갈 말로 알맞은 것은?

① I ride my horse
② I see the sunset
③ I walk in the desert
④ I eat a lot of vegetables
⑤ I learn about other cultures

08 윗글의 (A)~(C)의 각 네모 안에 주어진 말 중 문맥상 알맞은 것끼리 짝지어진 것은?

	(A)		(B)		(C)
①	Desert	⋯	bad	⋯	sunrise
②	Desert	⋯	good	⋯	sunset
③	Dessert	⋯	good	⋯	sunset
④	Dessert	⋯	bad	⋯	sunset
⑤	Dessert	⋯	good	⋯	sunrise

09 윗글의 흐름상 빈칸 ⓑ에 들어갈 말로 알맞은 것은?

① However   ② In fact
③ Otherwise   ④ In contrast
⑤ On the other hand

10 윗글의 밑줄 친 ⓒ에서 어법상 **틀린** 부분을 찾아 바르게 고친 것은?

① often brush → brush often
② and → but
③ give → gives
④ to him → him
⑤ carrots → carrot

11 윗글의 내용과 일치하지 **않는** 것은?

① Tabin은 고비 사막 근처에 산다.
② 몽골의 문화에서 말은 중요하다.
③ 대부분의 몽골 사람들은 말을 탈 줄 안다.
④ Tabin은 말에게 줄 당근을 재배한다.
⑤ Tabin은 해 지기 전 저녁에 말 타는 것을 즐긴다.

12 윗글의 주제로 가장 알맞은 것은?

① Tabin's hometown
② various animals in Mongolia
③ Tabin's favorite time of the day
④ the beautiful nature of Mongolia
⑤ the cultural traditions of Mongolia

[13~18] 다음 글을 읽고, 물음에 답하시오.

> Hi! I'm Musa, and I live in Nairobi, Kenya. My favorite time ___ⓐ___ the day is our ①running practice time. My friend, Tamu, and I ②are on the school's running team. I'm ③happiest when I run with Tamu. Our practice time isn't boring ___ⓑ___ we can see many animals.
>
> Many runners ④from Kenya won races in the Olympics. I'm so proud ___ⓒ___ them. Both Tamu and I ⑤wants to be like ⓓthem.

13 윗글의 빈칸 ⓐ와 ⓒ에 공통으로 들어갈 말로 알맞은 것은?

① of   ② at   ③ for
④ from   ⑤ about

14 윗글의 빈칸 ⓑ에 들어갈 말로 알맞은 것은?

① but   ② unless
③ because   ④ before
⑤ although

15 윗글의 밑줄 친 ①~⑤ 중 어법상 틀린 것은?

①   ②   ③   ④   ⑤

16 윗글의 밑줄 친 ⓓ가 의미하는 것으로 알맞은 것은?

① Musa's friends
② the school's running teams
③ many animals that live in Kenya
④ people who support Musa and Tamu
⑤ Kenyan runners who won Olympic races

17 윗글의 내용과 일치하도록 할 때 빈칸에 들어갈 말로 알맞은 것은?

> **Q:** When does Musa feel happiest?
> **A:** He feels happiest when _____.

① he talks with Tamu
② he runs with Tamu
③ he sees many animals
④ he practices running alone
⑤ he goes to school with his friends

18 윗글의 내용을 잘못 이해한 사람은?

① 소윤: Musa는 케냐의 나이로비에 살아.
② 우진: Musa는 달리기 연습 시간을 하루 중 가장 좋아해.
③ 지훈: Musa와 Tamu는 학교 달리기 팀에 속해 있어.
④ 나리: Musa가 사는 곳에서는 많은 동물들을 볼 수 있어.
⑤ 유미: Musa는 올림픽에서 우승한 선수들과 함께 연습하고 싶어 해.

STEP
A

서술형

[19~21] 다음 글을 읽고, 물음에 답하시오.

Hello! I'm Somin. I'm 15 years old, and I live in Korea. Please tell me about your _____ⓐ_____. You can also show me some pictures.

Hi, my name is Diego, and I live in Seville, Spain. My favorite time of the day is lunch time. My school usually ends around 2 p.m. On most days, my family gets together and has a big, long lunch. We usually have soup, vegetables, and meat. We also have a dessert ___ⓑ___ churros. After lunch, we usually take a siesta, a short nap. Both my father and I ___ⓒ___ to sleep under the tree in our garden.

19 윗글의 빈칸 ⓐ에 들어갈 말을 윗글에서 찾아 쓰시오. (5단어)

_____

20 윗글의 빈칸 ⓑ와 ⓒ에 공통으로 들어갈 단어를 쓰시오.

_____

21 윗글의 내용과 일치하도록 소민과 **Diego**의 대화를 완성하시오.

Somin: Diego, do you have lunch with your friends at school?
Diego: No, I don't. I usually have a (1)_____, _____ _____ with my family at home.
Somin: Sounds great. What do you usually eat for lunch?
Diego: I usually have (2)_____, _____, _____ _____.
Somin: What do you do after lunch?
Diego: I take a siesta.
Somin: A siesta? What is it?
Diego: It is (3)_____ _____ _____.

22 다음 글을 읽고, 각 문장에서 글의 내용과 일치하지 <u>않는</u> 부분을 찾아 바르게 고쳐 쓰시오.

Hi! My name is Tabin, and I live near the Gobi Desert in Mongolia. I'm happy when I ride my horse. I take good care of my horse. I often brush him and give him some carrots.

(1) Tabin is bored when she rides her horse.

_____ → _____

(2) Tabin often washes her horse and gives some carrots to him.

_____ → _____

[23~24] 다음 글을 읽고, 물음에 답하시오.

Hi! I'm Musa, and I live in Nairobi, Kenya. My favorite time of the day is our running practice time. (A) I'm on the school's running team. My friend, Tamu is on the same team, too. I'm happiest when I run with Tamu. Our practice time isn't boring because we can see many animals.

Many runners from Kenya won races in the Olympics. I'm so proud of them. Both Tamu and I want to be like them.

고
난도

23 윗글의 밑줄 친 **(A)**를 both를 사용하여 한 문장으로 바꿔 쓰시오.

→ _____
on the school's running team.

24 Why does Musa think the running practice time isn't boring?

→ Because he _____.

만점 노트

Listen and Talk D

교과서 13쪽

Hello. I'm Sujin. In my free time, I ❶usually ❷listen to music. I especially ❸like listening to rap music. My favorite rap singer is DJ Star.

안녕. 나는 수진이야. 나는 여가 시간에 보통 음악을 들어. 나는 특히 랩 음악을 듣는 것을 좋아해. 내가 가장 좋아하는 랩 가수는 DJ Star야.

❶ '보통, 대개'라는 뜻의 빈도부사 usually를 사용하여 현재 시제로 자신의 여가 활동을 말할 수 있다.
❷ listen to music은 '음악을 듣다'라는 뜻이며 music 앞에 관사를 쓰지 않는 것에 주의한다.
❸ 어떤 일을 하는 것을 좋아한다고 말할 때 「I like+동명사/to부정사 ~.」로 표현할 수 있다.

Around the World

교과서 21쪽

a. **Mongolia:** Some people in this country don't live in one place ❶for long. They ❷move around with their animals.
b. **Spain:** People in this country usually eat four or five times ❸a day. They eat tapas between meals.
c. **Kenya:** This country has many national parks with animals ❹like lions, zebras, elephants, and giraffes.

a. 몽골: 이 나라의 일부 사람들은 한 장소에서 오랫동안 살지 않는다. 그들은 동물들을 데리고 이동한다.
b. 스페인: 이 나라의 사람들은 보통 하루에 네 번 또는 다섯 번의 식사를 한다. 그들은 식사와 식사 사이에 타파스를 먹는다.
c. 케냐: 이 나라에는 사자, 얼룩말, 코끼리, 그리고 기린과 같은 동물들이 있는 국립공원이 많이 있다.

❶ for long: 오랫동안, 장기간
❷ move around: 돌아다니다, 이동하다
❸ a day는 '하루에'라는 뜻으로, 여기에서 a는 per의 의미로 쓰였다.
❹ like는 '~와 같은'의 의미를 갖는 전치사로 쓰였으며 such as로 바꿔 쓸 수 있다.

Language in Use

교과서 22쪽

❶Dear Diary,
It was my birthday today. Mom ❷gave me a book. Jinho ❸sent me a baseball cap. Kate ❹bought me some flowers. I was so happy today.

일기장에게.
오늘은 내 생일이었어. 엄마는 나에게 책을 주셨어. 진호는 나에게 야구 모자를 보내 주었어. Kate는 나에게 꽃을 좀 사 주었어. 나는 오늘 정말 행복했어.

❶ 일기장에 일기를 쓰기 전에 쓰는 말이다.
❷ 「수여동사(give)+간접목적어(me)+직접목적어(a book)」의 형태이며, gave a book to me로 바꿔 쓸 수 있다.
❸ = sent a baseball cap to me
❹ = bought some flowers for me

Think and Write

교과서 24쪽

My Happy Moments
I'm happy ❶when I read ❷exciting novels.
I'm happy when I eat candy.
I'm happy when my brother ❸tells me funny jokes.
I'm ❹happiest when I play with my friends after school.

나의 행복한 순간들
나는 흥미진진한 소설을 읽을 때 행복하다.
나는 사탕을 먹을 때 행복하다.
나는 내 남동생이 나에게 웃기는 농담을 할 때 행복하다.
나는 방과 후에 친구들과 놀 때 가장 행복하다.

❶ 접속사 when은 「when+주어+동사」의 형태로 시간을 나타내는 부사절을 이끌며, '~할 때'의 의미를 갖는다.
❷ exciting은 '흥미진진한'이라는 뜻의 현재분사형 형용사로 사물을 수식하거나 사물이 주어일 때 보어로 쓰인다.
❸ 「수여동사(tell)+간접목적어(me)+직접목적어(funny jokes)」 형태이며, tells funny jokes to me로 바꿔 쓸 수 있다.
❹ happiest는 형용사 happy의 최상급으로 형용사가 보어로 쓰일 때는 최상급 앞에 the를 생략할 수 있다.

기타 지문

실전 TEST

[01~02] 다음 글을 읽고, 물음에 답하시오.

> Hello. I'm Sujin. ⓐIn my free time, I usually listen to music. I especially like listening to _____ⓑ_____ . My favorite rap singer is DJ Star.

01 윗글의 밑줄 친 ⓐ가 답이 될 수 있는 질문으로 알맞은 것은?

① Why do you like the song so much?
② What music are you listening to now?
③ How did you like the concert last night?
④ What do you do when you have free time?
⑤ What kind of music do you listen to in your free time?

02 윗글의 흐름상 빈칸 ⓑ에 들어갈 말로 알맞은 것은?

① rap music ② the radio
③ your story ④ music loudly
⑤ his advice

[03~04] 다음 글을 읽고, 물음에 답하시오.

> a. (①) Some people in Mongolia don't live in one place for long. (②)
> b. People in Spain usually eat four or five times a day. (③) They eat tapas between meals. (④)
> c. Kenya has many national parks with animals like lions, zebras, elephants, and giraffes. (⑤)

03 윗글의 ①~⑤ 중 주어진 문장이 들어갈 위치로 알맞은 것은?

> They move around with their animals.

①   ②   ③   ④   ⑤

04 윗글의 내용과 일치하도록 다음 질문에 대한 답을 완성하시오.

> **Q:** How many times do people in Spain usually eat a day?

→ They usually eat _____ .

05 다음 글의 밑줄 친 ⓐ~ⓒ 중 어법상 틀린 것을 찾아 기호를 쓰고, 바르게 고쳐 쓰시오.

> Dear Diary,
> It was my birthday today. Mom ⓐgave me a book. Jinho ⓑsent a baseball cap to me. Kate ⓒbought some flowers to me. I was so happy today.

(   ) → _____

[06~07] 다음 글을 읽고, 물음에 답하시오.

> _____ⓐ_____
> I'm happy when I read exciting novels.
> I'm happy when I eat candy.
> I'm happy when ⓑ내 남동생이 나에게 웃기는 농담을 한다.
> I'm happy when I play with my friends after school.

06 윗글의 빈칸 ⓐ에 들어갈 제목으로 가장 알맞은 것은?

① My New Friends
② My Favorite Book
③ My Happy Moments
④ How I Spend My Free Time
⑤ Fun Things to Do After School

07 윗글의 밑줄 친 우리말 ⓑ를 괄호 안에 주어진 단어를 사용하여 영어로 쓰시오. (6단어)

→ _____ (tell)

Words

고득점 맞기

01 다음 영영풀이에 해당하는 단어로 알맞은 것은?

> a large area of dry land in a hot place

① race   ② sunset   ③ outside
④ desert   ⑤ dessert

02 짝지어진 단어들의 관계가 같도록 할 때, 빈칸에 들어갈 말로 알맞은 것은?

> meat : pork = vegetable : _____

① beef   ② cake   ③ carrot
④ soup   ⑤ dessert

03 다음 중 밑줄 친 단어의 의미가 나머지와 다른 하나는?

① You need to <u>brush</u> your shoes.
② My sister doesn't <u>brush</u> her hair.
③ I always <u>brush</u> my teeth three times a day.
④ The man showed me how to <u>brush</u> a horse.
⑤ We wanted to buy a new <u>brush</u> for the cats.

04 다음 빈칸에 공통으로 들어갈 말로 알맞은 것은?

> • He worked part-time and _____ care of the dogs.
> • My grandmother _____ a short nap in the afternoon.

① was   ② had   ③ took
④ gave   ⑤ made

05 다음 중 짝지어진 단어들의 관계가 같지 <u>않은</u> 것은?

① start : begin = truth : fact
② book : novel = job : architect
③ boring : exciting = end : finish
④ inside : outside = sunset : sunrise
⑤ usual : usually = peaceful : peacefully

06 다음 빈칸에 들어갈 말이 순서대로 바르게 짝지어진 것은?

> My running team _____ the race in the last tournament. After the race, we practiced a lot, so we finally _____ this race!

① always – never   ② lost – won
③ inside – outside   ④ sunrise – sunset
⑤ started – finished

[07~08] 다음 중 단어와 영영풀이가 바르게 연결되지 <u>않은</u> 것을 고르시오.

07 ① nap: a short sleep during the day
② boring: not interesting or exciting
③ show: to let someone see something
④ usually: in a special way; more than usual
⑤ dessert: sweet food that you eat at the end of a meal

08 ① truth: the true fact about something
② race: a contest to see who or what is the fastest
③ joke: something funny that you say or do to make people laugh
④ sunrise: the time when the sun goes down at the end of the day
⑤ practice: the activity of doing something regularly so that you can do it better

09 다음 단어의 영영풀이를 완성할 때, 빈칸에 들어갈 말로 알맞은 것은?

> meal: the food that you _____

① throw away every day
② share with people in need
③ prepare only for special days
④ eat at regular times each day
⑤ eat between breakfast and lunch

10 다음 우리말과 의미가 같도록 빈칸에 알맞은 말을 쓰시오.

> Erica는 항상 최선을 다했고 그녀의 부모님은 그녀를 자랑스러워했다.
> → Erica always did her best and her parents _____ _____ _____ her.

11 다음 중 밑줄 친 부분의 우리말 의미가 알맞지 <u>않은</u> 것은?

① I love her books, <u>especially</u> her novels.
　　　　　　　　　　　(특히)
② He listens to rock music in his <u>free time</u>.
　　　　　　　　　　　　　　(여가 시간)
③ Jason is very <u>good at</u> cooking Italian food.
　　　　　　(～을 좋아하는)
④ I played soccer with my friends <u>after school</u>.
　　　　　　　　　　　　　(방과 후에)
⑤ Somin speaks English well. <u>In fact</u>, she lived in London.
　　　　　　　　　(사실은)

12 다음 빈칸에 들어갈 말로 알맞은 것은?

> Fred comes from Australia. He tells us a lot about the country and its _____.

① horror　　② survey　　③ culture
④ present　　⑤ moment

13 다음 빈칸에 들어갈 단어의 영영풀이로 알맞은 것은?

> What _____ of books do you enjoy reading?

① a type of person or thing
② a funny play that makes people laugh
③ a long story about imaginary characters and events
④ a book in which you write your experiences each day
⑤ a society that has its own set of ideas, beliefs, and ways of behaving

14 다음 중 밑줄 친 단어의 의미가 같은 것끼리 짝지어진 것은?

① Who won the <u>race</u> yesterday?
　 I <u>raced</u> my sister down the street.
② Badminton is a good <u>exercise</u>.
　 I <u>exercise</u> in the gym every weekend.
③ To be a good player, I <u>practice</u> a lot.
　 We need to <u>practice</u> more for the contest.
④ The zookeeper takes good <u>care</u> of elephants.
　 Sarah didn't <u>care</u> about my feelings.
⑤ Mr. Parker took us for a <u>ride</u> in his new car.
　 I'm going to learn how to <u>ride</u> a horse this summer.

15 다음 밑줄 친 부분과 바꿔 쓸 수 있는 말로 알맞지 <u>않은</u> 것은?

① Early morning time is <u>peaceful</u>.
　　　　　　　　　(= quiet and calm)
② Please be quiet until the movie <u>ends</u>.
　　　　　　　　　　　　(= is over)
③ He <u>wins</u> the 100-meter race every year.
　　　　　(= finishes first in)
④ Jason lived in Seoul for <u>almost</u> two years.
　　　　　　　　　　(= more than)
⑤ My whole family <u>gets together</u> on Christmas.
　　　　　　　　(= gathers)

L&T ▶ Listen and Talk

영작하기

• 주어진 우리말 뜻과 일치하도록 교과서 대화문을 완성하시오.

교과서 12쪽

Listen and Talk A-1

G: _____

B: _____

G: _____

B: _____

해석

G: 하준아, 너는 여가 시간에 보통 무엇을 하니?

B: 나는 아빠와 게임을 하는 것을 좋아해.

G: 어떤 종류의 게임을 하니?

B: 나는 보통 바둑을 둬.

Listen and Talk A-2

G: _____

B: _____

G: _____

B: _____

교과서 12쪽

G: 안녕, Eric. 너는 여가 시간에 보통 무엇을 하니?

B: 나는 도서관에 가서 책을 읽어.

G: 어떤 종류의 책을 읽니?

B: 나는 탐정 소설 읽는 것을 좋아해. 나는 Sherlock Holmes 이야기를 정말 좋아해.

Listen and Talk A-3

G: _____

B: _____

G: _____

B: _____

교과서 12쪽

G: 세호야, 너는 여가 시간에 무엇을 하니?

B: 나는 음악을 들어.

G: 어떤 종류의 음악을 듣니?

B: 록 음악을 들어.

Listen and Talk A-4

G: _____

B: _____

G: _____

B: _____

교과서 12쪽

G: Chris, 너는 여가 시간이 있을 때 무엇을 하니?

B: 나는 쿠키를 만들어. 나는 베이킹을 즐겨해.

G: 어떤 종류의 쿠키를 만드니?

B: 나는 보통 딸기 쿠키를 만들어. 나는 딸기를 정말 좋아해.

Listen and Talk C

B: _____

G: _____

B: _____

G: _____
_____

B: _____

G: _____

B: _____

G: _____

B: _____

교과서 13쪽

해석

B: 수빈아, 너는 여가 시간에 보통 무엇을 하니?

G: 나는 밖에서 운동을 해.

B: 어떤 종류의 운동을 하니?

G: 나는 남동생과 배드민턴을 쳐. 나는 학교 배드민턴 팀에 속해 있어. 너는 여가 시간에 보통 무엇을 하니, Andy?

B: 나는 영화 보는 것을 좋아해.

G: 어떤 종류의 영화를 좋아하니?

B: 나는 액션 영화를 좋아해. 그것들은 재미있어.

G: 오, 나도 가끔 액션 영화를 봐. 우리 이번 주말에 액션 영화 보러 가는 게 어때?

B: 그래. 좋아.

Talk and Play

A: _____

B: _____

A: _____

B: _____

A: _____

B: _____

교과서 14쪽

A: 민수야, 너는 여가 시간에 보통 무엇을 하니?

B: 나는 보통 책을 읽어.

A: 어떤 종류의 책을 읽니?

B: 나는 공상 과학 소설을 읽어.

A: 이것이 네 메모지니?

B: 맞아.

Review-1

B: _____

G: _____

B: _____

교과서 26쪽

B: Emma, 너는 여가 시간에 보통 무엇을 하니?

G: 나는 보통 음악을 들어. 너는 어떠니, Chris?

B: 나는 책을 읽어. 나는 탐정 소설을 좋아해.

Review-2

G: _____

B: _____

G: _____

B: _____

교과서 26쪽

G: 지호야, 너는 여가 시간이 있을 때 보통 무엇을 하니?

B: 나는 보통 영화를 봐.

G: 어떤 종류의 영화를 보니?

B: 나는 액션 영화를 좋아해. Bruce Lee는 내가 가장 좋아하는 영화배우야.

Listen and Talk

고득점 맞기

01 다음 대화의 빈칸에 들어갈 말로 알맞지 <u>않은</u> 것은?

> A: _____
> B: I like to paint pictures.

① What do you do for a living?
② How do you spend your free time?
③ What do you like to do in your free time?
④ What do you do when you have free time?
⑤ What do you enjoy doing when you're free?

02 다음 대화의 빈칸에 들어갈 말로 알맞은 것을 <u>모두</u> 고르시오.

> A: What do you do in your free time?
> B: I usually go shopping with my sister. How about you?
> A: _____

① I bought this T-shirt.
② I enjoy listening to music.
③ I want to be a fashion designer.
④ I'm going to see my sister tomorrow.
⑤ I love to walk my two dogs in the park.

03 다음 중 짝지어진 대화가 <u>어색한</u> 것은?

① A: What kind of animals do you like?
　B: Koalas. They're so cute.
② A: I spend time reading books when I'm free.
　B: What kind of books do you like to read?
③ A: What do you enjoy doing in your free time?
　B: Why don't we ride bikes this weekend?
④ A: What do you do when you have free time?
　B: I often play soccer or basketball.
⑤ A: What kind of activities do you enjoy?
　B: I enjoy outdoor activities like hiking or fishing.

04 자연스러운 대화가 되도록 (A)~(D)를 바르게 배열한 것은?

> (A) We like horror movies.
> (B) How do you spend your free time?
> (C) What kind of movies do you watch?
> (D) I usually watch movies with my brother.

① (B) – (A) – (C) – (D)　② (B) – (D) – (C) – (A)
③ (C) – (A) – (D) – (B)　④ (D) – (B) – (A) – (C)
⑤ (D) – (C) – (B) – (A)

05 다음 대화를 읽고 답할 수 있는 질문은?

> Sora: Chris, what do you do when you have free time?
> Chris: I make cookies. I enjoy baking.
> Sora: What kind of cookies do you make?
> Chris: I usually make strawberry cookies. I love strawberries.

① What does Sora like to do in her free time?
② What kind of cookies does Sora like?
③ When did Chris start baking?
④ What kind of fruit does Chris like?
⑤ How often does Chris take baking classes?

06 다음과 같은 상황에서 Jason이 Tommy에게 할 말로 가장 적절한 것은?

> Jason knows that Tommy enjoys playing games in his free time. Jason wants to know what Tommy's favorite game is.

① What kind of games do you like?
② Do you know how to play the game?
③ What are you going to do tomorrow?
④ Can you come to my house tomorrow?
⑤ How many hours do you play computer games a day?

서술형

[07~10] 다음 대화를 읽고, 물음에 답하시오.

A: Subin, ⓐ너는 여가 시간에 주로 무엇을 하니?
B: I exercise outside.
A: _____(A)_____ do you do?
B: I play badminton with my brother. I'm on the school's badminton team. Andy, ⓐ너는 여가 시간에 주로 무엇을 하니?
A: I like watching movies.
B: _____(B)_____ do you like?
A: I like action movies. They're fun.
B: Oh, I sometimes watch action movies, too. Why don't we go see an action movie this weekend?
A: Sure. That sounds great.

07 위 대화의 밑줄 친 우리말 ⓐ와 같은 의미가 되도록 괄호 안의 단어들을 사용하여 영어로 쓰시오. (9단어)

→ _____
_____
(usually, free time)

08 위 대화의 빈칸 (A)와 (B)에 들어갈 말을 [조건]에 맞게 각각 쓰시오.

[조건] 1. 정보를 묻는 표현으로 쓸 것
      2. kind를 포함하여 각각 4단어로 쓸 것

(A) _____
(B) _____

09 위 대화의 내용과 일치하도록 빈칸에 알맞은 말을 쓰시오.

Subin enjoys _____ _____, especially _____ _____ when she has free time. She is a member of the _____ _____ at her school.

10 위 대화의 내용과 일치하지 <u>않는</u> 것을 찾아 기호를 쓰고, 틀린 부분을 고쳐 쓰시오.

ⓐ Subin likes to exercise in her free time.
ⓑ Subin belongs to her school's badminton team.
ⓒ Andy enjoys watching movies when he is free.
ⓓ Andy thinks action movies are fun.
ⓔ Subin and Andy will play badminton this weekend.

(_____) _____ → _____

[11~12] 다음 대화를 읽고, 물음에 답하시오.

Mina: Hajun, what do you usually do in your free time?
Hajun: I like playing games with my dad.
Mina: What kind of games do you play?
Hajun: I usually play baduk.

11 Read the dialog above and fill in the blanks.

Mina and Hajun are talking about Hajun's _____ activity.

12 위 대화를 읽고, 질문에 알맞은 답을 괄호 안의 단어들을 사용하여 완전한 영어 문장으로 쓰시오. (7단어)

Q: What does Hajun do when he has free time?
A: _____
(enjoy, baduk, with)

STEP B

한 단계 더!

01 다음 빈칸에 공통으로 들어갈 말로 알맞은 것은?

> • Mom bought a nice T-shirt _____ me.
> • Dad sometimes makes an apple pie _____ us.

① of   ② to   ③ for
④ at   ⑤ from

02 다음 두 문장을 한 문장으로 바꿀 때 빈칸에 알맞은 것은?

> My brother wants to be a pilot. I want to be a pilot, too.
> → _____ want to be a pilot.

① Both my brother or I
② Both my brother and I
③ Either I or my brother
④ Either my brother and I
⑤ Neither my brother nor I

03 다음 우리말을 영어로 바르게 옮긴 것을 <u>모두</u> 고르시오.

> 엄마는 내게 이 분홍색 목도리를 만들어 주셨다.

① Mom made me this pink scarf.
② Mom made this pink scarf me.
③ Mom made to me this pink scarf.
④ Mom made me for this pink scarf.
⑤ Mom made this pink scarf for me.

04 다음 각 문장의 빈칸 ⓐ~ⓔ에 들어갈 말로 알맞지 <u>않은</u> 것은?

> • This movie is both _____ⓐ_____ and thrilling.
> • Ben and I enjoy both skiing and _____ⓑ_____.
> • I want to travel both to Busan and _____ⓒ_____.
> • Both my sister and I _____ ⓓ to listen to music.
> • Both Emma and Harry _____ⓔ_____ members of our school band.

① ⓐ: scary   ② ⓑ: snowboarding
③ ⓒ: to Jeju-do   ④ ⓓ: like
⑤ ⓔ: is

[05~06] 다음 중 어법상 <u>틀린</u> 문장을 고르시오.

한 단계 더!

05 ① Don't tell the truth to anybody.
② I can speak both English and Spanish.
③ Both children and adults like the book.
④ They danced both beautiful and happily.
⑤ My friend Jason sent me a text message.

06 ① The teacher told us the class rules.
② Please show me your family picture.
③ Both Mia and I are taking yoga classes.
④ He gave the smartphone his brother.
⑤ Mom bought both beef and pork at the market.

한 단계 더!

07 다음 중 빈칸에 들어갈 말이 나머지와 <u>다른</u> 하나는?

① Jessy showed her room _____ me.
② Mr. Lee will teach history _____ you.
③ Did you lend your camera _____ Jeff?
④ Please give the book _____ the librarian.
⑤ The chef cooked tomato spaghetti _____ me.

한 단계 더!

08 다음 중 바꿔 쓴 문장이 어법상 <u>틀린</u> 것은?

① She gave her dog some snack.
   → She gave some snack to her dog.
② My friend found me a good seat.
   → My friend found a good seat for me.
③ Can you get me some cold water?
   → Can you get some cold water to me?
④ The waiter brought us our steak.
   → The waiter brought our steak to us.
⑤ Ms. Evans asked the child some questions.
   → Ms. Evans asked some questions of the child.

고난도 신유형

09 다음 중 어법상 <u>틀린</u> 문장의 개수는?

ⓐ We gave nice sneakers to Jamie.
ⓑ Liam is both intelligent and kindly.
ⓒ Grandma made us a delicious meal.
ⓓ Who sent these chocolate cookies for you?
ⓔ Both the price and the quality are important.

① 1개   ② 2개   ③ 3개   ④ 4개   ⑤ 5개

10 다음 글의 밑줄 친 ①~⑤ 중 어법상 <u>틀린</u> 것은?

Dear Diary,
   ① It was my birthday today. ② Mom made a birthday cake for me. ③ Dad bought me a white cap. ④ My sister gave to me some flowers. ⑤ I was so happy today.

서술형

11 주어진 우리말과 의미가 같도록 괄호 안의 표현을 사용하여 문장을 쓰시오. (단, 필요시 형태를 바꿀 것)

(1) 나는 Tom에게 긴 편지를 썼다. (a long letter)
   → _____

(2) 그는 수영과 달리기를 둘 다 잘한다. (be good at)
   → _____

[12~13] 다음 문장을 괄호 안의 지시대로 바꿔 쓰시오.

12
> Susie was absent from school today.

(주어를 Both Susie and Tim으로 바꿀 것)
→ Both Susie and Tim _____
_____ .

13
> Andy gave a bunch of flowers to his girlfriend.

(동사를 bought로 바꿀 것)
→ Andy bought _____
_____ .

고난도

14 다음 중 어법상 <u>틀린</u> 문장 3개를 찾아 기호를 쓰고, 틀린 부분을 바르게 고쳐 쓰시오.

ⓐ Could you pass me the salt?
ⓑ I'd like to invite both Jessy or Kate.
ⓒ I made some orange juice to my friend.
ⓓ She was reading a storybook to her baby.
ⓔ Both Tony and Kevin was late for the train.

	기호	틀린 표현		올바른 표현
(1)			→	
(2)			→	
(3)			→	

15 다음은 Lisa가 친구들로부터 받은 생일 선물이다. 그림을 보고, [조건]에 맞게 문장을 쓰시오.

[조건] 1. 선물을 준 사람을 주어로 할 것
2. 4형식 문장으로 쓸 것
3. 괄호 안의 단어들을 사용하여 과거 시제로 쓸 것

(1) (give, a blue cap)

_____

(2) (send, a red scarf)

_____

(3) (buy, two comic books)

_____

16 다음 그림을 보고, [조건]에 맞게 대화를 완성하시오.

[조건] 1. make, my family를 사용할 것
2. 전치사를 사용할 것
3. 시제에 유의할 것

Jane: Tom, what did you do last weekend?
Tom: _____
Jane: Oh, really? I hope to try your pizza some day.

17 다음 대화의 내용과 일치하도록 빈칸에 알맞은 말을 쓰시오.

A: Ann, what are you doing?
B: I'm knitting a scarf for my dad. It's a birthday present for him.
A: Oh, great. I'm sure he'll like it.
B: Well, are you able to knit, Emily?
A: Yes. I enjoy knitting in my free time.
B: Oh, I'm glad that we have the same hobby.

(1) Ann will give _____ _____ _____
_____ for his birthday present.

(2) _____ _____ _____ _____ enjoy knitting in their free time.

18 다음 민호와 지수의 인터뷰 결과를 보고, [조건]에 맞게 문장을 쓰시오.

Questions	Minho	Jisu
(1) What grade are you in?	second grade	second grade
(2) What subject do you like?	science, math	science, English
(3) What are you good at?	swimming, dancing	singing, dancing
(4) What do you want to be in the future?	animal doctor	animal doctor

[조건] 1. 민호와 지수의 공통점을 완전한 문장으로 쓸 것
2. both로 문장을 시작할 것

(1) _____
(2) _____
(3) _____
(4) _____

영작하기

• 주어진 우리말 뜻과 일치하도록 교과서 본문의 문장을 쓰시오.

01 _____

안녕! 나는 소민이야.

02 _____

나는 15살이고, 한국에 살아.

03 _____

너희들이 하루 중 가장 좋아하는 시간에 대해 내게 말해 줘.

04 _____

나에게 사진 몇 장을 보여 줘도 좋아. ☆

05 _____

안녕, 내 이름은 Diego이고, 나는 스페인의 세비야(Seville)에 살아.

06 _____

내가 하루 중 가장 좋아하는 시간은 점심시간이야.

07 _____

우리 학교는 보통 오후 2시쯤 끝나.

08 _____

대부분의 날에 우리 가족은 모여서 푸짐하고 긴 점심 식사를 해.

09 _____

우리는 보통 수프, 채소, 그리고 고기를 먹어.

10 _____

우리는 또한 추로스와 같은 후식도 먹어.

11 _____

점심 식사 후에 우리는 보통 시에스타, 즉 짧은 낮잠을 자.

12 _____

아버지와 나는 둘 다 우리 정원에 있는 나무 아래에서 자는 것을 좋아해. ☆

13 _____

안녕! 내 이름은 Tabin이고, 나는 몽골에 있는 고비(Gobi) 사막 근처에 살아.

14 _____

나는 내 말을 탈 때 행복해.

15 _____

말은 우리 문화에서 중요해.

16 _____

몽골에서는 거의 모든 사람이 말을 탈 수 있어.

17 _____

실제로, 우리는 "우리는 걷기도 전에 말을 탄다."라고 말해.

18 _____

나는 내 말을 잘 돌봐.

19 _____

나는 종종 내 말의 털을 빗겨 주고 당근을 줘. ☆

20 _____

나는 특히 해 지기 전 저녁에 말 타는 것을 즐겨.

21 _____

그때는 하늘이 붉고 모든 것이 평화로워.

22 _____

안녕! 나는 Musa이고, 케냐의 나이로비(Nairobi)에 살아.

23 _____

내가 하루 중 가장 좋아하는 시간은 달리기 연습 시간이야.

24 _____

내 친구 Tamu와 나는 학교 달리기 팀에 속해 있어.

25 _____

나는 Tamu와 함께 달리기를 할 때 가장 행복해.

26 _____

우리의 연습 시간은 지루하지 않아. 왜냐하면 많은 동물들을 볼 수 있거든.

27 _____

케냐 출신의 많은 달리기 선수들이 올림픽 경주에서 우승을 했어.

28 _____

나는 그들이 정말 자랑스러워.

29 _____

Tamu와 나는 둘 다 그들처럼 되고 싶어 해. ☆

Reading
고득점 맞기

[01~05] 다음 글을 읽고, 물음에 답하시오.

Hello! I'm Somin, I'm 15 years old, and I live in Korea. Please ⓐtell me for your favorite time of the day. You can also ⓑshow some pictures me.

Hi, my name is Diego, and I live in Seville, Spain. My favorite time of the day is lunch time. My school usually ends around 2 p.m. On most days, my family gets together and ⓒhave a big, long lunch. We usually have soup, vegetables, and meat. We also ⓓhave a dessert as churros. After lunch, we usually take a siesta, a short ___(A)___. ⓔBoth my father or I like to sleep under the tree in our garden.

01 윗글의 밑줄 친 ⓐ~ⓔ를 바르게 고쳐 쓴 것 중 어법상 틀린 것은?

① ⓐ → tell me about
② ⓑ → show some pictures for me
③ ⓒ → has a big, long lunch
④ ⓓ → have a dessert like churros
⑤ ⓔ → Both my father and I like

02 윗글의 빈칸 (A)에 들어갈 단어의 영영풀이로 알맞은 것은?

① a short sleep during the day
② the true facts about something
③ a contest to see who or what is the fastest
④ sweet food that you eat at the end of a meal
⑤ the food that you eat at regular times each day

03 윗글을 읽고 답할 수 <u>없는</u> 질문은?

① When is Diego's favorite time of the day?
② What time does Diego's school usually finish?
③ What does Diego usually do after lunch?
④ How many hours does Diego usually take a siesta?
⑤ Where do Diego and his father like to sleep?

04 윗글의 Diego에 관한 내용을 바르게 이해한 사람은?

① 소윤: His favorite time of the day is lunch time.
② 민호: He usually has lunch at school.
③ 지수: His family often has quick lunch.
④ 수호: He usually plays with his dad in the garden after lunch.
⑤ 나리: His dad doesn't usually sleep in the afternoon.

05 What is the title of the text?

① How to Enjoy Lunch Time
② My Favorite Time of the Day
③ Advantages of Taking a Siesta
④ The Special Food Culture of Spain
⑤ The Importance of Healthy Eating

[06~09] 다음 글을 읽고, 물음에 답하시오.

Hi! My name is Tabin, and I live near the Gobi ①Desert in Mongolia. I'm happy when I ride my horse. Horses are important in our ②culture. Almost everyone can ride a horse in Mongolia. In fact, we say, "We ride horses before we can walk." I take good care of my horse. (A) 나는 종종 내 말의 털을 빗겨 주고 당근을 줘. I enjoy ⓐride ③especially in the evening before the ④sunset. Then the sky is red, and everything ⓑbe ⑤peaceful.

06 윗글의 밑줄 친 ①~⑤의 영영풀이로 알맞지 <u>않은</u> 것은?

① a large area of dry land in a hot place
② a society that has its own set of ideas, beliefs, and ways of behaving
③ more than usual
④ the time when the sun goes up at the beginning of the day
⑤ quiet and calm

07 윗글의 밑줄 친 우리말 (A)와 의미가 같도록 주어진 단어들을 바르게 배열할 때, 6번째로 오는 단어는?

> him, I, carrots, brush, and, him, give, often, some

① and ② him ③ give
④ brush ⑤ carrots

08 윗글의 밑줄 친 ⓐride와 ⓑbe의 어법상 올바른 형태가 순서대로 바르게 짝지어진 것은?

① ride – is ② to ride – are
③ to ride – is ④ riding – is
⑤ riding – are

09 윗글의 내용과 일치하는 문장끼리 바르게 짝지어진 것은?

> ⓐ People in Mongolia think horses are important.
> ⓑ Tabin loves riding her horse in the evening before the sun goes down.
> ⓒ Most Mongolians don't learn to ride a horse.
> ⓓ Tabin looks after her horse well.

① ⓐ, ⓒ ② ⓐ, ⓓ ③ ⓐ, ⓑ, ⓓ
④ ⓐ, ⓒ, ⓓ ⑤ ⓑ, ⓒ, ⓓ

[10~13] 다음 글을 읽고, 물음에 답하시오.

> Hi! I'm Musa, and I live in Nairobi, Kenya. My favorite time of the day is _____(A)_____. ⓐMy friend, Tamu, and I am on the school's running team. ⓑI'm most happy when I run with Tamu. ⓒOur practice time isn't bored because we can see many animals. ⓓMany runners from Kenya wins races in the Olympics. ⓔI'm so proud of them. Both Tamu and I want to be (B) like them.

10 윗글의 빈칸 (A)에 들어갈 말로 알맞은 것은?

① our running practice time
② snack time in the afternoon
③ lunch time with my friend Tamu
④ feeding time for animals at school
⑤ my racing time with Kenyan runners

11 윗글의 밑줄 친 ⓐ~ⓔ 중 어법상 올바른 문장은?

① ⓐ ② ⓑ ③ ⓒ ④ ⓓ ⑤ ⓔ

12 윗글의 밑줄 친 (B) like와 같은 의미로 쓰인 것은?

① Does she like to play board games?
② He wants to be a doctor like his dad.
③ I don't like the flower because of its smell.
④ What kind of music do you like to listen to?
⑤ On weekends, I like to read detective stories.

13 다음 질문과 응답 중 윗글의 내용과 일치하지 않는 것은?

① Q: Where does Musa live?
  A: He lives in Nairobi, Kenya.
② Q: Who is Tamu?
  A: He is Musa's friend.
③ Q: Are both Tamu and Musa on the school's running team?
  A: No. Only Musa is a member of the team.
④ Q: Why doesn't Musa get bored with his practice time?
  A: Because he can see a lot of animals.
⑤ Q: Are there any Kenyan runners who won the Olympic races?
  A: Yes, there are.

[14~16] 다음 글을 읽고, 물음에 답하시오.

Hi, my name is Diego, and I live in Seville, Spain. My favorite time of the day is lunch time. My school usually ends around 2 p.m. On most days, my family gets together and has a big, long lunch. We usually have soup, vegetables, and meat. We also have a dessert like churros. After lunch, we usually take a siesta, a short nap. ⓐ아버지와 나는 둘 다 우리 정원의 나무 아래에서 자는 것을 좋아해.

14 윗글의 밑줄 친 우리말 ⓐ와 의미가 같도록 괄호 안의 표현들을 사용하여 문장을 쓰시오. (14단어)

_____

_____

(both, like, under the tree, in our garden)

15 다음 빈칸에 알맞은 단어를 윗글에서 찾아 쓰시오.

Which do you want for _____, ice cream or cake?

16 윗글의 내용과 일치하도록 다음 질문에 완전한 영어 문장으로 답하시오.

(1) Where does Diego live?

→ _____

(2) What is Diego's favorite time of the day?

→ _____

(3) What does Diego's family eat for lunch?

→ _____

(4) What does Diego usually do after lunch?

→ _____

17 다음 글의 내용과 일치하도록 요약문의 빈칸에 알맞은 말을 쓰시오.

Hi! My name is Tabin, and I live near the Gobi Desert in Mongolia. I'm happy when I ride my horse. Horses are important in our culture. Almost everyone can ride a horse in Mongolia. In fact, we say, "We ride horses before we can walk." I take good care of my horse. I often brush him and give him some carrots. I enjoy riding especially in the evening before the sunset. Then the sky is red, and everything is peaceful.

↓

Tabin from Mongolia likes to _____ _____ _____, especially before the _____. She looks after her horse well. She often brushes her horse and _____ _____ _____ him.

18 ^{고난도} 다음 글을 읽고, 답할 수 있는 질문을 ⓐ~ⓒ에서 골라 완전한 영어 문장으로 답하시오.

Hi! I'm Musa, and I live in Nairobi, Kenya. My favorite time of the day is our running practice time. My friend, Tamu, and I are on the school's running team. I'm happiest when I run with Tamu. Our practice time isn't boring because we can see many animals.

ⓐ What grade are Musa and Tamu in?
ⓑ When does Musa feel happiest?
ⓒ When does Tamu especially like to run?

(___) → _____

01 다음 영영풀이에 해당하는 단어를 주어진 철자로 시작하여 쓰시오.

(1)
> in a special way; more than usual

→ e_____

(2)
> the activity of doing something regularly so that you can do it better

→ p_____

(3)
> the time when the sun goes down at the end of the day

→ s_____

02 다음 우리말과 의미가 같도록 빈칸에 알맞은 말을 쓰시오.

(1) 우리 가족은 내일 저녁 식사를 위해 모일 것이다.
→ My family will _____ _____ for dinner tomorrow.

(2) 그녀는 아픈 사람들을 돌보고 있다.
→ She is _____ _____ _____ sick people.

(3) 그의 부모님은 그를 자랑스러워했다.
→ His parents _____ _____ _____ him.

[03~04] 다음 그림을 보고, 여가 활동을 묻고 답하는 대화를 완성하시오.

03  04

03
A: What do you usually do _____ _____ _____ _____?
B: I usually _____ _____.

04
A: What do you usually do when _____ _____ _____ _____?
B: I enjoy _____.

05 다음 대화의 빈칸에 알맞은 말을 괄호 안의 단어들을 배열하여 쓰시오.

A: (1) _____ in your free time?
　　(do, usually, you, do, what)
B: I go to the library and read books.
A: (2) _____?
　　(what, books, do, of, you, read, kind)
B: I like reading detective stories. I really like Sherlock Holmes' stories.

06 다음 표를 보고, 여가 활동을 묻고 답하는 대화를 완성하시오.

	Free Time Activities
Kevin	watch TV (especially, comedy shows)
Suho	play sports (especially, basketball)

Suho: Kevin, what do you usually do in your free time?
Kevin: (1) _____
Suho: What kind of TV shows do you watch?
Kevin: (2) _____
What about you, Suho? What do you usually do in your free time?
Suho: (3) _____
Kevin: What kind of sports do you play?
Suho: I play basketball.

07 다음 대화를 읽고, 아래 질문에 완전한 영어 문장으로 답하시오.

> A: Subin, what do you usually do in your free time?
> B: I exercise outside.
> A: What kind of exercise do you do?
> B: I play badminton with my brother. I'm on the school's badminton team. What do you usually do in your free time, Andy?
> A: I like watching movies.
> B: What kind of movies do you like?
> A: I like action movies. They're fun.
> B: Oh, I sometimes watch action movies, too. Why don't we go see an action movie this weekend?
> A: Sure. That sounds great.

(1) What does Subin do when she is free?

　→ _____

(2) What kind of movies does Andy like?

　→ _____

(3) What are Subin and Andy going to do this weekend?

　→ _____

08 다음 대화의 내용과 일치하도록 빈칸에 알맞은 말을 쓰시오.

> A: Jim, what do you usually do in your free time?
> B: I usually listen to music.
> A: What kind of music do you like?
> B: I like rock music.

　　　　　　↓

> Jim usually _____ _____ _____ when he has free time. Especially, he likes _____ _____.

09 다음 문장을 [예시]와 같이 전치사를 사용한 문장으로 바꿔 쓰시오.

> [예시]　I sent my friend an email.
> 　　　→ I sent an email to my friend.

(1) Peter told me a funny story.

　→ _____

(2) Ms. Park made her son chocolate cookies.

　→ _____

(3) Please show me your student ID card.

　→ _____

(4) He bought his girlfriend some flowers.

　→ _____

(5) Can you give me your new phone number?

　→ _____

10 주어진 우리말과 의미가 같도록 [조건]에 맞게 문장을 쓰시오.

> [조건]　1. both A and B 구문을 사용할 것
> 　　　 2. 괄호 안의 단어들을 사용할 것
> 　　　 3. 7단어의 완전한 문장으로 쓸 것

(1) 그는 영어와 중국어를 둘 다 말할 수 있다.
(English, Chinese)

　→ _____

(2) 우리는 스페인과 포르투갈을 둘 다 방문할 것이다.
(Spain, Portugal)

　→ _____

(3) 그 아이들은 똑똑하고 현명하다.
(smart, wise)

　→ _____

(4) Jake와 나는 둘 다 새우를 먹지 않는다.
(eat shrimp)

　→ _____

11 다음 그림을 보고, [조건]에 맞는 문장을 쓰시오.

(1)  (2)

[조건] 1. 각각 전치사가 있는 문장과 없는 문장을 쓸 것
2. 괄호 안의 단어들을 사용하고 필요시 형태를 바꿀 것
3. 과거 시제로 쓸 것

(1) (teach, English)

→ _____

→ _____

(2) (buy, a new backpack)

→ _____

→ _____

12 다음 중 어법상 **틀린** 문장을 3개 골라 기호를 쓰고, **틀린** 부분을 바르게 고쳐 문장을 다시 쓰시오.

ⓐ I gave an umbrella my brother.
ⓑ Uncle Joe sent me a birthday present.
ⓒ The students look both tired and sleep.
ⓓ Both Andy and I have a lot of homework.
ⓔ Both Kate and Tom is in the second grade.

(1) ( ) → _____

(2) ( ) → _____

(3) ( ) → _____

13 다음 표를 보고, Kevin과 Peter의 공통점을 찾아 **both**를 사용하여 [예시]와 같이 문장을 쓰시오.

	Kevin	Peter
[예시] 국적	Canada	Canada
(1) 사는 곳	Busan	Busan
(2) 외모	tall, brown hair	short, brown hair
(3) 좋아하는 음식	pizza, tacos	spaghetti, tacos
(4) 잘하는 운동	swimming	swimming

[예시] Both Kevin and Peter are from Canada.

(1) _____

(2) _____

(3) _____

(4) _____

[14~16] 다음 대화를 읽고, 물음에 답하시오.

Hello! I'm Somin. I'm 15 years old, and I live in Korea. Please tell me about your favorite time of the day. ⓐ나에게 사진 몇 장을 보여 줘도 좋아.

Hi, my name is Diego, and I live in Seville, Spain. My favorite time of the day is lunch time. My school usually ends around 2 p.m. On most days, my family gets together and has a big, long lunch. We usually have soup, vegetables, and meat. We also have a dessert like churros. After lunch, we usually take a siesta, a short nap.

_____ ⓑ _____

14 윗글의 밑줄 친 우리말 ⓐ와 의미가 같도록 괄호 안의 단어들을 사용하여 문장을 완성하시오.

→ You can also _____ _____ _____

_____. (show, some)

STEP B

15 다음 대화를 읽고, 윗글의 빈칸 ⓑ에 알맞은 말을 괄호 안의 단어들을 사용하여 완성하시오.

> **Dad:** Diego, let's take a nap.
> **Diego:** Yes, Dad. Can we sleep under the tree in our garden? I really like to sleep there.
> **Dad:** Sure. I like to do it, too.

→ _____ under the tree in our garden. (my father, both, like)

^고/_{단도}
16 윗글의 내용과 일치하도록 빈칸에 알맞은 말을 쓰시오.

> In a day, Diego likes (1) _____ time the most. He has lunch at home with his (2) _____ after he finishes his (3) _____. They usually eat soup, vegetables, and meat for lunch. At the end of a meal, they also have a(n) (4) _____ such as churros. After they have lunch, they take a(n) (5) _____ _____, siesta.

[17~18] 다음 글을 읽고, 물음에 답하시오.

> Hi! My name is Tabin, and I live near the Gobi Desert in Mongolia. I'm happy when I ride my horse. Horses are important in our culture. Almost everyone can ride a horse in Mongolia. In fact, we say, "We ride horses before we can walk." I take good care of my horse. I often brush him and ⓐgive him some carrots. I enjoy riding especially in the evening before the sunset. Then the sky is red, and everything is peaceful.

17 윗글의 밑줄 친 ⓐ와 의미가 같도록 전치사를 사용하여 바꿔 쓰시오.

→ _____

18 윗글의 내용과 일치하도록 다음 질문에 완전한 영어 문장으로 답하시오.

(1) Where does Tabin live?

→ _____

(2) When does Tabin feel happy?

→ _____

(3) How does Tabin take care of her horse?

→ _____

[19~20] 다음 글을 읽고, 물음에 답하시오.

> Hi! I'm Musa, and I live in Nairobi, Kenya. My favorite time of the day is ⓐour running practice time. My friend, Tamu, and I ⓑare on the school's running team. I'm ⓒhappiest when I run with Tamu. Our practice time isn't boring ⓓbecause of we can see many animals. Many runners from Kenya won races in the Olympics. I'm so proud of (A) them. ⓔBoth Tamu and I want to be like them.

19 윗글의 밑줄 친 ⓐ~ⓔ 중 어법상 틀린 것을 찾아 기호를 쓰고, 바르게 고쳐 쓰시오.

( ) → _____

20 윗글의 밑줄 친 (A) them이 가리키는 것을 우리말로 쓰시오.

_____

01 다음 영영풀이에 해당하는 단어로 알맞은 것은?　3점

> the food that you eat at regular times each day

① nap　　② meat　　③ meal
④ dessert　　⑤ activity

서술형 **1**

02 다음 빈칸에 공통으로 들어갈 단어를 쓰시오.　3점

> • If you feel sleepy now, _____ a nap.
> • Don't worry. I'll _____ care of myself.

03 다음 중 밑줄 친 부분의 우리말 뜻이 알맞지 <u>않은</u> 것은? 3점

① The concert will end <u>around 8 p.m.</u>
　　　　　　　　　　　　(저녁 8시쯤)
② Do you like watching <u>sci-fi movies</u>?
　　　　　　　　　　　　(공상 과학 영화)
③ Minho usually plays baduk in his <u>free time</u>.
　　　　　　　　　　　　(여가 시간)
④ Jessica was reading a <u>detective story</u> then.
　　　　　　　　　　　　(고전 소설)
⑤ Her family <u>gets together</u> for Thanksgiving
　dinner.　　(모이다)

04 다음 대화의 빈칸에 들어갈 말로 알맞은 것은?　3점

> A: Seho, what do you do in your free time?
> B: I listen to music.
> A: What kind of music do you listen to?
> B: _____

① Rock music.
② Twice a day.
③ I enjoy watching TV at night.
④ I want to be a singer in the future.
⑤ Michael Jackson is my mom's favorite singer.

05 다음 대화의 빈칸에 들어갈 말로 알맞지 <u>않은</u> 것은?　3점

> A: What do you usually do when you have free time?
> B: _____

① I enjoy cooking.
② I went shopping yesterday.
③ I usually watch sports games.
④ I like playing computer games.
⑤ I go to the movies with my friends.

서술형 **2**

06 자연스러운 대화가 되도록 (A)~(D)를 바르게 배열하시오.
　　　　　　　　　　　　　　　　　　　　4점

> (A) I like reading detective stories. I really like Sherlock Holmes' stories.
> (B) What kind of books do you read?
> (C) Hey, Eric. What do you usually do in your free time?
> (D) I go to the library and read books.

(　　) – (　　) – (　　) – (　　)

[07~09] 다음 대화를 읽고, 물음에 답하시오.

> Andy: Subin, what do you usually do in your free time?
>
> Subin: I exercise outside.
>
> Andy: _____(A)_____
>
> Subin: I play badminton with my brother. (①) I'm on the school's badminton team. (②)
>
> Andy: I like watching movies.
>
> Subin: What kind of movies do you like? (③)
>
> Andy: I like action movies. They're fun.
>
> Subin: Oh, I sometimes watch action movies, too. Why don't we go see an action movie this weekend? (④)
>
> Andy: Sure. That sounds great. (⑤)

07 위 대화의 빈칸 (A)에 들어갈 말로 알맞은 것은? **3점**

① When do you usually exercise?
② What kind of exercise do you do?
③ Did you jog in the park last night?
④ Are you good at playing basketball?
⑤ What are you going to do this weekend?

08 위 대화의 ①~⑤ 중 주어진 문장이 들어갈 위치로 알맞은 것은? **3점**

> What do you usually do in your free time, Andy?

①　　　②　　　③　　　④　　　⑤

서술형3

09 위 대화의 내용과 일치하도록 질문에 대한 답을 완성하시오. **5점**

> Q: What do Subin and Andy usually do in their free time?
>
> A: Subin usually _____ _____ and Andy _____ _____.

한 단계 더!

10 다음 문장을 같은 의미로 바르게 바꾼 것은? **3점**

> Could you get me some juice?

① Could you get for me some juice?
② Could you get some juice of me?
③ Could you to me get some juice?
④ Could you get to me some juice?
⑤ Could you get some juice for me?

11 다음 우리말을 영어로 바르게 옮긴 것은? **3점**

> 그는 노래하는 것과 피아노 치는 것을 둘 다 좋아한다.

① He both likes sing and play the piano.
② He likes both sing and playing the piano.
③ He likes both singing and plays the piano.
④ He likes both singing and playing the piano.
⑤ He both likes singing and to play the piano.

한 단계 더!

12 다음 중 빈칸에 들어갈 말이 나머지와 <u>다른</u> 하나는? **4점**

① I sent a birthday present _____ him.
② He showed his new car _____ the boys.
③ Susan cooked a delicious meal _____ us.
④ She taught an old poem _____ the students.
⑤ Benjamin wrote a long letter _____ his daughter.

서술형4 고난도

13 다음 글의 밑줄 친 ⓐ~ⓔ 중 어법상 **틀린** 문장을 찾아 기호를 쓰고, 바르게 고쳐 쓰시오. 5점

> ⓐIt was my birthday today. ⓑJinho sent me a ticket for a baseball game. ⓒBoth Jinho and I likes baseball. ⓓWe will go to see a game together this weekend. ⓔIt was the best present ever.

( ) → _____

14 다음 중 어법상 올바른 문장끼리 짝지어진 것은? 5점

> ⓐ Both Mina and Jinho is very tall.
> ⓑ I sent an invitation card to my uncle.
> ⓒ Daniel made an orange cake to us.
> ⓓ Mom bought a new smartphone me.
> ⓔ In Korea, many people like both soccer and baseball.

① ⓐ, ⓑ   ② ⓑ, ⓔ   ③ ⓐ, ⓓ, ⓔ
④ ⓒ, ⓓ, ⓔ   ⑤ ⓐ, ⓑ, ⓒ, ⓓ

[15~18] 다음 글을 읽고, 물음에 답하시오.

> Hello! I'm Somin. I'm 15 years old, and I live in Korea. Please tell me about your favorite time of the day. (A)You can also show me some pictures.
> Hi, my name is Diego, and I live in Seville, Spain. My ⓐfavorite time of the day is lunch time. My school usually ⓑends around 2 p.m. On most days, my family gets together and (B)have a big, long lunch. We usually have soup, ⓒvegetables, and meat. We also have a dessert like churros. After lunch, we usually take a siesta, a short ⓓnap. Both my father and I like (C)sleep under the tree in our ⓔgarden.

서술형5

15 윗글의 밑줄 친 (A)를 다음과 같이 바꿔 쓸 때, 빈칸에 알맞은 말을 쓰시오. 5점

→ You can also show _____ _____ _____ me.

고난도 신유형

16 윗글의 밑줄 친 단어 ⓐ~ⓔ가 다음 빈칸에 들어갔을 때 **어색한** 것은? 5점

① Jogging is my ___ⓐ___ free time activity.
② If the machine stops, you should ___ⓑ___ it again from the beginning.
③ Are tomatoes a fruit or a ___ⓒ___?
④ I think the baby wants to take a ___ⓓ___.
⑤ He will plant many different kinds of flowers in his ___ⓔ___.

서술형6

17 윗글의 밑줄 친 (B) have와 (C) sleep의 어법상 올바른 형태를 쓰시오. 각 4점

(B) _____

(C) _____

18 윗글의 내용과 일치하지 **않는** 것은? 3점

① Diego는 스페인에 살고 있다.
② Diego가 가장 좋아하는 시간은 점심시간이다.
③ Diego의 학교는 보통 오후 2시쯤 끝난다.
④ Diego는 가볍게 점심 식사를 한 후 낮잠을 잔다.
⑤ Diego는 정원에 있는 나무 아래에서 자는 것을 좋아한다.

[19~22] 다음 글을 읽고, 물음에 답하시오.

Hi! My name is Tabin, and I live near the Gobi Desert in Mongolia. ⓐI'm happy when I ride my horse. Horses are important in our culture. ⓑAlmost everyone can ride a horse in Mongolia. In fact, we say, "ⓒWe ride horses before we can walk." (A)나는 내 말을 잘 돌본다. ⓓI often brush him and give some carrots him. ⓔI enjoy riding especially in the evening before the sunset. Then the sky is red, and everything is peaceful.

19 윗글의 밑줄 친 ⓐ~ⓔ 중 어법상 틀린 것은?　　**4점**

① ⓐ　　② ⓑ　　③ ⓒ　　④ ⓓ　　⑤ ⓔ

서술형**7**

20 윗글의 밑줄 친 우리말 **(A)**와 의미가 같도록 주어진 단어들을 바르게 배열하여 문장을 쓰시오.　　**5점**

care, take, good, I, horse, my, of

→ _____

서술형**8**

21 다음 영영풀이에 해당하는 단어를 윗글에서 찾아 쓰시오.

4점

a society that has its own set of ideas, beliefs, and ways of behaving

_____

고난도

22 윗글의 내용과 일치하는 것은?　　**4점**

① Tabin is traveling the Gobi Desert.
② Horses are important to Mongolian people.
③ Few people in Mongolia can ride horses.
④ Tabin's mother usually gives carrots to the horse.
⑤ Tabin especially likes to ride a horse when the sun rises.

[23~25] 다음 글을 읽고, 물음에 답하시오.

Hi! I'm Musa, and I live ___ⓐ___ Nairobi, Kenya. My favorite time of the day is our running practice time. My friend, Tamu, and I are ___ⓑ___ the school's running team. I'm (A)｜most happy / happiest｜ when I run with Tamu. Our practice time isn't (B)｜boring / bored｜ because we can see many animals. Many runners ___ⓒ___ Kenya won races in the Olympics. I'm so proud ___ⓓ___ them. Both Tamu and I (C)｜want / wants｜ to be ___ⓔ___ them.

23 윗글의 빈칸 ⓐ~ⓔ에 들어갈 말로 알맞지 <u>않은</u> 것은?　**3점**

① ⓐ: in　　　　　② ⓑ: on
③ ⓒ: for　　　　④ ⓓ: of
⑤ ⓔ: like

24 윗글의 (A)~(C)의 각 네모 안에 주어진 말 중 어법상 올바른 것끼리 짝지어진 것은?　　**4점**

	(A)	(B)	(C)
①	most happy	boring	wants
②	most happy	bored	want
③	happiest	boring	wants
④	happiest	boring	want
⑤	happiest	bored	wants

25 윗글의 내용을 <u>잘못</u> 이해한 사람은?　　**5점**

① 지수: In a day, Musa likes his running practice time the most.
② 민수: Both Musa and Tamu are members of the school's running team.
③ 하민: Musa really likes to run with Tamu.
④ 준호: While running, Musa and Tamu can see many animals.
⑤ 유나: Musa and Tamu won medals in races.

01 다음 대화의 빈칸에 들어갈 말로 알맞은 것은? 3점

> A: Who is your _____ sports player?
> B: I like Michael Jordan the most.

① classical   ② usual   ③ favorite
④ boring   ⑤ peaceful

02 다음 중 단어와 영영풀이가 바르게 연결되지 <u>않은</u> 것은?

3점

① nap: a short sleep during the day
② desert: sweet food that you eat at the end of a meal
③ win: to finish first in something or to be the best in it
④ vegetable: a plant or part of a plant that is used for food
⑤ detective: someone whose job is to discover what has happened in a crime or other situation

03 다음 중 밑줄 친 부분의 쓰임이 의미상 <u>어색한</u> 것은? 4점

① I <u>took care of</u> Joe's dog for a week.
② Why don't you <u>take a nap</u> if you're tired?
③ We <u>get together</u> for dinner every Sunday.
④ I thought he was German, <u>in fact</u> he is French.
⑤ You should <u>be proud of</u> yourself for telling lies again.

04 다음 대화의 빈칸에 들어갈 말로 알맞지 <u>않은</u> 것은? 3점

> A: _____
> B: I usually go to the library and read books.

① What is your free time activity?
② How do you spend your free time?
③ Why do you need more free time?
④ What do you usually do in your free time?
⑤ What do you enjoy doing when you are free?

서술형 **1**
05 다음 대화에서 흐름상 <u>어색한</u> 문장을 찾아 바르게 고쳐 쓰시오.

5점

> A: Chris, what do you do when you have free time?
> B: I make cookies. I enjoy baking.
> A: What kind of cookies do you make?
> B: I never make strawberry cookies. I love strawberries.

→ _____

서술형 **2**
06 다음 표를 보고, 민수의 여가 활동에 관한 대화를 완성하시오.

각 3점

이름	Minsu
여가 활동	listen to music (especially, classical music)

> A: Minsu, what do you usually do in your free time?
> B: I usually (1) _____.
> A: What (2) _____ do you listen to?
> B: I listen to classical music.

[07~09] 다음 대화를 읽고, 물음에 답하시오.

> A: Subin, _____ ⓐ _____?
> B: I exercise outside.
> A: What kind of exercise do you do?
> B: I play badminton with my brother. I'm on the school's badminton team.
> Andy, _____ ⓑ _____?
> A: I like watching movies.
> B: What kind of movies do you like?
> A: I like action movies. They're fun.
> B: Oh, I sometimes watch action movies, too. Why don't we go see an action movie this weekend?
> A: Sure. That sounds great.

서술형3

07 위 대화의 빈칸 ⓐ와 ⓑ에 공통으로 들어갈 말을 [조건]에 맞게 쓰시오. **5점**

> [조건] 1. 여가 활동을 묻는 말을 쓸 것
> 2. usually, free, what을 사용할 것
> 3. 9단어로 쓸 것

_____

08 위 대화의 내용을 <u>잘못</u> 이해한 사람끼리 짝지은 것은? **4점**

> • 유리: 수빈이와 Andy는 여가 활동에 관해 이야기하고 있어.
> • 지훈: 수빈이는 여가 시간에 밖에서 운동하는 걸 좋아해.
> • 민호: 수빈이와 Andy는 둘 다 학교 배드민턴 팀에 속해 있어.
> • 세영: Andy는 영화 보는 걸 좋아하지만, 액션 영화는 좋아하지 않아.

① 유리, 지훈   ② 유리, 민호
③ 유리, 지훈, 민호   ④ 민호, 세영
⑤ 지훈, 민호, 세영

09 위 대화의 내용과 일치하도록 할 때, 빈칸에 들어갈 말로 알맞은 것은? **3점**

> A: What are Subin and Andy going to do this weekend?
> B: They're going to _____.

① watch an action movie
② go to the movie festival
③ make a documentary film
④ play badminton at the park
⑤ join the movie club together

10 다음 빈칸에 들어갈 말이 순서대로 바르게 짝지어진 것은? **3점**

> • Both Amy and I _____ 15 years old.
> • This salad is both delicious and _____.
> • We need to talk to both Tom _____ Emily.

① is – health – and
② is – health – or
③ are – health – and
④ are – healthy – or
⑤ are – healthy – and

서술형4

11 다음 우리말과 의미가 같도록 괄호 안의 단어들을 사용하여 문장을 완성하시오. (단, 필요시 형태를 바꿀 것) **4점**

> Mike는 여동생에게 생일 선물로 장갑을 주었다.
> (give, gloves)

→ Mike _____ _____ _____
  for a birthday present.

모의고사

서술형 5

12 다음 대화를 읽고, 주호와 소미가 좋아하는 일을 **both**를 사용하여 한 문장으로 쓰시오. (9단어) 4점

> **Juho:** What do you like to do in your free time?
> **Somi:** I like to play table tennis.
> **Juho:** Oh, really? Me, too!

→ _____

_____

고난도

13 다음 중 어법상 올바른 문장끼리 짝지어진 것은? 5점

> ⓐ He sent a few toys the children.
> ⓑ I showed Hojin my old pictures.
> ⓒ Jamie told his teacher a lie again.
> ⓓ Both he and I am not good at writing.
> ⓔ My brother bought me a blue T-shirt.
> ⓕ The book is both interesting and touching.

① ⓐ, ⓑ, ⓔ   ② ⓐ, ⓓ, ⓕ
③ ⓒ, ⓓ, ⓔ   ④ ⓑ, ⓒ, ⓔ, ⓕ
⑤ ⓑ, ⓓ, ⓔ, ⓕ

14 다음 빈칸 ⓐ와 ⓑ에 들어갈 말이 순서대로 바르게 짝지어진 것은? 3점

> Hello! I'm Somin. I'm 15 years old, and I live in Korea. Please tell me ___ⓐ___ your favorite time of the day. You can also show some pictures ___ⓑ___ me.

① of – for   ② for – to
③ for – about   ④ about – for
⑤ about – to

[15~17] 다음 글을 읽고, 물음에 답하시오.

> Hi, my name is Diego, and I live in Seville, Spain. My favorite time of the day is lunch time. My school usually ends around 2 p.m. ⓐOn most days, my family ⓑgets together and has a big, long lunch. We usually have soup, vegetables, and meat. We also have a dessert ⓒlike churros. After lunch, we usually ⓓtake a siesta, a short nap. ⓔBoth my father and I like to sleep under the tree in our garden.

15 윗글의 밑줄 친 ⓐ~ⓔ의 우리말 의미가 잘못된 것은? 3점

① ⓐ: 대부분의 날에
② ⓑ: 모이다
③ ⓒ: 추로스를 좋아하다
④ ⓓ: 시에스타, 즉 짧은 낮잠을 자다
⑤ ⓔ: 아버지와 나 둘 다

실유형

16 윗글의 내용과 일치하는 문장의 개수는? 5점

> ⓐ Diego likes lunch time the most.
> ⓑ Diego's school is usually over at noon.
> ⓒ Diego usually eats lunch at school.
> ⓓ Diego's family has a dessert such as churros.
> ⓔ Diego's family takes a nap before eating lunch.

① 1개   ② 2개   ③ 3개   ④ 4개   ⑤ 5개

서술형 6

17 윗글의 내용과 일치하도록 주어진 질문에 대한 답을 완성하시오. 5점

> **Q:** What is Diego talking about?
> **A:** He is talking about _____ _____
> _____ _____ _____ _____.

[18~21] 다음 글을 읽고, 물음에 답하시오.

Hi! My name is Tabin, and I live near the Gobi Desert in Mongolia. I'm happy ⓐwhen I ride my horse. Horses are important in our culture. ⓑAlmost everyone can ride a horse in Mongolia. In fact, we say, "We ride horses ___(A)___ we can walk." I ⓒtake good care of my horse. (B) 나는 종종 내 말의 털을 빗겨 주고 당근을 줘. I ⓓenjoy to ride especially in the evening ___(A)___ the sunset. Then the sky is red, and everything ⓔis peaceful.

18 윗글의 빈칸 (A)에 공통으로 들어갈 말로 알맞은 것은? 3점

① if ② unless ③ because
④ before ⑤ although

19 윗글의 밑줄 친 우리말 (B)와 의미가 같도록 주어진 단어들을 바르게 배열하여 문장을 완성하시오. 5점

give, him, brush, some carrots, him, and

→ I often _____.

20 윗글의 밑줄 친 ⓐ~ⓔ 중 어법상 틀린 것은? 4점

① ⓐ ② ⓑ ③ ⓒ ④ ⓓ ⑤ ⓔ

21 윗글을 읽고 답할 수 없는 질문은? 4점

① Where does Tabin live?
② When is Tabin happy?
③ What is important in Mongolian culture?
④ How many horses does Tabin's family have?
⑤ How does Tabin take care of her horse?

[22~25] 다음 글을 읽고, 물음에 답하시오.

Hi! I'm Musa, and I live in Nairobi, Kenya. (①) My ___ⓐ___ time of the day is our running practice time. (②) My friend, Tamu, and I are on the school's ___ⓑ___ team. (③) I'm ___ⓒ___ when I run with Tamu. Our practice time isn't ___ⓓ___ because we can see many animals. (④) Many runners from Kenya won ___ⓔ___ in the Olympics. (⑤) (A) I want to be like them, and Tamu wants to be like them, too.

22 윗글의 ①~⑤ 중 주어진 문장이 들어갈 위치로 알맞은 것은? 3점

I'm so proud of them.

① ② ③ ④ ⑤

23 윗글의 빈칸 ⓐ~ⓔ에 들어갈 말로 알맞지 않은 것은? 4점

① ⓐ: favorite ② ⓑ: running
③ ⓒ: happiest ④ ⓓ: exciting
⑤ ⓔ: races

24 윗글의 밑줄 친 (A)와 의미가 같도록 both를 사용하여 문장을 쓰시오. 5점

→ _____

25 윗글의 Musa에 대한 설명으로 알맞은 것은? 4점

① 케냐의 나이로비에 산다.
② 친구인 Tamu만 학교 달리기 팀에 속해 있다.
③ Musa와 Tamu는 항상 각자 달리기 연습을 한다.
④ 야생 동물과 함께 달릴 때 가장 행복하다.
⑤ 올림픽 경주에서 우승한 적이 있다.

01 다음 영영풀이에 해당하는 단어로 알맞은 것은? 3점

> a contest to see who or what is the fastest

① race ② nap ③ sunset
④ practice ⑤ culture

서술형**1**

02 다음 빈칸에 공통으로 들어갈 단어를 쓰시오. 3점

> • Please take good care _____ your brother.
> • Mr. and Ms. Davis are always proud _____ their daughter.

고난도

03 다음 중 밑줄 친 단어의 의미가 같은 것끼리 짝지어진 것은? 4점

① Practice makes perfect.
  He does an hour of piano practice every day.
② How does the movie end?
  I'll visit Paris at the end of this month.
③ Sam doesn't know how to ride a bike.
  Mom usually gives me a ride to school.
④ I lost my brush. I need a new one.
  She doesn't brush her cat that often.
⑤ They usually walk their dog in the morning.
  Why don't we go for a walk after dinner?

[04~05] 다음 대화의 빈칸에 들어갈 말로 알맞은 것을 고르시오.
각 3점

04

> A: _____
> B: I enjoy riding a bike.

① What did you do yesterday?
② Can you give us a ride to the mall?
③ What is your favorite time of the day?
④ What do you want to be in the future?
⑤ What do you usually do when you have free time?

05

> A: Seho, what do you do in your free time?
> B: I like playing games with my dad.
> A: What kind of games do you play?
> B: _____

① I usually play baduk.
② I don't know how to play chess.
③ I've never heard of the new game.
④ I can play both the piano and the flute.
⑤ Don't play computer games until it's late.

06 다음 짝지어진 대화 중 어색한 것은? 4점

① A: What do you do when you are free?
  B: I usually watch TV.
② A: What kind of shows do you watch?
  B: I enjoy watching quiz shows.
③ A: Why don't we go shopping tomorrow?
  B: That sounds great.
④ A: What kind of music do you listen to?
  B: I especially like listening to rap music.
⑤ A: I exercise outside in my free time. How about you?
  B: Sure. Let's play soccer.

07 다음 대화의 밑줄 친 ①~⑤ 중 흐름상 어색한 것은? 4점

> A: Emma, ①what do you usually do in your free time?
> B: I usually listen to music. ②How about you, Chris?
> A: ③I watch movies.
> B: ④How often do you go to the movies?
> A: I like watching sci-fi movies. ⑤I really like the *Star Wars* series.

[08~10] 다음 대화를 읽고, 물음에 답하시오.

> A: Subin, _____ ⓐ _____?
> B: I exercise outside.
> A: ⓑ너는 어떤 종류의 운동을 하니?
> B: I play badminton with my brother. I'm on the school's badminton team. What do you usually do in your free time, Andy?
> A: I like watching movies.
> B: What kind of movies do you like?
> A: I like action movies. They're fun.
> B: Oh, I sometimes watch action movies, too. Why don't we go see an action movie this weekend?
> A: Sure. That sounds great.

08 위 대화의 빈칸 ⓐ에 들어갈 말로 알맞지 <u>않은</u> 것은? 3점

① when are you free this week
② how do you spend your free time
③ what do you do when you have free time
④ what do you usually do in your free time
⑤ what do you enjoy doing in your free time

서술형2

09 위 대화의 밑줄 친 우리말 ⓑ와 의미가 같도록 주어진 단어들을 바르게 배열하여 문장을 쓰시오. 5점

> of, exercise, do, you, what, kind, do

→ _____

10 위 대화의 내용과 일치하는 것은? 4점

① Subin and Andy are talking about club activities.
② Subin enjoys indoor activities.
③ Andy is a member of the school's badminton team.
④ Andy likes to watch action movies.
⑤ Subin and Andy will play badminton this weekend.

11 다음 두 문장을 한 문장으로 바르게 바꾼 것은? 4점

> Kate is interested in art. She is also interested in music.

① Kate is both interested in art or music.
② Kate both is interested in art or music.
③ Kate is interested in both art and music.
④ Kate is interested in both art nor music.
⑤ Both Kate is interested in art and music.

서술형3

12 다음 두 문장의 의미가 같도록 빈칸에 들어갈 말을 쓰시오. 4점

> My uncle bought me a new jacket.
> = My uncle bought a new jacket _____ _____.

서술형4

13 다음 밑줄 친 ⓐ~ⓓ 중 어법상 <u>틀린</u> 것을 찾아 기호를 쓰고, 바르게 고쳐 쓰시오. 5점

> Both Tom ⓐand I ⓑam ⓒon the school's ⓓreading club.

( ) _____ → _____

14 다음 우리말과 의미가 같도록 괄호 안의 단어들을 배열할 때, 4번째로 오는 단어는? 4점

> 우리 선생님은 우리에게 많은 숙제를 내 주셨다.
> (us, teacher, a, gave, lot, our, homework, of)

① us ② lot ③ gave
④ teacher ⑤ homework

15 다음 중 어법상 올바른 문장의 개수는? 5점

> ⓐ Can you get a glass of milk me?
> ⓑ Both Eric and his friend is not wrong.
> ⓒ He taught Korean history to the students.
> ⓓ Don't forget to send Ms. Brown an email.
> ⓔ I will travel both to Australia and to New Zealand.

① 1개 ② 2개 ③ 3개 ④ 4개 ⑤ 5개

서술형 5

16 다음 표를 보고, 민수와 수미가 둘 다 좋아하는 것을 both를 사용하여 한 문장으로 쓰시오. (6단어) 5점

	Do you like ~?	
	pizza	hamburger
Minsu	○	○
Sumi	○	×

→

[17~20] 다음 글을 읽고, 물음에 답하시오.

> Hello! I'm Somin. I'm 15 years old, and I live in Korea. Please tell me about your favorite time of the day. You can also show me some pictures.
>
> Hi, my name is Diego, and I live in Seville, Spain. My favorite time of the day is lunch time. My school usually ends around 2 p.m. On most days, my family gets together and has a big, long lunch. We usually have soup, vegetables, and meat. We also have a dessert ⓐlike churros. After lunch, we usually take a siesta, a short nap.
> _____ ⓑ _____

17 윗글의 밑줄 친 ⓐlike와 의미가 같은 것은? 4점

① Eric's friends don't like his joke.
② Does Mina like playing the piano?
③ Korean people usually like spicy food.
④ Try to avoid junk food like hamburgers.
⑤ On weekends, I usually like to take a rest at home.

서술형 6

18 윗글의 빈칸 ⓑ에 들어갈 문장을 [조건]에 맞게 쓰시오. 5점

> [조건] 1. 다음 두 문장을 한 문장으로 바꿔 쓸 것
>   2. 문장을 Both로 시작하여 14단어로 쓸 것

> • My father likes to sleep under the tree in our garden.
> • I like to sleep under the tree in our garden, too.

→

서술형 7

19 다음 빈칸에 들어갈 단어를 윗글에서 찾아 쓰시오. 4점

> Taking a short _____ after lunch is good for your health.

20 윗글의 내용과 일치하지 <u>않는</u> 것은? 4점

① Somin wants to know others' favorite time of the day.
② In a day, Diego likes lunch time the best.
③ Diego's school usually finishes around 2 p.m.
④ Diego's family usually eats lunch together.
⑤ Diego's father goes back to work right after lunch.

23 윗글의 내용을 잘못 이해한 사람은? 4점

① 수진: Tabin은 말을 탈 때 행복해.
② 민수: Tabin이 사는 나라에서 말은 매우 중요해.
③ 지나: Tabin은 자신의 말을 잘 돌봐.
④ 호준: Tabin은 말에게 빗질을 해 주고 당근을 줘.
⑤ 수민: Tabin은 특히 해가 뜨기 전 새벽에 말타는 것을 좋아해.

[21~23] 다음 글을 읽고, 물음에 답하시오.

Hi! (①) My name is Tabin, and I live near the Gobi Desert in Mongolia. I'm happy when I ride my horse. Horses are important in our culture. Almost everyone can ride a horse in Mongolia. (②) I take good care of my horse. (③) I often brush him and (A)｜give / giving｜ him some carrots. I enjoy (B)｜ride / riding｜ especially in the evening before the sunset. (④) Then the sky is red, and everything (C)｜is / are｜ peaceful. (⑤)

[24~25] 다음 글을 읽고, 물음에 답하시오.

Hi! I'm Musa, and I live in Nairobi, Kenya. My favorite time of the day is our running practice time. My friend, Tamu, and I are ___ⓐ___ the school's running team. I'm happiest when I run ___ⓑ___ Tamu. Our practice time isn't boring because we can see many animals. Many runners from Kenya won races in the Olympics. I'm so proud ___ⓒ___ them. Both Tamu and I want to be like them.

21 윗글의 ①~⑤ 중 주어진 문장이 들어갈 위치로 알맞은 것은? 3점

In fact, we say, "We ride horses before we can walk."

① ② ③ ④ ⑤

24 윗글의 빈칸 ⓐ~ⓒ에 들어갈 말이 순서대로 바르게 짝지어진 것은? 3점

① at – to – of
② at – with – for
③ on – with – of
④ on – to – for
⑤ on – from – to

22 윗글의 (A)~(C)의 각 네모 안에 주어진 말 중 어법상 올바른 것끼리 짝지어진 것은? 4점

	(A)	(B)	(C)
①	give	… ride	… is
②	give	… riding	… is
③	give	… ride	… are
④	giving	… ride	… is
⑤	giving	… riding	… are

서술형8

25 윗글의 내용과 일치하도록 다음 대화를 완성하시오. 각 3점

A: Musa, when is your favorite time of the day?
B: It is my (1) _____.
A: Oh, really? Don't you think it is boring?
B: No. It's exciting because I (2) _____
_____.

01 다음 단어의 영영풀이를 완성할 때 빈칸에 들어갈 말이 순서대로 바르게 짝지어진 것은? **3점**

> practice: the activity of doing something _____ so that you can do it _____

① often – bad
② regularly – better
③ rarely – better
④ sometimes – worse
⑤ always – worse

02 다음 ⓐ~ⓓ의 빈칸 중 어느 곳에도 들어갈 수 없는 것은? **4점**

> ⓐ The forest is a _____ place.
> ⓑ The _____ from the beach was beautiful.
> ⓒ He wants to ride a camel in the _____.
> ⓓ Many people are watching a horse _____.

① race
② sunset
③ desert
④ dessert
⑤ peaceful

03 다음 대화의 빈칸 (A)~(C)에 들어갈 말로 알맞은 것을 [보기]에서 골라 순서대로 바르게 짝지은 것은? **3점**

> A: _____ (A) _____
> B: I usually watch movies.
> A: _____ (B) _____
> B: I like action movies.
> A: _____ (C) _____
> B: I like Bruce Lee.

> [보기] ⓐ What kind of movies do you like?
>   ⓑ Who is your favorite actor?
>   ⓒ What do you usually do when you have free time?

① ⓐ – ⓒ – ⓑ
② ⓑ – ⓐ – ⓒ
③ ⓑ – ⓒ – ⓐ
④ ⓒ – ⓐ – ⓑ
⑤ ⓒ – ⓑ – ⓐ

[04-06] 다음 대화를 읽고, 물음에 답하시오.

> A: Hey, Eric. What do you usually do in your free time?
> B: I go to the library and read books.
> A: What ⓐkind of books do you read?
> B: _____ ⓑ _____ I really like Sherlock Holmes' stories.

04 위 대화의 밑줄 친 ⓐ kind와 의미가 다른 하나는? **3점**

① Emily likes all kinds of animals.
② There are many different kinds of bread.
③ Angela is very kind, so everyone likes her.
④ They invented a new kind of smartphone.
⑤ Jake is the kind of person who helps others.

05 위 대화의 흐름상 빈칸 ⓑ에 들어갈 말로 알맞은 것은? **3점**

① I read three books a week.
② I like reading detective stories.
③ J. K. Rowling is my favorite writer.
④ I can't decide which book to read.
⑤ There are many books in the library.

06 고난도 What is true about the dialog? Choose all. **4점**

① Eric never goes to the library.
② Eric enjoys reading books when he has free time.
③ Eric loves Sherlock Holmes' stories.
④ Eric wants to be a detective like Sherlock Holmes.
⑤ Eric is going to see a Sherlock Holmes movie tomorrow.

[07-09] 다음 대화를 읽고, 물음에 답하시오.

> A: Subin, ⓐwhat do you usually do in your free time?
> B: I exercise outside.
> A: ①What kind of exercise do you do?
> B: I play badminton with my brother. ②I'm on the school's badminton team. What do you usually do in your free time, Andy?
> A: ③I never watch movies.
> B: What kind of movies do you like?
> A: I like action movies. ④They're fun.
> B: ⑤Oh, I sometimes watch action movies, too. Why don't we go see an action movie this weekend?
> A: Sure. That sounds great.

07 위 대화의 밑줄 친 ⓐ와 바꿔 쓸 수 없는 것은? 3점

① how do you spend your free time
② what do you do when you have free time
③ what do you like to do when you are free
④ what do you enjoy doing in your free time
⑤ how much time do you spend on your hobbies

서술형 **1**

08 위 대화의 밑줄 친 ①~⑤ 중 흐름상 어색한 것의 번호를 쓰고, 바르게 고쳐 쓰시오. 5점

(   ) → _____

서술형 **2** 고/ 신/ 난도 유형

09 위 대화를 읽고, 다음 질문 중 답할 수 있는 질문을 골라 완전한 영어 문장으로 답하시오. 5점

> (A) How often does Subin play badminton?
> (B) When did Subin join the badminton team?
> (C) What kind of movies does Andy like?
> (D) Where are Subin and Andy going to meet this weekend?

(   ) → _____

한 단계 더!

10 다음 문장을 3형식으로 바꿀 때 7번째로 오는 단어는? 3점

> My grandfather told us an old story.

① told   ② us   ③ to
④ story   ⑤ grandfather

한 단계 더!

11 다음 빈칸 ⓐ~ⓔ에 들어갈 말로 알맞지 <u>않은</u> 것은? 3점

> • Sora sent a package   ⓐ   him.
> • Alice cooked spaghetti   ⓑ   us.
> • I am good at both singing and   ⓒ   .
> • Jennifer is both beautiful and   ⓓ   .
> • Bob asked a private question   ⓔ   her.

① ⓐ: to   ② ⓑ: for
③ ⓒ: dancing   ④ ⓓ: intelligence
⑤ ⓔ: of

한 단계 더!

12 다음 중 밑줄 친 부분을 어법상 바르게 고치지 <u>않은</u> 것은? 3점

① Scott lent <u>me</u> some comic books.
      (→ to me)
② Angela brought <u>he</u> a bunch of flowers.
      (→ him)
③ Both Amy and Emily <u>likes</u> science fiction.
      (→ like)
④ I found the story both funny and <u>strangely</u>.
      (→ strange)
⑤ Laura made a yellow sweater <u>to</u> her daughter.
      (→ for)

서술형3

13 다음 두 문장을 [조건]에 맞게 한 문장으로 바꿔 쓰시오. 5점

> • I am interested in all kinds of sports.
> • Tim is also interested in all kinds of sports.

> [조건] 1. both를 사용할 것
> 2. 총 11단어의 완전한 문장으로 쓸 것

→ _____

한 단계 더!

14 다음 빈칸에 들어갈 수 있는 동사끼리 바르게 짝지은 것은? 4점

> She _____ a pretty doll to her daughter.

> ⓐ made   ⓑ gave   ⓒ got
> ⓓ sent   ⓔ showed   ⓕ bought

① ⓐ, ⓑ, ⓓ   ② ⓐ, ⓑ, ⓕ
③ ⓐ, ⓓ, ⓕ   ④ ⓑ, ⓒ, ⓔ
⑤ ⓑ, ⓓ, ⓔ

서술형4 고난도

15 다음 글의 밑줄 친 ⓐ~ⓒ 중 어법상 틀린 문장을 찾아 기호를 쓰고, 바르게 고쳐 문장을 다시 쓰시오. 5점

> Hello! I'm Somin. ⓐI'm 15 years old, and I live in Korea. ⓑPlease tell me about your favorite time of the day. ⓒYou can also show some pictures me.

(   ) → _____

[16-18] 다음 글을 읽고, 물음에 답하시오.

> Hi, my name is Diego, and I live in Seville, Spain. My ⓐfavorite time of the day is lunch time. My school usually ends ⓑaround 2 p.m. On most days, my family ⓒgets together and has a big, long lunch. We usually have soup, vegetables, and meat. We also have a ⓓdesert like churros. After lunch, we usually take a siesta, a short ⓔnap. (A) 나의 아버지와 나는 둘 다 우리 정원에 있는 나무 아래에서 자는 것을 좋아한다.

16 윗글의 밑줄 친 ⓐ~ⓔ 중 흐름상 쓰임이 어색한 것은? 3점

① ⓐ   ② ⓑ   ③ ⓒ   ④ ⓓ   ⑤ ⓔ

고난도 신유형

17 다음 질문과 응답 중 윗글의 내용과 일치하지 <u>않는</u> 것은? 5점

① Q: Where does Diego live?
   A: He lives in Seville, Spain.
② Q: When is Diego's favorite time of the day?
   A: It is lunch time.
③ Q: When does Diego's family have lunch together?
   A: His family has lunch together every weekend.
④ Q: What do they usually have for lunch?
   A: They usually have soup, vegetables, and meat.
⑤ Q: What do Diego and his father usually do after lunch?
   A: They usually take a short nap.

서술형5

18 윗글의 밑줄 친 우리말 (A)와 의미가 같도록 both를 사용하여 문장을 완성하시오. 4점

→ _____ under the tree in our garden.

[19-21] 다음 글을 읽고, 물음에 답하시오.

Hi! My name is Tabin, and I live near the Gobi Desert in Mongolia. I'm happy when I ride my horse. Horses are _____ⓐ_____ in our culture. Almost everyone can ride a horse in Mongolia. In fact, we say, "We ride horses before we can walk."

I take good care of my horse. ⓑ나는 종종 그의 털을 빗겨 주고 그에게 당근을 준다. I enjoy riding especially in the evening before the sunset. Then the sky is red, and everything is peaceful.

19 윗글의 빈칸 ⓐ와 [보기]의 빈칸에 공통으로 들어갈 단어의 영영풀이로 알맞은 것은? **4점**

[보기] My parents are the most _____ people to me.

① quiet and calm
② not interesting or exciting
③ highly valued or necessary
④ to finish first in something or to be the best in it
⑤ something funny that you say or do to make people laugh

20 윗글의 밑줄 친 우리말 ⓑ를 영어로 옮길 때 필요하지 <u>않은</u> 단어는? **4점**

① often ② for ③ give
④ brush ⑤ carrots

서술형**6**

21 Read the text above and answer the questions in complete sentences. **각 4점**

(1) What can most Mongolian people do?
→ _____

(2) When does Tabin especially enjoy riding her horse?
→ _____

[22-25] 다음 글을 읽고, 물음에 답하시오.

Hi! I'm Musa, and I live in Nairobi, Kenya. My favorite time _____(A)_____ the day ⓐis our running practice time. My friend, Tamu, and I ⓑare on the school's running team. I'm ⓒhappiest when I run with Tamu. Our practice time isn't ⓓboring because we can see many animals.

Many runners from Kenya won races in the Olympics. I'm so proud _____(B)_____ them. Both Tamu and I ⓔwants to be like (C) them.

서술형**7**

22 윗글의 빈칸 (A)와 (B)에 공통으로 들어갈 전치사를 쓰시오. **3점**

_____

23 윗글의 밑줄 친 ⓐ~ⓔ 중 어법상 <u>틀린</u> 것을 바르게 고친 것은? **4점**

① ⓐ → was ② ⓑ → is
③ ⓒ → most happy ④ ⓓ → bored
⑤ ⓔ → want

서술형**8** 고난도

24 윗글의 밑줄 친 (C) them을 설명하는 다음 문장의 빈칸에 알맞은 말을 쓰시오. **5점**

They are runners _____ _____ who _____ _____ in _____ _____.

신유형

25 밑줄 친 ⓐ~ⓔ 중 윗글의 내용과 일치하지 <u>않는</u> 것은? **4점**

ⓐMusa likes his running practice time most. ⓑBoth his brother Tamu and he belong to the school's running team. ⓒHe feels happiest when he runs with Tamu. ⓓThey can see many animals when they practice running. ⓔThey want to win a race in the Olympics in the future.

① ⓐ ② ⓑ ③ ⓒ ④ ⓓ ⑤ ⓔ

오답 공략

○ 틀린 문항을 표시해 보세요.

○ 부족한 영역을 점검하고 어떻게 더 학습할지 계획을 적어 보세요.

〈제1회〉 대표 기출로 내신 적중 모의고사　　총점 _____ / 100

문항	영역	문항	영역	문항	영역
01	p.10(W)	10	p.22(G)	19	p.31(R)
02	p.8(W)	11	p.23(G)	20	p.31(R)
03	p.8(W)	12	p.22(G)	21	p.31(R)
04	p.14(L&T)	13	pp.22~23(G)	22	p.31(R)
05	p.13(L&T)	14	pp.22~23(G)	23	p.31(R)
06	p.14(L&T)	15	p.30(R)	24	p.31(R)
07	p.15(L&T)	16	p.30(R)	25	p.31(R)
08	p.15(L&T)	17	p.30(R)		
09	p.15(L&T)	18	p.30(R)		

제1회 오답 공략
부족한 영역
학습 계획

〈제2회〉 대표 기출로 내신 적중 모의고사　　총점 _____ / 100

문항	영역	문항	영역	문항	영역
01	p.8(W)	10	p.23(G)	19	p.31(R)
02	p.10(W)	11	p.22(G)	20	p.31(R)
03	p.8(W)	12	p.23(G)	21	p.31(R)
04	p.13(L&T)	13	p.22~23(G)	22	p.31(R)
05	p.14(L&T)	14	p.30(R)	23	p.31(R)
06	p.15(L&T)	15	p.30(R)	24	p.31(R)
07	p.15(L&T)	16	p.30(R)	25	p.31(R)
08	p.15(L&T)	17	p.30(R)		
09	p.15(L&T)	18	p.31(R)		

제2회 오답 공략
부족한 영역
학습 계획

〈제3회〉 대표 기출로 내신 적중 모의고사　　총점 _____ / 100

문항	영역	문항	영역	문항	영역
01	p.10(W)	10	p.15(L&T)	19	p.30(R)
02	p.8(W)	11	p.23(G)	20	p.30(R)
03	p.10(W)	12	p.22(G)	21	p.31(R)
04	p.13(L&T)	13	p.23(G)	22	p.31(R)
05	p.14(L&T)	14	p.22(G)	23	p.31(R)
06	p.13(L&T)	15	pp.22~23(G)	24	p.31(R)
07	p.15(L&T)	16	p.23(G)	25	p.31(R)
08	p.15(L&T)	17	p.30(R)		
09	p.15(L&T)	18	p.30(R)		

제3회 오답 공략
부족한 영역
학습 계획

〈제4회〉 고난도로 내신 적중 모의고사　　총점 _____ / 100

문항	영역	문항	영역	문항	영역
01	p.10(W)	10	p.22(G)	19	p.31(R)
02	p.8(W)	11	pp.22~23(G)	20	p.31(R)
03	p.15(L&T)	12	pp.22~23(G)	21	p.31(R)
04	p.14(L&T)	13	p.23(G)	22	p.31(R)
05	p.14(L&T)	14	p.22(G)	23	p.31(R)
06	p.14(L&T)	15	p.30(R)	24	p.31(R)
07	p.15(L&T)	16	p.30(R)	25	p.31(R)
08	p.15(L&T)	17	p.30(R)		
09	p.15(L&T)	18	p.30(R)		

제4회 오답 공략
부족한 영역
학습 계획

Lesson 2

Enjoying Local Culture

주요 학습 내용	의사소통 기능	길 묻고 답하기 1	A: Where is the school? (학교는 어디에 있나요?) B: It's across from the hospital. (병원 맞은편에 있어요.)
		길 묻고 답하기 2	A: How do I get there? (그곳에 어떻게 가나요?) B: Go straight three blocks and turn left. (세 블록을 곧장 가서 왼쪽으로 도세요.)
	언어 형식	have to	They **have to** be healthy. (그들은 건강해야 한다.)
		to부정사의 부사적 용법	They have to produce a lot of milk **to win** a prize. (그들은 상을 받기 위해서 많은 우유를 생산해야 한다.)

학습 단계 PREVIEW	STEP **A**	Words	Listen and Talk	Grammar	Reading	기타 지문
	STEP **B**	Words	Listen and Talk	Grammar	Reading	서술형 100% Test
	내신 적중 모의고사	제 1 회	제 2 회	제 3 회	제 4 회	

Words

만점 노트

Listen and Talk

* 완벽히 외운 단어는 □ 안에 √표 해 봅시다.

□□ area	몡 지역, 구역	□□ miss☆	동 놓치다; 그리워하다
□□ block☆	몡 (도로로 나뉘는) 블록, 구역	□□ north	형 북쪽의, 북쪽에 있는 몡 북쪽
□□ city hall	몡 시청	□□ south	형 남쪽의, 남쪽에 있는 몡 남쪽
□□ direction	몡 방향, 지도; (복수) 길, 명령, 지시	□□ stage	몡 무대
□□ gate	몡 문, 출입문	□□ straight☆	부 똑바로, 곧장

Talk and Play

| □□ complete | 동 완성하다 | □□ music hall | 음악당, 뮤직홀 |
| □□ movie theater | 영화관 | □□ subway station | 지하철역 |

Reading

□□ blanket	몡 담요	□□ over	전 ~이 넘는, ~ 이상의
□□ combination☆	몡 결합(물), 조합(물)	□□ produce	동 생산하다
□□ colorful	형 다채로운, 화려한	□□ quilt	몡 (장식용으로 덮는) 누비이불, 퀼트
□□ contest	몡 대회, 시합	□□ scared	형 무서워하는, 겁먹은
□□ corn dog	콘도그 (옥수수 반죽을 입혀 튀긴 핫도그)	□□ sew	동 바느질하다, 꿰매다
□□ enter☆	동 (대회 등에) 출전하다, 참가하다	□□ spicy	형 매운, 매콤한
□□ fabric	몡 직물, 천	□□ state	몡 주(州)
□□ fair☆	몡 축제 마당, 풍물 장터 형 타당한, 공정한	□□ tradition☆	몡 전통
□□ fajita	몡 파히타 (밀전병 같은 것으로 싸 먹는 멕시코 요리)	□□ unique☆	형 유일무이한, 독특한
□□ Ferris wheel	(유원지의) 회전 관람차	□□ move on to	~로 옮기다, 이동하다
□□ follow	동 따라가다	□□ show ~ around	~에게 (…을) 둘러보도록 안내하다
□□ fun	몡 재미 형 재미있는, 즐거운	□□ win a prize	상을 타다
□□ healthy	형 건강한	□□ work on	노력을 들이다

Language in Use

□□ abroad	부 해외로, 해외에서	□□ fasten	동 매다, 묶다
□□ cancel	동 취소하다	□□ save	동 모으다, 저축하다
□□ electric	형 전기의	□□ hurry up	서두르다

Think and Write & Team Project

□□ festival	몡 축제	□□ be full of	~로 가득 차다
□□ traditional	형 전통적인	□□ have fun	재미있게 놀다, 즐기다
□□ be famous for	~로 유명하다	□□ walk around	주변을 돌아다니다

Review

| □□ during | 전 ~ 동안 | □□ make a call | 전화를 걸다 |
| □□ walk | 동 (동물을) 걷게 하다, 산책시키다 | □□ wash the dishes | 설거지하다 |

Words

연습 문제

A 다음 단어의 우리말 뜻을 쓰시오.

01 combination _____
02 produce _____
03 state _____
04 electric _____
05 north _____
06 colorful _____
07 subway station _____
08 Ferris wheel _____
09 abroad _____
10 during _____
11 sew _____
12 cancel _____
13 fair _____
14 block _____
15 spicy _____
16 scared _____
17 tradition _____
18 fabric _____
19 area _____
20 gate _____

B 다음 우리말 뜻에 알맞은 영어 단어를 쓰시오.

01 똑바로, 곧장 _____
02 놓치다; 그리워하다 _____
03 건강한 _____
04 (대회 등에) 출전하다 _____
05 담요 _____
06 매다, 묶다 _____
07 누비이불, 퀼트 _____
08 ~이 넘는, ~ 이상의 _____
09 유일무이한, 독특한 _____
10 (동물을) 산책시키다 _____
11 남쪽(의) _____
12 따라가다 _____
13 축제 _____
14 대회, 시합 _____
15 완성하다 _____
16 방향, 지도 _____
17 모으다, 저축하다 _____
18 무대 _____
19 재미; 재미있는 _____
20 시청 _____

C 다음 영어 표현의 우리말 뜻을 쓰시오.

01 make a call _____
02 have fun _____
03 win a prize _____
04 move on to _____
05 show ~ around _____
06 hurry up _____
07 wash the dishes _____
08 be famous for _____
09 work on _____

D 다음 우리말 뜻에 알맞은 영어 표현을 쓰시오.

01 상을 타다 _____
02 전화를 걸다 _____
03 서두르다 _____
04 설거지하다 _____
05 ~로 가득 차다 _____
06 ~로 옮기다 _____
07 재미있게 놀다 _____
08 주변을 돌아다니다 _____
09 ~로 유명하다 _____

Words Plus
만점 노트

영영풀이

□□	abroad	해외로, 해외에서	in or to a foreign country
□□	area	지역, 구역	a part of a place
□□	blanket	담요	a thick warm cover for a bed
□□	cancel	취소하다	to state or decide that something will not happen
□□	contest	대회, 시합	a competition or game in which people try to win
□□	combination	결합(물), 조합(물)	a mixture of different people or things
□□	direction	방향	the way that someone or something is moving or pointing
□□	fair	축제 마당, 풍물 장터	an outdoor event where you can go on exciting rides and play games to win prizes
□□	fasten	매다, 묶다	to join together the two sides of something
□□	Ferris wheel	회전 관람차	a big wheel with seats that go up into the air, for people to ride on for fun
□□	follow	따라가다	to come or go after or behind
□□	healthy	건강한	physically good and strong
□□	produce	생산하다	to bring into being; to make or manufacture
□□	scared	무서워하는, 겁먹은	afraid of or nervous about something
□□	sew	바느질하다, 꿰매다	to use a needle and thread to make or fix clothes
□□	spicy	매운, 매콤한	containing a strong hot flavor of spices
□□	state	주(州)	one of the parts that the USA is divided into
□□	straight	똑바로, 곧장	in a line or direction that is not bent or curved
□□	tradition	전통	something that people have done for a long time and continue to do
□□	unique	유일무이한, 독특한	special and different from every other person or thing

단어의 의미 관계

- **동의어**
  enter (참가하다) = join (in)
  fair (축제) = festival
  fabric (직물, 천) = cloth
  over (~이 넘는) = more than
  unique (독특한) = special
- **명사 – 형용사**
  color (색) – colorful (다채로운, 화려한)
  health (건강) – healthy (건강한)
  tradition (전통) – traditional (전통적인)
- **동사 – 형용사**
  scare (무섭게 하다) – scared (무서워하는)
- **동사 – 명사**
  produce (생산하다) – production (생산)

다의어

- **fair** 1. 명 축제 마당, 풍물 장터 2. 형 타당한, 공정한
  1. We bought cotton candy at the **fair**.
  (우리는 축제에서 솜사탕을 샀다.)
  2. Mr. Lee is **fair** with his students.
  (이 선생님은 학생들을 공정하게 대한다.)
- **enter** 1. 동 (대회 등에) 출전하다, 참가하다 2. 동 들어가다
  1. At least 30 schools **entered** the competition.
  (적어도 30개 학교가 대회에 참가했다.)
  2. Please knock before you **enter**.
  (들어오기 전에 노크를 해 주세요.)
- **show** 1. 동 ~을 보여 주다 2. 명 (무대의) 쇼, 공연; 전람회
  1. Can you **show** me your family picture?
  (내게 가족사진을 보여줄 수 있니?)
  2. We want to go see the magic **show**.
  (우리는 마술 쇼를 보러 가고 싶다.)

A 다음 영영풀이에 해당하는 단어를 [보기]에서 찾아 쓴 후, 우리말 뜻을 쓰시오.

| [보기] | unique | abroad | follow | produce | healthy | straight | blanket | combination |

1 _____ : in or to a foreign country : _____
2 _____ : physically good and strong : _____
3 _____ : a thick warm cover for a bed : _____
4 _____ : to come or go after or behind : _____
5 _____ : a mixture of different people or things : _____
6 _____ : to bring into being; to make or manufacture : _____
7 _____ : in a line or direction that is not bent or curved : _____
8 _____ : special and different from every other person or thing : _____

B 다음 빈칸에 들어갈 단어를 [보기]에서 찾아 쓰시오.

| [보기] | enter | tradition | fasten | scared | cancel |

1 Please _____ your seat belts.
2 My little brother is _____ of spiders.
3 I run fast, so I'm planning to _____ some races.
4 It is their _____ to give thanks before they start eating.
5 They had to _____ tomorrow's game because of the bad weather.

C 우리말과 의미가 같도록 빈칸에 알맞은 말을 쓰시오.

1 Harrison은 그녀에게 집을 둘러보도록 안내했다. → Harrison _____ her _____ the house.
2 서둘러, 그렇지 않으면 너는 학교에 지각할 거야. → _____ _____ , or you'll be late for school.
3 그는 전화를 몇 통 걸고는 나갔다. → He _____ a few _____ and then went out.
4 그녀의 정원은 화려한 꽃들로 가득하다.
   → Her garden _____ _____ _____ colorful flowers.
5 내 남동생은 영어 말하기 대회에서 상을 탔다.
   → My brother _____ _____ _____ in the English speech contest.

D 짝지어진 단어의 관계가 같도록 빈칸에 알맞은 단어를 쓰시오.

1 fasten : tie = join (in) : _____
2 fair : festival = cloth : _____
3 color : colorful = health : _____
4 worry : worried = scare : _____
5 electricity : electric = tradition : _____

Words

Answers p. 20

실전 TEST

01 다음 단어의 우리말 뜻이 <u>잘못된</u> 것은?

① sew: 자르다
② area: 지역, 구역
③ fair: 축제 마당, 풍물 장터
④ combination: 결합(물), 조합(물)
⑤ subway station: 지하철역

02 다음 중 짝지어진 단어의 관계가 나머지와 <u>다른</u> 하나는?

① color – colorful
② health – healthy
③ electricity – electric
④ tradition – traditional
⑤ production – produce

03 다음 밑줄 친 단어와 바꿔 쓸 수 있는 것은?

The curtains are made of cheap green <u>fabric</u>.

① cloth　　② quilt　　③ blanket
④ festival　　⑤ tradition

04 다음 영영풀이에 해당하는 단어로 알맞은 것은?

special and different from every other person or thing

① spicy　　② unique　　③ abroad
④ straight　　⑤ scared

05 다음 중 밑줄 친 부분의 의미가 나머지와 <u>다른</u> 하나는?

① I'll <u>enter</u> the singing contest.
② Do you want to <u>enter</u> the race?
③ Jane decided to <u>enter</u> the game.
④ Her brother <u>entered</u> the kitchen.
⑤ They <u>entered</u> the writing competition last year.

06 다음 빈칸에 들어갈 말이 순서대로 바르게 짝지어진 것은?

• Can you wait while I _____ a call?
• The children _____ a prize in a dance contest.

① play – won　　② play – did
③ make – won　　④ make – did
⑤ follow – did

07 주어진 우리말과 의미가 같도록 빈칸에 알맞은 말을 쓰시오.

표를 원한다면 넌 서둘러야 해.
→ If you want tickets, you should _____ _____.

08 다음 빈칸에 공통으로 들어갈 말로 알맞은 것은?

• Let's go to the fashion _____ this Sunday.
• Ms. Lee is going to _____ you around the city.

① show　　② follow　　③ contest
④ festival　　⑤ produce

Listen and Talk

핵심 노트

1 길 묻고 답하기 1

A: **Where is** the school?	학교는 어디에 있나요?
B: It's **across from** the hospital.	병원 맞은편에 있어요.

특정 장소의 위치를 물을 때 Where is ~?를 사용한다.

시험 포인트 **point**
위치를 묻는 말에 대한 대답으로 알맞은 것을 고르는 문제가 주로 출제되므로, 위치를 말하는 다양한 표현을 알아 두도록 한다.

• 위치를 말할 때 사용하는 표현

across from	~ 맞은편에	between A and B	A와 B 사이에
next to	~ 옆에	by	~ 옆(가)에
in front of	~ 앞에	behind	~ 뒤에
on+거리 이름	~가에	near	~ 근처에

• 위치 묻기

A: Where is the post office? (우체국이 어디에 있나요?)

  Where is the nearest bank? (가장 가까운 은행이 어디에 있나요?)

• 위치 말하기

B: It's between the bakery and the school. (빵집과 학교 사이에 있어요.)

  There's one next to the bookstore. (서점 옆에 하나 있어요.)

  It's on Green Street. (Green가에 있어요.)

2 길 묻고 답하기 2

A: **How do I get** there?	그곳에 어떻게 가나요?
B: **Go straight** three blocks and **turn** left.	세 블록을 곧장 가서 왼쪽으로 도세요.

특정 장소에 가는 길을 물을 때 How do(can) I get to ~? 또는 Where can I find ~?를 사용한다. 또한 Can you tell me where ~?, Could you tell(show) me the way to ~? 등으로도 말할 수 있다. 길을 안내할 때는 Go(Walk) straight ~ block(s)., Turn right/left., It'll be the ~ building on your right/left. 등의 표현을 사용한다.

• 길 묻기

A: How can I get to the City Hall? (시청에 어떻게 가나요?)

  Where can I find the City Hall? (어디에서 시청을 찾을 수 있나요?)

  Can you tell me where the City Hall is? (시청이 어디에 있는지 말씀해 주시겠어요?)

  Can you tell me how to get to the City Hall? (시청에 어떻게 가는지 말씀해 주시겠어요?)

  Could you show me the way to the City Hall? (시청으로 가는 길을 알려 주시겠어요?)

• 길 안내하기

시험 포인트 **point**
길을 묻는 올바른 표현을 고르는 문제가 출제되므로, 길을 묻는 다양한 표현을 외워두도록 한다. 또한 지도를 보고 장소를 찾는 문제도 주로 출제되므로, 장소를 나타내는 말과 길을 안내하는 표현을 정확히 알아 두도록 한다.

B: Walk straight one block. (한 블록을 곧장 걸어가세요.)

  It'll be on your left. (왼쪽에 있을 거예요.)

  You'll see it on your left. (왼쪽에 그것이 보일 거예요.)

  It'll be the second building on your left. (왼쪽에 있는 두 번째 건물일 거예요.)

L&T ▶ Listen and Talk
만점 노트

STEP A

Listen and Talk A-1

B: ❶Excuse me. ❷I'm looking for the Star Mall.

G: ❸Go straight two blocks and turn left. ❹It'll be the first building on your right.

B: Oh, I see. Thank you.

G: ❺You're welcome.

❶ 실례합니다.

❷ I'm looking for ~.는 '나는 ~를 찾고 있다'는 뜻으로 길을 물을 때 사용할 수 있는 표현이다.

❸ Go straight ~ block(s) and turn right/left.는 길을 안내하는 표현이다. 길을 안내할 때는 go, turn, walk 등의 동사원형으로 시작하는 명령문으로 말할 수 있다.

❹ It'll be the ~ building on your right/left.도 길을 안내하는 표현이며, 여기에서 It은 the Star Mall을 가리킨다.

❺ 천만에요.

Q1 남학생은 어디에 가려고 하나요? _____

Listen and Talk A-2

B: Excuse me. ❶Where's the bookstore?

G: ❷There's one ❸across from the ❹post office.

B: ❺How do I get there?

G: Go straight one block and turn right. ❻It'll be on your right.

B: Thank you!

❶ Where is ~?는 위치를 묻는 표현이다.

❷ 특정 장소의 위치를 말하는 표현으로 사용되었으며, 여기에서 one은 a bookstore를 가리킨다.

❸ ~ 맞은편에

❹ 우체국

❺ How do I get ~?은 길을 묻는 표현이다. there는 to the bookstore를 의미한다.

❻ 오른쪽에 있을 거예요.

Q2 서점은 우체국의 어느 쪽에 있나요? (   ) ⓐ 왼편 ⓑ 오른편 ⓒ 맞은편

Listen and Talk A-3

B: Excuse me. ❶How do I get to the ❷police station?

G: ❸Walk straight three blocks and turn left. It'll be on your right.

B: Oh, I see.

G: ❹It's between the bakery and the school. ❺You can't miss it.

B: Thank you!

❶ How do I get to ~?는 길을 묻는 표현으로 to 뒤에는 장소가 온다.

❷ 경찰서

❸ '곧장 걸어가다'라는 뜻으로 길을 안내하는 표현이다. (= Go straight)

❹ between A and B는 'A와 B 사이에'라는 의미이다.

❺ 꼭 찾으실 거예요. (= You'll find it.)

Q3 Where is the police station? It's between _____ and _____.

Listen and Talk A-4

B: Excuse me. Where is the ❶History Museum?

G: ❷It's on Green Street.

B: ❸How do I get there?

G: Go straight three blocks and turn right. ❹You'll see it on your right. It's ❺next to the bank.

B: Thank you so much.

❶ 역사 박물관

❷ 「It's on+거리 이름.」은 길을 안내하는 표현으로 사용할 수 있다.

❸ How do I get ~?은 길을 물을 때 사용할 수 있다.

❹ 길을 안내하는 표현이며, it은 the History Museum을 가리킨다.

❺ ~ 옆에

Q4 역사 박물관은 어느 거리에 있나요? _____

Listen and Talk C

B: Hello. ❶May I help you?

G: Yes, please. I'm looking for Green Park.

B: OK. Please look at this map. ❷We are here.

G: Oh, ❸I see. So how do I get to the park?

B: ❹Go straight two blocks and turn left. It's across from the ❺train station.

G: I see. The African Music Concert is there, ❻right?

B: Yes, it is. ❼It's going to start at 4 p.m. at the Star Concert Stage.

G: Right, and ❽where is the stage?

B: It's near the ❾north gate of the park.

G: OK, thank you!

❶ '도와드릴까요?'라는 뜻으로 도움을 제안하는 표현이다. (= Can I help you? / How may(can) I help you?)

❷ '우리는 여기에 있어요.'라는 뜻으로 지도에서 현재 화자들이 있는 곳을 가리키며 하는 말이다.

❸ 그렇군요, 알겠어요.

❹ 길을 안내할 때 사용하는 표현으로, go 대신 walk를 쓸 수 있다.

❺ 기차역

❻ '그렇죠?'라는 뜻으로 앞서 언급한 말이 맞는지 확인하는 표현이다. (= isn't it?)

❼ It은 the African Music Concert를 가리킨다. be going to: ~할 예정이다 (= will)

❽ 찾고자 하는 장소의 위치를 물을 때 쓰는 표현이다.

❾ 북문

Q5 What is the girl looking for? (   )

ⓐ Green Park ⓑ Star Park

Q6 Star Concert 무대는 어디에 있나요?

_____

Talk and Play

A: Excuse me. ❶How do I get to the police station?

B: Go straight one block and turn left. It'll be on your right. ❷It's next to the school.

A: Thanks a lot.

❶ How do I get to ~?는 Where is ~?, Where can I find ~?, Can you tell me where ~? 등으로 바꿔 쓸 수 있다.

❷ 위치를 말할 때 사용하는 표현으로, It은 the police station을 가리킨다.

Q7 The police station is behind the school.

(T / F)

Review-1

M: ❶Excuse me. ❷How do I get to the bookstore?

W: Walk straight two blocks and ❸turn left. ❹It'll be on your right.

M: That sounds easy. Thank you.

❶ 실례합니다.

❷ = Where is the bookstore?

❸ '왼쪽으로 돌다'라는 뜻으로 길을 안내하는 표현이다.

❹ It은 남자가 가고자 하는 장소인 the bookstore를 가리킨다.

Q8 How will the man get to the bookstore?

He will walk _____ two blocks and turn _____ to get there.

Review-2

G: Excuse me. ❶Where's Tom's Bakery?

B: ❷It's on Main Street. ❸It's next to the bank.

G: Thanks.

❶ 위치를 묻는 표현으로 where's는 where is의 줄임말이다.

❷ 찾고 있는 곳이 어떤 거리에 있다고 말할 때 It's on ~ Street. 라고 한다.

❸ next to는 '~ 옆에'라는 의미로, 위치를 말할 때 쓰는 표현이다.

Q9 Tom의 빵집은 어느 거리에 있나요?

_____

Listen and Talk

빈칸 채우기

• 주어진 우리말과 일치하도록 교과서 대화문을 완성하시오.

Listen and Talk A-1

B: Excuse me. I'm _____ _____ the Star Mall.

G: Go straight _____ _____ and turn _____. It'll be the first building on your _____.

B: Oh, I see. Thank you.

G: You're welcome.

 교과서 30쪽

B: 실례합니다. Star Mall을 찾고 있어요.

G: 두 블록을 곧장 가서 왼쪽으로 도세요. 오른쪽에 있는 첫 번째 건물일 거예요.

B: 아, 그렇군요. 고맙습니다.

G: 천만에요.

Listen and Talk A-2

B: Excuse me. Where's the bookstore?

G: There's one _____ _____ the post office.

B: _____ _____ I _____ there?

G: _____ _____ one block and turn right. It'll be _____ _____ _____.

B: Thank you!

교과서 30쪽

B: 실례합니다. 서점이 어디에 있나요?

G: 우체국 맞은편에 하나 있어요.

B: 그곳에 어떻게 가나요?

G: 한 블록을 곧장 가서 오른쪽으로 도세요. 오른쪽에 있을 거예요.

B: 고맙습니다!

Listen and Talk A-3

B: _____ _____. How do I get to the police station?

G: Walk straight _____ _____ and _____ _____. It'll be on your right.

B: Oh, I see.

G: It's _____ the bakery and the school. You can't _____ _____.

B: Thank you!

교과서 30쪽

B: 실례합니다. 경찰서에 어떻게 가나요?

G: 세 블록을 곧장 걸어가서 왼쪽으로 도세요. 오른쪽에 있을 거예요.

B: 아, 그렇군요.

G: 빵집과 학교 사이에 있어요. 꼭 찾으실 거예요.

B: 고맙습니다!

Listen and Talk A-4

B: Excuse me. _____ _____ the History Museum?

G: _____ _____ Green Street.

B: _____ do I _____ _____?

G: Go straight three blocks and _____ _____. You'll see it on your right. It's _____ _____ the bank.

B: Thank you so much.

교과서 30쪽

B: 실례합니다. 역사 박물관이 어디에 있나요?

G: Green가에 있어요.

B: 그곳에 어떻게 가나요?

G: 세 블록을 곧장 가서 오른쪽으로 도세요. 오른쪽에 보일 거예요. 은행 옆에 있어요.

B: 정말 고맙습니다.

Listen and Talk C

B: Hello. _____ _____ _____ you?

G: Yes, please. I'm _____ _____ Green Park.

B: OK. Please look at this map. We are here.

G: Oh, I _____. So how do I get to the park?

B: _____ _____ two blocks and turn left. It's _____ _____ the train station.

G: I see. The African Music Concert is there, right?

B: Yes, it is. It's_____ _____ _____ at 4 p.m. at the Star Concert Stage.

G: Right, and _____ _____ the stage?

B: It's _____ the north gate of the park.

G: OK, thank you!

B: 안녕하세요. 도와드릴까요?

G: 네. 저는 Green 공원을 찾고 있어요.

B: 네. 이 지도를 보세요. 우리는 여기에 있어요.

G: 아, 그렇군요. 그러면 공원은 어떻게 가나요?

B: 두 블록을 곧장 가서 왼쪽으로 도세요. 공원은 기차역 맞은편에 있어요.

G: 그렇군요. 그곳에서 아프리카 음악 콘서트가 열리죠, 맞나요?

B: 네. 오후 4시에 Star Concert 무대에서 시작할 거예요.

G: 맞아요. 그런데 무대는 어디에 있나요?

B: 공원의 북문 근처에 있어요.

G: 네, 고맙습니다!

Talk and Play

A: Excuse me. How do I get to the _____ _____?

B: Go straight _____ _____ and turn left. It'll be on your right. It's _____ _____ the school.

A: Thanks a lot.

A: 실례합니다. 경찰서에 어떻게 가나요?

B: 한 블록을 곧장 가서 왼쪽으로 도세요. 오른쪽에 있을 거예요. 학교 옆에 있어요.

A: 정말 고마워요.

Review - 1

M: Excuse me. _____ do I _____ to the bookstore?

W: _____ _____ two blocks and turn left. It'll be _____ _____ _____.

M: That sounds easy. Thank you.

M: 실례합니다. 서점에 어떻게 가나요?

W: 두 블록을 곧장 걸어가서 왼쪽으로 도세요. 오른쪽에 있을 거예요.

M: 쉬울 것 같네요. 고맙습니다.

Review - 2

G: Excuse me. Where's Tom's Bakery?

B: It's _____ _____ _____. It's _____ _____ the bank.

G: Thanks.

G: 실례합니다. Tom's 빵집은 어디에 있나요?

B: Main가에 있어요. 은행 옆에 있어요.

G: 고맙습니다.

Listen and Talk
대화 순서 배열하기

1 Listen and Talk A-1

교과서 30쪽

ⓐ Oh, I see. Thank you.
ⓑ Go straight two blocks and turn left. It'll be the first building on your right.
ⓒ You're welcome.
ⓓ Excuse me. I'm looking for the Star Mall.

(   ) – (   ) – (   ) – (   )

2 Listen and Talk A-2

교과서 30쪽

ⓐ There's one across from the post office.
ⓑ Go straight one block and turn right. It'll be on your right.
ⓒ How do I get there?
ⓓ Thank you!
ⓔ Excuse me. Where's the bookstore?

(   ) – (   ) – (   ) – (   ) – (   )

3 Listen and Talk A-3

교과서 30쪽

ⓐ It's between the bakery and the school. You can't miss it.
ⓑ Excuse me. How do I get to the police station?
ⓒ Thank you!
ⓓ Oh, I see.
ⓔ Walk straight three blocks and turn left. It'll be on your right.

(   ) – (   ) – ⓓ – (   ) – (   )

4 Listen and Talk A-4

교과서 30쪽

ⓐ Thank you so much.
ⓑ It's on Green Street.
ⓒ Excuse me. Where is the History Museum?
ⓓ How do I get there?
ⓔ Go straight three blocks and turn right. You'll see it on your right. It's next to the bank.

(   ) – (   ) – (   ) – (   ) – (   )

5 Listen and Talk C

교과서 31쪽

A: Hello. May I help you?

ⓐ It's near the north gate of the park.

ⓑ Yes, it is. It's going to start at 4 p.m. at the Star Concert Stage.

ⓒ Oh, I see. So how do I get to the park?

ⓓ OK, thank you!

ⓔ OK. Please look at this map. We are here.

ⓕ Go straight two blocks and turn left. It's across from the train station.

ⓖ Right, and where is the stage?

ⓗ I see. The African Music Concert is there, right?

ⓘ Yes, please. I'm looking for Green Park.

A – (   ) – ⓔ – (   ) – (   ) – ⓗ – (   ) – ⓖ – (   ) – (   )

6 Talk and Play

교과서 32쪽

ⓐ Go straight one block and turn left. It'll be on your right. It's next to the school.

ⓑ Thanks a lot.

ⓒ Excuse me. How do I get to the police station?

(   ) – (   ) – (   )

7 Review-1

교과서 44쪽

ⓐ Walk straight two blocks and turn left. It'll be on your right.

ⓑ That sounds easy. Thank you.

ⓒ Excuse me. How do I get to the bookstore?

(   ) – (   ) – (   )

8 Review-2

교과서 44쪽

ⓐ Thanks.

ⓑ It's on Main Street. It's next to the bank.

ⓒ Excuse me. Where's Tom's Bakery?

(   ) – (   ) – (   )

STEP A

01 다음 대화의 빈칸에 들어갈 말로 알맞은 것은?

A: Excuse me. _____
B: Go straight one block. The theater is on your right.

① How do I get to the theater?
② When did you go to the theater?
③ What about going to the theater?
④ Have you ever been to the theater?
⑤ How long does it take to get to the theater?

02 다음 대화의 빈칸에 들어갈 말로 알맞지 <u>않은</u> 것은?

A: Where is Joe's Pizza?
B: _____

① It's on Purple Street.
② It's my favorite place.
③ It's next to the library.
④ It's across from the post office.
⑤ It's between the library and the hospital.

03 자연스러운 대화가 되도록 (A)~(D)를 바르게 배열한 것은?

A: Excuse me. Where is the History Museum?
(A) Thank you so much.
(B) How do I get there?
(C) It's on Green Street.
(D) Go straight three blocks and turn right. You'll see it on your right. It's next to the bank.

① (B) – (D) – (A) – (C) ② (C) – (B) – (D) – (A)
③ (C) – (D) – (B) – (A) ④ (D) – (A) – (B) – (C)
⑤ (D) – (B) – (C) – (A)

04 다음 설명에 해당하는 장소로 알맞은 것은?

Walk straight one block and turn left. It'll be on your right. It's across from the bank.

[05~06] 다음 대화를 읽고, 물음에 답하시오.

A: Excuse me. ⓐI'm looking for the Star Mall.
B: ⓑ세 블록을 곧장 가서 왼쪽으로 도세요. It'll be the first building on your right.
A: Oh, I see. Thank you.
B: You're welcome.

05 위 대화의 밑줄 친 ⓐ와 바꿔 쓸 수 있는 것은?

① Did you go to the Star Mall?
② Are you going to the Star Mall?
③ What do you like about the Star Mall?
④ How often do you go to the Star Mall?
⑤ Can you show me the way to the Star Mall?

06 위 대화의 밑줄 친 우리말 ⓑ와 의미가 같도록 주어진 단어들을 배열할 때, 4번째로 오는 단어는?

straight, turn, go, and, three, left, blocks

① go   ② turn
③ left   ④ blocks
⑤ straight

07 다음 대화의 밑줄 친 ①~⑤ 중 흐름상 어색한 것은?

> A: ①How do I get to the police station?
> B: Walk straight three blocks. ②It'll be on your right.
> A: ③Oh, I see.
> B: It's between the bakery and the school. ④You'll miss it.
> A: ⑤Thank you!

[08-09] 다음 대화를 읽고, 물음에 답하시오.

> Boy: Hello. May I help you? (①)
> Girl: Yes, please. I'm looking for Green Park.
> Boy: OK. Please look at this map. We are here.
> Girl: Oh, I see. (②)
> Boy: Go straight two blocks and turn left. It's across from the train station.
> Girl: I see. (③) The African Music Concert is there, right?
> Boy: Yes, it is. It's going to start at 4 p.m. at the Star Concert Stage. (④)
> Girl: Right, and where is the stage?
> Boy: It's near the north gate of the park. (⑤)
> Girl: OK, thank you!

08 위 대화의 ①~⑤ 중 주어진 문장이 들어갈 위치로 알맞은 것은?

> So how do I get to the park?

①   ②   ③   ④   ⑤

09 위 대화의 내용과 일치하지 <u>않는</u> 것은?

① 소녀는 Green 공원에 가려고 한다.
② 소년은 Green 공원에 가는 길을 알고 있다.
③ Green 공원은 기차역 옆에 있다.
④ 아프리카 음악 콘서트는 오후 4시에 시작한다.
⑤ 아프리카 음악 콘서트가 열리는 무대는 Green 공원의 북문 근처에 있다.

10 다음 지도를 보고, [보기]에서 알맞은 말을 골라 대화를 완성하시오.

[보기]	between	next to	across from

(1) A: Where is the hospital?
   B: It's _____ _____ the toy store.

(2) A: Where is the post office?
   B: It's _____ the bakery and the park.

11 다음 대화의 밑줄 친 우리말을 괄호 안의 지시대로 영어로 쓰시오.

> A: Excuse me. Where's the bookstore?
> B: (1) <u>우체국 옆에 하나 있어요.</u>
> A: How do I get there?
> B: (2) <u>한 블록 곧장 가서 오른쪽으로 도세요.</u>

(1) (there is를 사용하여 8단어로 쓸 것)
  → _____

(2) (go, turn을 사용하여 7단어로 쓸 것)
  → _____

12 다음 대화의 내용과 일치하도록 빈칸에 알맞은 말을 쓰시오.

> Boy: Where is Bob's Bakery?
> Girl: It's on Main Street.
> Boy: How do I get there?
> Girl: Go straight two blocks and turn left. It's next to the museum.

(1) The boy should _____ and _____ to get to Bob's Bakery.

(2) Bob's Bakery is located _____.

G ▶ Grammar
핵심 노트

1 have to

읽기 본문	They **have to** be healthy. 〜해야 한다	그들은 건강해야 한다.
대표 예문	You **have to** fasten your seat belt.	너는 안전벨트를 매야 한다.
	We **don't have to** cancel the picnic.	우리는 소풍을 취소할 필요가 없다.
	Jane **has to** finish her homework by this Friday.	Jane은 이번 주 금요일까지 숙제를 끝내야 한다.
	He **doesn't have to** work on weekends.	그는 주말에 일할 필요가 없다.

(1) 형태: have to+동사원형

(2) 의미와 쓰임: '〜해야 한다'라는 뜻으로 의무를 나타낸다. 주어의 인칭과 수, 시제에 따라 has to(현재 시제, 3인칭 단수 주어), had to(과거 시제), will have to(미래 시제)를 쓴다. 의무를 나타내는 조동사 must와 바꿔 쓸 수 있다.

I **have to** study for the English test. (나는 영어 시험공부를 해야 한다.)
(= must)
She **has to** take this medicine every day. (그녀는 이 약을 매일 먹어야 한다.)
We **had to** wait for our parents. (우리는 부모님을 기다려야 했다.)
I **will have to** stay here longer. (나는 여기에 더 오래 머물러야 할 것이다.)

have to의 부정은 「don't(doesn't) have to+동사원형」의 형태이며 '〜할 필요가 없다'라는 뜻을 나타낸다.
You **didn't have to** tell him the truth. (너는 그에게 진실을 말할 필요가 없었다.)

> **시험 포인트 ❶** **point**
> 인칭과 수, 시제에 따른 have to의 형태와 have to 뒤에 동사원형이 이어지는 것에 유의한다.

한 단계 더!

• 「don't(doesn't) have to+동사원형」은 「don't(doesn't) need to+동사원형」 또는 「need not+동사원형」과 바꿔 쓸 수 있다.
He **doesn't have to** worry about her. (그는 그녀에 대해 걱정할 필요가 없다.)
　　(= doesn't need to / need not)
• must의 부정인 must not은 '〜하면 안 된다'라는 뜻으로 금지를 나타낸다.
You **must not** swim in the river. (너는 강에서 수영하면 안 된다.)

> **시험 포인트 ❷** **point**
> don't have to와 must not의 의미 차이를 구별하는 문제가 자주 출제되므로, 두 표현의 의미를 명확히 알아 두도록 한다.

QUICK CHECK

1 다음 괄호 안에서 알맞은 것을 고르시오.
(1) Mom has to (go / going) to work this Saturday.
(2) Jina (has / had) to clean her room yesterday.
(3) You (don't have to / not have to) see a doctor.

2 다음 밑줄 친 부분을 어법에 맞게 고쳐 쓰시오.
(1) He has to getting up early today. 　　→ _____
(2) Mike don't have to take an umbrella. 　→ _____
(3) Yuna have to practice basketball last Sunday. 　→ _____

2 to부정사의 부사적 용법

읽기 본문 They have to produce a lot of milk **to win** a prize.
　　　　　　　　　　　　　　　　　　　　　～하기 위해(목적)

대표 예문 We went to the park **to take** a walk.

He ran **to catch** the train.

I'm saving money **to buy** an electric bike.

To stay healthy, I exercise every day.

그들은 상을 타기 위해서 우유를 많이 생산해야 한다.

우리는 산책을 하기 위해 공원에 갔다.

그는 기차를 타기 위해 달렸다.

나는 전기 자전거를 사기 위해 돈을 모으는 중이다.

건강을 유지하기 위해 나는 매일 운동한다.

(1) 형태: to+동사원형

(2) 의미와 쓰임: to부정사가 문장에서 부사의 역할을 할 때 동사나 형용사 또는 문장 전체를 수식하며, 목적의 의미로 쓰일 때 '～하기 위해'라고 해석한다.

I listen to music **to feel** good. (나는 기분이 좋아지기 위해 음악을 듣는다.)

Dad gets up early **to go** jogging. (아빠는 조깅을 하기 위해 일찍 일어나신다.)

'～하지 않기 위해, ～하지 않도록'이라는 부정의 의미를 나타낼 때는 「not to+동사원형」으로 쓴다.

I hurried **not to be** late for school. (나는 학교에 늦지 않기 위해 서둘렀다.)

point
시험 포인트
to부정사의 쓰임을 구분하는 문제가 자주 출제되므로, 이를 명확히 구분할 수 있어야 한다.

to부정사의 명사적 용법
문장에서 주어, 목적어, 보어의 역할을 하며, '～하기, ～하는 것'이라는 의미를 나타낸다.
· **To watch** a 4D movie is fun. 〈주어〉
· I want **to report** on the trash.
　　　　　　　　　　　　　〈목적어〉
· My hobby is **to take** photos. 〈보어〉
▶ 중 1 교과서 6과

한 단계 더!

· 목적의 의미를 명확하게 나타내기 위해 「in order to+동사원형」으로 표현할 수 있다.

Mike went to the library **in order to return** some books.

(Mike는 책들을 반납하기 위해 도서관에 갔다.)

· 부사 역할을 하는 to부정사는 다양한 의미를 나타낸다.

I was glad **to meet** him again. (나는 그를 다시 만나서 기뻤다.) 〈감정의 원인〉

He grew up **to be** a pianist. (그는 자라서 피아노 연주자가 되었다.) 〈결과〉

This math problem is easy **to solve**. (이 수학 문제는 풀기 쉽다.) 〈형용사 수식〉

QUICK CHECK

1 다음 괄호 안에서 알맞은 것을 고르시오.

(1) I use my smartphone (play / to play) games.

(2) We exercise every day (to lose / to losing) weight.

(3) He got up early (catches / in order to catch) the first train.

2 다음 밑줄 친 부분이 목적의 의미를 나타내도록 어법에 맞게 고쳐 쓰시오.

(1) She went to the gym <u>played</u> basketball.　　→ _____

(2) They went to bed early <u>get</u> enough sleep.　　→ _____

(3) I went to a shopping mall <u>to buying</u> a hat.　　→ _____

Grammar
연습 문제

1 have to

A 다음 빈칸에 알맞은 말을 [보기]에서 찾아 쓰시오.

[보기]	must not	have to	had to	don't have to

1 You _____ cross the street at a red light.

2 She missed the bus and _____ walk home.

3 It's sunny today. We _____ bring umbrellas.

4 Students _____ wear school uniforms at school.

B 다음 밑줄 친 부분을 어법에 맞게 고쳐 쓰시오.

1 I have not to work on weekends.　　　　→ _____

2 He have to do his homework first.　　　　→ _____

3 I got up late, so I did has to hurry.　　　　→ _____

4 You doesn't have to worry about me.　　　　→ _____

5 You can go home. You not need to stay here.　　→ _____

C 다음 괄호 안의 우리말과 의미가 같도록 빈칸에 알맞은 말을 쓰시오.

1 I _____ get some sleep. (~해야 한다)

2 You _____ _____ tell a lie to your parents. (~하면 안 된다)

3 It's getting late. I really _____ _____ go now. (~해야 한다)

4 Children _____ _____ _____ pay to go in. (~할 필요가 없다)

5 I _____ _____ _____ wait long for his reply. (~할 필요가 없었다)

D 주어진 우리말과 의미가 같도록 괄호 안의 표현들을 사용하여 문장을 쓰시오.

1 너는 음식을 가져올 필요가 없었다. (have, bring any food)

　→ _____

2 Graham은 오늘 밤 소파에서 자야 할 것이다. (will, on the sofa, tonight)

　→ _____

3 우리는 공항에서 여권을 보여 줘야 했다. (our passports, at the airport)

　→ _____

2 to부정사의 부사적 용법

A 다음 괄호 안에서 알맞은 것을 고르시오.

1 You should exercise (stayed / to stay) healthy.

2 They were sad to (hear / hearing) the bad news.

3 Please be careful (not to catch / to catch not) a cold.

4 He studied hard (so / in order) to pass the final test.

B 다음 두 문장의 의미가 같도록 to부정사를 사용하여 문장을 완성하시오.

1 I wanted to win the race, so I practiced a lot.

= I practiced a lot _____ _____ _____ _____ .

2 What should we do in order to help those people?

= What should we do _____ _____ _____ _____ ?

3 Suji wanted to eat pizza, so she went to the shopping mall.

= Suji went to the shopping mall _____ _____ _____ .

C 주어진 우리말과 의미가 같도록 괄호 안의 단어들을 사용하여 문장을 완성하시오.

1 그는 아이들을 보기 위해 집에 일찍 왔다. (his kids, see)

→ He came home early _____ _____ _____ _____ .

2 나는 사진을 찍기 위해 스마트폰을 사용한다. (take, pictures)

→ I use my smartphone _____ _____ _____ .

3 그녀의 필체는 읽기가 매우 어렵다. (hard, very, read)

→ Her handwriting is _____ _____ _____ _____ .

D 주어진 우리말과 의미가 같도록 괄호 안의 표현들을 사용하여 문장을 쓰시오. (단, 필요시 형태를 바꿀 것)

1 그는 과일을 좀 사기 위해 시장에 갔다. (to the market, buy, some fruit)

→ _____

2 Mike는 그 버스를 놓치지 않기 위해 빨리 뛰었다. (run fast, not, miss)

→ _____

3 우리는 큰 거미를 보고 놀랐다. (surprised, see, a big spider)

→ _____

01 다음 두 문장의 의미가 같도록 할 때, 빈칸에 들어갈 말로 알맞은 것은?

> We don't have enough time, so we must hurry.
> = We don't have enough time, so we _____ hurry.

① can   ② may   ③ will
④ have to   ⑤ are able to

[02~03] 다음 빈칸에 들어갈 말로 알맞은 것을 고르시오.

02

> Dave has an exam tomorrow, so he _____ study hard tonight.

① have to   ② had to
③ will have to   ④ don't have to
⑤ doesn't have to

03

> Angela is going to the bakery _____ some bread.

① buy   ② buys   ③ buying
④ to buy   ⑤ bought

04 다음 빈칸에 들어갈 말로 알맞은 것을 <u>모두</u> 고르시오.

> Steve and Olivia _____ finish their project by yesterday.

① has to   ② have to
③ had to   ④ don't have to
⑤ didn't have to

[05~06] 다음 우리말과 의미가 같도록 빈칸에 들어갈 말로 알맞은 것을 고르시오.

05

> 너는 그 개에게 먹이를 줄 필요가 없다.
> → You _____ feed the dog.

① must not   ② don't must
③ have not to   ④ have to not
⑤ don't have to

06

> 나는 영화에 늦지 않기 위해 택시를 탔다.
> → I took a taxi _____ late for the movie.

① not to be   ② not being
③ don't be   ④ to be not
⑤ being not

07 다음 중 밑줄 친 부분의 쓰임이 [보기]와 같은 것은?

> [보기] We went to the park <u>to ride</u> bikes.

① I want <u>to go</u> to Paris some day.
② We plan <u>to visit</u> our uncle tomorrow.
③ Ann's dream is <u>to become</u> a musician.
④ <u>To exercise</u> regularly is good for your health.
⑤ Jason goes to the library <u>to borrow</u> some books.

한 단계 더!

08 다음 중 밑줄 친 부분이 어법상 **틀린** 것은?

① I left early <u>not to be</u> late.
② Tommy <u>has to see</u> a doctor today.
③ You <u>don't need to come</u> to the party.
④ Jessica listens to music <u>to feel</u> good.
⑤ I <u>have to take</u> care of my little brother last night.

한 단계 더!

09 주어진 문장과 의미가 같도록 바르게 바꿔 쓴 것은?

> I called Rena because I wanted to invite her to my party.

① I called Rena invite her to my party.
② I called Rena inviting her to my party.
③ I called Rena, so I invited her to my party.
④ I called Rena in order to invite her to my party.
⑤ I called Rena, but I didn't invite her to my party.

[10~11] 다음 우리말을 영어로 바르게 옮긴 것을 고르시오.

10

> Judy는 오늘 아침에 일찍 일어나야 했다.

① Judy has to get up early this morning.
② Judy have to get up early this morning.
③ Judy had to get up early this morning.
④ Judy has to got up early this morning.
⑤ Judy did must get up early this morning.

11

> 건강을 유지하기 위해 그녀는 매일 요가를 한다.

① She does yoga stay healthy every day.
② She stays healthy to do yoga every day.
③ She does yoga staying healthy every day.
④ To stay healthy, she does yoga every day.
⑤ When she does yoga every day, she stays healthy.

한 단계 더!

12 다음 빈칸에 들어갈 말이 순서대로 바르게 짝지어진 것은?

> • You _____ swim in the river. It's very dangerous.
> • I caught a bad cold, so I _____ take medicine yesterday.

① must not – had to
② must not – have to
③ need not – will have to
④ don't have to – had to
⑤ don't have to – will have to

고 난도 한 단계 더!

13 다음 중 밑줄 친 부분을 **in order to**로 바꿔 쓸 수 **없는** 것은?

① I boiled some water <u>to</u> make tea.
② They are pleased <u>to</u> hear the news.
③ Emma studies very hard <u>to</u> be a lawyer.
④ Bob is saving money <u>to</u> buy a new laptop.
⑤ Judy doesn't eat after 7 p.m. <u>to</u> lose weight.

한 단계 [더!]

14 다음 표지판이 나타내는 내용으로 알맞은 것은?

① You have to bring pets.
② You must not bring pets.
③ You need not bring pets.
④ You don't have to bring pets.
⑤ You don't need to bring pets.

한 단계 [더!]

15 다음 중 짝지어진 두 문장의 의미가 같지 <u>않은</u> 것은?

① You must turn off the light.
= You have to turn off the light.
② You need not call your parents.
= You don't need to call your parents.
③ He went to the USA to study music.
= He went to the USA in order to study music.
④ Must I wear my school uniform?
= Do I have to wear my school uniform?
⑤ Visitors must not take pictures in the museum.
= Visitors don't have to take pictures in the museum.

곡/산도 한 단계 [더!]

16 다음 중 어법상 올바른 문장의 개수는?

ⓐ Emily have to water the plants.
ⓑ We must hurry to catch the last bus.
ⓒ I wore a raincoat not get wet in the rain.
ⓓ Children need not pay the entrance fee.
ⓔ Alex arrived early in order get a good seat.

① 1개   ② 2개   ③ 3개
④ 4개   ⑤ 5개

 서술형

[17~18] 다음 두 문장의 의미가 같도록 빈칸에 알맞은 말을 쓰시오.

17

You must brush your teeth before you go to bed.
= You _____ _____ _____ your teeth before you go to bed.

18

Kate didn't need to bring her lunch box yesterday.
= Kate didn't _____ _____ _____ her lunch box yesterday.

19 밑줄 친 ⓐ~ⓔ 중 어법상 틀린 것의 기호를 쓰고 바르게 고쳐 쓰시오.

I ⓐoften ⓑuse ⓒthe computer ⓓdo ⓔmy math projects.

(   ) → _____

20 다음 대화의 내용을 요약한 문장을 to부정사를 사용하여 완성하시오.

Ben: Why did you go to the library yesterday?
Jane: I had to return some books.
Ben: Oh, I see.

→ Jane went to the library _____

_____.

21 다음 그림을 보고, **have to** 또는 **don't have to**를 사용하여 문장을 완성하시오.

(1)  (2)

(1) It is raining outside. I _____ take an umbrella with me.

(2) It stopped raining. I _____ take an umbrella with me.

22 주어진 문장을 지시대로 바꿔 쓰시오.

(1) Mark has to walk the dog.
과거 시제 → _____
미래 시제 → _____

(2) Jennifer has to feed the dog.
부정문 → _____
의문문 → _____

23 다음 [보기]에서 의미상 어울리는 표현을 하나씩 골라 [예시]와 같이 문장을 완성하시오.

> [보기] see the sunrise　　make a waste bin
> 　　　　pass the exam　　buy some vegetables

[예시] I got up early to see the sunrise.

(1) Mom went to the market _____
_____.

(2) Dad will use the box _____
_____.

(3) My brother studied very hard _____
_____.

24 주어진 두 문장과 의미가 통하도록 **to부정사**를 사용하여 [예시]와 같이 한 문장으로 쓰시오.

> [예시] I visited Tom. I wanted to borrow his camera.
> 　　　→ I visited Tom to borrow his camera.

(1) Maria doesn't eat between meals. She wants to lose some weight.
→ _____

(2) Jack turned on the computer. He wanted to write the report.
→ _____

(3) They left early. They didn't want to miss the train.
→ _____

고
난도
25 다음 Kate가 해야 할 일과 하지 않아도 될 일을 나타낸 표를 보고 [조건]에 맞게 문장을 쓰시오.

해야 할 일	하지 않아도 될 일
[예시] clean the room (1) water the flowers (2) do her homework	(3) read a book (4) wash the dishes (5) practice playing the piano

> [조건] 1. have to 또는 don't have to를 사용할 것
> 　　　2. 필요시 형태를 바꿀 것
> 　　　3. [예시]를 참고하여 완전한 문장으로 쓸 것

[예시] Kate has to clean the room.

(1) _____

(2) _____

(3) _____

(4) _____

(5) _____

R Reading
만점 노트

| 텍스스 지역 축제(State Fair of Texas)를 즐겨요! | Fun at the State Fair of Texas! |

텍사스 지역 축제(State Fair of Texas)를 즐겨요!

01 안녕. 나는 Eddie Parker야.

02 나는 텍사스의 댈러스에 살아.

03 지금 우리 가족과 나는 텍사스 지역 축제에 와 있어.

04 이 축제는 역사가 130년이 넘고, 미국에서 가장 큰 축제야.

05 내가 구경시켜 줄게.

06 나를 따라와!

07 여기 염소들을 봐!

08 이것은 염소 쇼야.

09 내 남동생 Steve가 이 쇼에 참가했어.

10 이 쇼의 염소들은 클 필요는 없지만, 건강해야 해.

11 그들은 상을 타기 위해서 우유를 많이 생산해야 해.

12 Steve는 자신의 염소인 Bonnie를 잘 돌봤어.

13 와! Steve와 Bonnie가 3등상인 흰색 리본을 탔어!

14 나는 그들이 정말 자랑스러워!

15 지금은 점심시간이어서, 우리는 축제 음식을 먹고 있어.

16 엄마와 아빠는 나초와 파히타를 드시고 계셔.

Fun at the State Fair of Texas!

01 Hi, I'm Eddie Parker.
  = my name is

02 I live in Dallas, Texas.
  in: 비교적 넓은 장소 앞에 쓰이는 전치사. 뒤에는 작은 범위에서 큰 범위 장소 순으로 나열

03 Now, my family and I are at the State Fair of Texas.
  비교적 좁은 장소, 건물이나 단체 이름 앞에 쓰이는 전치사

04 The fair is over 130 years old, and it's the biggest fair in the USA.
  [전] ~이 넘는, ~ 이상의(= more than)
  = The State Fair of Texas   = the State Fair of Texas   「the + 최상급 + in + 장소/집단」
  …에서 가장 ~한

05 I'll show you around.
  show ~ around: ~에게 (…을) 둘러보도록 안내하다

06 Follow me!
  동사원형으로 시작하는 명령문

07 Look at the goats here!
  ~을 보다

08 This is a goat show.

09 My younger brother, Steve, entered it.
  = (동격)   = the goat show
  동 출전하다, 참가하다

10 The goats in the show don't have to be big, but they have to be healthy.
  the goats in the show
  주어   「don't have to + 동사원형」   「have to + 동사원형」
  ~할 필요가 없다   ~해야 한다(의무)

11 They have to produce a lot of milk to win a prize.
  = The goats in the show   = much   목적을 나타내는 부사적 용법의 to부정사

12 Steve took good care of his goat, Bonnie.
  = (동격)
  take care of: ~을 돌보다   Steve의 염소의 이름

13 Wow! Steve and Bonnie won a white ribbon, third prize!
  win a prize: 상을 타다
  win의 과거형   = (동격)

14 I'm so proud of them!
  = Steve and Bonnie
  be proud of: ~을 자랑스러워하다

15 Now, it's lunch time, so we're eating fair food.
  [접] 그래서
  시간을 나타내는 비인칭주어

16 Mom and Dad are eating nachos and fajitas.
  nacho의 복수형   fajita의 복수형

17 They are Tex-Mex food.
= Nachos and fajitas

17 그것들은 Tex-Mex 음식이야.

18 Tex-Mex food is a combination of food from Texas and Mexico.
~의 조합/결합

18 Tex-Mex 음식은 텍사스 음식과 멕시코 음식이 결합된 거야.

19 Dad's face is getting red because his fajita is too spicy.
⌜접⌝ 왜냐하면
⌜get+형용사⌟ ~해지다, ~한 상태가 되다   ⌜부⌟ 너무

19 파히타가 너무 매워서 아빠 얼굴이 빨개지고 있어.

20 Steve and I are eating corn dogs.
콘도그(옥수수 반죽을 입혀 튀긴 핫도그)

20 Steve와 나는 콘도그를 먹고 있어.

21 They taste great.
= Corn dogs   ⌜taste+형용사⌟ ~한 맛이 나다

21 그것들은 맛이 매우 좋아.

22 Let's move on to the quilt contest.
~로 옮기다, 이동하다

22 퀼트 대회로 이동하자.

23 Quilting has a long tradition.
⌜명⌝ 전통

23 퀼트 만들기는 오랜 전통을 가지고 있어.

24 In the past, fabric was expensive.
과거에는
과거(↔ present 현재)   비싼(↔ cheap 싼)

24 과거에는 천이 비쌌어.

25 To make a blanket, people had to collect small pieces of fabric and sew them together.
a piece of+물질명사(fabric)⌝   had to 생략
to부정사의 부사적 용법(목적)   ⌜had to+동사원형⌟ ~해야 했다   collect와 병렬 관계
= small pieces of fabric

25 담요를 만들기 위해서 사람들은 작은 천 조각들을 모아서 꿰매 붙여야 했지.

26 Grandma and her friends had a quilting bee every week.
퀼트를 만드는 모임   매주

26 할머니와 할머니의 친구분들은 매주 퀼트 만드는 모임을 가지셨어.

27 They had to work on the quilt for the contest for over six months.
~에 노력을 들이다/일하다
Grandma and her friends   ⌜for+숫자로 나타내는 기간⌟ ~ 동안

27 그분들은 이 대회를 위해서 6개월 이상 퀼트 만드는 작업을 하셔야 했어.

28 Look! It's very colorful and unique.
할머니와 친구분들이 만드신 퀼트를 가리킴

28 봐! 그것은 색깔이 정말 화려하고 독특해.

29 The most exciting part of the day is riding the Texas Star.
exciting의 최상급   동명사(보어 역할)

29 오늘 가장 신나는 부분은 Texas Star를 타는 거야.

30 It's a tall Ferris wheel.
= The Texas Star   ⌞ 회전 관람차

30 그것은 높은 회전 관람차야.

31 Wow! Steve and I are now on the top.
= on the top of the Ferris wheel

31 우와! Steve와 나는 지금 꼭대기에 있어.

32 I'm scared, but the view is amazing!

32 무섭긴 하지만, 전망이 굉장해!

33 I love living in Texas and going to the fair.
love 생략
⌞ love의 목적어로 쓰인 동명사 ⌟   = the State Fair of Texas

33 나는 텍사스에 사는 것과 축제에 가는 것이 정말 좋아.

34 Come to the fair some day!
= the State Fair of Texas   언젠가

34 언젠가 축제에 오렴!

STEP
A

• 주어진 우리말과 일치하도록 교과서 본문의 문장을 완성하시오.

01 Hi, _____ Eddie Parker.

01 안녕, 나는 Eddie Parker야.

02 I _____ _____ Dallas, Texas.

02 나는 텍사스의 댈러스에 살아.

03 Now, my family and I are _____ the State Fair of Texas.

03 지금 우리 가족과 나는 텍사스 지역 축제에 와 있어.

04 The fair is _____ 130 years old, and it's _____ _____ fair in the USA.

04 이 축제는 역사가 130년이 넘고, 미국에서 가장 큰 축제야.

05 I'll _____ you _____.

05 내가 구경시켜 줄게.

06 _____ me!

06 나를 따라와!

07 _____ _____ the goats here!

07 여기 염소들을 봐!

08 _____ _____ a goat show.

08 이것은 염소 쇼야.

09 My younger brother, Steve, _____ it.

09 내 남동생 Steve가 이 쇼에 참가했어.

10 The goats in the show _____ _____ _____ be big, but they _____ _____ be healthy.

10 이 쇼의 염소들은 클 필요는 없지만, 건강해야 해.

11 They have to produce a lot of milk to _____ _____ _____.

11 그들은 상을 타기 위해서 우유를 많이 생산해야 해.

12 Steve _____ good _____ _____ his goat, Bonnie.

12 Steve는 자신의 염소인 Bonnie를 잘 돌봤어.

13 Wow! Steve and Bonnie _____ a white ribbon, _____ _____!

13 와! Steve와 Bonnie가 3등상인 흰색 리본을 탔어!

14 I'm so _____ _____ them!

14 나는 그들이 정말 자랑스러워!

15 Now, it's lunch time, _____ we're eating fair food.

15 지금은 점심시간이어서, 우리는 축제 음식을 먹고 있어.

16 Mom and Dad _____ _____ nachos and fajitas.

16 엄마와 아빠는 나초와 파히타를 드시고 계셔.

17 _____ _____ Tex-Mex food.

17 그것들은 Tex-Mex 음식이야.

18 Tex-Mex food is a _____ _____ food from Texas and Mexico.

19 Dad's face is _____ red _____ his fajita is too spicy.

20 Steve and I _____ _____ corn dogs.

21 They _____ great.

22 Let's _____ _____ _____ the quilt contest.

23 Quilting has a _____ _____.

24 _____ _____ _____, fabric was expensive.

25 _____ _____ a blanket, people _____ _____ _____ small pieces of fabric and sew them together.

26 Grandma and her friends had a quilting bee _____ _____.

27 They had to _____ _____ the quilt for the contest _____ _____ six months.

28 Look! It's very _____ and _____.

29 _____ _____ _____ part of the day is riding the Texas Star.

30 It's a tall _____ _____.

31 Wow! Steve and I are now _____ _____ _____.

32 I'm _____, but the view is _____!

33 I love _____ in Texas and _____ to the fair.

34 Come to the fair _____ _____!

18 Tex-Mex 음식은 텍사스 음식과 멕시코 음식이 결합된 거야.

19 파히타가 너무 매워서 아빠 얼굴이 빨개지고 있어.

20 Steve와 나는 콘도그를 먹고 있어.

21 그것들은 맛이 매우 좋아.

22 퀼트 대회로 이동하자.

23 퀼트 만들기는 오랜 전통을 가지고 있어.

24 과거에는 천이 비쌌어.

25 담요를 만들기 위해서 사람들은 작은 천 조각들을 모아서 꿰매 붙여야 했지.

26 할머니와 할머니의 친구분들은 매주 퀼트 만드는 모임을 가지셨어.

27 그분들은 이 대회를 위해서 6개월 이상 퀼트 만드는 작업을 하셔야 했어.

28 봐! 그것은 색깔이 정말 화려하고 독특해.

29 오늘 가장 신나는 부분은 Texas Star를 타는 거야.

30 그것은 높은 회전 관람차야.

31 우와! Steve와 나는 지금 꼭대기에 있어.

32 무섭긴 하지만, 전망이 굉장해!

33 나는 텍사스에 사는 것과 축제에 가는 것이 정말 좋아.

34 언젠가 축제에 오렴!

01 Hi, (I'm / my name) Eddie Parker.

02 I live (at / in) Dallas, Texas.

03 Now, my family and I are (at / on) the State Fair of Texas.

04 The fair is over 130 years old, and it's (the biggest / the most big) fair in the USA.

05 I'll (give / show) you around.

06 (Follow / Following) me!

07 Look (at / up) the goats here!

08 This (are / is) a goat show.

09 My younger brother, Steve, (entered / entered in) it.

10 The goats in the show (have not to be / don't have to be) big, but they have to be healthy.

11 They have to produce a lot of milk (to win / won) a prize.

12 Steve (made / took) good care of his goat, Bonnie.

13 Wow! Steve and Bonnie won a white ribbon, (three / third) prize!

14 I'm so proud (of / at) them!

15 Now, it's lunch time, (so / but) we're eating fair food.

16 Mom and Dad (is / are) eating nachos and fajitas.

17 (They / That) are Tex-Mex food.

18 Tex-Mex food is a combination (about / of) food from Texas and Mexico.

19 Dad's face is getting red (until / because) his fajita is too spicy.

20 Steve and I (are eating / is eating) corn dogs.

21 They taste (greatly / great).

22 Let's (move on to / move to on) the quilt contest.

23 Quilting (has / have) a long tradition.

24 (In the future / In the past), fabric was expensive.

25 To make a blanket, people had to (collect / collecting) small pieces of fabric and sew them together.

26 Grandma and her friends had a quilting bee every (week / weeks).

27 They had to work on the quilt for the contest (for / during) over six months.

28 Look! It's very colorful and (uniquely / unique).

29 (The most exciting / Most exciting) part of the day is riding the Texas Star.

30 It's a (tallest / tall) Ferris wheel.

31 Wow! Steve and I are now (to the top / on the top).

32 I'm scared, but the view is (amazing / amazed)!

33 I love (live / living) in Texas and going to the fair.

34 Come to the fair (some time ago / some day)!

Reading
틀린 문장 고치기

• 밑줄 친 부분이 내용이나 어법상 바르면 ○, 틀리면 ×에 동그라미하고 틀린 부분을 바르게 고쳐 쓰시오.

STEP A

01　Hi, <u>I'm</u> Eddie Parker.　　　　　　○ ｜ ×

02　I <u>live on</u> Dallas, Texas.　　　　　　○ ｜ ×

03　Now, my family and I are <u>of</u> the State Fair of Texas.　　　　　　○ ｜ ×

04　The fair is over 130 years old, and it's <u>biggest</u> fair in the USA.　　　　　　○ ｜ ×

05　I'll <u>showing you around</u>.　　　　　　○ ｜ ×

06　<u>Follow</u> me!　　　　　　○ ｜ ×

07　<u>Looks at</u> the goats here!　　　　　　○ ｜ ×

08　This is <u>a goat show</u>.　　　　　　○ ｜ ×

09　My younger brother, Steve, <u>entered it</u>.　　　　　　○ ｜ ×

10　The goats in the show <u>doesn't have to be</u> big, but they have to be healthy.　　　　　　○ ｜ ×

11　They have to produce a lot of milk <u>to win a prize</u>.　　　　　　○ ｜ ×

12　Steve <u>took good care of</u> his goat, Bonnie.　　　　　　○ ｜ ×

13　Wow! Steve and Bonnie won a white ribbon, <u>third prize</u>!　　　　　　○ ｜ ×

14　I'm so <u>proud to</u> them!　　　　　　○ ｜ ×

15　Now, it's lunch time, so <u>we're ate</u> fair food.　　　　　　○ ｜ ×

16　Mom and Dad <u>are eating</u> nachos and fajitas.　　　　　　○ ｜ ×

17　<u>They are</u> Tex-Mex food.　　　　　　○ ｜ ×

18   Tex-Mex food is a <u>combination for</u> food from Texas and Mexico.   ⃝   ✕

19   Dad's face is getting red <u>because of</u> his fajita is too spicy.   ⃝   ✕

20   Steve and I <u>are eating</u> corn dogs.   ⃝   ✕

21   They <u>taste great</u>.   ⃝   ✕

22   Let's <u>move on to</u> the quilt contest.   ⃝   ✕

23   Quilting has a long <u>traditional</u>.   ⃝   ✕

24   <u>To the past</u>, fabric was expensive.   ⃝   ✕

25   To make a blanket, people had to <u>collected</u> small pieces of fabric and sew them together.   ⃝   ✕

26   Grandma and her friends had a quilting bee <u>every week</u>.   ⃝   ✕

27   They had to work on the quilt for the contest <u>since</u> over six months.   ⃝   ✕

28   Look! It's very <u>colorfully</u> and unique.   ⃝   ✕

29   <u>The most excited part</u> of the day is riding the Texas Star.   ⃝   ✕

30   It's a <u>tall Ferris wheel</u>.   ⃝   ✕

31   Wow! Steve and I are now <u>from the top</u>.   ⃝   ✕

32   I'm <u>scaring</u>, but the view is amazing!   ⃝   ✕

33   I love living in Texas and <u>to go</u> to the fair.   ⃝   ✕

34   Come to the fair <u>some day</u>!   ⃝   ✕

배열로 문장 완성하기

01 안녕, 나는 Eddie Parker야. (Eddie Parker / hi / I'm)

>

02 나는 텍사스의 댈러스에 살아. (Texas / I / Dallas / live in)

>

03 지금, 우리 가족과 나는 텍사스 지역 축제에 와 있어.
(I / are / and / at the State Fair of Texas / my family / now)

>

04 이 축제는 역사가 130년이 넘고, 미국에서 가장 큰 축제야.
(is / over / it's / in the USA / 130 years old / the fair / the biggest fair / and)

>

05 내가 구경시켜 줄게. (show / around / you / I'll)

>

06 나를 따라와! (me / follow)

>

07 여기 염소들을 봐! (the goats / look / here / at)

>

08 이것은 염소 쇼야. (a goat show / this / is)

>

09 내 남동생 Steve가 이 쇼에 참가했어. (my / entered / Steve / it / younger brother)

>

10 이 쇼의 염소들은 클 필요는 없지만, 건강해야 해.
(they / have to / the goats / but / healthy / be / don't have to / big / in the show / be)

>

11 그들은 상을 타기 위해서 우유를 많이 생산해야 해.
(to win / produce / they / milk / have to / a lot of / a prize)

>

12 Steve는 자신의 염소인 Bonnie를 잘 돌봤어. (care of / Steve / took / Bonnie / good / his goat)

>

13 와! Steve와 Bonnie가 3등상인 흰색 리본을 탔어!
(a white ribbon / Steve and Bonnie / third prize / won)

> Wow!

14 나는 그들이 정말 자랑스러워! (I'm / them / proud / so / of)

>

15 지금은 점심시간이어서, 우리는 축제 음식을 먹고 있어.
(eating / lunch time / so / it's / now / fair food / we're)

>

16 엄마와 아빠는 나초와 파히타를 드시고 계셔.
(nachos and fajitas / Mom and Dad / eating / are)

>

17 그것들은 Tex-Mex 음식이야. (are / food / they / Tex-Mex)

>

18 Tex-Mex 음식은 텍사스 음식과 멕시코 음식이 결합된 거야.
(is / food / from / a combination of / Texas and Mexico / Tex-Mex food)

>

19 파히타가 너무 매워서 아빠 얼굴이 빨개지고 있어.
(because / red / is getting / too spicy / Dad's face / is / his fajita)

>

20 Steve와 나는 콘도그를 먹고 있어. (corn dogs / Steve and I / eating / are)

>

21 그것들은 맛이 매우 좋아. (taste / they / great)

>

22 퀼트 대회로 이동하자. (move on to / let's / the quilt contest)

>

23 퀼트 만들기는 오랜 전통을 가지고 있어. (a long tradition / has / Quilting)

>

24 과거에는 천이 비쌌어. (was / in the past / expensive / fabric)

>

25 담요를 만들기 위해서, 사람들은 작은 천 조각들을 모아서 꿰매 붙여야 했지.
(small pieces of / had to / sew them / a blanket / people / and / together / to make / fabric / collect)

>

26 할머니와 할머니의 친구분들은 매주 퀼트 만드는 모임을 가지셨어.
(and / her friends / every week / grandma / a quilting bee / had)

>

27 그분들은 이 대회를 위해서 6개월 이상 퀼트 만드는 작업을 하셔야 했어.
(for the contest / for / they / over six months / had to / the quilt / work on)

>

28 봐! 그것은 색깔이 정말 화려하고 독특해. (very / and / unique / it's / colorful)

> Look!

29 오늘 가장 신나는 부분은 Texas Star를 타는 거야.
(part / riding / of the day / the most exciting / the Texas Star / is)

>

30 그것은 높은 회전 관람차야. (wheel / a tall / Ferris / it's)

>

31 우와! Steve와 나는 지금 꼭대기에 있어. (now / Steve and I / on the top / are)

> Wow!

32 무섭긴 하지만, 전망이 굉장해! (but / scared / I'm / amazing / is / the view)

>

33 나는 텍사스에 사는 것과 축제에 가는 것이 정말 좋아.
(and / going / I / love / Texas / to the fair / living in)

>

34 언젠가 축제에 오렴! (to / some day / the fair / come)

>

[01~06] 다음 글을 읽고, 물음에 답하시오.

Hi, I'm Eddie Parker. (①) I live ___ⓐ___ Dallas, Texas. (②) The fair is ___ⓑ___ 130 years old, and it's the biggest fair in the USA. (③) I'll show you ___ⓒ___. (④) Follow me! (⑤)

Look ___ⓓ___ the goats here! This is a goat show. My younger brother, Steve, entered (A) it. The goats in the show don't have to be big, but they have to be healthy. (B) 그들은 상을 타기 위해서 우유를 많이 생산해야 해. Steve took good care ___ⓔ___ his goat, Bonnie. Wow! Steve and Bonnie won a white ribbon, third prize! I'm so proud of (C) them!

01 윗글의 ①~⑤ 중 주어진 문장이 들어갈 위치로 알맞은 것은?

Now, my family and I are at the State Fair of Texas.

①   ②   ③   ④   ⑤

02 윗글의 밑줄 친 (A) it과 (C) them이 가리키는 것이 순서대로 바르게 짝지어진 것은?

① the fair – Steve's goats
② the fair – Steve and Bonnie
③ a goat show – Eddie and Steve
④ a goat show – Steve and Bonnie
⑤ a goat show – Eddie's mom and dad

03 윗글의 빈칸 ⓐ~ⓔ에 들어갈 말로 알맞지 않은 것은?

① ⓐ: in   ② ⓑ: over   ③ ⓒ: around
④ ⓓ: at   ⑤ ⓔ: about

04 윗글의 밑줄 친 우리말 (B)를 영어로 옮길 때, 빈칸에 들어 갈 말이 순서대로 바르게 짝지어진 것은?

They _____ produce a lot of milk _____ a prize.

① must – win
② must – won
③ has to – to win
④ have to – to win
⑤ will have to – winning

05 윗글의 내용과 일치하지 않는 것은?

① Eddie는 텍사스의 댈러스에 살고 있다.
② 텍사스 지역 축제는 100년 넘게 열리고 있다.
③ 텍사스 지역 축제는 미국에서 가장 큰 축제이다
④ Eddie의 남동생 Steve는 염소를 기른다.
⑤ 염소 쇼에 참가하는 염소는 크기가 커야 한다.

06 윗글의 내용과 일치하도록 할 때, 빈칸에 들어갈 말로 알맞은 것은?

Q: What did Steve get at the goat show?
A: He got _____.

① nothing
② a baby goat
③ a third prize
④ three ribbons
⑤ a milk bottle

[07~10] 다음 글을 읽고, 물음에 답하시오.

Now, it's lunch time, so we're eating fair food. Mom and Dad are eating ⓐ nachos and fajitas. ⓑ They are Tex-Mex food. Tex-Mex food is a ____(A)____ of food from Texas and Mexico. Dad's face is getting red ____(B)____ his fajita is too spicy. ⓒ Steve and I are eating ⓓ corn dogs. ⓔ They taste great.

07 윗글의 밑줄 친 ⓐ~ⓔ 중 가리키는 대상이 같은 것끼리 짝지어진 것은?

① ⓐ, ⓑ   ② ⓐ, ⓔ
③ ⓑ, ⓒ   ④ ⓑ, ⓓ
⑤ ⓑ, ⓓ, ⓔ

08 윗글의 흐름상 빈칸 (A)에 들어갈 말로 가장 알맞은 것은?

① flavor   ② recipe
③ culture   ④ tradition
⑤ combination

09 윗글의 흐름상 빈칸 (B)에 들어갈 말로 알맞은 것은?

① if   ② before
③ because   ④ unless
⑤ although

고
난도
10 윗글을 읽고 답할 수 <u>없는</u> 질문은?

① What are Mom and Dad eating for lunch?
② What is Tex-Mex food?
③ Why is Dad's face getting red?
④ What ingredients do you need to make fajitas?
⑤ Who are eating corn dogs at the fair?

[11~16] 다음 글을 읽고, 물음에 답하시오.

Let's ⓐ move on to the quilt contest. Quilting has ⓑ a long tradition. ⓒ In the past, fabric was expensive. (A) To make a blanket, people had to collect small pieces of fabric and ____(B)____ them together.

Grandma and her friends had a quilting bee ⓓ every week. They had to work on (C) the quilt for the contest for ⓔ over six months. Look! It's very colorful and unique.

11 윗글의 밑줄 친 ⓐ~ⓔ의 우리말 뜻이 <u>잘못된</u> 것은?

① ⓐ: ~에 참여하다   ② ⓑ: 긴 전통
③ ⓒ: 과거에는   ④ ⓓ: 매주
⑤ ⓔ: 6개월 이상

12 윗글의 밑줄 친 (A) To make와 쓰임이 같은 것은?

① Amy called him to ask for help.
② I want to travel around the world.
③ His hobby is to collect film posters.
④ To learn a new language is not easy.
⑤ She planned to read three books a month.

STEP A

13 윗글의 빈칸 (B)에 들어갈 동사 sew의 어법상 올바른 형태로 알맞은 것은?

① sew
② sewn
③ to sew
④ sewing
⑤ to sewing

14 다음 빈칸에 알맞은 단어를 윗글에서 찾아 쓰시오.

A(n) _____ is a thick warm cover for a bed.

15 윗글의 밑줄 친 (C)the quilt에 대한 설명으로 알맞지 않은 것은?

① 퀼트 대회에 출품되었다.
② 글쓴이의 할머니와 할머니의 친구분들이 만드셨다.
③ 작업 기간은 6개월이 넘는다.
④ 매우 화려하고 독특하다.
⑤ 글쓴이가 담요로 사용할 예정이다.

16 밑줄 친 ①~⑤ 중 윗글의 내용과 일치하지 않는 부분을 골라 바르게 고친 것은?

People in the ① past had to ② collect small pieces of fabric to make a ③ blanket because ④ fabric was not ⑤ expensive.

① → present
② → buy
③ → T-shirt
④ → fur
⑤ → cheap

[17~19] 다음 글을 읽고, 물음에 답하시오.

The most ⓐ exciting part of the day is ⓑ riding the Texas Star. (A) It's a tall Ferris wheel. Wow! Steve and I are now on the top. I'm ⓒ scared, but the view is ⓓ amazing!
I love living in Texas and ⓔ go to the fair. Come to the fair some day!

17 윗글의 밑줄 친 ⓐ~ⓔ 중 어법상 틀린 것은?

① ⓐ
② ⓑ
③ ⓒ
④ ⓓ
⑤ ⓔ

18 윗글의 밑줄 친 (A) It이 가리키는 것은?

① the Texas Star
② living in Texas
③ the view of Texas
④ the State Fair of Texas
⑤ the exciting part of the day

19 윗글의 내용을 바르게 이해한 사람을 모두 고르시오.

① 성우: 글쓴이에게 가장 신났던 일은 Texas Star를 탄 거야.
② 소윤: Texas Star는 매우 빠른 롤러코스터야.
③ 나리: 글쓴이는 Texas Star를 혼자서 탔어.
④ 호준: 글쓴이가 Texas Star에서 본 경치는 멋졌어.
⑤ 지민: 글쓴이는 텍사스 지역 축제에 가는 것을 좋아하지 않아.

[20~21] 다음 글을 읽고, 물음에 답하시오.

Look at the goats here! This is a goat show. My younger brother, Steve, entered it. 이 쇼의 염소들은 클 필요는 없지만, 건강해야 해. They have to produce a lot of milk to win a prize. Steve took good care of his goat, Bonnie. Wow! Steve and Bonnie won a white ribbon, third prize! I'm so proud of them!

20 윗글의 밑줄 친 우리말과 의미가 같도록 [A]와 [B]에서 알맞은 표현을 한 번씩 사용하여 문장을 완성하시오.

[A]	[B]
have to	big
don't have to	healthy

→ The goats in the show (1) _____, but they (2) _____.

21 윗글의 내용과 일치하도록 글쓴이 Eddie와의 대화를 완성하시오.

A: Eddie, did you join any events at the fair yesterday?
B: No, but my brother, Steve (1) _____ _____ _____. He and his goat (2) _____ _____ _____!
A: That's great! What do the goats have to do to get a prize in the show?
B: They have to (3) _____ _____ _____ _____ _____.
A: Oh, I see.

22 다음 글의 내용과 일치하도록 주어진 문장에서 틀린 부분을 찾아 바르게 고쳐 쓰시오.

Now, it's lunch time, so we're eating fair food. Mom and Dad are eating nachos and fajitas. They are Tex-Mex food. Tex-Mex food is a combination of food from Texas and Mexico. Dad's face is getting red because his fajita is too spicy. Steve and I are eating corn dogs. They taste great.

(1) The writer's parents are eating nachos and corn dogs for lunch.

_____ → _____

(2) The writer's father's face is turning red because his food is salty.

_____ → _____

[23~24] 다음 글을 읽고, 질문에 대한 답을 완성하시오.

Let's move on to the quilt contest. Quilting has a long tradition. In the past, fabric was expensive. To make a blanket, people had to collect small pieces of fabric and sew them together.

Grandma and her friends had a quilting bee every week. They had to work on the quilt for the contest for over six months. Look! It's very colorful and unique.

23 What did people have to do to make a blanket in the past?

→ They _____ and _____.

24 How long did it take for Grandma and her friends to make the quilt for the contest?

→ It took them _____.

Listen and Talk D

교과서 31쪽

Rose Bakery is my favorite place near school. From the school's main gate, ❶first ❷turn right. Then walk straight on Hana-ro. When you see Sun Bank on your right, turn left. ❸You can't miss it.

Rose 빵집은 학교 근처에서 제가 가장 좋아하는 장소입니다. 학교 정문에서, 먼저 오른쪽으로 도세요. 그러고 나서 하나로를 따라 곧장 걸어가세요. Sun 은행이 오른쪽에 보이면 왼쪽으로 도세요. 틀림없이 찾을 거예요.

❶ first: 먼저
❷ 길을 안내할 때는 go/turn/walk 등의 동사원형으로 시작하는 명령문으로 말할 수 있다.
❸ '틀림없이 찾을 거예요., 쉽게 찾을 거예요.'라는 의미로 보통 길 안내를 마친 후에 하는 말이다.

After You Read A

교과서 37쪽

b. Steve and Bonnie won ❶a white ribbon, third prize, in the goat show.
a. Eddie and Steve ate corn dogs ❷for lunch.
d. Eddie saw his grandma and her friends' colorful quilt at the quilt contest.
c. Eddie and Steve rode the Texas Star.

b. Steve와 Bonnie는 염소 쇼에서 3등상인 흰색 리본을 탔다.
a. Eddie와 Steve는 점심으로 콘도그를 먹었다.
d. Eddie는 퀼트 대회에서 할머니와 할머니 친구분들의 색깔이 화려한 퀼트를 보았다.
c. Eddie와 Steve는 Texas Star를 탔다.

❶ a white ribbon과 third prize(3등상)는 동격이다.
❷ for lunch: 점심으로

Around the World

교과서 39쪽

1. **Maryland State Fair:** Horse racing is popular in this state. At the fair in this state, people can see horse races.
2. **Iowa State Fair:** This state ❶is famous for butter. For the fair in this state, people make a butter cow from about 272 kg of butter.
3. **Wisconsin State Fair:** This state produces the ❷most cheese in the USA. At the fair in this state, people can eat many tasty cheese dishes.

1. Maryland State Fair (메릴랜드 지역 축제): 이 주에서는 경마가 인기 있다. 이 주의 축제에서 사람들은 경마를 볼 수 있다.
2. Iowa State Fair (아이오와 지역 축제): 이 주는 버터로 유명하다. 이 주의 축제를 위해 사람들은 약 272kg의 버터로 버터 소(조각상)를 만든다.
3. Wisconsin State Fair (위스콘신 지역 축제): 이 주는 미국에서 가장 많은 양의 치즈를 생산한다. 이 주의 축제에서 사람들은 맛있는 많은 치즈 음식을 먹을 수 있다.

❶ be famous for: ~로 유명하다
❷ most는 여기에서 much의 최상급으로 쓰였으며 '최대의, 가장 많은'이라는 의미를 나타낸다.

Think and Write

교과서 42쪽

Seochon ❶is full of fun things. You can go to Tongin Market. It's famous for oil Tteokbokki, so you ❷have to go there to try it. There are also many traditional Korean houses. You can walk around to see them.
Come visit us in Seochon. You'll have so much fun!

서촌은 재미있는 것들로 가득 차 있어. 너는 통인 시장에 갈 수 있어. 그곳은 기름 떡볶이로 유명해서, 너는 그것을 맛 보러 그곳에 가야 해. 그곳에는 또한 한국의 전통 가옥들이 많이 있어. 너는 그것들을 보기 위해 돌아다닐 수 있어.
서촌에 우리를 보러 와. 정말 재미있을 거야!

❶ be full of: ~로 가득 차 있다 (= be filled with)
❷ 「have(has) to+동사원형」은 '~해야 한다'라는 의미로 의무를 나타낸다. (= must+동사원형)

기타 지문
실전 TEST

[01~02] 다음 글을 읽고, 물음에 답하시오.

Rose Bakery is my favorite place near school. From the school's main gate, first turn right. Then walk straight on Hana-ro. When you see Sun Bank ____ⓐ____, turn left. ⓑYou can't miss it.

01 다음 지도를 보고, 윗글의 빈칸 ⓐ에 알맞은 말을 쓰시오.

→ _____ (3단어)

02 윗글의 밑줄 친 ⓑ의 의미로 알맞은 것은?

① 길을 찾을 수 없다.
② 당신을 찾을 수 없다.
③ 틀림없이 찾을 것이다.
④ 당신이 그리울 것이다.
⑤ 학교에 지각할 것이다.

03 다음 글의 빈칸 ⓐ와 ⓑ에 알맞은 말을 각각 본문에서 찾아 쓰시오.

Iowa State Fair
This state is famous for ____ⓐ____. For the fair in this state, people make a butter cow from about 272 kg of butter.

Wisconsin State Fair
This state produces the most cheese in the USA. At the fair in this state, people can eat many tasty ____ⓑ____ dishes.

ⓐ _____

ⓑ _____

[04~06] 다음 글을 읽고, 물음에 답하시오.

Seochon is full of fun things. You can go to Tongin Market. It's famous for oil Tteokbokki, so ⓐ너는 그곳에 가야 한다 to try it. There are also many traditional Korean houses. You can walk around ⓑsee them.

Come visit us in Seochon. You'll have so much fun!

04 윗글의 밑줄 친 우리말 ⓐ를 영어로 쓰시오. (5단어)

→ _____

05 윗글의 밑줄 친 ⓑsee의 어법상 올바른 형태는?

① see   ② saw
③ seeing   ④ to see
⑤ is seeing

06 윗글을 읽고 답할 수 없는 질문은?

① Which market is in Seochon?
② Which food is famous at Tongin Market?
③ How do you go to Tongin Market?
④ What can you eat at Tongin Market?
⑤ What can you see in Seochon?

Words

고득점 맞기

01 Which word has the following definition?

> something that people have done for a long time and continue to do

① fair   ② state   ③ fabric
④ tradition   ⑤ direction

02 다음 빈칸에 들어갈 말로 알맞은 것은?

> "Brunch" is a(n) _____ of two words, "breakfast" and "lunch."

① area   ② dessert   ③ blanket
④ production   ⑤ combination

03 다음 짝지어진 단어의 관계가 같도록 빈칸에 알맞은 단어를 쓰시오.

> electricity : electric = tradition : _____

04 다음 대화의 빈칸에 들어갈 말이 순서대로 바르게 짝지어진 것은?

> A: Come and visit me in New York. You'll _____ fun!
> B: OK. I'll _____ a call to you when I get there.

① get – have   ② take – make
③ have – get   ④ have – make
⑤ give – take

05 다음 중 짝지어진 단어들의 관계가 서로 같지 <u>않은</u> 것은?

① unique : usual = gate : door
② color : colorful = pride : proud
③ spice : spicy = health : healthy
④ scare : scared = worry : worried
⑤ produce : production = combine : combination

06 다음 우리말과 의미가 같도록 빈칸에 알맞은 말을 쓰시오.

> Jessica는 피아노 대회에서 3등상을 탔다.
> → Jessica _____ _____ _____ in the piano competition.

07 다음 중 단어와 영영풀이가 바르게 연결되지 <u>않은</u> 것은?

① area: a part of a place
② scared: excited about something
③ follow: to come or go after or behind
④ healthy: physically good and strong
⑤ direction: the way that someone or something is moving or pointing

08 다음 ⓐ~ⓔ 중 밑줄 친 부분의 의미가 같은 것끼리 짝지어진 것은?

> ⓐ How about seeing a <u>show</u> in London?
> ⓑ Will you please <u>show</u> me your passport?
> ⓒ Jane <u>showed</u> me some pictures of her cat.
> ⓓ <u>Show</u> your painting to the rest of the class.
> ⓔ The children didn't want to miss the magic <u>show</u>.

① ⓐ, ⓒ   ② ⓐ, ⓔ   ③ ⓑ, ⓒ, ⓓ
④ ⓑ, ⓓ, ⓔ   ⑤ ⓒ, ⓓ, ⓔ

09 다음 중 밑줄 친 부분의 쓰임이 의미상 어색한 것은?

① The girl is scared of big dogs.
② Dad washed the dishes after dinner.
③ I saved some money to buy a new bike.
④ It's a tradition to exchange gifts on Christmas.
⑤ You can see the pattern everywhere, so it's unique.

10 다음 빈칸에 공통으로 들어갈 말을 주어진 철자로 시작하여 쓰시오.

- Ted and I rode some rides at the f_____.
- Teachers must be f_____ with all the students.

11 다음 중 밑줄 친 부분의 우리말 의미가 알맞지 않은 것은?

① Can you sew this button for me?
　　(꿰매다)
② Let's move on to the next question.
　　(~로 이사하다)
③ He decided to work abroad for 6 months.
　　(해외에서)
④ I will show you around the Farmer's Market.
　　(안내하다)
⑤ Ann's house is only a block away from mine.
　　(구역)

고난도

12 다음 ⓐ~ⓓ의 빈칸 중 어느 곳에도 들어갈 수 없는 것은?

ⓐ We use _____ to make T-shirts.
ⓑ I put a _____ on the floor to sleep on.
ⓒ The factory _____ furniture for offices.
ⓓ Jane will take part in a speech _____ this weekend.

① sew
② fabric
③ blanket
④ produces
⑤ contest

신유형

13 다음 중 밑줄 친 부분과 바꿔 쓸 수 없는 것은?

① He is going to enter some contests.
　　(= join in)
② Benjamin always tells us a funny story.
　　(= humorous)
③ Mom bought fabric to make new curtains.
　　(= cloth)
④ I asked Jenny to fasten the papers together.
　　(= pass)
⑤ He worked in the library for over two years.
　　(= more than)

14 Which underlined word has the same meaning as in the example? Choose all.

[보기] The thieves entered the house.

① You should knock before you enter.
② She wants to enter the 2024 Olympics.
③ About 100 students entered the contest.
④ Are you going to enter the competition?
⑤ When I entered the park, I saw a clock tower.

고난도

15 다음 영영풀이의 빈칸 ⓐ~ⓔ에 들어갈 말로 알맞지 않은 것은?

- produce: to ____ⓐ____ or manufacture
- state: one of the parts that the USA is ____ⓑ____ into
- combination: a ____ⓒ____ of different people or things
- straight: in a line or direction that is not bent or ____ⓓ____
- unique: special and ____ⓔ____ from every other person or thing

① ⓐ: make
② ⓑ: divided
③ ⓒ: mixture
④ ⓓ: curved
⑤ ⓔ: same

Listen and Talk 영작하기

• 주어진 우리말 뜻과 일치하도록 교과서 대화문을 완성하시오.

Listen and Talk A-1

B: _____

G: _____

B: _____

G: _____

교과서 30쪽

B: 실례합니다. Star Mall을 찾고 있어요.

G: 두 블록을 곧장 가서 왼쪽으로 도세요. 오른쪽에 있는 첫 번째 건물일 거예요.

B: 아, 그렇군요. 고맙습니다.

G: 천만에요.

Listen and Talk A-2

B: _____

G: _____

B: _____

G: _____

B: _____

교과서 30쪽

B: 실례합니다. 서점이 어디에 있나요?

G: 우체국 맞은편에 하나 있어요.

B: 그곳에 어떻게 가나요?

G: 한 블록을 곧장 가서 오른쪽으로 도세요. 오른쪽에 있을 거예요.

B: 고맙습니다!

Listen and Talk A-3

B: _____

G: _____

B: _____

G: _____

B: _____

교과서 30쪽

B: 실례합니다. 경찰서에 어떻게 가나요?

G: 세 블록을 곧장 걸어가서 왼쪽으로 도세요. 오른쪽에 있을 거예요.

B: 아, 그렇군요.

G: 빵집과 학교 사이에 있어요. 꼭 찾으실 거예요.

B: 고맙습니다!

Listen and Talk A-4

B: _____

G: _____

B: _____

G: _____

B: _____

교과서 30쪽

B: 실례합니다. 역사 박물관이 어디에 있나요?

G: Green가에 있어요.

B: 그곳에 어떻게 가나요?

G: 세 블록을 곧장 가서 오른쪽으로 도세요. 오른쪽에 보일 거예요. 은행 옆에 있어요.

B: 정말 고맙습니다.

Listen and Talk C

B: _____

G: _____

B: _____

G: _____

B: _____

G: _____

B: _____

G: _____

B: _____

G: _____

Talk and Play

A: _____

B: _____

A: _____

Review-1

M: _____

W: _____

M: _____

Review-2

G: _____

B: _____

G: _____

해석

교과서 31쪽

B: 안녕하세요. 도와드릴까요?

G: 네. 저는 Green 공원을 찾고 있어요.

B: 네. 이 지도를 보세요. 우리는 여기에 있어요.

G: 아, 그렇군요. 그러면 공원은 어떻게 가나요?

B: 두 블록을 곧장 가서 왼쪽으로 도세요. 공원은 기차역 맞은편에 있어요.

G: 그렇군요. 그곳에서 아프리카 음악 콘서트가 열리죠, 맞나요?

B: 네. 오후 4시에 Star Concert 무대에서 시작할 거예요.

G: 맞아요, 그런데 무대는 어디에 있나요?

B: 공원의 북문 근처에 있어요.

G: 네, 고맙습니다!

교과서 32쪽

A: 실례합니다. 경찰서에 어떻게 가나요?

B: 한 블록을 곧장 가서 왼쪽으로 도세요. 오른쪽에 있을 거예요. 학교 옆에 있어요.

A: 정말 고마워요.

교과서 44쪽

M: 실례합니다. 서점에 어떻게 가나요?

W: 두 블록을 곧장 걸어가서 왼쪽으로 도세요. 오른쪽에 있을 거예요.

M: 쉬울 것 같네요. 고맙습니다.

교과서 44쪽

G: 실례합니다. Tom's 빵집은 어디에 있나요?

B: Main가에 있어요. 은행 옆에 있어요.

G: 고맙습니다.

01 다음 대화의 빈칸에 들어갈 말로 알맞지 <u>않은</u> 것은?

A: Excuse me. Where's the bookstore?
B: _____

① It's next to the hospital.
② I'm sorry, but I'm new here.
③ It's not easy to find good books.
④ Just walk straight. It'll be on your left.
⑤ There's one across from the post office.

02 What is the correct order of (A)~(D) to make a natural dialog?

(A) It's on Green Street. It's across from the hospital.
(B) Go straight three blocks and turn left. It'll be on your right.
(C) Excuse me. Where is the school?
(D) How do I get there?
A: Thank you.

① (A) – (B) – (C) – (D) ② (B) – (C) – (A) – (D)
③ (B) – (D) – (A) – (C) ④ (C) – (A) – (D) – (B)
⑤ (C) – (B) – (D) – (A)

03 다음 중 짝지어진 대화가 <u>어색한</u> 것은?

① A: There's a bank next to the police station.
   B: OK. Thanks a lot.
② A: How can I get to the library?
   B: Go straight three blocks and turn right.
③ A: Hello. May I help you?
   B: Yes, please. Where can I find the bakery?
④ A: Just walk on Hana Road. You'll see it on your left.
   B: I'm looking for Hana Middle School.
⑤ A: Where is the Modern Art Gallery?
   B: It's on Pine Street. It's in front of the bookstore.

[04~05] 다음 대화를 읽고, 물음에 답하시오.

A: Excuse me. ⓐ How do I get to the police station?
B: Walk straight three blocks and turn left. It'll be on your right.
A: Oh, I see.
B: It's between the bakery and the school. You _____ⓑ_____ it.
A: Thank you!

04 위 대화의 밑줄 친 ⓐ와 바꿔 쓸 수 있는 표현을 <u>모두</u> 고르시오.

① I'm looking for the police station.
② Why did you go to the police station?
③ Can you tell me where the police station is?
④ Do you know when the police station opens?
⑤ How long does it take from here to the police station?

05 위 대화의 빈칸 ⓑ에 들어갈 말로 알맞은 것은?

① can start   ② can't see
③ can't miss   ④ have to pass
⑤ don't have to find

06 다음 대화의 내용과 일치하지 <u>않는</u> 것을 <u>모두</u> 고르시오.

Boy: Excuse me. Where's the bookstore?
Girl: There's one across from the post office.
Boy: How do I get there?
Girl: Go straight one block and turn right. It'll be on your right.
Boy: Thank you!

① The boy is asking for directions.
② The girl is going to the post office.
③ The bookstore is next to the post office.
④ The girl knows how to get to the bookstore.
⑤ The boy should walk straight one block and turn right to get to the bookstore.

[07~09] 다음 대화를 읽고, 물음에 답하시오.

> **Boy:** Hello. May I help you?
> **Girl:** Yes, please. I'm looking for Green Park.
> **Boy:** OK. Please look at this map. We are here.
> **Girl:** Oh, I see. ⓐ So how do I get to the park?
> **Boy:** Go straight two blocks and turn left. It's across from the train station.
> **Girl:** I see. The African Music Concert is there, right?
> **Boy:** Yes, it is. It's going to start at 4 p.m. at the Star Concert Stage.
> **Girl:** Right, and where is the stage?
> **Boy:** It's near the north gate of the park.
> **Girl:** OK, thank you!

07 위 대화의 밑줄 친 ⓐ와 의미가 같도록 괄호 안의 단어들을 사용하여 문장을 완성하시오.

→ So _____ ?
(tell, the way)

08 According to the dialog, where is Green Park?

→ It is _____ _____ _____ _____
_____ .

09 위 대화의 내용과 일치하도록 빈칸에 알맞은 말을 쓰시오.

> The African Music Concert is going to be held at the _____ _____ _____ at 4 p.m. The stage is near the _____ _____ of _____ _____ . Please come and enjoy!

[10~11] 다음 지도를 보고, 대화를 완성하시오.

10
A: Where can I find Bob's Bakery?
B: Go straight _____ _____ and _____
_____ . It's _____ _____ the police station.

11
A: How can I get to the bank?
B: Walk _____ one block and _____
_____ . It's _____ the hospital _____ the shoe store.

12 다음 지도를 보고, 박물관에 가는 길을 [보기]의 표현을 사용하여 3문장으로 설명하시오. ^{고난도}

△ You are here

[보기] straight   turn   the third building

(1) _____
(2) _____
(3) _____

01 다음 대화의 빈칸에 들어갈 말로 알맞은 것은?

> A: Why did Mike go to the shopping mall?
> B: He went there _____ new sneakers.

① buy   ② to buy   ③ buying
④ bought   ⑤ to buying

02 다음 우리말과 의미가 같도록 할 때, 빈칸에 들어갈 말이 순서대로 바르게 짝지어진 것은?

> 그들은 마지막 기차를 놓치지 않기 위해 서둘러야 했다.
> → They _____ hurry _____ the last train.

① must – to miss   ② must – to not miss
③ have to – not miss   ④ had to – not miss
⑤ had to – not to miss

03 다음 중 의도하는 바가 나머지와 다른 하나는?

① You must be careful when you ride a bike.
② You should be careful when you ride a bike.
③ You have to be careful when you ride a bike.
④ You need not be careful when you ride a bike.
⑤ Don't forget to be careful when you ride a bike.

04 다음 우리말과 의미가 같도록 괄호 안의 단어들을 배열할 때, 7번째로 오는 단어는?

> 그녀는 친구들을 만나기 위해 공원에 갔다.
> (meet, to, her, went, friends, park, to, the, she)

① to   ② went   ③ park
④ meet   ⑤ friends

05 다음 중 짝지어진 두 문장의 의미가 같지 않은 것은?

① Do I have to turn off my smartphone?
  = Must I turn off my smartphone?
② You must eat less to lose weight.
  = You have to eat less to lose weight.
③ You must not touch the paintings.
  = You don't have to touch the paintings.
④ I got up early to catch the first bus.
  = I got up early in order to catch the first bus.
⑤ You don't have to worry about the matter.
  = You need not worry about the matter.

06 Which one is NOT grammatically correct?

① I use my smartphone to take pictures.
② We didn't have to go to school yesterday.
③ Eric did his best in order to win the race.
④ You will must finish the work by tomorrow.
⑤ He practices dancing every day to become a dancer.

07 다음 중 밑줄 친 부분을 in order to로 바꿔 쓸 수 있는 것끼리 짝지어진 것은?

> ⓐ I often listen to music to relax.
> ⓑ Matt grew up to be a famous actor.
> ⓒ He is saving money to travel to Europe.
> ⓓ Jessy went to the gym to play basketball.
> ⓔ The neighbors were very happy to hear the news.

① ⓐ, ⓑ, ⓒ   ② ⓐ, ⓒ, ⓓ   ③ ⓑ, ⓒ, ⓓ
④ ⓑ, ⓓ, ⓔ   ⑤ ⓒ, ⓓ, ⓔ

08 다음 중 밑줄 친 부분이 어법상 **틀린** 것은?

① This ticket is free, so you <u>don't have to</u> pay for it.
② We <u>had to</u> cancel the game because it rained a lot.
③ My mom is in hospital. My sister and I <u>have to</u> look after her.
④ Today is Sports Day. Every student <u>have to</u> wear a jogging suit.
⑤ There is no food at home. We <u>will have to</u> stop by M-mart.

09 다음 중 밑줄 친 부분을 어법상 바르게 고치지 **않은** 것은?

① He <u>have to</u> take care of his cats.
　　　(→ has to)
② Jane will have to <u>left</u> before sunset.
　　　　　　　　(→ leave)
③ Ann was sick, so I <u>must</u> visit her yesterday.
　　　　　　　　　(→ did must)
④ They <u>have not to</u> get up early on weekends.
　　　(→ don't have to)
⑤ You don't need <u>take</u> an umbrella with you.
　　　　　　　(→ to take)

10 다음 중 밑줄 친 부분의 쓰임이 [보기]와 같은 문장의 개수는?

> [보기] I studied hard <u>to pass</u> the exam.

ⓐ My plan is <u>to join</u> the school band.
ⓑ We ran fast <u>to get</u> to the theater on time.
ⓒ He stopped working <u>to answer</u> the phone.
ⓓ Jane wants <u>to be</u> a pilot when she grows up.

① 없음　② 1개　③ 2개　④ 3개　⑤ 4개

11 다음 우리말을 영어로 바르게 옮긴 것은?

> Jane은 이번 주 금요일까지 숙제를 끝내야 한다.

① Jane had to finish her homework by this Friday.
② Jane has to finish her homework by this Friday.
③ Jane have to finish her homework by this Friday.
④ Jane will must finish her homework by this Friday.
⑤ Jane doesn't have to finish her homework by this Friday.

12 다음 밑줄 친 ⓐ~ⓔ를 어법상 바르게 고치지 **않은** 것은?

> Kevin ⓐ<u>don't have to</u> go to school yesterday, so he ⓑ<u>is</u> at home. He wanted ⓒ<u>playing</u> mobile games, but his mom ⓓ<u>tells</u> him to clean his room. So he ⓔ<u>has to</u> clean his room before he played games.

① ⓐ → doesn't have to　② ⓑ → was
③ ⓒ → to play　　　　　④ ⓓ → told
⑤ ⓔ → had to

13 다음 중 어법상 올바른 문장끼리 바르게 짝지어진 것은?

ⓐ Ms. Davis drank coffee not feel sleepy.
ⓑ To win the game, they practiced hard.
ⓒ We went to the zoo see a lot of animals.
ⓓ The students have to wear school uniforms.
ⓔ She used the oven in order to bake some cookies.

① ⓐ, ⓑ　　② ⓐ, ⓒ　　③ ⓑ, ⓒ, ⓓ
④ ⓑ, ⓓ, ⓔ　　⑤ ⓒ, ⓓ, ⓔ

14 주어진 두 문장과 의미가 통하도록 to부정사를 사용하여 한 문장으로 완성하시오.

> Jack will go to the stadium tomorrow. He wants to see a baseball game there.

→ Tomorrow, Jack will _____
_____.

15 다음 [조건]에 맞게 문장을 완성하시오.

> [조건] 1. have to 또는 don't have to를 어법에 맞게 사용할 것
> 2. 괄호 안의 동사를 사용할 것

(1) It's raining now. She _____ a raincoat. (wear)

(2) Tony stayed up late last night because he _____ his homework. (finish)

(3) Mom _____ dinner now. My family is going to eat out today. (cook)

16 다음 그림을 보고, [보기]에서 알맞은 표현을 골라 [예시]와 같이 문장을 완성하시오.

> [보기] walk his dog   fly a drone
> take pictures   ride a bike

[예시] Mike went to the park to walk his dog.

(1) Sally _____.

(2) Liam _____.

(3) Tom _____.

17 다음 미나가 쓴 글을 읽고, 질문에 알맞은 답을 [조건]에 맞게 쓰시오.

> [조건] 1. to부정사를 사용할 것
> 2. 주어와 동사를 포함한 완전한 문장으로 쓸 것

> I planned to go to the park with my friends. All my friends will bring their bikes, but I don't have a bike. So, I asked my cousin, Junho to lend me his bike. In the evening, I went to his house and borrowed it.

Q: Why did Mina go to Junho's house?

A: _____

18 다음은 Eric이 주중과 주말에 해야 할 일과 하지 않아도 되는 일을 나타낸 표이다. 표의 내용과 일치하도록 [조건]에 맞게 문장을 완성하시오.

	Things to do	Weekdays	Weekends
(1)	get up early	○	×
(2)	go swimming	×	○
(3)	go to work	○	×
(4)	wash his car	×	○

> [조건] 1. have to를 사용할 것
> 2. 필요시 형태를 바꾸거나 단어를 추가할 것

(1) Eric _____
on weekdays.

(2) Eric _____
on weekdays.

(3) Eric _____
on weekends.

(4) Eric _____
on weekends.

• 주어진 우리말 뜻과 일치하도록 교과서 본문의 문장을 쓰시오.

01 _____

안녕, 나는 Eddie Parker야.

02 _____

나는 텍사스의 댈러스에 살아.

03 _____

지금 우리 가족과 나는 텍사스 지역 축제에 와 있어.

04 _____

이 축제는 역사가 130년이 넘고, 미국에서 가장 큰 축제야.

05 _____

내가 구경시켜 줄게.

06 _____

나를 따라와!

07 _____

여기 염소들을 봐!

08 _____

이것은 염소 쇼야.

09 _____

내 남동생 Steve가 이 쇼에 참가했어.

10 _____

이 쇼의 염소들은 클 필요는 없지만, 건강해야 해. ☆

11 _____

그들은 상을 타기 위해서 우유를 많이 생산해야 해. ☆

12 _____

Steve는 자신의 염소인 Bonnie를 잘 돌봤어.

13 _____

와! Steve와 Bonnie가 3등상인 흰색 리본을 탔어!

14 _____

나는 그들이 정말 자랑스러워!

15 _____

지금은 점심시간이어서, 우리는 축제 음식을 먹고 있어.

16 _____

엄마와 아빠는 나초와 파히타를 드시고 계셔.

17

_____

그것들은 Tex-Mex 음식이야.

18

_____

Tex-Mex 음식은 텍사스 음식과 멕시코 음식이 결합된 거야.

19

_____

파히타가 너무 매워서 아빠 얼굴이 빨개지고 있어.

20

_____

Steve와 나는 콘도그를 먹고 있어.

21

_____

그것들은 맛이 매우 좋아.

22

_____

퀼트 대회로 이동하자.

23

_____

퀼트 만들기는 오랜 전통을 가지고 있어.

24

_____

과거에는 천이 비쌌어.

25

_____

담요를 만들기 위해서 사람들은 작은 천 조각들을 모아서 꿰매 붙여야 했지. ☆

26

_____

할머니와 할머니의 친구분들은 매주 퀼트 만드는 모임을 가지셨어.

27

_____

그분들은 이 대회를 위해서 6개월 이상 퀼트 만드는 작업을 하셔야 했어. ☆

28

_____

봐! 그것은 색깔이 정말 화려하고 독특해.

29

_____

오늘 가장 신나는 부분은 Texas Star를 타는 거야.

30

_____

그것은 높은 회전 관람차야.

31

_____

우와! Steve와 나는 지금 꼭대기에 있어.

32

_____

무섭긴 하지만, 전망이 굉장해!

33

_____

나는 텍사스에 사는 것과 축제에 가는 것이 정말 좋아.

34

_____

언젠가 축제에 오렴!

Reading
고득점 맞기

[01~03] 다음 글을 읽고, 물음에 답하시오.

Hi, I'm Eddie Parker. I live in Dallas, Texas. Now, my family and I are at the State Fair of Texas. The fair is over 130 years old, and it's the biggest fair in the USA. I'll show you around. Follow me!

(①) Look at the goats here! This is a goat show. (②) My younger brother, Steve, entered it. (③) The goats in the show don't have to be big, but they have to be healthy. (④) They have to produce a lot of milk ⓐto win a prize. Steve took good care of his goat, Bonnie. Wow! (⑤) I'm so proud of them!

01 윗글의 ①~⑤ 중 주어진 문장이 들어갈 위치로 알맞은 것은?

Steve and Bonnie won a white ribbon, third prize!

①   ②   ③   ④   ⑤

02 윗글의 밑줄 친 ⓐto win과 쓰임이 같은 것은?

① I want to become a painter.
② To go camping with friends is fun.
③ Emma's hobby is to play the drums.
④ My brother decided to study abroad.
⑤ I went to the supermarket to buy some meat.

03 윗글의 내용과 일치하는 것은?

① The State Fair of Texas is the biggest fair in America.
② Eddie has never been to the State Fair of Texas.
③ The goats in the show must be big to win a prize.
④ Steve didn't look after his goat at all.
⑤ Steve and his goat won first prize.

[04~06] 다음 글을 읽고, 물음에 답하시오.

Now, it's lunch time, so we're eating fair food. Mom and Dad ⓐare eating nachos and fajitas. They are Tex-Mex food. Tex-Mex food ⓑis a combination of food from Texas and Mexico. Dad's face ⓒis getting red ⓓbecause of his fajita is too spicy. Steve and I are eating corn dogs. They taste ⓔgreat.

04 윗글의 밑줄 친 ⓐ~ⓔ 중 어법상 틀린 것은?

① ⓐ   ② ⓑ   ③ ⓒ   ④ ⓓ   ⑤ ⓔ

05 윗글의 내용과 일치하는 문장의 개수는?

ⓐ Nachos and fajitas are fair food.
ⓑ The writer's parents are having corn dogs.
ⓒ There are some Tex-Mex food at the fair.
ⓓ The food that the writer is eating is tasty.

① 0개   ② 1개   ③ 2개
④ 3개   ⑤ 4개

06 Which can be answered from the text above?

① What is Tex-Mex food?
② How do nachos taste?
③ What will the writer's family do after lunch?
④ What is the most popular fair food?
⑤ How many kinds of food are there at the fair?

Let's move on to the quilt contest. Quilting has a long ⓐtradition. In the past, ⓑfabric was expensive. To make a blanket, people had to ⓒcollect small pieces of fabric and sew them together.

Grandma and her friends had a quilting bee every week. They had to work on the quilt for the ⓓcontest (A)for over six months. Look! It's very colorful and ⓔunique.

07 윗글의 밑줄 친 ⓐ~ⓔ의 영영풀이로 알맞지 않은 것은?

① ⓐ: something that people have done for a long time and continue to do

② ⓑ: cloth or material for making clothes, covering furniture

③ ⓒ: to separate something into parts or groups

④ ⓓ: a competition or game in which people try to win

⑤ ⓔ: special and different from every other person or thing

08 윗글의 밑줄 친 (A)for와 쓰임이 같은 것은?

① The cheesecake is for my sister.

② This is a magazine for teenagers.

③ They're waiting for their school bus.

④ He has lived in Paris for three years.

⑤ The tower is famous for its glass floor.

09 윗글의 내용을 바르게 이해한 사람은?

① 지수: Quilting has a very short history.

② 유리: In the past, people could get fabric easily.

③ 미소: The writer's grandma entered the quilt contest.

④ 호진: The writer's grandma made the quilt alone for over six months.

⑤ 진수: The writer couldn't see the quilt his grandma made.

The most (A)excited / exciting part of the day is riding the Texas Star. It's a tall Ferris wheel. Wow! Steve and I are now on the top. I'm (B)scaring / scared, but _____ ⓐ _____!

I love living in Texas and (C)going / go to the fair. Come to the fair some day!

10 윗글의 (A)~(C)의 각 네모 안에 주어진 말 중 어법상 올바른 것끼리 짝지어진 것은?

	(A)	(B)	(C)
①	excited	scared	go
②	excited	scaring	going
③	exciting	scaring	going
④	exciting	scaring	go
⑤	exciting	scared	going

11 윗글의 빈칸 ⓐ에 들어갈 말로 알맞은 것은?

① the sky isn't clear

② the view is amazing

③ the top is very high

④ I want to stop riding

⑤ I have a fear of heights

12 다음 질문과 응답 중 윗글의 내용과 일치하지 않는 것은?

① Q: What does the writer like to do most in the fair?

A: He really likes riding the Texas Star.

② Q: What is the Texas Star?

A: It is a tall Ferris wheel at the fair.

③ Q: What is the writer doing now?

A: He is riding the Texas Star with Steve.

④ Q: How does the writer feel on the top of the Texas Star?

A: He feels excited, and he isn't afraid at all.

⑤ Q: Does the writer enjoy living in Texas?

A: Yes, he loves living there.

[13~14] 다음 글을 읽고, 물음에 답하시오.

ⓐLook at the goats here! This is a goat show. My younger brother, Steve, entered it. The goats in the show ⓑdon't have to be big, but they ⓒhas to be healthy. They have to produce a lot of milk ⓓto win a prize. Steve took good care of his goat, Bonnie. Wow! Steve and Bonnie won a white ribbon, ⓔthird prize! I'm so proud of them!

13 윗글에서 염소들이 염소 쇼에서 상을 타기 위해 갖추어야 할 조건을 완전한 영어 문장으로 쓰시오.

→ _____

14 윗글의 밑줄 친 ⓐ~ⓔ 중 어법상 틀린 것을 찾아 기호를 쓰고 바르게 고쳐 쓰시오.

(   ) → _____

[15~16] 다음 글을 읽고, 물음에 답하시오.

Now, it's lunch time, so we're eating fair food. Mom and Dad are eating nachos and fajitas. They are Tex-Mex food. Tex-Mex food is a combination of food from Texas and Mexico. Dad's face is getting red because his fajita is too spicy. Steve and I are eating corn dogs. They taste great.

15 윗글의 밑줄 친 **fair food**에 해당하는 것을 윗글에서 모두 찾아 영어로 쓰시오.

(1) _____ (2) _____ (3) _____

16 윗글의 내용과 일치하도록 글쓴이의 일기를 완성하시오.

Today, I went to the fair with my family. We ate fair food for lunch there. Mom and Dad had some _____ _____ such as nachos and fajitas. Dad's fajita tasted _____ _____, so his face got _____. The _____ which Steve and I had were delicious.

[17~18] 다음 글을 읽고, 물음에 답하시오.

Let's move on to the quilt contest. Quilting has a long tradition. In the past, fabric was expensive. To make a blanket, people had to collect small pieces of fabric and sew ⓐthem together.

Grandma and her friends had a quilting bee every week. ⓑThey had to work on the quilt for the contest for over six months. Look! ⓒIt's very colorful and unique.

17 윗글의 밑줄 친 ⓐ~ⓒ가 가리키는 것을 각각 본문에서 찾아 쓰시오.

ⓐ _____ (4단어)

ⓑ _____ (4단어)

ⓒ _____ (5단어)

18 윗글의 내용과 일치하도록 빈칸에 알맞은 말을 쓰시오.

In the past, people couldn't make a blanket easily because cloth was _____. So, they _____ pieces of cloth and sewed them together when they made a _____.

서술형 100% TEST

01 각 영영풀이에 해당하는 단어를 [보기]에서 골라 쓰시오.

> [보기] blanket   produce   fair   unique

(1) _____ : to make or manufacture

(2) _____ : a thick warm cover for a bed

(3) _____ : special and different from every other person or thing

(4) _____ : an outdoor event where you can go on exciting rides and play games to win prizes

02 다음 우리말과 의미가 같도록 빈칸에 알맞은 말을 쓰시오.

(1) 다음 게임으로 넘어가자.
   → Let's _____ _____ _____ the next game.

(2) 그는 춤 경연 대회에서 1등상을 탔다.
   → He _____ first _____ in a dance contest.

(3) 우리 부모님은 나를 항상 자랑스러워하신다.
   → My parents _____ always _____ _____ me.

03 다음 대화의 흐름상 어색한 문장을 찾아 바르게 고쳐 쓰시오.

> A: Hello. Can I help you?
> B: Yes, please. How do I get to the bookstore?
> A: Walk straight two blocks and turn left. It'll be on your right. You can't find it.
> B: That sounds easy. Thank you.

_____ → _____

[04~05] 다음 그림을 보고, 대화를 완성하시오.

04
A: How do I get to the movie theater?
B: _____ two blocks and _____ _____. It'll be the second building on your _____.

05
A: Excuse me. I'm looking for the pizza store.
B: _____ _____ _____ _____ and turn right. You'll see it _____ _____ _____.
A: Oh, I see.
B: It's _____ _____ the bank. You can't miss it.

06 다음 대화의 밑줄 친 우리말과 의미가 같도록 문장을 완성하시오.

> A: Excuse me. (1) 경찰서에 어떻게 가나요?
> B: Walk straight three blocks and turn left. It'll be on your right.
> A: Oh, I see.
> B: (2) 그것은 은행과 학교 사이에 있어요.

(1) How _____?

(2) It's _____.

07 다음 대화를 읽고, 질문에 대한 답을 완전한 영어 문장으로 쓰시오.

> **Boy:** Hello. May I help you?
> **Girl:** Yes, please. I'm looking for Green Park.
> **Boy:** OK. Please look at this map. We are here.
> **Girl:** Oh, I see. So how do I get to the park?
> **Boy:** Go straight two blocks and turn left. It's across from the train station.
> **Girl:** I see. The African Music Concert is there, right?
> **Boy:** Yes, it is. It's going to start at 4 p.m. at the Star Concert Stage.
> **Girl:** Right, and where is the stage?
> **Boy:** It's near the north gate of the park.
> **Girl:** OK, thank you!

(1) Where is Green Park?

→ _____

(2) When will the African Music Concert start?

→ _____

(3) Where is the Star Concert Stage?

→ _____

08 괄호 안에 주어진 단어와 **have to**를 사용하여 문장을 완성하시오. (단, 필요시 형태를 바꾸거나 단어를 추가할 것)

(1) You _____ _____ _____ a helmet when you ride a bike. (wear)

(2) It's very warm today. You _____ _____ _____ _____ a coat. (wear)

(3) Last night, Jim and I were late for the party, so we _____ _____ _____ a taxi. (take)

(4) They _____ _____ _____ _____ the project by tomorrow morning. (finish)

09 주어진 두 문장과 의미가 통하도록 **to부정사**를 사용하여 한 문장으로 쓰시오.

(1) She went to the bakery. She wanted to buy some cookies.

→ _____

(2) I studied hard last night. I wanted to get good grades.

→ _____

(3) Dad jogs every day. He wants to keep his body healthy.

→ _____

10 다음 그림을 보고, [A]와 [B]에서 알맞은 표현을 한 가지씩 골라 [예시]와 같이 문장을 완성하시오.

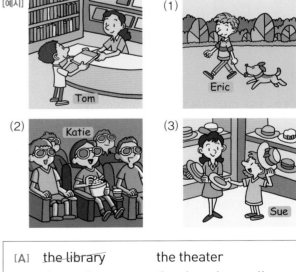

[A]	the library	the theater
	the park	the shopping mall

[B]	borrow books	buy a hat
	watch a movie	walk the dog

[예시] Tom went to the library to borrow books.

(1) Eric went _____.

(2) Katie went _____.

(3) Sue went _____.

11 다음 중 어법상 **틀린** 문장을 2개 찾아 기호를 쓰고, 바르게 고쳐 문장을 다시 쓰시오.

> ⓐ You must not take pictures here.
> ⓑ Chris don't have to write an essay.
> ⓒ Wear a warm jacket not to catch a cold.
> ⓓ Lisa went to the restaurant eat spaghetti.
> ⓔ They had to meet together for the project.

(1) (　　　) → _____

(2) (　　　) → _____

13 다음 빈칸에 공통으로 들어갈 단어를 윗글에서 찾아 쓰시오.

> • I went to the book _____ and bought a graphic novel.
> • We should be _____ to both players in the game.

14 윗글의 내용과 일치하도록 대화를 완성하시오.

> A: Eddie, do you know about the State Fair of Texas?
> B: Sure. The fair has a long history. It's over
> (1) _____ _____ _____, and it's
> (2) _____ _____ _____ in the USA.
> A: Oh, I see. Have you been to the fair?
> B: Yes, I have. I went there with (3) _____ _____. It was really fun.

[12~15] 다음 글을 읽고, 물음에 답하시오.

> Hi, I'm Eddie Parker. I live in Dallas, Texas. Now, my family and I are at the State Fair of Texas. The fair is over 130 years old, and ⓐit's the biggest fair in the USA. I'll show you around. Follow me!
> Look at the goats here! This is a goat show. My younger brother, Steve, entered ⓑit. 이 쇼의 염소들은 클 필요가 없지만, 건강해야 해. They have to produce a lot of milk to win a prize. Steve took good care of his goat, Bonnie. Wow! Steve and Bonnie won a white ribbon, third prize! I'm so proud of them!

12 윗글의 밑줄 친 ⓐ와 ⓑ의 **it**이 각각 가리키는 것을 본문에서 찾아 쓰시오.

ⓐ _____ (5단어)

ⓑ _____ (3단어)

15 윗글의 밑줄 친 우리말과 의미가 같도록 [조건]에 맞게 문장을 완성하시오.

> [조건] 1. have to를 사용하고, 필요시 형태를 바꿀 것
>   2. 괄호 안의 단어를 사용할 것

The goats in the show (1) _____ _____ _____ _____ _____(big), but they (2) _____ _____ _____ _____ (healthy).

[16~17] 다음 글을 읽고, 물음에 답하시오.

Now, it's lunch time, so we're eating fair food. Mom and Dad are eating nachos and fajitas. They are Tex-Mex food. Tex-Mex food is a combination of food from Texas and Mexico. ⓐDad's face is getting red because his fajita is too spicy. Steve and I are eating corn dogs. They taste great.

16 다음 영영풀이에 해당하는 단어를 윗글에서 찾아 쓰시오.

a mixture of different people or things

_____

17 윗글의 밑줄 친 문장 ⓐ와 의미가 같도록 **so**를 사용하여 문장을 완성하시오.

→ Dad's fajita is _____,
so _____.

[18~20] 다음 글을 읽고, 물음에 답하시오.

Let's move on to the quilt contest. Quilting has a long tradition. In the past, fabric was expensive. To make a blanket, (A) 사람들은 작은 천 조각들을 모아서 꿰매 붙여야 했다.

Grandma and her friends had a quilting bee every week. They had to work on the quilt for the contest for over six months. Look! It's very colorful and unique.

The ⓐ most exciting part of the day is riding the Texas Star. ⓑIt's a tall Ferris wheel. Wow! Steve and I ⓒare now on the top. I'm ⓓscared, but the view is amazing!

I love living in Texas and ⓔgo to the fair. Come to the fair some day!

18 윗글의 밑줄 친 우리말 (A)와 의미가 같도록 주어진 단어들을 바르게 배열하여 영어로 쓰시오.

them, people, collect, sew, small, together, had to, fabric, of, pieces, and

→ _____
_____

19 윗글의 내용과 일치하도록 질문에 완전한 영어 문장으로 답하시오.

(1) In the past, why did people make quilts?
→ _____
_____

(2) How often did Grandma and her friends have a quilting bee?
→ _____
_____

(3) What is the most exciting part of the day for the writer?
→ _____
_____

20 윗글의 밑줄 친 ⓐ~ⓔ 중 어법상 **틀린** 것의 기호를 쓰고, 바르게 고쳐 쓴 후, **틀린** 이유를 쓰시오.

(1) 틀린 부분: (   ) _____ → _____
(2) 틀린 이유: _____

01 다음 영영풀이에 해당하는 단어로 알맞은 것은?   3점

> to use a needle and thread to make or fix clothes

① ride   ② sew   ③ enter
④ scare   ⑤ produce

서술형**1**

02 다음 빈칸에 공통으로 들어갈 단어를 주어진 철자로 시작하여 쓰시오.   3점

> • Could you s_____ me your library card?
> • You should hurry if you don't want to miss the s_____.

03 다음 중 밑줄 친 부분의 우리말 의미가 알맞지 <u>않은</u> 것은?   3점

① The building is <u>across from</u> the park.
               (~ 맞은편에)
② I want to <u>win a prize</u> in the marathon.
               (상을 타다)
③ I'm <u>looking for</u> a post office around here.
               (~을 찾고 있다)
④ They <u>showed me around</u> their new house.
               (나에게 자랑했다)
⑤ Press the button to <u>move on to</u> the next step.
               (~로 이동하다)

04 다음 대화의 빈칸에 들어갈 말로 알맞은 것은?   3점

> A: Excuse me. _____
> B: It's on Green Street.

① Where is the museum?
② Where are you going now?
③ When does the museum open?
④ What are you looking for there?
⑤ Where do you plan to go tomorrow?

05 다음 대화의 빈칸에 들어갈 말로 알맞지 <u>않은</u> 것은?   3점

> A: Where is the bookstore?
> B: There's one across from the post office.
> A: _____
> B: Go straight one block and turn right. It'll be on your right.

① How do I get there?
② How can I find the bookstore?
③ Please show me the way to get there.
④ Could you tell me the way to the bookstore?
⑤ Can you tell me when the post office opens?

서술형**2**

06 자연스러운 대화가 되도록 (A)~(D)를 바르게 배열하시오.   4점

> (A) How do I get there?
> (B) It's on Main Street. It's between the bakery and the school.
> (C) Where is the train station?
> (D) Go straight two blocks and turn left. It'll be on your right.
> A: Thank you.

(   ) – (   ) – (   ) – (   )

[07~09] 다음 대화를 읽고, 물음에 답하시오.

> Boy: Hello. May I help you?
> Girl: Yes, please. I'm looking for Green Park.
> Boy: OK. Please look at this map. We are here.
> Girl: Oh, I see. So how do I get to the park?
> Boy: _____ ⓐ _____ It's across from the train station.
> Girl: I see. The African Music Concert is there, right?
> Boy: Yes, it is. It's going to start at 4 p.m. at the Star Concert Stage.
> Girl: Right, and _____ ⓑ _____ ?
> Boy: It's near the north gate of the park.
> Girl: OK, thank you!

서술형3 고/산도

07 다음 지도를 보고 위 대화의 빈칸 ⓐ에 들어갈 문장을 괄호 안의 단어들을 사용하여 7단어로 쓰시오. 5점

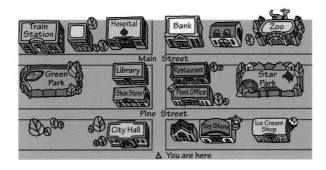

_____

(two, straight, turn)

08 위 대화의 빈칸 ⓑ에 들어갈 말로 알맞은 것은? 4점

① where is the stage
② what time is it now
③ how was the concert last night
④ what were you doing at the park
⑤ why don't we go to the concert together

09 위 대화의 내용을 잘못 이해한 사람은? 4점

① 수진: The girl is going to Green Park.
② 미나: The boy and the girl are looking at the map.
③ 지민: Green Park is across from the train station.
④ 유리: The boy knows where the concert will be held.
⑤ 수호: The boy is inviting the girl to the concert.

10 다음 빈칸에 들어갈 말로 알맞은 것은? 3점

> This is a free gift. You _____ pay for it.

① must
② have to
③ should
④ don't have to
⑤ are going to

11 다음 중 밑줄 친 부분의 쓰임이 [보기]와 같은 것은? 4점

> [보기] She went to the supermarket to buy some cheese.

① He decided to open a new store.
② What do you want to eat for dinner?
③ My dream is to travel around the world.
④ We met at the park to ride bikes together.
⑤ To exercise regularly is good for your health.

서술형4

12 다음 우리말과 의미가 같도록 괄호 안의 단어를 사용하여 문장을 완성하시오. 4점

> 나는 물을 마시기 위해 부엌에 갔다.

→ I went to the kitchen _____ _____ _____.
(drink)

13 다음 중 어법상 **틀린** 문장은?　4점

① The man had to quit his job last year.
② I bought some vegetables to make salad.
③ We're not late, so we don't have to hurry.
④ Emma has not to hand in the report today.
⑤ You have to wear a life vest when you ride a boat.

고난도
14 다음 중 어법상 올바른 문장끼리 바르게 짝지어진 것은? 5점

ⓐ He will has to arrive there on time.
ⓑ Alex ran fast to catch the last train.
ⓒ They study very hard to get good grades.
ⓓ For your safety, you have to wear a helmet.
ⓔ I called Tom to asking about the school festival.

① ⓐ, ⓒ　　② ⓐ, ⓓ　　③ ⓑ, ⓒ, ⓓ
④ ⓒ, ⓓ, ⓔ　　⑤ ⓐ, ⓑ, ⓒ, ⓔ

[15~16] 다음 글을 읽고, 물음에 답하시오.

Hi, I'm Eddie Parker. ①I live in Dallas, Texas. ②Now, my family and I are at the State Fair of Texas. ③The fair is over 130 years old, and it's the biggest fair in the USA. ④I want to go to the fair some day. ⑤I'll show you around. Follow me!

15 윗글의 밑줄 친 ①~⑤ 중 흐름상 **어색한** 것은?　4점

① ② ③ ④ ⑤

16 윗글 다음에 이어질 내용으로 알맞은 것은?　3점

① 텍사스의 자연 환경
② 텍사스 지역 축제 소개
③ 미국의 다양한 지역 축제 소개
④ 세계에서 가장 오래된 지역 축제
⑤ 텍사스 지역 축제의 역사와 유래

[17~20] 다음 글을 읽고, 물음에 답하시오.

Look at the goats here! This is a goat show. My younger brother, Steve, entered it. The goats in the show don't have to be big, but they have to be healthy. (A)그들은 상을 타기 위해서 우유를 많이 생산해야 해. Steve took good care ___ⓐ___ his goat, Bonnie. Wow! Steve and Bonnie won a white ribbon, third prize! I'm so proud ___ⓑ___ (B)them!

서술형5
17 윗글의 밑줄 친 우리말 (A)와 의미가 같도록 주어진 표현들을 사용하여 문장을 쓰시오. (12단어)　5점

produce, win a prize, a lot of

→ _____

18 윗글의 빈칸 ⓐ와 ⓑ에 공통으로 들어갈 말로 알맞은 것은?　3점

① in　　② at　　③ of
④ for　　⑤ about

서술형6
19 윗글의 밑줄 친 (B)them이 가리키는 것을 본문에서 찾아 3단어로 쓰시오.　4점

_____

20 윗글의 내용과 일치하지 **않는** 것을 **모두** 고르시오.　4점

① Steve is the writer's brother.
② Steve participated in the goat show.
③ The goats in the show must be big and healthy.
④ The writer looked after Bonnie well.
⑤ Steve and his goat won third prize.

[21~22] 다음 글을 읽고, 물음에 답하시오.

> Now, it's lunch time, so we're eating fair food. (①) Mom and Dad are eating nachos and fajitas. (②) Tex-Mex food is a combination of food ___ⓐ___ Texas and Mexico. (③) Dad's face is getting red ___ⓑ___ his fajita is too spicy. (④) Steve and I are eating corn dogs. (⑤) They taste great.

21 윗글의 ①~⑤ 중 주어진 문장이 들어갈 위치로 알맞은 것은? **3점**

> They are Tex-Mex food.

① ② ③ ④ ⑤

22 윗글의 빈칸 ⓐ와 ⓑ에 들어갈 말이 순서대로 바르게 짝지어진 것은? **4점**

① on – so
② from – so
③ after – if
④ after – because
⑤ from – because

[23~25] 다음 글을 읽고, 물음에 답하시오.

> Let's move on to the quilt contest. Quilting has a long tradition. In the past, fabric was expensive. ⓐMake a blanket, people had to collect small pieces of fabric and ⓑsew them together.
>
> Grandma and her friends had a quilting bee every week. They had to work on the quilt for the contest for over six months. Look! It's very colorful and unique.
>
> The most exciting part of the day is riding the Texas Star. It's a tall Ferris wheel. Wow! Steve and I are now on the top. I'm scared, but the view is amazing! I love living in Texas and going to the fair. Come to the fair some day!

서술형7
23 윗글의 밑줄 친 ⓐMake와 ⓑsew를 어법상 올바른 형태로 쓰시오. 각 **4점**

ⓐ _____

ⓑ _____

고난도 신유형
24 윗글의 내용과 일치하는 것끼리 짝지어진 것은? **5점**

> ⓐ People paid little money to buy fabric in the past.
> ⓑ Grandma and her friends worked on the quilt to make money.
> ⓒ The writer rode the Ferris wheel alone.
> ⓓ The writer felt scared on the top of the Texas Star.
> ⓔ The writer enjoyed riding the Texas Star.

① ⓐ, ⓒ
② ⓑ, ⓒ
③ ⓓ, ⓔ
④ ⓑ, ⓒ, ⓔ
⑤ ⓒ, ⓓ, ⓔ

서술형8
25 다음 질문에 대한 대답을 윗글에서 찾아 그대로 쓰시오. **5점**

Q: How long did Grandma and her friends have to prepare for the quilt contest?

A: _____

모의고사

01 다음 중 짝지어진 단어의 관계가 [보기]와 같은 것은?   3점

> [보기] electricity – electric

① fair – festival   ② fabric – cloth
③ tie – fasten   ④ tradition – traditional
⑤ produce – production

서술형 1

02 다음 빈칸에 들어갈 단어를 주어진 철자로 시작하여 쓰시오.
   3점

> If something is u_____, it is very unusual and special.

03 다음 대화의 빈칸에 들어갈 말이 순서대로 바르게 짝지어진 것은?   3점

> A: _____ is the park?
> B: It's on Pine Street.
> A: _____ do I get there?
> B: Walk straight one block. It's on your left.

① What – When   ② What – How
③ Which – What   ④ Where – How
⑤ Where – When

04 다음 중 짝지어진 대화가 어색한 것은?   3점

① A: Where is the museum?
  B: It's on Main Street.
② A: Hello. May I help you?
  B: Yes, please. I'm looking for the library.
③ A: How do I get to the Magic Mall?
  B: Let's go shopping together.
④ A: Can you tell me where the hospital is?
  B: Yes. It's across from the park.
⑤ A: Can you tell me the way to the park?
  B: Walk straight one block and turn right. You'll see it on your left.

05 다음 대화의 빈칸에 들어갈 말로 알맞지 <u>않은</u> 것은?   3점

> A: Excuse me. _____
> B: Go straight two blocks and turn left. It'll be the first building on your right.
> A: Oh, I see. Thank you.

① I'm looking for the Star Mall.
② How do I get to the Star Mall?
③ Where can I find the Star Mall?
④ Are you going to the Star Mall?
⑤ Can you tell me the way to the Star Mall?

신유형

06 다음 지도의 내용과 일치하는 문장끼리 짝지어진 것은?   4점

> ⓐ The school is across from the hospital.
> ⓑ The subway station is next to the park.
> ⓒ The bakery is next to the post office.
> ⓓ The toy shop is between the ice cream shop and the zoo.
> ⓔ The hospital is behind the police station.

① ⓐ, ⓓ   ② ⓑ, ⓒ   ③ ⓐ, ⓒ, ⓔ
④ ⓐ, ⓓ, ⓔ   ⑤ ⓑ, ⓒ, ⓔ

[07~09] 다음 대화를 읽고, 물음에 답하시오.

> **Boy:** Hello. May I help you?
> **Girl:** Yes, please. I'm looking for Green Park. (①)
> **Boy:** OK. Please look at this map. We are here. (②)
> **Girl:** Oh, I see. So how do I get to the park?
> **Boy:** (③) It's _____.
> **Girl:** I see. The African Music Concert is there, right? (④)
> **Boy:** Yes, it is. It's going to start at 4 p.m. at the Star Concert Stage. (⑤)
> **Girl:** Right, and where is the stage?
> **Boy:** It's near the north gate of the park.
> **Girl:** OK, thank you!

07 위 대화의 ①~⑤ 중 주어진 문장이 들어갈 위치로 알맞은 것은? 　　3점

> Go straight two blocks and turn left.

① 　　② 　　③ 　　④ 　　⑤

서술형 2

08 다음 그림을 보고, 위 대화의 빈칸에 들어갈 문장을 완성하시오. 　　5점

It's _____.

09 위 대화를 읽고 대답할 수 <u>없는</u> 질문은? 　　4점

① Where is Green Park?
② Where does the girl want to go?
③ Who will play at the African Music Concert?
④ What time will the African Music Concert start?
⑤ Where will the African Music Concert be held?

10 다음 우리말을 영어로 바르게 옮긴 것은? 　　3점

> 나는 낮잠을 자기 위해 TV를 껐다.

① I turned off the TV take a nap.
② I turned off the TV to take a nap.
③ I turned off the TV to taking a nap.
④ I took a nap not to turn off the TV.
⑤ I took a nap in order to turn off the TV.

서술형 3

11 다음 두 문장의 의미가 같도록 빈칸에 들어갈 알맞은 말을 쓰시오. 　　4점

> We're not late for the concert, so we need not hurry.
> = We're not late for the concert, so we _____ _____ _____ hurry.

12 다음 중 밑줄 친 부분이 어법상 <u>틀린</u> 것은? 　　4점

① I go to the library <u>to read</u> books.
② He got up early <u>to cook</u> breakfast.
③ She <u>will has to stay</u> at home tomorrow.
④ <u>To arrive</u> on time, they should leave early.
⑤ Last year, I <u>had to learn</u> how to play the piano.

고난도

13 다음 중 어법상 올바른 문장의 개수는? 　　5점

> ⓐ You have to water the plants.
> ⓑ They practiced hard to win the game.
> ⓒ We don't have to go to school today.
> ⓓ Did you go to the park played badminton?
> ⓔ Yesterday, he has to stay in bed because he was sick.

① 1개 　　② 2개 　　③ 3개 　　④ 4개 　　⑤ 5개

서술형 4

14 다음 대화의 내용과 일치하도록 to부정사를 사용하여 문장을 완성하시오. 5점

> Eric: Why do you study English so hard?
> Mina: I want to make foreign friends.

→ Mina studies English very hard _____

_____.

15 다음 글을 읽고 알 수 없는 것은? 3점

> Hi, I'm Eddie Parker. I live in Dallas, Texas. Now, my family and I are at the State Fair of Texas. The fair is over 130 years old, and it's the biggest fair in the USA. I'll show you around. Follow me!

① Eddie가 사는 곳
② Eddie가 현재 있는 곳
③ 텍사스 지역 축제의 역사
④ 텍사스 지역 축제의 개최 시기
⑤ Eddie가 소개하려고 하는 것

[16~19] 다음 글을 읽고, 물음에 답하시오.

> Look at the goats here! This is a goat show. My younger brother, Steve, entered it. The goats in the show (A) don't / doesn't have to be big, but they have to be healthy. ⓐ They have to produce a lot of milk (B) winning / to win a prize. Steve took good care of his goat, Bonnie. Wow! Steve and Bonnie won a white ribbon, third prize! I'm so proud of them!
>
> Now, it's lunch time, so we're eating fair food. Mom and Dad are eating nachos and fajitas. ⓑ They are Tex-Mex food. Tex-Mex food is a combination of food from Texas and Mexico. Dad's face is getting red because his fajita is too spicy. Steve and I are eating corn dogs. They taste (C) great / greatly.

16 윗글의 (A)~(C)의 각 네모 안에 주어진 말 중 어법상 올바른 것끼리 짝지어진 것은? 4점

	(A)		(B)		(C)
①	don't	⋯	winning	⋯	great
②	don't	⋯	to win	⋯	great
③	doesn't	⋯	winning	⋯	greatly
④	doesn't	⋯	to win	⋯	great
⑤	doesn't	⋯	to win	⋯	greatly

서술형 5

17 윗글의 밑줄 친 ⓐ와 ⓑ의 They가 각각 가리키는 것을 윗글에서 찾아 쓰시오. 각 4점

ⓐ _____ (5단어)

ⓑ _____ (3단어)

서술형 6 고난도

18 윗글의 내용과 일치하도록 빈칸에 알맞은 말을 쓰시오. 5점

> The writer felt proud of Steve and Bonnie because _____
> in the goat show.

신유형

19 윗글의 내용을 바르게 이해한 사람은? 4점

① 유나: Steve's goat is big and healthy.
② 민호: Getting a white ribbon in the goat show means winning first prize.
③ 소미: Steve was disappointed because he couldn't enter the goat show.
④ 태호: The writer doesn't like spicy food.
⑤ 준수: The writer's parents ate Tex-Max food for lunch.

[20~22] 다음 글을 읽고, 물음에 답하시오.

Let's ⓐ move on to the quilt contest. Quilting has a long tradition. ⓑ In the past, fabric was expensive. (A) To make a blanket, (B) 사람들은 작은 천 조각들을 모아서 꿰매 붙여야 했다. Grandma and her friends had ⓒ a quilting bee ⓓ every week. They had to work on the quilt for the contest ⓔ for over six months. Look! It's very colorful and unique.

20 윗글의 밑줄 친 ⓐ~ⓔ의 우리말 뜻이 잘못된 것은? 3점

① ⓐ: ~로 이동하다
② ⓑ: 과거에는
③ ⓒ: 퀼트 만드는 모임
④ ⓓ: 매주
⑤ ⓔ: 6개월이 지난 후에

21 윗글의 밑줄 친 **(A) To make**와 쓰임이 같은 것을 모두 고르시오. 4점

① His main job is to sell the books.
② I go to the library to use computers.
③ We plan to visit a nursing home tomorrow.
④ To drink enough water is good for our health.
⑤ All the students are doing their best to pass the test.

서술형 7

22 윗글의 밑줄 친 우리말 **(B)**와 의미가 같도록 할 때, 어법상 틀린 부분을 찾아 바르게 고쳐 쓰시오. 4점

people had to collect small pieces of fabrics and sew them together

_____ → _____

[23~25] 다음 글을 읽고, 물음에 답하시오.

The most exciting part of the day is ⓐ riding the Texas Star.
(A) I love living in Texas and ⓑ going to the fair. Come to the fair some day!
(B) I'm ⓒ scaring, but the view is ⓓ amazing!
(C) It's a tall Ferris wheel. Wow! Steve and I ⓔ are now on the top.

서술형 8

23 윗글의 밑줄 친 ⓐ~ⓔ 중 어법상 틀린 것을 골라 기호를 쓰고 바르게 고쳐 쓰시오. 5점

( ) → _____

24 윗글의 흐름에 맞게 **(A)~(C)**의 순서를 바르게 배열한 것은? 4점

① (A)-(C)-(B)   ② (B)-(A)-(C)
③ (B)-(C)-(A)   ④ (C)-(A)-(B)
⑤ (C)-(B)-(A)

25 윗글의 내용과 일치하지 않는 것은? 4점

① 글쓴이에게 하루 중 가장 재미있는 일은 Texas Star를 타는 것이다.
② Texas Star는 높은 회전 관람차이다.
③ 글쓴이는 Steve와 함께 Texas Star를 탔다.
④ Texas Star를 타고 꼭대기에 있을 때, 글쓴이는 너무 무서워서 전망을 보지 못했다.
⑤ 글쓴이는 텍사스에서 사는 것에 만족한다.

01 다음 빈칸에 들어갈 말로 알맞은 것은? 3점

> On Christmas Day, our family exchanges gifts, and this is our family _____.

① quilt   ② state
③ blanket   ④ combination
⑤ tradition

02 다음 밑줄 친 단어와 바꿔 쓸 수 있는 것은? 3점

> More than 300 students <u>entered</u> the dance contest.

① sewed   ② joined   ③ missed
④ produced   ⑤ followed

03 다음 중 빈칸에 들어갈 말이 [보기]와 같은 것은? 4점

> [보기] Now, move on _____ the next topic.

① Please sit next _____ Minho.
② The desk was full _____ books.
③ The shopping mall will be _____ your left.
④ The toy shop is _____ front of the bakery.
⑤ Tom is looking _____ his dog. He lost her yesterday.

04 다음 대화의 빈칸에 들어갈 말로 알맞은 것은? 3점

> A: Excuse me. _____
> B: Go straight two blocks and turn right. It'll be on your right.

① Where do you live?
② How do I get to the library?
③ Where are you going now?
④ What are you looking for there?
⑤ Which bus goes to the museum?

05 다음 대화의 밑줄 친 우리말과 의미가 같도록 괄호 안의 단어들을 사용하여 문장을 완성하시오. 4점

> A: Where is the police station?
> B: <u>그것은 병원과 우체국 사이에 있어요.</u>

→ It's _____.
(post office, hospital)

06 자연스러운 대화가 되도록 (A)~(D)를 바르게 배열하시오. 4점

> (A) Go straight one block and turn right. It'll be on your right.
> (B) There's one across from the post office.
> (C) Excuse me. Where's the bookstore?
> (D) How do I get there?
> A: Thank you!

(   ) – (   ) – (   ) – (   )

[07~09] 다음 대화를 읽고, 물음에 답하시오.

> Boy: Hello. ⓐ May I help you?
> Girl: Yes, please. ⓑ I'm looking for Green Park.
> Boy: OK. Please look at this map. We are here.
> Girl: Oh, I see. ⓒ So how do I get to the park?
> Boy: Go straight two blocks and turn left. ⓓ It's across from the train station.
> Girl: I see. ⓔ The African Music Concert is there, right?
> Boy: Yes, it is. It's going to start at 4 p.m. at the Star Concert Stage.
> Girl: Right, and where is the stage?
> Boy: _____ (A)
> Girl: OK, thank you!

07 위 대화의 밑줄 친 ⓐ~ⓔ와 바꿔 쓸 수 있는 것은? 3점

① ⓐ: Can I ask you a favor?
② ⓑ: I'm lost in Green Park.
③ ⓒ: So can you tell me the way to the park?
④ ⓓ: It's behind the train station.
⑤ ⓔ: The African Music Concert is at the train station

08 위 대화의 빈칸 (A)에 들어갈 말로 알맞은 것은? 3점

① It opens before 4 p.m.
② It's near the north gate of the park.
③ You can meet many famous musicians.
④ It takes about 10 minutes from the park.
⑤ It's big enough to hold more than 100 people.

09 위 대화의 내용과 일치하도록 할 때, 빈칸에 들어갈 말로 가장 알맞은 것은? 4점

> A: Why is the girl going to Green Park?
> B: She is going there because of _____.

① her friends
② her lost dog
③ the singing contest
④ the African Music Concert
⑤ the exhibition about Africa

10 다음 빈칸에 들어갈 말로 알맞은 것은? 3점

> The classes will be over before noon. You _____ bring your lunch.

① must
② have to
③ need to
④ are going to
⑤ don't have to

서술형 3
11 주어진 문장과 의미가 같도록 빈칸에 알맞은 말을 쓰시오. 4점

> I wanted to buy a T-shirt, so I went to the shopping mall.

= I went to the shopping mall _____ _____ _____ _____.

12 다음 빈칸에 들어갈 말이 순서대로 바르게 짝지어진 것은? 3점

> • He _____ have to meet me again.
> • Will Katie _____ to do the dishes?
> • They didn't _____ to buy the tickets.

① don't – have – had
② don't – has – have
③ doesn't – have – have
④ doesn't – have – had
⑤ doesn't – has – had

서술형 4
13 다음 대화의 내용과 일치하도록 to부정사를 사용하여 문장을 완성하시오. 5점

> Ann: Where are you going?
> Dave: I'm going to the supermarket.
> Ann: For what?
> Dave: I need to buy some milk.

→ Dave is going to the supermarket _____

_____.

한 단계 <u>더!</u>

14 다음 중 어법상 <u>틀린</u> 문장은? 4점

① He has to get up early yesterday.
② You don't have to clean your room today.
③ She went to the market to buy some fish.
④ I called Suji to ask about the homework.
⑤ They go to the library in order to study for the test.

고 난도

15 다음 중 어법상 올바른 문장끼리 짝지어진 것은? 5점

> ⓐ Do I have to cook for dinner?
> ⓑ Be careful not to fall over on the road.
> ⓒ They get together practice singing every day.
> ⓓ Sue has not to go to bed early on Saturdays.
> ⓔ You have to watch movies a lot to become a movie director.

① ⓐ, ⓒ   ② ⓑ, ⓓ
③ ⓐ, ⓑ, ⓔ   ④ ⓒ, ⓓ, ⓔ
⑤ ⓑ, ⓒ, ⓓ, ⓔ

[16~20] 다음 글을 읽고, 물음에 답하시오.

> (A)
> Hi, I'm Eddie Parker. I live in Dallas, Texas. Now, my family and I are ①<u>at</u> the State Fair of Texas. The fair is over 130 years old, and it's the biggest fair ②<u>in</u> the USA. I'll show you around. Follow me!
>
> (B)
> Look ③<u>at</u> the goats here! This is a goat show. My younger brother, Steve, _____ⓐ_____ it. (C) <u>이 쇼의 염소들은 클 필요는 없지만, 건강해야 해.</u> They have to produce a lot of milk to win a prize. Steve took good care ④<u>of</u> his goat, Bonnie. Wow! Steve and Bonnie _____ⓑ_____ a white ribbon, third prize! I'm so proud ⑤<u>about</u> them!

16 윗글의 밑줄 친 ①~⑤ 중 어법상 <u>틀린</u> 것은? 4점

①   ②   ③   ④   ⑤

서술형 5

17 윗글의 밑줄 친 우리말 (C)와 의미가 같도록 문장을 완성하시오. 5점

> The goats in the show _____ _____ _____ be big but they _____ _____ be healthy.

18 윗글의 빈칸 ⓐ와 ⓑ에 들어갈 말이 순서대로 바르게 짝지어진 것은? 3점

① entered – won   ② watched – rode
③ showed – won   ④ entered – followed
⑤ watched – followed

19 윗글의 내용과 일치하는 것은? 4점

① Eddie visited the fair with his friends.
② The State Fair of Texas is the oldest fair in the world.
③ Eddie took his goat to the goat show.
④ Steve cared for his goat very well.
⑤ Steve and his goat couldn't get a prize in the goat show.

서술형 6

20 (A)와 (B)의 중심 소재를 윗글에서 각각 찾아 쓰시오. 각 4점

(A) _____ (5단어)

(B) _____ (3단어)

[21~22] 다음 글을 읽고, 물음에 답하시오.

> Now, it's lunch time, ___ⓐ___ we're eating fair food. Mom and Dad are eating nachos and fajitas. They are Tex-Mex food. Tex-Mex food is a combination of food from Texas and Mexico. Dad's face is getting red ___ⓑ___ his fajita is too spicy. Steve and I are eating corn dogs. They taste great.

서술형7

21 윗글의 빈칸 ⓐ와 ⓑ에 들어갈 접속사를 [보기]에서 각각 골라 쓰시오. 각 2점

[보기]	so	when	because	if

ⓐ _____ ⓑ _____

22 윗글을 읽고 답할 수 <u>없는</u> 질문은? 4점

① What are Mom and Dad eating for lunch?
② What is Tex-Mex food?
③ Why is Dad's face getting red?
④ What is Steve eating for lunch?
⑤ What is the most popular fair food?

[23~25] 다음 글을 읽고, 물음에 답하시오.

> Let's move on to the quilt contest. Quilting has a long tradition. In the past, fabric was expensive. ⓐ Make a blanket, people had to collect small pieces of fabric and ⓑ to sew them together.
>
> Grandma and her friends had a quilting bee every week. They had to ⓒ worked on the quilt for the contest for over six months. Look! It's very colorful and unique.
>
> The most ⓓ excited part of the day is riding the Texas Star. It's a tall Ferris wheel. Wow! Steve and I are now on the top. (A) <u>나는 무섭긴 하지만, 전망이 굉장해!</u> I love living in Texas and ⓔ to go to the fair. Come to the fair some day!

신유형

23 윗글의 밑줄 친 ⓐ~ⓔ를 바르게 고쳐 쓴 것 중 어법상 틀린 것은? 4점

① ⓐ → To make
② ⓑ → sewing
③ ⓒ → work
④ ⓓ → exciting
⑤ ⓔ → going

서술형8 고난도

24 윗글의 밑줄 친 우리말 (A)와 일치하도록 주어진 단어들을 바르게 배열하여 문장을 쓰시오. (단, 필요시 형태를 바꿀 것) 5점

> but, the view, I'm, scare, is, amaze

→ _____

25 윗글의 내용을 바르게 이해한 사람끼리 짝지어진 것은? 4점

> • 미나: 퀼트를 만드는 전통은 오래되었어.
> • 성우: 과거에는 천이 비싸서 천을 구하기가 어려웠어.
> • 하준: 할머니는 퀼트 대회에 출품할 작품을 혼자서 6개월 이상 만드셨어.
> • 유빈: 글쓴이가 오늘 가장 신났던 일은 퀼트 대회를 구경한 거야.

① 미나, 성우
② 미나, 하준
③ 성우, 하준
④ 미나, 성우, 유빈
⑤ 성우, 하준, 유빈

제4회 고난도로 내신 적중 모의고사

서술형1

01 다음 영영풀이에 해당하는 단어를 빈칸에 쓰시오. 3점

> *adj.* special and different from every other person or thing

> *e.g.* His style of painting is very _____.

02 다음 빈칸에 들어갈 말이 순서대로 바르게 짝지어진 것은?
3점

> • Let me show you _____ my school.
> • My homeroom teacher lives just across _____ my house.
> • Let's move _____ to the next step.

① about – from – away
② around – to – on
③ about – from – on
④ around – from – on
⑤ about – to – away

03 다음 대화의 빈칸 (A)~(C)에 들어갈 말을 [보기]에서 골라 순서대로 바르게 짝지은 것은? 3점

> A: Excuse me. _____ (A)
> B: It's on Green Street.
> A: _____ (B)
> B: Go straight three blocks and turn right. You'll see it on your right. _____ (C)
> A: Thank you so much.

> [보기] ⓐ How do I get there?
> ⓑ You can't miss it.
> ⓒ Where is the History Museum?

① ⓐ – ⓑ – ⓒ   ② ⓑ – ⓐ – ⓒ
③ ⓑ – ⓒ – ⓐ   ④ ⓒ – ⓐ – ⓑ
⑤ ⓒ – ⓑ – ⓐ

04 다음 지도의 내용과 일치하지 <u>않는</u> 것은? 3점

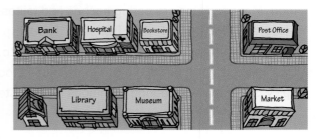

① The bank is next to the hospital.
② The library is next to the museum.
③ The post office is in front of the market.
④ The museum is across from the bookstore.
⑤ The hospital is between the bank and the bookstore.

[05-06] 다음 지도를 보고, 물음에 답하시오.

05 다음 대화의 빈칸에 들어갈 장소로 알맞은 것은? 3점

> A: Excuse me. How can I get to the _____?
> B: Go straight two blocks and turn right. You'll see it on your left.

① school   ② bakery   ③ music hall
④ pizza store   ⑤ subway station

서술형2 신/유형

06 다음 대화의 빈칸에 알맞은 말을 [조건]에 맞게 쓰시오. 각 3점

> [조건] 1. (1)에는 길을 안내하는 문장을 쓸 것
>   2. (2)에는 위치를 설명하는 문장을 쓸 것

> A: How do I get to the police station?
> B: (1) _____ It'll be on your right. (2) _____

[07~09] 다음 대화를 읽고, 물음에 답하시오.

> **Boy:** Hello. ⓐ May I help you?
> **Girl:** Yes, please. ⓑ I'm looking for Green Park.
> **Boy:** OK. Please look at this map. We are here.
> **Girl:** Oh, I see. ⓒ So how long does it take to get to the park?
> **Boy:** Go straight two blocks and turn left. (A) 그것은 기차역 맞은편에 있어요.
> **Girl:** I see. ⓓ The African Music Concert is there, right?
> **Boy:** Yes, it is. It's going to start at 4 p.m. at the Star Concert Stage.
> **Girl:** Right, and ⓔ where is the stage?
> **Boy:** It's near the north gate of the park.
> **Girl:** OK, thank you!

07 위 대화의 밑줄 친 ⓐ~ⓔ 중 흐름상 어색한 것은? 3점

① ⓐ　　② ⓑ　　③ ⓒ　　④ ⓓ　　⑤ ⓔ

서술형3

08 위 대화의 밑줄 친 우리말 (A)와 의미가 같도록 빈칸에 알맞은 말을 쓰시오. 4점

→ It's ＿＿＿＿＿ ＿＿＿＿＿ ＿＿＿＿＿ ＿＿＿＿＿

＿＿＿＿＿.

09 위 대화의 내용과 일치하는 것은? 4점

① The boy knows how to get to Green Park.
② The girl should walk straight two blocks and turn right to go to Green Park.
③ The boy doesn't know about the African Music Concert.
④ The Star Concert Stage is outside Green Park.
⑤ The boy and the girl will go to the African Music Concert together.

10 다음 우리말과 의미가 같도록 괄호 안의 단어들을 배열할 때 6번째로 오는 단어는? 3점

> Steve는 드론을 날리기 위해 공원에 갔다.
> (went, drone, to, the, fly, to, his, Steve, park)

① to　　　② the　　　③ his
④ went　　⑤ park

11 다음 중 밑줄 친 부분을 어법상 바르게 고치지 <u>않은</u> 것은? 4점

① Jiho <u>have to</u> join the soccer game.
　　(→ has to)
② She <u>has to</u> go to bed early last night.
　　(→ had to)
③ They <u>have not to</u> go to school today.
　　(→ have to not)
④ Next time you <u>had to</u> be more careful.
　　(→ will have to)
⑤ The students <u>has to</u> follow school rules.
　　(→ have to)

서술형4 한 단계 더!

12 주어진 문장과 의미가 같도록 have to를 사용하여 문장을 바꿔 쓰시오. (단, 필요시 형태를 바꾸거나 단어를 추가할 것) 3점

> We need not change the meeting time.
> = ＿＿＿＿＿＿＿＿＿＿＿＿＿＿＿＿

서술형5 고난도

13 다음 두 문장을 [조건]에 맞게 한 문장으로 바꿔 쓰시오. 5점

> Angela wanted to buy a fashion magazine. So she went to the bookstore.

> [조건]　1. to부정사를 사용할 것
> 　　　　2. 10단어의 완전한 문장으로 쓸 것

→ ＿＿＿＿＿＿＿＿＿＿＿＿＿＿＿＿＿

＿＿＿＿＿＿＿＿＿＿＿＿＿＿＿＿＿

고난도 심화유형 한 단계 더!

14 다음 중 밑줄 친 부분에 대한 설명으로 **틀린** 것은? 5점

① The girl grew up to be a vet.
→ 결과를 나타내는 부사 역할을 한다.

② We're planning to visit the art gallery.
→ are planning의 목적어 역할을 한다.

③ I was happy to meet my old friend.
→ 감정의 원인을 나타내는 부사 역할을 한다.

④ To win the final match, we did our best.
→ 문장의 주어 역할을 한다.

⑤ I called Amy to ask about our science report.
→ 목적을 나타내는 부사 역할을 한다.

서술형6 고난도 한 단계 더!

15 다음 대화의 밑줄 친 ⓐ~ⓔ 중 어법상 **틀린** 것을 골라 바르게 고쳐 쓰고, 틀린 이유를 쓰시오. 5점

A: Did you ⓐ go camping last weekend?
B: No. As you know, it rained ⓑ heavily, so we ⓒ have to cancel the camping trip.
A: Oh, I'm sorry ⓓ to hear that. Then, what did you do?
B: I stayed at home and ⓔ watched movies.

(1) 틀린 부분: (   ) → _____

(2) 틀린 이유: _____

_____

16 다음 글을 읽고 답할 수 **없는** 질문은? 3점

Hi, I'm Eddie Parker. I live in Dallas, Texas. Now, my family and I are at the State Fair of Texas. The fair is over 130 years old, and it's the biggest fair in the USA. I'll show you around. Follow me!

① Where does Eddie live?
② Where is Eddie visiting now?
③ With whom is Eddie now?
④ How old is the State Fair of Texas?
⑤ What fair is the oldest in the USA?

[17~19] 다음 글을 읽고, 물음에 답하시오.

Look at the goats here! This is a goat show. My younger brother, Steve, entered it. (A)이 쇼의 염소들은 클 필요는 없지만, 건강해야 해. They have to produce a lot of milk (B)to win a prize. Steve took good care of his goat, Bonnie. Wow! Steve and Bonnie won a white ribbon, third prize! I'm so ___(C)___ of them!

한 단계 더!

17 윗글의 밑줄 친 우리말 (A)를 영어로 바르게 옮긴 것을 **모두** 고르시오. 4점

① The goats in the show need not be big, but they must be healthy.
② The goats in the show must not be big, but they must be healthy.
③ The goats in the show must not be big, but they have to be healthy.
④ The goats in the show don't have to be big, but they may be healthy.
⑤ The goats in the show don't have to be big, but they have to be healthy.

고난도

18 윗글의 밑줄 친 (B) to win과 쓰임이 같은 것끼리 짝지어진 것은? 5점

ⓐ I saved money to buy new sneakers.
ⓑ They visited London to see their son.
ⓒ What do you want to do this weekend?
ⓓ My sister jogs every morning to lose weight.
ⓔ His plan for this winter is to learn how to ski.

① ⓐ, ⓒ　　　② ⓐ, ⓔ　　　③ ⓑ, ⓒ
④ ⓐ, ⓑ, ⓓ　　　⑤ ⓒ, ⓔ

19 윗글의 빈칸 (C)에 들어갈 말로 가장 알맞은 것은? 3점

① proud　　　② upset
③ bored　　　④ gloomy
⑤ disappointed

[20~22] 다음 글을 읽고, 물음에 답하시오.

> Now, it's lunch time, so we're eating fair food. Mom and Dad are eating nachos and fajitas. ⓐ They are Tex-Mex food. Tex-Mex food is a ____ⓑ____ of food from Texas and Mexico. Dad's face is getting red because his fajita is too spicy. Steve and I are eating corn dogs. ⓒ They taste great.

20 윗글의 밑줄 친 ⓐ와 ⓒ의 **They**가 각각 가리키는 것이 순서대로 바르게 짝지어진 것은?   3점

① Mom and Dad – Steve and I
② Mom and Dad – corn dogs
③ Texas and Mexico – Steve and I
④ nachos and fajitas – corn dogs
⑤ nachos and fajitas – Steve and I

 고 / 난도

21 윗글의 빈칸 ⓑ와 [보기]의 빈칸에 공통으로 들어갈 단어의 영영풀이로 알맞은 것은?   4점

> [보기] "Smog" is a _____ of "smoke" and "fog."

① a mixture of different people or things
② the activity of doing something regularly so that you can do it better
③ something that you win in a game or competition
④ something that people have done for a long time and continue to do
⑤ an outdoor event where you can go on exciting rides and play games to win prizes

서술형 7

22 윗글의 내용과 일치하도록 질문에 완전한 영어 문장으로 답하시오.   각 4점

(1) What is the writer's family eating for lunch?
    → _____

(2) Why is the writer's dad's face getting red?
    → _____

[23~25] 다음 글을 읽고, 물음에 답하시오.

> Let's move on to the quilt contest. Quilting has a long tradition. In the past, fabric was expensive. ⓐ To make a blanket, people had to collect small pieces of fabric and sew them together.
>
> Grandma and her friends had a quilting bee every week. They ⓑ had to work on the quilt for the contest for over six months. Look! It's very colorful and unique.
>
> The most exciting part of the day is ⓒ riding the Texas Star. It's a tall Ferris wheel. Wow! Steve and I are now on the top. I'm ⓓ scared, but the view is ⓔ amazed!
> (A) 나는 텍사스에 사는 것과 축제에 가는 것을 정말 좋아해. Come to the fair some day!

23 윗글의 밑줄 친 ⓐ~ⓔ 중 어법상 **틀린** 것은?   4점

① ⓐ   ② ⓑ   ③ ⓒ   ④ ⓓ   ⑤ ⓔ

서술형 8

24 윗글의 밑줄 친 우리말 (A)와 의미가 같도록 [조건]에 맞게 문장을 쓰시오.   5점

> [조건] 1. Texas, the fair, love를 사용할 것
> 2. 필요시 형태를 바꿀 것
> 3. 10단어의 완전한 문장으로 쓸 것

→ _____

 고 / 난도

25 윗글의 내용과 일치하지 **않는** 것은?   4점

① The writer's grandma and her friends entered the quilt contest.
② In the past, people made quilts because they were colorful and unique.
③ The writer's grandma and her friends worked on their quilt for more than half a year.
④ The Texas Star is a tall Ferris wheel.
⑤ The writer likes to ride the Ferris wheel at the fair.

○ 틀린 문항을 표시해 보세요.

〈제1회〉 대표 기출로 내신 적중 모의고사 총점 _____ / 100

문항	영역	문항	영역	문항	영역
01	p.84(W)	10	p.96(G)	19	p.104(R)
02	p.84(W)	11	p.97(G)	20	p.104(R)
03	p.82(W)	12	p.97(G)	21	pp.104~105(R)
04	p.87(L&T)	13	pp.96~97(G)	22	pp.104~105(R)
05	p.88(L&T)	14	pp.96~97(G)	23	p.105(R)
06	p.87(L&T)	15	p.104(R)	24	p.105(R)
07	p.89(L&T)	16	p.104(R)	25	p.105(R)
08	p.89(L&T)	17	p.104(R)		
09	p.89(L&T)	18	p.104(R)		

〈제2회〉 대표 기출로 내신 적중 모의고사 총점 _____ / 100

문항	영역	문항	영역	문항	영역
01	p.84(W)	10	p.97(G)	19	pp.104~105(R)
02	p.82(W)	11	p.96(G)	20	p.105(R)
03	p.87(L&T)	12	pp.96~97(G)	21	p.105(R)
04	p.87(L&T)	13	pp.96~97(G)	22	p.105(R)
05	p.88(L&T)	14	p.97(G)	23	p.105(R)
06	p.87(L&T)	15	p.104(R)	24	p.105(R)
07	p.89(L&T)	16	pp.104~105(R)	25	p.105(R)
08	p.89(L&T)	17	pp.104~105(R)		
09	p.89(L&T)	18	pp.104~105(R)		

〈제3회〉 대표 기출로 내신 적중 모의고사 총점 _____ / 100

문항	영역	문항	영역	문항	영역
01	p.82(W)	10	p.96(G)	19	p.104(R)
02	p.84(W)	11	p.97(G)	20	p.104(R)
03	p.82(W)	12	p.96(G)	21	pp.104~105(R)
04	p.87(L&T)	13	p.97(G)	22	pp.104~105(R)
05	p.87(L&T)	14	pp.96~97(G)	23	p.105(R)
06	p.88(L&T)	15	pp.96~97(G)	24	p.105(R)
07	p.89(L&T)	16	p.104(R)	25	p.105(R)
08	p.89(L&T)	17	p.104(R)		
09	p.89(L&T)	18	p.104(R)		

〈제4회〉 고난도로 내신 적중 모의고사 총점 _____ / 100

문항	영역	문항	영역	문항	영역
01	p.84(W)	10	p.97(G)	19	p.104(R)
02	p.82(W)	11	p.96(G)	20	pp.104~105(R)
03	p.88(L&T)	12	p.96(G)	21	pp.104~105(R)
04	p.87(L&T)	13	p.97(G)	22	pp.104~105(R)
05	p.87(L&T)	14	p.97(G)	23	p.105(R)
06	p.87(L&T)	15	pp.96~97(G)	24	p.105(R)
07	p.89(L&T)	16	p.104(R)	25	p.105(R)
08	p.89(L&T)	17	p.104(R)		
09	p.89(L&T)	18	p.104(R)		

○ 부족한 영역을 점검하고 어떻게 더 학습할지 계획을 적어 보세요.

제1회 오답 공략
부족한 영역
학습 계획

제2회 오답 공략
부족한 영역
학습 계획

제3회 오답 공략
부족한 영역
학습 계획

제4회 오답 공략
부족한 영역
학습 계획

Lesson 3

Ideas for Saving the Earth

주요 학습 내용	의사소통 기능	물건 사기 1	**A:** How much is this soccer ball? (이 축구공은 얼마입니까?) **B:** It's 6 dollars. (6달러예요.)
		물건 사기 2	**A:** Can I get a discount? (할인을 받을 수 있나요?) **B:** OK. I'll take 1 dollar off. (네. 1달러를 깎아 드릴게요.)
	언어 형식	수동태	This **was made by** Hajun. (이것은 하준이에 의해 만들어졌다.)
		want+목적어+ to부정사	I **want you to understand** the meaning of "upcycling." (여러분이 '업사이클링'의 의미를 이해하기를 바랍니다.)

학습 단계 PREVIEW	STEP **A**	Words	Listen and Talk	Grammar	Reading	기타 지문
	STEP **B**	Words	Listen and Talk	Grammar	Reading	서술형 100% Test
	내신 적중 모의고사	제 1 회	제 2 회	제 3 회	제 4 회	

Words

만점 노트

Listen and Talk

□□ almost	틧 거의 (= nearly)	□□ round	혱 둥근, 원형의
□□ clock	몡 시계	□□ sell	톱 팔다 (-sold-sold)
□□ expensive☆	혱 비싼 (↔ cheap)	□□ used	혱 중고의 (= second-hand)
□□ number	몡 숫자, 수	□□ be in good condition	상태가 좋다, 이상이 없다
□□ price☆	몡 가격, 값	□□ get a discount☆	할인을 받다

Talk and Play

□□ item	몡 물품, 품목	□□ signature	몡 서명, 사인
□□ list	몡 목록	□□ total	몡 합계, 총액 (= sum)

Reading

□□ bottom	몡 맨 아래 (↔ top)	□□ nursing home	양로원
□□ bucket	몡 양동이	□□ recycling☆	몡 재활용
□□ creative☆	혱 창의적인	□□ rubber band	고무줄
□□ decorate	톱 장식하다	□□ scissors	몡 가위
□□ environment☆	몡 환경	□□ strap	몡 끈
□□ event	몡 (중요한) 행사	□□ through	젼 ~을 통해, ~ 사이로
□□ explain	톱 설명하다	□□ trash	몡 쓰레기
□□ hold	톱 열다, 개최하다 (-held-held)	□□ understand	톱 이해하다 (-understood-understood)
□□ instrument	몡 악기, 도구	□□ upgrade☆	톱 개선하다, 승급시키다
□□ kit	몡 도구 세트	□□ be good for	~에 좋다
□□ meaning	몡 의미	□□ become interested in	~에 관심(흥미)을 갖게 되다
□□ musical	혱 음악의, 음악적인	□□ cut off	~을 잘라 내다

Language in Use

□□ bridge	몡 다리	□□ wrong	혱 틀린, 잘못된
□□ invent	톱 발명하다	□□ take out	치우다, 없애다
□□ report	몡 보고서	□□ tell the truth	사실대로 말하다

Think and Write & Team Project

□□ direction	몡 지시 사항	□□ lastly	틧 마지막으로 (= finally)
□□ flower pot	몡 화분	□□ be made from	~으로 만들어지다

Review

□□ bake	톱 (빵 등을) 굽다	□□ join	톱 가입하다, 함께하다
□□ doll	몡 인형	□□ pay	톱 (비용을) 지불하다

W

연습 문제

A 다음 단어의 우리말 뜻을 쓰시오.

01 item _____

02 round _____

03 kit _____

04 strap _____

05 hold _____

06 instrument _____

07 lastly _____

08 rubber band _____

09 through _____

10 price _____

11 almost _____

12 meaning _____

13 bridge _____

14 environment _____

15 report _____

16 nursing home _____

17 upgrade _____

18 signature _____

19 wrong _____

20 bake _____

B 다음 우리말 뜻에 알맞은 영어 단어를 쓰시오.

01 중고의 _____

02 (중요한) 행사 _____

03 비싼 _____

04 합계, 총액 _____

05 맨 아래 _____

06 음악의, 음악적인 _____

07 양동이 _____

08 쓰레기 _____

09 가위 _____

10 설명하다 _____

11 이해하다 _____

12 목록 _____

13 가입하다, 함께하다 _____

14 화분 _____

15 (비용을) 지불하다 _____

16 지시 사항 _____

17 장식하다 _____

18 창의적인 _____

19 재활용 _____

20 팔다 _____

C 다음 영어 표현의 우리말 뜻을 쓰시오.

01 be good for _____

02 cut off _____

03 take out _____

04 get a discount _____

05 be made from _____

06 tell the truth _____

07 become interested in _____

08 be in good condition _____

D 다음 우리말 뜻에 알맞은 영어 표현을 쓰시오.

01 치우다, 없애다 _____

02 할인을 받다 _____

03 ~으로 만들어지다 _____

04 ~을 잘라 내다 _____

05 사실대로 말하다 _____

06 상태가 좋다 _____

07 ~에 관심을 갖게 되다 _____

08 ~에 좋다 _____

Words Plus 만점 노트

영영풀이

☐☐	**bottom**	맨 아래	the lowest part of something
☐☐	**bucket**	양동이	a deep round container with a handle over the top
☐☐	**condition**	상태	the state of something
☐☐	**creative**	창의적인	inventing and making new kinds of things
☐☐	**decorate**	장식하다	to make something look nice by adding pretty things to it
☐	**discount**	할인	an amount of money that is taken off the usual cost of something
☐☐	**environment**	환경	the natural world, including the water, the air, and the soil
☐☐	**expensive**	비싼	costing a lot of money
☐	**explain**	설명하다	to tell someone about something so that he or she can understand it
☐☐	**instrument**	악기, 도구	something that you play in order to make music
☐☐	**invent**	발명하다	to create something completely new, for example, a new machine or game
☐☐	**kit**	도구 세트	a set of tools or equipment that you use to do something
☐☐	**meaning**	의미	the idea that someone wants to say, when using a word or sentence
☐☐	**musical**	음악의, 음악적인	related to music
☐	**pay**	지불하다	to give money to someone when you buy something or when someone has done work for you
☐☐	**price**	가격, 값	the amount of money that you have to pay in order to buy something
☐☐	**sell**	팔다	to give something to someone when they give you money for it
☐☐	**signature**	서명	a way of writing your name, for example, at the end of a letter
☐☐	**strap**	끈	a band of cloth or leather
☐☐	**understand**	이해하다	to know what something means
☐☐	**upgrade**	개선하다, 승급시키다	to get something that is newer and better

단어의 의미 관계

- **유의어**
  almost (거의) = nearly
  lastly (마지막으로) = finally
  used (중고의) = second-hand

- **반의어**
  top (맨 위, 꼭대기) ↔ bottom (맨 아래)
  cheap (값이 싼) ↔ expensive (비싼)
  buy (사다) ↔ sell (팔다)

- **동사 – 명사 (행위자)**
  bake ((빵 등을) 굽다) – baker (제빵사)
  invent (발명하다) – inventor (발명가)

- **동사 – 명사**
  decorate (장식하다) – decoration (장식)
  sign (서명하다) – signature (서명, 사인)

다의어

- **hold** 1. ⑧ (회의, 시합 등을) 열다, 개최하다
  2. ⑧ 잡고(들고/안고) 있다
  1. The meeting will be **held** next month.
     (회의는 다음 달에 열릴 것이다.)
  2. Could you **hold** my bag for me?
     (내 가방 좀 들어 줄래?)

- **musical** 1. ⑱ 음악의, 음악적인 2. ⑲ 뮤지컬
  1. Can you play a **musical** instrument?
     (너는 악기를 연주할 수 있니?)
  2. The **musical** starts in ten minutes.
     (뮤지컬이 10분 후에 시작한다.)

- **when** 1. ⑳ ~할 때 2. ⑭ 언제
  1. I was very tired **when** I got home.
     (집에 도착했을 때 나는 매우 피곤했다.)
  2. **When** is the school festival? (학교 축제는 언제니?)

Words Plus

연습 문제

A 다음 영영풀이에 해당하는 단어를 [보기]에서 찾아 쓴 후, 우리말 뜻을 쓰시오.

[보기]	bottom	upgrade	condition	sell	expensive	instrument	understand	bucket

1 _____ : the state of something : _____
2 _____ : costing a lot of money : _____
3 _____ : the lowest part of something : _____
4 _____ : to know what something means : _____
5 _____ : to get something that is newer and better : _____
6 _____ : something that you play in order to make music : _____
7 _____ : a deep round container with a handle over the top : _____
8 _____ : to give something to someone when they give you money for it : _____

B 다음 빈칸에 알맞은 단어를 [보기]에서 찾아 쓰시오.

[보기]	recycling	through	signature	meaning	round

1 They walked slowly _____ the woods.
2 Tennis balls and oranges are both _____.
3 Was there a hidden _____ behind his words?
4 I wrote my _____ at the bottom of the page.
5 _____ is important to protect our environment.

C 우리말과 의미가 같도록 빈칸에 알맞은 말을 쓰시오.

1 버터는 우유로 만들어진다. → Butter is _____ _____ milk.
2 고기에서 지방을 잘라 내라. → _____ the fat _____ the meat.
3 그 집은 상태가 매우 좋다. → The house is _____ very _____ _____.
4 이 샴푸는 머리카락에 매우 좋다. → This shampoo is very _____ _____ your hair.
5 연말 전에 목도리를 구입하시면 10% 할인을 받으실 수 있습니다.
  → If you buy the scarf before the end of the year, you can _____ _____ 10% _____.

D 다음 짝지어진 단어의 관계가 같도록 빈칸에 알맞은 단어를 쓰시오.

1 sell : buy = cheap : _____
2 right : wrong = top : _____
3 bake : baker = invent : _____
4 almost : nearly = lastly : _____
5 sign : signature = decorate : _____

실전 TEST

STEP A

01 다음 빈칸에 들어갈 말로 알맞은 것은?

> The city will _____ a music festival next month.

① win   ② hold   ③ sell
④ invent   ⑤ understand

02 다음 중 짝지어진 단어의 관계가 [보기]와 같은 것은?

> [보기] used – second-hand

① buy – sell   ② top – bottom
③ right – wrong   ④ lastly – finally
⑤ cheap – expensive

03 다음 밑줄 친 단어와 바꿔 쓸 수 있는 것은?

> It was <u>almost</u> six o'clock when he left.

① nearly   ② enough   ③ usually
④ carefully   ⑤ sometimes

04 다음 영영풀이에 해당하는 단어로 알맞은 것은?

> an amount of money that is taken off the usual cost of something

① price   ② meaning   ③ instrument
④ discount   ⑤ signature

05 다음 중 밑줄 친 부분의 우리말 뜻이 바르지 <u>않은</u> 것은?

① The piano <u>is in good condition</u>.
　　　(상태가 좋다)
② Don't forget to <u>take out</u> the garbage.
　　　(치우다)
③ I do volunteer work at a <u>nursing home</u>.
　　　(유치원)
④ She put a <u>rubber band</u> around the box.
　　　(고무줄)
⑤ He <u>cut off</u> a meter of cloth from the roll.
　（～을 잘라 냈다)

06 주어진 우리말과 의미가 같도록 빈칸에 알맞은 말을 쓰시오.

> 그 젊은 남자는 원예에 흥미를 갖게 되었다.

→ The young man became _____ _____ gardening.

07 다음 중 밑줄 친 단어의 쓰임이 <u>어색한</u> 것은?

① You don't look well. Is anything <u>creative</u>?
② Planting trees is good for the <u>environment</u>.
③ We decided to <u>upgrade</u> our old computer.
④ The teacher will <u>explain</u> the rules to the students.
⑤ They <u>decorated</u> the wedding car with ribbons and flowers.

Listen and Talk
핵심 노트

1 물건 사기 1 – 가격 묻고 답하기

> **A: How much is** this soccer ball?
>
> **B: It's** 6 dollars.

이 축구공은 얼마인가요?

6달러예요.

물건의 가격을 물을 때는 How much is/are ~? 또는 What's the price of ~?라고 말한다. 이에 대한 답으로 물건의 가격을 말할 때는 「It's/They're+(물건의) 가격.」으로 말한다.

시험 포인트 **point**
사려는 물건과 그 물건의 가격을 고르는 문제가 자주 출제되므로, 물건의 특징과 가격을 나타내는 표현을 익혀 두도록 한다.

- 가격 묻기

  How much are those blue pants? (저 청바지는 얼마인가요?)

  What is the price of these shoes? (이 신발의 가격은 얼마예요?)

  How much does it cost? (얼마입니까?)

  How much do I have to pay for it? (얼마를 드려야 하나요?)

  How much is the total cost? (전부 얼마인가요? – 여러 물품을 구입할 경우)

- 가격 말하기

  It's 1 dollar. (1달러입니다.)

  They're 15 dollars. (15달러예요.)

  It's 5,000 won. (5,000원입니다.)

2 물건 사기 2 – 할인 받기

> **A: Can I get a discount?**
>
> **B: OK. I'll take** 1 dollar **off.**

할인을 받을 수 있나요?

네. 1달러를 깎아 드릴게요.

물건을 할인 받을 수 있을지 물을 때 Can I get a discount? / Can(Could) you give me a discount? / Please give me a discount. 등으로 말한다. 이에 대한 답으로 할인해 준다고 말할 때는 「I'll take+할인 금액/할인율+off.」 또는 「You can get a(n)+할인율+discount.」 등으로 말한다.

시험 포인트 **point**
사려는 물건의 할인된 최종 가격을 고르는 문제가 자주 출제되므로, 할인과 관련된 표현을 알아두도록 한다.

- 할인 받을 수 있는지 묻기

  Can I get a discount? (할인을 받을 수 있을까요?)

  Could you give me a discount? (할인을 해 주실 수 있나요?)

  Please give me a discount. (할인해 주세요.)

  Can you come down a little? (조금만 가격을 내려 주실 수 있나요?)

- 할인해 주는 대답하기

  I can give you 5% off. (5% 할인해 드릴 수 있어요.)

  I'll take 5% off. (5% 깎아 드릴게요.)

  You can get a 5% discount. (5% 할인해 드릴게요.)

Listen and Talk
만점 노트

■ 주요 표현　　■ 구문 해설

STEP A

Listen and Talk A-1

교과서 48쪽

G: Excuse me. ❶How much are the round glasses?
M: ❷They're 18 dollars.
G: Hmm. ❸Can I get a discount?
M: ❹No, I'm afraid not. Sorry.
G: That's OK. ❺I'll take them.

❶ How much is/are ~?는 물건의 가격을 묻는 표현으로 the round glasses가 복수이므로 are를 썼다.
❷ 「It's/They're+(물건의) 가격.」은 물건의 가격을 말하는 표현으로, They는 the round glasses를 가리킨다.
❸ 물건의 가격을 할인 받을 수 있는지 묻는 표현으로 discount는 '할인'이라는 의미로 쓰였다.
❹ 물건을 할인해 줄 수 없다고 거절하는 표현이다.
❺ I'll take it/them.은 앞서 언급한 물건을 사겠다는 표현이다.

Q1 여학생은 안경 값으로 얼마를 지불해야 하나요?

Listen and Talk A-2

교과서 48쪽

M: Hello. ❶May I help you?
G: Yes. ❷I'm looking for a backpack for school.
M: ❸What about this red one? It's 12 dollars.
G: Can I get a discount?
M: OK. ❹I'll take 2 dollars off.
G: ❺That sounds good. I'll take it.

❶ 가게에서 점원이 손님에게 하는 인사말이다.
❷ 「I'm looking for+물건 이름.」은 손님이 가게에서 원하는 물건을 말할 때 사용하는 표현이다.
❸ What about ~?은 제안하는 말로, How about ~?으로 바꿔 쓸 수 있다.
❹ 「I'll take+할인 금액/할인율+off.」는 가격을 할인해 주겠다고 말할 때 사용하는 표현이다.
❺ 상대방의 제안에 동의를 나타내는 표현이다.

Q2 여학생이 사려는 배낭의 원래 가격은 얼마인가요?

Listen and Talk A-3

교과서 48쪽

G: Excuse me. How much is this purple T-shirt?
M: ❶It's 10 dollars.
G: That's ❷expensive. Can I get a discount?
M: OK. I'll take 1 dollar off. ❸That'll be 9 dollars.
G: ❹I'll take it, then. Thank you!

❶ 물건의 가격을 말하는 표현으로, It은 this purple T-shirt를 가리킨다.
❷ 비싼 (↔ cheap)
❸ 1달러를 할인한 최종 가격을 표현하는 말이다.
❹ it은 앞에서 언급한 보라색 티셔츠를 가리키며, take는 '사다'라는 뜻으로 쓰였다.

Q3 How much discount did the girl get? (　　　)　　ⓐ 1 dollar　ⓑ 9 dollars

Listen and Talk A-4

교과서 48쪽

M: Hello. May I help you?
G: I'm looking for a ❶baseball glove.
M: This one is 15 dollars and ❷it's in good condition.
G: ❸Can I get a discount?
M: OK. I'll take 2 dollars off.
G: ❹Then it's 13 dollars. I'll take it.

❶ 야구 글러브
❷ be in good condition: 상태가 좋다, 이상이 없다
(↔ be in bad(poor) condition)
❸ 물건 가격을 할인 받을 수 있는지 묻는 말로 get a discount는 '할인을 받다'라는 뜻이다. (= Can(Could) you give me a discount?)
❹ 할인된 가격을 뺀 물건의 최종 가격을 가리킨다.

Q4 The girl will pay 15 dollars for the baseball glove.　　(T / F)

Listen and Talk C

교과서 49쪽

B: Wow! ❶There are so many interesting things here.
W: Everything here is ❷old or used. What are you looking for?
B: I'm looking for a ❸clock.
W: ❹How about this red clock?
B: ❺How much is it?
W: It's 15 dollars.
B: That's ❻too expensive for me. Can I get a discount?
W: No, I'm afraid not. It's only ❼one year old. It's almost new.
B: Then, how much is this blue clock ❽with the large numbers?
W: It's 10 dollars.
B: Then, I'll take the blue ❾one. Thank you.

❶ 「There is/are+명사(주어) ~.」는 '~이 있다.'라는 의미의 표현이다. 명사가 단수이면 is를, 복수이면 are를 쓴다.
❷ old or used: 오래되거나 중고의
❸ 시계 (cf. watch: 손목시계)
❹ How about ~?은 '~은 어때요?'라는 의미로 물건을 보여 주며 권유할 때 사용하는 말이다. (= What about ~?)
❺ 물건의 가격을 묻는 말로, it은 this red clock을 가리킨다.
❻ 너무 비싼
❼ 「숫자+year(s) old」는 나이나 햇수를 나타내는 표현이다.
❽ '숫자가 큰'이라는 의미로 앞의 blue clock을 수식해 준다.
❾ one은 앞서 언급한 불특정한 명사의 반복을 피하기 위해 쓰는 부정대명사이다. 여기서는 clock을 가리킨다.

Q5 What is the boy going to buy? (   )   ⓐ the red clock   ⓑ the blue clock
Q6 The boy will pay _____ dollars for the clock.

Talk and Play

교과서 50쪽

A: May I help you?
B: Yes. ❶How much is this T-shirt?
A: It's 20 dollars.
B: ❷Can I get a discount?
A: OK. I'll take 3 dollars off.
B: Great. ❸I'll take it.

❶ 가격을 묻는 표현으로, How much does this T-shirt cost?로 바꿔 쓸 수 있다.
❷ 할인을 받을 수 있나요? (= Can I have a discount? / Can you give me a discount?)
❸ 앞서 언급한 물건을 사겠다고 말하는 표현으로 it은 앞에서 언급한 티셔츠를 가리킨다.

Q7 손님은 티셔츠의 값으로 얼마를 지불할까요?

Review-1

교과서 62쪽

G: ❶Excuse me. How much is this yellow backpack?
M: It's 18 dollars.
G: Hmm. That's expensive for me. ❷How about this red one?
M: It's 15 dollars.
G: ❸That's a good price. I'll take it.

❶ 실례합니다.
❷ '~은 어때요?'라는 의미로, 여기에서는 손님이 다른 물건을 가리키며 그것의 가격은 어떤지 묻는 말로 사용되었다.
❸ '좋은 가격이네요.'라는 의미로 물건의 가격이 마음에 들 때 사용하는 표현이다.

Q8 여학생이 구입할 물건은 무엇인가요? (   )   ⓐ 노란색 배낭   ⓑ 빨간색 배낭

Review-2

교과서 62쪽

W: ❶May I help you?
B: Yes. ❷How much is this blue T-shirt?
W: It's 10 dollars.
B: Can I get a discount?
W: OK. ❸I'll take 2 dollars off.
B: That sounds good. I'll take it.

❶ '도와드릴까요?'라는 의미로 가게에서 점원이 손님에게 하는 인사말이다. (= (How) Can I help you?)
❷ = What is the price of this blue T-shirt?
❸ 2달러를 할인해 준다는 의미이다.

Q9 The woman will give the boy _____ dollars off.

L&T ▶ Listen and Talk

빈칸 채우기

• 주어진 우리말과 일치하도록 교과서 대화문을 완성하시오.

Listen and Talk A-1

G: Excuse me. _____ _____ _____ the round glasses?

M: They're 18 dollars.

G: Hmm. Can I get a _____?

M: No, I'm _____ _____. Sorry.

G: That's OK. I'll take them.

 교과서 48쪽

G: 실례합니다. 저 동그란 안경은 얼마인가요?

M: 18달러입니다.

G: 음. 할인을 받을 수 있나요?

M: 죄송하지만 안 돼요. 죄송합니다.

G: 괜찮아요. 그것을 살게요.

Listen and Talk A-2

M: Hello. May I _____ _____?

G: Yes. I'm _____ _____ a backpack for school.

M: What about this red one? It's 12 dollars.

G: Can I _____ _____ _____?

M: OK. I'll take 2 dollars off.

G: That sounds good. I'll _____ _____.

교과서 48쪽

M: 안녕하세요. 도와드릴까요?

G: 네. 저는 학교 갈 때 멜 배낭을 찾고 있어요.

M: 이 빨간색 배낭은 어때요? 12달러예요.

G: 할인을 받을 수 있나요?

M: 네. 2달러를 깎아 드릴게요.

G: 좋아요. 그것을 살게요.

Listen and Talk A-3

G: Excuse me. _____ _____ is this purple T-shirt?

M: It's 10 dollars.

G: That's expensive. Can I _____ a discount?

M: OK. I'll _____ 1 dollar _____. That'll be 9 dollars.

G: I'll take it, then. Thank you!

교과서 48쪽

G: 실례합니다. 이 보라색 티셔츠는 얼마인가요?

M: 10달러예요.

G: 비싸네요. 할인을 받을 수 있나요?

M: 네. 1달러를 깎아 드릴게요. 9달러예요.

G: 그러면 그것을 살게요. 고맙습니다!

Listen and Talk A-4

M: Hello. May I help you?

G: I'm looking for a baseball glove.

M: This one is 15 dollars and it's _____ _____ _____.

G: _____ _____ _____ a discount?

M: OK. I'll take 2 dollars _____.

G: Then it's 13 dollars. I'll _____ _____.

교과서 48쪽

M: 안녕하세요. 도와드릴까요?

G: 저는 야구 글러브를 찾고 있어요.

M: 이 글러브는 15달러이고 상태가 좋아요.

G: 할인을 받을 수 있나요?

M: 네. 2달러를 깎아 드릴게요.

G: 그러면 13달러네요. 그것을 살게요.

Listen and Talk C

B: Wow! There are so many interesting things here.

W: Everything here is _____ _____ _____. What are you looking for?

B: I'm looking for a clock.

W: How _____ this red clock?

B: _____ _____ _____ _____?

W: It's 15 dollars.

B: That's _____ _____ for me. Can I get a discount?

W: No, I'm _____ not. It's only one year old. It's _____ new.

B: Then, how much is this blue clock with the large numbers?

W: It's 10 dollars.

B: Then, I'll _____ the blue one. Thank you.

Talk and Play

A: _____ _____ _____ you?

B: Yes. _____ _____ _____ this T-shirt?

A: It's 20 dollars.

B: Can I _____ _____ _____?

A: OK. I'll take 3 dollars _____.

B: Great. I'll take it.

Review-1

G: Excuse me. _____ _____ _____ this yellow backpack?

M: It's 18 dollars.

G: Hmm. That's _____ _____ me. How about this red one?

M: It's 15 dollars.

G: That's a _____ _____. I'll take it.

Review-2

W: _____ _____ _____ you?

B: Yes. How _____ is this blue T-shirt?

W: It's 10 dollars.

B: _____ _____ _____ a discount?

W: OK. I'll _____ 2 dollars _____.

B: That sounds good. I'll take it.

 해석

교과서 49쪽

B: 우와! 여기에는 흥미로운 것들이 정말 많이 있네요.

W: 여기 있는 모든 물건들은 오래됐거나 이미 사용한 것들입니다. 무엇을 찾으시나요?

B: 저는 시계를 찾고 있어요.

W: 이 빨간색 시계는 어때요?

B: 얼마인가요?

W: 15달러예요.

B: 제게는 너무 비싸네요. 할인을 받을 수 있나요?

W: 죄송하지만 안 돼요. 그것은 사용한 지 일 년밖에 안 됐어요. 거의 새것입니다.

B: 그러면, 숫자가 큰 이 파란색 시계는 얼마인가요?

W: 그것은 10달러예요.

B: 그러면, 이 파란색 시계를 살게요. 고맙습니다.

교과서 50쪽

A: 도와드릴까요?

B: 네. 이 티셔츠는 얼마인가요?

A: 20달러예요.

B: 할인을 받을 수 있나요?

A: 네. 3달러를 깎아 드릴게요.

B: 좋아요. 그것을 살게요.

교과서 62쪽

G: 실례합니다. 이 노란색 배낭은 얼마인가요?

M: 18달러입니다.

G: 음. 제게는 비싸네요. 이 빨간색 배낭은 어떤가요?

M: 15달러입니다.

G: 좋은 가격이네요. 그걸로 살게요.

교과서 62쪽

W: 도와드릴까요?

B: 네. 이 파란색 티셔츠는 얼마인가요?

W: 10달러입니다.

B: 할인을 받을 수 있나요?

W: 네. 2달러를 깎아 드릴게요.

B: 좋아요. 그것을 살게요.

대화 순서 배열하기

1 Listen and Talk A-1

교과서 48쪽

ⓐ No, I'm afraid not. Sorry.
ⓑ Hmm. Can I get a discount?
ⓒ They're 18 dollars.
ⓓ That's OK. I'll take them.
ⓔ Excuse me. How much are the round glasses?

(   ) – (   ) – (   ) – (   ) – ⓓ

2 Listen and Talk A-2

교과서 48쪽

ⓐ What about this red one? It's 12 dollars.
ⓑ OK. I'll take 2 dollars off.
ⓒ Yes. I'm looking for a backpack for school.
ⓓ That sounds good. I'll take it.
ⓔ Hello. May I help you?
ⓕ Can I get a discount?

(   ) – (   ) – ⓐ – (   ) – (   ) – (   )

3 Listen and Talk A-3

교과서 48쪽

ⓐ I'll take it, then. Thank you!
ⓑ That's expensive. Can I get a discount?
ⓒ Excuse me. How much is this purple T-shirt?
ⓓ OK. I'll take 1 dollar off. That'll be 9 dollars.
ⓔ It's 10 dollars.

(   ) – (   ) – (   ) – ⓓ – (   )

4 Listen and Talk A-4

교과서 48쪽

ⓐ This one is 15 dollars and it's in good condition.
ⓑ Can I get a discount?
ⓒ I'm looking for a baseball glove.
ⓓ OK. I'll take 2 dollars off.
ⓔ Hello. May I help you?
ⓕ Then it's 13 dollars. I'll take it.

(   ) – (   ) – ⓐ – (   ) – (   ) – ⓕ

5 Listen and Talk C

교과서 49쪽

A: Wow! There are so many interesting things here.

ⓐ How much is it?
ⓑ I'm looking for a clock.
ⓒ How about this red clock?
ⓓ Everything here is old or used. What are you looking for?
ⓔ It's 10 dollars.
ⓕ It's 15 dollars.
ⓖ That's too expensive for me. Can I get a discount?
ⓗ Then, how much is this blue clock with the large numbers?
ⓘ No, I'm afraid not. It's only one year old. It's almost new.

A: Then, I'll take the blue one. Thank you.

A – (　　) – (　　) – (　　) – (　　) – ⓕ – (　　) – (　　) – (　　) – (　　) – A

6 Talk and Play

교과서 50쪽

ⓐ OK. I'll take 3 dollars off.
ⓑ Yes. How much is this T-shirt?
ⓒ Can I get a discount?
ⓓ It's 20 dollars.
ⓔ May I help you?
ⓕ Great. I'll take it.

(　　) – (　　) – ⓓ – (　　) – (　　) – ⓕ

7 Review-1

교과서 62쪽

ⓐ Hmm. That's expensive for me. How about this red one?
ⓑ Excuse me. How much is this yellow backpack?
ⓒ It's 15 dollars.
ⓓ That's a good price. I'll take it.
ⓔ It's 18 dollars.

(　　) – (　　) – (　　) – (　　) – ⓓ

8 Review-2

교과서 62쪽

ⓐ It's 10 dollars.
ⓑ Yes. How much is this blue T-shirt?
ⓒ Can I get a discount?
ⓓ May I help you?
ⓔ That sounds good. I'll take it.
ⓕ OK. I'll take 2 dollars off.

(　　) – (　　) – (　　) – ⓒ – (　　) – (　　)

STEP A

[01~02] 다음 대화의 빈칸에 들어갈 말로 알맞은 것을 고르시오.

01

A: _____
B: They are 30 dollars.

① What's your shoe size?
② What are you looking for?
③ How much are these sneakers?
④ What do the glasses look like?
⑤ Could you lend me some money?

02

A: _____
B: OK. I'll take 3 dollars off.

① May I help you?
② Can I get a discount?
③ Can I try on this shirt?
④ Do you have this in a bigger size?
⑤ Can you show me another one?

03 다음 중 짝지어진 대화가 <u>어색한</u> 것은?

① A: Hello. May I help you?
　 B: I'm looking for a scarf.
② A: How much are those sunglasses?
　 B: They're 17 dollars.
③ A: Can I get a discount?
　 B: OK. I'll take 1 dollar off.
④ A: What's the price of this backpack?
　 B: Please give me a discount.
⑤ A: I'm afraid you can't get a discount.
　 B: That's OK. I'll take it.

04 다음 대화의 빈칸에 들어갈 말로 알맞지 <u>않은</u> 것은?

A: How about this red hat? It's 20 dollars.
B: Hmm. Can I get a discount?
A: _____

① Sorry, but you can't.
② That's a good idea.
③ No, I'm afraid not. Sorry.
④ OK. I'll take 2 dollars off.
⑤ You can get a 10% discount.

05 자연스러운 대화가 되도록 (A)~(E)를 바르게 배열한 것은?

(A) I'll take it, then. Thank you!
(B) Excuse me. How much is this purple T-shirt?
(C) OK. I'll take 1 dollar off. That'll be 9 dollars.
(D) It's 10 dollars.
(E) That's expensive. Can I get a discount?

① (B) – (A) – (D) – (E) – (C)
② (B) – (D) – (E) – (C) – (A)
③ (C) – (B) – (A) – (E) – (D)
④ (C) – (D) – (A) – (B) – (E)
⑤ (D) – (E) – (A) – (C) – (B)

[06~07] 다음 대화를 읽고, 물음에 답하시오.

A: May I help you?
B: Yes. ⓐHow much is that green skirt?
A: It's 12 dollars.
B: Can I get a discount?
A: OK. I'll take 2 dollars ___ⓑ___.
B: Then that'll be 10 dollars. I'll take it.

06 위 대화의 밑줄 친 ⓐ와 바꿔 쓸 수 있는 것은?

① Is that green skirt on sale?
② How about that green skirt?
③ How do you like that green skirt?
④ What's the size of that green skirt?
⑤ What's the price of that green skirt?

07 위 대화의 빈칸 ⓑ에 들어갈 말로 알맞은 것은?

① to   ② on   ③ off
④ over   ⑤ down

[08~09] 다음 대화를 읽고, 물음에 답하시오.

> A: Wow! There are so many interesting things here. (①)
> B: Everything here is old or used. What are you looking for? (②)
> A: I'm looking for a clock.
> B: How about this red clock?
> A: (③) How much is it?
> B: It's 15 dollars.
> A: (④) Can I get a discount?
> B: No, I'm afraid not. It's only one year old. It's almost new.
> A: Then, how much is this blue clock with the large numbers?
> B: It's 10 dollars.
> A: (⑤) Then, I'll take the blue one. Thank you.

08 위 대화의 ①~⑤ 중 주어진 문장이 들어갈 위치로 알맞은 것은?

> That's too expensive for me.

①   ②   ③   ④   ⑤

09 위 대화의 내용과 일치하지 <u>않는</u> 것은?

① There aren't new things in the store.
② The customer wants to buy a clock.
③ The red clock is one year old.
④ The clerk will take five dollars off.
⑤ The customer will pay ten dollars.

서술형

10 다음 그림을 보고, 물건을 사고파는 대화를 완성하시오.

A: How much _____ _____ _____?
B: It's 10 dollars.
A: Please give me a discount.
B: OK. I'll _____ 2 dollars _____.

11 다음 대화의 밑줄 친 우리말과 같도록 [보기]에 주어진 표현을 사용하여 괄호 안의 단어 수에 맞게 문장을 쓰시오.

> A: Excuse me. (1) <u>이 신발은 얼마인가요?</u>
> B: They're 13 dollars.
> A: Hmm. (2) <u>할인을 받을 수 있나요?</u>
> B: No, I'm afraid not. Sorry.
> A: That's OK. (3) <u>그것을 살게요.</u>

> [보기] discount   these shoes   take

(1) _____ (5단어)
(2) _____ (5단어)
(3) _____ (3단어)

12 다음 대화의 밑줄 친 ⓐ~ⓔ 중 흐름상 <u>어색한</u> 문장을 찾아 기호를 쓰고 바르게 고쳐 쓰시오.

> A: ⓐHow much is this soccer ball?
> B: It's 6 dollars.
> A: ⓑThat's a good price. ⓒCan you give me a discount?
> B: OK. ⓓI'll take 1 dollar off. That'll be 5 dollars.
> A: ⓔI'll take it, then. Thank you!

(   ) → _____

핵심 노트

1 수동태

읽기 본문　This **was made by** Hajun.
　　　　　be동사　과거분사　by　행위자

이것은 하준이에 의해 만들어졌다.

대표 예문　Hangeul **was made by** King Sejong.

한글은 세종대왕에 의해 만들어졌다.

The report **was written by** Mary.

그 보고서는 Mary에 의해 쓰였다.

The Walk **was painted by** Marc Chagall.

'The Walk'는 Marc Chagall에 의해 그려졌다.

The bridge **was built** in 1990.

그 다리는 1990년에 지어졌다.

(1) 형태: be동사+과거분사+by+행위자(목적격)

(2) 수동태 문장 만들기: 주어가 동작을 하는 것이 아니라 당할 때, 즉 동작의 대상일 때 수동태로 나타낸다.

① 능동태의 목적어 → 수동태의 주어

② 동사 → be동사+과거분사 (*cf.* be동사는 수동태의 주어에 인칭·수 일치)

③ 능동태의 주어 → by+행위자 (*cf.* 중요하지 않거나 일반인일 경우 생략 가능)

〈능동태〉 Mina　　　took　　　this picture. (미나가 이 사진을 찍었다.)

〈수동태〉 This picture **was taken** by Mina. (이 사진은 미나에 의해 찍혔다.)

(3) 수동태의 부정문과 의문문: 부정문은 be동사와 과거분사 사이에 **not**을 써서 나타내고, 의문문은 be동사를 주어 앞으로 보낸다.

His car **was not washed** by me. (그의 차는 나에 의해 세차되지 않았다.)

Were the cookies **made** by Tom? (그 쿠키들은 Tom에 의해 만들어졌니?)

> **point 시험 포인트 ❶**
> 능동태 문장을 수동태로 바꾸는 문제가 많이 출제되므로, 능동태를 수동태로 바꾸는 연습을 충분히 한다.

> **point 시험 포인트 ❷**
> 주어에 맞는 동사의 형태가 능동태인지 수동태인지 묻는 문제가 자주 출제되므로, 주어가 동사의 행위의 주체인지(능동태), 행위의 대상인지(수동태) 잘 구분할 수 있도록 한다.

한 단계 │ 더!

조동사가 있는 문장의 수동태는 「조동사+be동사+과거분사」의 형태로 쓴다.

The smartphone **can be used** by you. (그 스마트폰은 너에 의해 사용될 수 있다.)

QUICK CHECK

1 다음 괄호 안에서 알맞은 것을 고르시오.

(1) (Was / Did) the wall painted by Mr. Davis?

(2) The spaghetti (ate / was eaten) by Jenny.

(3) The bottles (are used / were used) by Mark yesterday.

2 다음 밑줄 친 부분을 어법에 맞게 고쳐 쓰시오.

(1) This tree planted by Dad last year.　→ _____

(2) The glass was broken not by Eric.　→ _____

(3) The living room must clean by Tom.　→ _____

2 want+목적어+to부정사

읽기 본문 I **want you to understand** the meaning of "upcycling."
<u>동사</u> <u>목적어</u> <u>목적격 보어(to부정사)</u>

나는 여러분이 '업사이클링'의 의미를 이해하기를 원해요.

대표 예문 I **want you to wash** the dishes.

나는 네가 설거지하기를 원해.

She **wants Steve to come** home early.

그녀는 Steve가 집에 일찍 오기를 원한다.

We **want you to join** our club.

우리는 네가 우리 동아리에 가입하기를 원해.

Tim **wanted them to bring** their books.

Tim은 그들이 자신들의 책을 가지고 오기를 원했다.

(1) 형태: want+목적어+to부정사

(2) 의미와 쓰임: '(목적어)가 ~하기를 원하다'라는 뜻으로, to부정사는 목적어의 상태나 행동을 설명하는 목적격 보어로 쓰인다.

The boy **wanted his dog to catch** the ball. (그 소년은 개가 공을 잡기를 원했다.)

Kate **wanted me to come** to the party. (Kate는 내가 파티에 오기를 원했다.)

Do you **want me to wash** your clothes? (내가 네 옷들을 세탁하기를 원하니?)

to부정사 앞에 not을 쓰면 '(목적어)가 ~하지 않기를 원하다'라는 뜻을 나타낸다.

I **want him not to be** late for the meeting. (나는 그가 모임에 늦지 않기를 원한다.)

Jake **wants his brother not to stay** in his house.

(Jake는 형이 그의 집에 머물지 않기를 원한다.)

> **시험 포인트 ❶** **point**
> 동사 want 뒤에 오는 목적격 보어의 형태를 묻는 문제가 주로 출제되므로, want의 목적격 보어로 to부정사를 쓰는 것에 유의한다.
>
> want는 목적격 보어뿐만 아니라 목적어로도 to부정사를 쓸 수 있다.
> She wants **to bake** cookies.
> *cf.* She wants me **to bake** cookies.
> ▶ 중 1 교과서 6과

한 단계 더!

ask, tell, allow, advise, order 등은 want처럼 목적격 보어로 to부정사를 쓴다.

Susan **asked her husband to help** her.

(Susan은 남편에게 자신을 도와달라고 부탁했다.)

My mom **tells me to save** water. (엄마는 내게 물을 절약하라고 하신다.)

The doctor **advised me to lose** weight. (의사는 내게 몸무게를 줄이라고 조언했다.)

> **시험 포인트 ❷** **point**
> 목적격 보어로 to부정사가 쓰인 문장의 동사를 묻는 문제가 자주 출제되므로, 목적격 보어로 to부정사를 쓰는 동사를 충분히 익히도록 한다.

QUICK CHECK

1 다음 괄호 안에서 알맞은 것을 고르시오.

(1) John wanted (her to be / to be her) a doctor.

(2) The teacher wants me (studying / to study) for the exam.

(3) She wanted (not me to / me not to) go shopping with her.

2 다음 밑줄 친 부분을 어법에 맞게 고쳐 쓰시오.

(1) I wanted him <u>show</u> me his house.　　　→ _____

(2) He wants <u>not her to meet</u> his parents.　　→ _____

(3) Our teacher asked us <u>thinking</u> of our future.　→ _____

1 수동태

STEP A

A 다음 괄호 안에 주어진 단어를 어법상 알맞은 형태로 바꿔 문장을 완성하시오.

1 My bike _____ a few days ago. (steal)

2 The book _____ a lot these days. (not, read)

3 These cookies _____ by my sister yesterday. (bake)

4 The telephone _____ by Alexander Graham Bell. (invent)

B 다음 문장에서 어법상 <u>틀린</u> 부분을 찾아 바르게 고쳐 쓰시오.

1 English is not speak in this country. _____ → _____

2 I guess the juice was drank by Mary. _____ → _____

3 The beautiful building built 30 years ago. _____ → _____

4 These books was returned to the library. _____ → _____

C 다음 문장을 수동태로 바꿔 쓴 문장을 완성하시오.

1 Jason didn't invite us to the party.
→ We _____.

2 Leonardo da Vinci painted the *Mona Lisa.*
→ The *Mona Lisa* _____.

3 Mary feeds the dog all the time.
→ The dog _____ all the time.

4 She will sing a famous song in the contest.
→ A famous song _____ in the contest.

D 주어진 우리말과 의미가 같도록 괄호 안의 단어들을 사용하여 문장을 쓰시오. (단, 필요시 형태를 바꿀 것)

1 그 단추는 Sally에 의해 떨어졌다. (button, drop)
→ _____

2 그 다리는 1990년에 지어졌다. (bridge, build)
→ _____

3 이 탁자는 우리 아버지에 의해 만들어지지 않았다. (my father, make)
→ _____

2 want+목적어+to부정사

A 다음 괄호 안에서 알맞은 것을 고르시오.

1 I want you (know / to know) the truth.

2 He (makes / wants) me to keep the secret.

3 Ms. Brown wanted us (clean / to clean) the classroom.

4 Do you want Jake (to do not / not to do) the work now?

B 다음 괄호 안에 주어진 단어를 어법상 알맞은 형태로 바꿔 문장을 완성하시오.

1 The doctor told the patient _____ in bed. (stay)

2 She wanted her father _____ more. (exercise)

3 I asked him _____ a bicycle with his brother. (ride)

4 Tom's mom advised Tom _____ his homework first. (do)

C 주어진 우리말과 의미가 같도록 괄호 안의 단어들을 사용하여 문장을 완성하시오.

1 나는 Jim에게 Kate를 도와주라고 부탁했다. (help)

→ I asked _____ _____ _____ _____.

2 우리는 네가 우리 동아리에 가입하기를 원한다. (join, club)

→ We want _____ _____ _____ _____ _____.

3 그녀는 Tom이 식물에 물을 주기를 원한다. (want, water, the plants)

→ She wants _____ _____ _____ _____ _____.

4 그는 내게 오늘 수영하러 가지 말라고 말했다. (not, go swimming)

→ He told _____ _____ _____ _____ _____ today.

D 주어진 우리말과 의미가 같도록 괄호 안의 단어들을 바르게 배열하여 문장을 쓰시오.

1 나는 그가 당장 방에서 나가기를 원했다. (leave, I, right now, wanted, the room, to, him)

→ _____

2 그들은 Linda가 이것에 대해 듣지 않기를 원한다. (want, about this, Linda, they, hear, not, to)

→ _____

3 나는 언니에게 내일 아침에 나를 일찍 깨워달라고 부탁했다.

(tomorrow morning, I, me, up, early, my sister, to, asked, wake)

→ _____

[01~02] 다음 빈칸에 들어갈 말로 알맞은 것을 고르시오.

01

My favorite artist is Edgar Degas. *The Dance Class* _____ by him in 1874.

① paints   ② painted   ③ is painting
④ is painted   ⑤ was painted

02

My little sister is sleeping. Mom _____ me to keep quiet.

① has   ② says   ③ wants
④ makes   ⑤ watches

03 다음 밑줄 친 동사의 형태로 알맞은 것은?

I want my brother <u>play</u> soccer with me.

① play   ② plays
③ played   ④ playing
⑤ to play

04 다음 문장을 수동태로 바꿔 쓸 때, 빈칸에 들어갈 말로 알맞은 것은?

Jason didn't clean the windows.
→ The windows _____ by Jason.

① not be cleaned   ② wasn't cleaned
③ didn't be cleaned   ④ weren't cleaned
⑤ were cleaned not

05 다음 우리말과 의미가 같도록 할 때, 빈칸에 들어갈 말로 알맞은 것은?

선생님은 우리가 많은 책을 읽기를 원하셨다.
→ The teacher wanted _____ many books.

① we read   ② us read
③ we to read   ④ to us read
⑤ us to read

06 다음 빈칸에 들어갈 말이 순서대로 바르게 짝지어진 것은?

• This temple _____ in 1785.
• Mia _____ the Christmas card to me.
• French _____ in many African countries.

① built − sent − is spoken
② built − was sent − speaks
③ was built − sent − speaks
④ was built − sent − is spoken
⑤ was built − was sent − speaks

07 다음 문장의 ①~⑤ 중 **not**이 들어갈 위치로 알맞은 것은?

My parents (①) want (②) me (③) to (④) fight (⑤) with my sister.

[08~09] 다음 우리말을 영어로 바르게 옮긴 것을 고르시오.

08

> 내 가방은 어제 도난당했다.

① My bag stole yesterday.
② I stole my bag yesterday.
③ My bag was stolen yesterday.
④ My bag was stealing yesterday.
⑤ I was stolen my bag yesterday.

09

> 그는 Emily가 떠나지 않기를 바란다.

① He wants Emily not leave.
② He wants Emily don't leave.
③ He wants Emily not leaving.
④ He wants Emily not to leave.
⑤ He wants Emily to not leaving.

10 다음 밑줄 친 ①~⑤ 중 어법상 틀린 것은?

> Susan <u>often uses</u> Kate's smartphone. <u>But</u>
>   ①   ②   ③
> Kate <u>wants</u> Susan <u>to use not</u> her smartphone.
>   ④   ⑤

한 단계 더!
11 다음 우리말과 의미가 같도록 주어진 단어들을 배열할 때, **4번째**로 오는 단어는?

> 이 숙제는 월요일까지 끝마쳐져야 한다.
> (must, Monday, this, by, finished, homework, be)

① by   ② be
③ must   ④ finished
⑤ homework

12 다음 문장을 수동태 문장으로 바르게 바꾼 것은?

> She cooks breakfast every day.

① Breakfast cooks by her every day.
② Breakfast is cooked by she every day.
③ Breakfast is cooked by her every day.
④ Breakfast is cooking by she every day.
⑤ Breakfast is cooking by her every day.

13 다음 문장에서 어법상 **틀린** 부분을 찾아 바르게 고쳐 쓴 것은?

> These sandwiches was made by my mom this morning.

① These → This
② was → were
③ made → making
④ by → from
⑤ this morning → in this morning

한 단계 더!
14 다음 중 능동태를 수동태로 **잘못** 바꾼 것은?

① Mike wrote this report.
  → This report was written by Mike.
② I didn't lock the door.
  → The door didn't be locked by me.
③ My uncle repaired the bike.
  → The bike was repaired by my uncle.
④ He can solve the math problem.
  → The math problem can be solved by him.
⑤ Did Mark break the vase yesterday?
  → Was the vase broken by Mark yesterday?

STEP A

15 다음 중 빈칸에 **want**를 쓸 수 <u>없는</u> 문장은?

① I _____ you to do this work.
② They don't _____ him to hurt himself.
③ We _____ them singing on the stage.
④ Do you _____ me to come home early?
⑤ She doesn't _____ her parents to worry.

16 다음 중 밑줄 친 부분이 어법상 <u>틀린</u> 것은?

① <u>Was</u> Hangeul <u>made</u> by King Sejong?
② Mr. Yoon <u>is respected</u> by many students.
③ The thief <u>didn't be caught</u> by the police.
④ A lot of people <u>were hurt</u> in the accident.
⑤ Different kinds of vegetables <u>are sold</u> at the market.

난이도 한 단계 더!

17 다음 중 어법상 올바른 문장끼리 짝지어진 것은?

ⓐ The key was found by my sister.
ⓑ Was the cookies eaten by Scott?
ⓒ Dad told us not to go out at night.
ⓓ The doctor wants to exercise him regularly.
ⓔ Ann will be made sandwiches for the picnic.

① ⓐ, ⓒ   ② ⓑ, ⓓ   ③ ⓐ, ⓓ, ⓔ
④ ⓑ, ⓒ, ⓓ   ⑤ ⓑ, ⓓ, ⓔ

서술형

[18~19] 다음 문장을 수동태로 바꿔 쓸 때 빈칸에 알맞은 말을 쓰시오.

18

Many teenagers love the boy band.
→ The boy band _____ many teenagers.

19

Hemingway wrote *The Old Man and the Sea* in 1952.
→ *The Old Man and the Sea* _____ _____ Hemingway in 1952.

20 주어진 우리말과 의미가 같도록 괄호 안의 단어들을 사용하여 문장을 완성하시오.

그들은 내가 춤 동아리에 가입하기를 원한다.
(want, the dance club, join)

→ They _____.

21 다음 괄호 안의 단어를 어법에 맞게 사용하여 문장을 완성하시오.

(1) This bridge _____ in 2010.
              (build)

(2) English _____ in Australia.
          (speak)

(3) The plate _____ by Bob yesterday.
          (break)

(4) The floor _____ by Dad every day.
          (clean)

한 단계 더!

22 다음 문장을 [예시]와 같이 주어진 단어로 시작하여 바꿔 쓰시오.

> [예시] My sister built the snowman.
> → The snowman <u>was built by my sister</u>.

(1) Julia wrote this poem.
→ This poem _____
_____.

(2) The students collected empty bottles.
→ Empty bottles _____
_____.

(3) We will paint the fence tomorrow.
→ The fence _____
_____.

(4) Did the famous designer make this dress?
→ Was _____
_____?

23 다음 학급 규칙을 보고, **want**를 사용하여 [예시]와 같이 문장을 완성하시오.

> **Classroom Rules**
> [예시] Be quiet in class.
> (1) Clean the classroom.
> (2) Be kind to others.
> (3) Don't be late for school.
> (4) Don't use smartphones in class.

[예시] My teacher wants us to be quiet in class.

(1) _____
(2) _____
(3) _____
(4) _____

24 다음 사진과 주어진 정보를 보고, [보기]에서 알맞은 말을 골라 [예시]와 같이 문장을 완성하시오.

(1) *Sunflowers*,
Vincent van Gogh

(2) the light bulb,
Thomas Edison

(3) the Eiffel Tower,
Gustave Eiffel

[보기]	invent	design	paint

[예시] *Romeo and Juliet* was written by William Shakespeare.

(1) _____
(2) _____
(3) _____

한 단계 더!

25 다음 메모를 보고, [예시]와 같이 문장을 완성하시오.

> [예시] Mina, walk the dog.
> - Jinho

> (1) Suji, bring my book.
> - Kate

> (2) Ted, call me after dinner.
> - Brad

> (3) Eric, don't use my bike.
> - Jerry

[예시] Jinho wants <u>Mina to walk the dog</u>.

(1) Kate asks _____.
(2) Brad wants _____.
(3) Jerry tells _____.

STEP A

업사이클링에 대해 이야기해 봅시다

Brown 선생님:

01 동아리 회원 여러분, 안녕하세요.

02 여러분도 알다시피, 올해 환경의 날은 업사이클링에 관한 것입니다.

03 각 그룹이 그날에 할 행사 아이디어를 이야기하기 전에, 나는 여러분이 '업사이클링'의 의미를 이해하기를 바랍니다.

04 누가 업사이클링을 설명해 줄 수 있나요?

수미:

05 네, 'upcycling'이라는 단어는 'upgrade'와 'recycling'이 결합한 것입니다.

Eric:

06 재활용과 마찬가지로, 업사이클링도 환경에 좋습니다.

07 업사이클링을 하면 낡은 것으로 새롭고 더 좋은 것을 만들죠.

Brown 선생님:

08 좋아요. 이제 각 그룹의 행사 아이디어에 대해 이야기해 봅시다.

09 Pei의 그룹부터 시작하죠.

Pei:

10 저희 그룹은 트래션 쇼를 열고 싶습니다.

11 'trashion'은 'trash'와 'fashion'이 결합한 말입니다.

12 저희는 옷을 만들기 위해 쓰레기를 사용할 겁니다.

13 저희는 이 쇼를 통해서 다른 학생들이 업사이클링에 관심을 갖게 되기를 바랍니다.

Brown 선생님:

14 트래션 쇼라니 재미있겠네요! Eric, 너희 그룹은 어떠니?

Let's Talk about Upcycling

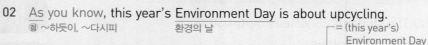

Mr. Brown:

01 Hello, club members.
　　　　　동아리

02 As you know, this year's Environment Day is about upcycling.
　접 ~하듯이, ~다시피　　　환경의 날　　　　= (this year's) Environment Day

03 Before we talk about each group's event idea for that day, I want you to
　접 ~하기 전에　　　　「each+단수명사」 각각의 ~　　　「want+목적어+to부정사」 (목적어)가 ~하기를 원하다
understand the meaning of "upcycling."

04 Can anyone explain upcycling?
　　　누군가, 누가 (의문문에서 사용)

Sumi:

　　　　　　　　　　　　　　　~의 결합, 조합
05 Yes. The word "upcycling" is a combination of "upgrade" and "recycling."
　　　　　　　　　　　　　(합성어 예시) · breakfast+lunch → brunch
Eric:　　　　　　　　　　　　　· smoke+fog → smog
　　　　　　　　　　　　　　　· emotion+icon → emoticon

06 Like recycling, upcycling is good for the environment.
　접 ~처럼, ~와 같이　　　　~에 좋다 ↔ be bad for (~에 좋지 않다, 해롭다)

07 When you upcycle, you make new and better things from old things.
　접 ~할 때　　　　　　　make A from B: B로(를 원료로 하여) A를 만들다

Mr. Brown:

08 Good. Now, let's talk about each group's idea for the event.
　　　　　　let's+동사원형: ~하자

09 Let's start with Pei's group.
　~로 시작하자, ~부터 시작하자

Pei:

　　　　　　　　　　　　┌ 열다, 개최하다(-held-held)
10 My group wants to hold a trashion show.
　　　　　　　명사적 용법의 to부정사 (wants의 목적어)

11 "Trashion" is a combination of "trash" and "fashion."
　　　　　　　　　　　　　쓰레기　　　　패션

12 We'll use trash to make clothes.
　　　　　　부사적 용법의 to부정사 (목적)　　　┌ 전치사 뒤에는 명사(구)나
　　　　　　　　　　　　　　　　　└ 동명사(구)가 옴
13 We want other students to become interested in upcycling through the
　　「want+목적어+to부정사」 (목적어)가 ~하기를 원하다　　　　　　　접 ~을 통해서
show.

Mr. Brown:

　　　　　　　　cf. 「sound+형용사」 ~하게 들리다
14 A trashion show sounds like fun! What about your group, Eric?
　　　　　　「sound like+명사(구)」 = How about
　　　　　　~처럼 들리다

Eric:

15 My group is going to make musical instruments from old things.
악기
「be going to+동사원형」 ~할 것이다 (미래에 예정된 일)

16 We'll make drums from old plastic buckets.
플라스틱(으로 만들어진) 양동이

17 We'll also make a guitar from old boxes and rubber bands.
고무줄

18 We plan to play the instruments in a mini-concert.
연주하다
「plan+to부정사」 ~할 계획이다   작은, 소규모의

Mr. Brown:

19 Thank you, Eric. Now, let's hear from Sumi's group.

Sumi:

20 My group will make bags from old clothes.
옷

21 For example, we'll use blue jeans.
예를 들면 (= For instance)   청바지

22 Look at this bag.

23 This was made by Hajun, one of our group members.
(=) 동격
수동태 (be동사+과거분사+by+행위자)
→ Hajun, one of our group members, made this. (능동태)

24 Isn't it nice?
자신의 말을 강조하기 위해 사용하는 수사적 질문
(= It's very nice.)   = more bags

25 We'll make more bags and sell them on Environment Day.
and로 연결된 병렬구조   「on+특정한 날」

26 We're going to give all the money to a nursing home.
give A to B: A를 B에게 주다
= give a nursing home all the money (4형식 문장)

Mr. Brown:

27 That's a great idea.

28 Your ideas are all so creative.
창의적인

29 I want everyone to work hard for Environment Day.
「want+목적어+to부정사」   (부) 열심히

Blue Jeans Bag

30 **You need:** old blue jeans, sewing kit, scissors, pins and buttons
도구 세트   단추

Step

31 ❶ Cut off the legs of the blue jeans.
~을 잘라 내다
(이어동사) 목적어가 명사일 때는 동사와 부사 사이 또는 부사 뒤에 쓸 수 있지만, 목적어
가 대명사일 때는 동사와 부사 사이에만 씀

32 ❷ Sew the bottom together.
맨 아래 (↔ top 맨 위)

33 ❸ Make shoulder straps from one of the legs.

34 ❹ Sew the straps to the top of the jeans.
청바지의 맨 윗부분에
↔ bottom

35 ❺ Decorate the bag with pins and buttons.
(전) ~을 사용하여, ~으로

Eric:

15 저희 그룹은 낡은 물건으로 악기를 만들려고 합니다.

16 저희는 낡은 플라스틱 양동이로 드럼을 만들 겁니다.

17 저희는 또한 낡은 상자와 고무줄로 기타를 만들 겁니다.

18 저희는 소규모 음악회에서 그 악기들을 연주할 계획입니다.

Brown 선생님:

19 고마워요, Eric. 그럼 이제 수미의 그룹의 아이디어를 들어 보죠.

수미:

20 저희 그룹은 낡은 옷으로 가방을 만들 거예요.

21 예를 들면, 저희는 청바지를 사용할 거예요.

22 이 가방을 보세요.

23 이것은 저희 모둠원 중 한 명인 하준이가 만들었어요.

24 멋지지 않나요?

25 저희는 가방을 더 많이 만들어서 환경의 날에 팔 거예요.

26 저희는 번 돈을 모두 양로원에 드릴 예정이에요.

Brown 선생님:

27 훌륭한 생각이군요.

28 여러분의 아이디어는 모두 무척 창의적이에요.

29 여러분 모두 환경의 날을 위해 열심히 노력하길 바랍니다.

청바지 가방

30 준비물: 낡은 청바지, 바느질 도구, 가위, 핀과 단추

단계

31 ❶ 청바지의 다리 부분을 잘라 내세요.

32 ❷ 맨 아랫부분을 바느질하여 붙이세요.

33 ❸ 다리 중 한 쪽으로 어깨끈들을 만드세요.

34 ❹ 청바지의 맨 윗부분에 끈들을 바느질하여 붙이세요.

35 ❺ 핀과 단추로 가방을 장식하세요.

• 주어진 우리말과 일치하도록 교과서 본문의 문장을 완성하시오.

01 Hello, _____ members.

01 동아리 회원 여러분, 안녕하세요.

02 _____ _____ _____, this year's Environment Day is _____ upcycling.

02 여러분도 알다시피, 올해 환경의 날은 업사이클링에 관한 것입니다.

03 Before we talk about each group's event idea for that day, I _____ _____ _____ _____ the meaning of "upcycling."

03 각 그룹이 그날에 할 행사 아이디어를 이야기하기 전에, 나는 여러분이 '업사이클링'의 의미를 이해하기를 바랍니다.

04 Can anyone _____ upcycling?

04 누가 업사이클링을 설명해 줄 수 있나요?

05 Yes. The word "upcycling" is _____ _____ _____ "upgrade" and "recycling."

05 네. 'upcycling'이라는 단어는 'upgrade'와 'recycling'이 결합한 것입니다.

06 _____ _____, upcycling is good for the environment.

06 재활용과 마찬가지로, 업사이클링도 환경에 좋습니다.

07 When you upcycle, you make new and _____ _____ from old things.

07 업사이클링을 하면 낡은 것으로 새롭고 더 좋은 것을 만들죠.

08 Good. Now, let's talk about _____ group's idea for the event.

08 좋아요. 이제 각 그룹의 행사 아이디어에 대해 이야기해 봅시다.

09 Let's _____ _____ Pei's group.

09 Pei의 그룹부터 시작하죠.

10 My group wants _____ _____ a trashion show.

10 저희 그룹은 트래션 쇼를 열고 싶습니다.

11 "Trashion" is a _____ of "trash" _____ "fashion."

11 'trashion'은 'trash'와 'fashion'이 결합한 말입니다.

12 We'll use trash _____ _____ clothes.

12 저희는 옷을 만들기 위해 쓰레기를 사용할 겁니다.

13 We want other students to _____ _____ _____ upcycling through the show.

13 저희는 이 쇼를 통해서 다른 학생들이 업사이클링에 관심을 갖게 되기를 바랍니다.

14 A trashion show _____ _____ fun! What _____ your group, Eric?

14 트래션 쇼라니 재미있겠네요! Eric, 너희 그룹은 어떠니?

15 My group is going to make _____ _____ from old things.

15 저희 그룹은 낡은 물건으로 악기를 만들려고 합니다.

16 We'll _____ drums _____ old plastic buckets.

16 저희는 낡은 플라스틱 양동이로 드럼을 만들 겁니다.

17 We'll also make a guitar _____ old boxes and _____ _____.

17 저희는 또한 낡은 상자와 고무줄로 기타를 만들 겁니다.

18 We _____ _____ _____ the instruments in a mini-concert.

18 저희는 소규모 음악회에서 그 악기들을 연주할 계획입니다.

19 Thank you, Eric. Now, let's _____ _____ Sumi's group.

19 고마워요, Eric. 그럼 이제 수미의 그룹의 아이디어를 들어 보죠.

20 My group _____ _____ bags from old clothes.

20 저희 그룹은 낡은 옷으로 가방을 만들 거예요.

21 _____ _____, we'll use blue jeans.

21 예를 들면, 저희는 청바지를 사용할 거예요.

22 _____ _____ this bag.

22 이 가방을 보세요.

23 This _____ _____ _____ Hajun, one of our group members.

23 이것은 저희 모둠원 중 한 명인 하준이에 의해 만들어졌어요.

24 _____ it nice?

24 멋지지 않나요?

25 We'll make more bags and sell them _____ Environment Day.

25 저희는 가방을 더 많이 만들어서 환경의 날에 팔 거예요.

26 We're going to give all the money _____ _____ _____ _____.

26 저희는 번 돈을 모두 양로원에 드릴 예정 이에요.

27 That's _____ _____ _____.

27 훌륭한 생각이군요.

28 Your ideas are all so _____.

28 여러분의 아이디어는 모두 무척 창의적이 에요.

29 I _____ everyone _____ _____ _____ for Environment Day.

29 여러분 모두 환경의 날을 위해 열심히 노력하길 바랍니다.

30 **You need:** old blue jeans, _____ _____, scissors, pins and _____

30 준비물: 낡은 청바지, 바느질 도구, 가위, 핀과 단추

31 ❶ _____ _____ the legs of the blue jeans.

31 ❶ 청바지의 다리 부분을 잘라 내세요.

32 ❷ _____ the bottom together.

32 ❷ 맨 아랫부분을 바느질하여 붙이세요.

33 ❸ Make shoulder straps _____ _____ _____ the legs.

33 ❸ 다리 중 한 쪽으로 어깨끈들을 만드세요.

34 ❹ Sew the straps to the _____ _____ the jeans.

34 ❹ 청바지의 맨 윗부분에 끈들을 바느질하 여 붙이세요.

35 ❺ _____ the bag _____ pins and buttons.

35 ❺ 핀과 단추로 가방을 장식하세요.

01 Hello, (club of members / club members).

02 (As / When) you know, this year's Environment Day is about upcycling.

03 Before we talk about each group's event idea for that day, I want you (to understand / understanding) the meaning of "upcycling."

04 Can anyone (explains / explain) upcycling?

05 Yes. The word "upcycling" is a combination (for / of) "upgrade" and "recycling."

06 (Like / By) recycling, upcycling is good for the environment.

07 When you upcycle, you make new and better things (for / from) old things.

08 Good. Now, let's (talk / to talk) about each group's idea for the event.

09 Let's start (of / with) Pei's group.

10 My group wants (hold / to hold) a trashion show.

11 "Trashion" is a combination of "trash" (or / and) "fashion."

12 We'll use trash (making / to make) clothes.

13 We want other students to become interested (on / in) upcycling through the show.

14 A trashion show sounds like (fun / funny)! What about your group, Eric?

15 My group is going (to make / to making) musical instruments from old things.

16 We'll (make / making) drums from old plastic buckets.

17   We'll also make a guitar (from / to) old boxes and rubber bands.

18   We plan (play / to play) the instruments in a mini-concert.

19   Thank you, Eric. Now, (let's / don't) hear from Sumi's group.

20   My group will (be made / make) bags from old clothes.

21   (For example / Instead), we'll use blue jeans.

22   (Look / Looks) at this bag.

23   This (made / was made) by Hajun, one of our group members.

24   Isn't it (nice / nicely)?

25   We'll make more bags and (sell / selling) them on Environment Day.

26   We're going to give all the money (of / to) a nursing home.

27   That's a great (idea / ideas).

28   Your ideas are all so (creative / creativity).

29   I want everyone to work (hard / hardly) for Environment Day.

30   **You need:** old blue jeans, sewing kit, (scissor / scissors), pins and buttons

31   ❶ Cut (off / down) the legs of the blue jeans.

32   ❷ (To sew / Sew) the bottom together.

33   ❸ Make shoulder straps (to / from) one of the legs.

34   ❹ Sew the straps to the top (up / of) the jeans.

35   ❺ Decorate the bag (through / with) pins and buttons.

• 밑줄 친 부분이 내용이나 어법상 바르면 ○, 틀리면 ×에 동그라미하고 틀린 부분을 바르게 고쳐 쓰시오.

STEP A

01 Hello, <u>club members</u>. ○ ×

02 <u>As you know</u>, this year's Environment Day is about upcycling. ○ ×

03 Before we talk about each group's event idea for that day, I want you <u>understand</u> the meaning of "upcycling." ○ ×

04 Can <u>anyone</u> explain upcycling? ○ ×

05 Yes. The word "upcycling" is <u>a combination to</u> "upgrade" and "recycling." ○ ×

06 Like recycling, upcycling is <u>good of</u> the environment. ○ ×

07 When you upcycle, you make new and better things <u>about</u> old things. ○ ×

08 Good. Now, let's talk about <u>each group's idea</u> for the event. ○ ×

09 Let's <u>start with</u> Pei's group. ○ ×

10 My group wants <u>to held</u> a trashion show. ○ ×

11 "Trashion" is a combination of <u>"trash" and "fashion."</u> ○ ×

12 We'll use trash <u>to make</u> clothes. ○ ×

13 We want other students to <u>become interested at</u> upcycling through the show. ○ ×

14 A trashion show <u>sounds for</u> fun! What about your group, Eric? ○ ×

15 My group is going <u>make</u> musical instruments from old things. ○ ×

16 We'll make drums <u>from</u> old plastic buckets. ○ ×

17 We'll <u>also make</u> a guitar from old boxes and rubber bands. ○ ×

18 We plan <u>playing</u> the instruments in a mini-concert. ○ ×

19 Thank you, Eric. Now, let's <u>hearing from</u> Sumi's group. [○ | ×]

20 My group <u>will make</u> bags from old clothes. [○ | ×]

21 <u>With example</u>, we'll use blue jeans. [○ | ×]

22 <u>Look at</u> this bag. [○ | ×]

23 This was <u>made of</u> Hajun, one of our group members. [○ | ×]

24 <u>Isn't it</u> nice? [○ | ×]

25 We'll make more bags and <u>to sell</u> them on Environment Day. [○ | ×]

26 We're going to give all the money <u>for a nursing home</u>. [○ | ×]

27 That's <u>a great idea</u>. [○ | ×]

28 Your ideas are all so <u>creatively</u>. [○ | ×]

29 I want everyone to <u>working</u> hard for Environment Day. [○ | ×]

30 **You need:** old blue jeans, sewing kit, <u>scissors</u>, pins and buttons [○ | ×]

31 ❶ <u>Cut on</u> the legs of the blue jeans. [○ | ×]

32 ❷ <u>Sew</u> the bottom together. [○ | ×]

33 ❸ Make shoulder straps from one of <u>the leg</u>. [○ | ×]

34 ❹ Sew the straps <u>to the top</u> of the jeans. [○ | ×]

35 ❺ Decorate the bag <u>with pins and buttons</u>. [○ | ×]

배열로 문장 완성하기

01 동아리 회원 여러분, 안녕하세요. (club members / hello)

>

02 여러분도 알다시피, 올해 환경의 날은 업사이클링에 관한 것입니다.
(is / upcycling / about / this year's / as you know / Environment Day)

>

03 각 그룹이 그날에 할 행사 아이디어를 이야기하기 전에, 나는 여러분이 '업사이클링'의 의미를 이해하기를 바랍니다. (each group's / you /
we talk about / the meaning of "upcycling" / for that day / I want / before / event idea / to understand)

>

04 누가 업사이클링을 설명해 줄 수 있나요? (anyone / can / upcycling / explain)

>

05 'upcycling'이라는 단어는 'upgrade'와 'recycling'이 결합한 것입니다.
("upgrade" / "recycling" / a combination of / and / "upcycling" / the word / is)

>

06 재활용과 마찬가지로, 업사이클링도 환경에 좋습니다. (good for / recycling / is / like / the environment / upcycling)

>

07 업사이클링을 하면 낡은 것으로 새롭고 더 좋은 것을 만들죠.
(when / new and better / from / upcycle / things / you / old things / make / you)

>

08 이제 각 그룹의 행사 아이디어에 대해 이야기해 봅시다.
(each group's idea / let's / for the event / now / talk about)

>

09 Pei의 그룹부터 시작하죠. (with / start / Pei's group / let's)

>

10 저희 그룹은 트래션 쇼를 열고 싶습니다. (to hold / wants / a trashion show / my group)

>

11 'trashion'은 'trash'와 'fashion'이 결합한 말입니다. (a combination of / "trash" / "trashion" / is / and / "fashion")

>

12 저희는 옷을 만들기 위해 쓰레기를 사용할 겁니다. (trash / use / clothes / we'll / to make)

>

13 저희는 이 쇼를 통해서 다른 학생들이 업사이클링에 관심을 갖게 되기를 바랍니다.
(other students / want / interested in / through / to become / the show / we / upcycling)

>

14 트래션 쇼라니 재미있겠네요! Eric, 너희 그룹은 어떠니?
(about / fun / your group. Eric / sounds / a trashion show / like / what)

>

15 저희 그룹은 낡은 물건으로 악기를 만들려고 합니다.
(is going to / my group / old things / musical instruments / from / make)

>

16 저희는 낡은 플라스틱 양동이로 드럼을 만들 겁니다. (from / old plastic buckets / we'll / drums / make)

>

17 저희는 또한 낡은 상자와 고무줄로 기타를 만들 겁니다.
(old boxes / make / and / we'll / rubber bands / from / also / a guitar)
>

18 저희는 소규모 음악회에서 그 악기들을 연주할 계획입니다. (to play / we / a mini-concert / plan / the instruments / in)
>

19 고마워요, Eric. 그럼 이제 수미의 그룹의 아이디어를 들어 보죠. (thank you. Eric / let's / now / from / Sumi's group / hear)
>

20 저희 그룹은 낡은 옷으로 가방을 만들 거예요. (bags / will / from / my group / old clothes / make)
>

21 예를 들면, 저희는 청바지를 사용할 거예요. (we'll / blue jeans / for example / use)
>

22 이 가방을 보세요. (this bag / at / look)
>

23 이것은 저희 모둠원 중 한 명인 하준이에 의해 만들어졌어요. (made / this / was / one of / by Hajun / our group members)
>

24 멋지지 않나요? (nice / it / isn't)
>

25 저희는 가방을 더 많이 만들어서 환경의 날에 팔 거예요.
(more bags / on Environment Day / sell / and / we'll / them / make)
>

26 저희는 번 돈을 모두 양로원에 드릴 예정이에요. (all the money / to give / going / to / we're / a nursing home)
>

27 훌륭한 생각이군요. (great / a / that's / idea)
>

28 여러분의 아이디어는 모두 무척 창의적이에요. (ideas / are / your / so creative / all)
>

29 여러분 모두 환경의 날을 위해 열심히 노력하길 바랍니다. (hard / Environment Day / everyone / for / want / to work / I)
>

30 청바지의 다리 부분을 잘라 내세요. (the blue jeans / the legs / cut off / of)
>

31 맨 아랫부분을 바느질하여 붙이세요. (together / the bottom / sew)
>

32 다리 중 한 쪽으로 어깨끈들을 만드세요. (one of / make / the legs / shoulder straps / from)
>

33 청바지의 맨 윗부분에 끈들을 바느질하여 붙이세요. (the top / the jeans / to / the straps / of / sew)
>

34 핀과 단추로 가방을 장식하세요. (with / decorate / pins and buttons / the bag)
>

STEP
A

[01~06] 다음 글을 읽고, 물음에 답하시오.

Mr. Brown: (①) Hello, club members. ____ⓐ____ you know, this year's Environment Day is about upcycling. ____ⓑ____ we talk (A) for / about each group's event idea for that day, I want you ©understand the meaning of upcycling. (②)

Sumi: Yes. The word "upcycling" is a ____ⓓ____ of "upgrade" and "recycling." (③)

Eric: Like recycling, upcycling is good (B) at / for the environment. (④) When you upcycle, you make new and better things (C) from / to old things.

Mr. Brown: Good. Now, let's talk about each group's idea for the event. (⑤) Let's start with Pei's group.

01 윗글의 ①~⑤ 중 주어진 문장이 들어갈 위치로 알맞은 것은?

> Can anyone explain upcycling?

①   ②   ③   ④   ⑤

02 윗글의 빈칸 ⓐ와 ⓑ에 들어갈 말이 순서대로 바르게 짝지어진 것은?

① While – If
② If – Unless
③ As – Before
④ When – After
⑤ Though – Because

03 윗글의 (A)~(C)의 각 네모 안에 주어진 말 중 어법상 올바른 것끼리 짝지어진 것은?

	(A)	(B)	(C)
①	for	⋯ at ⋯	to
②	for	⋯ for ⋯	from
③	about	⋯ at ⋯	to
④	about	⋯ for ⋯	from
⑤	about	⋯ at ⋯	from

04 윗글의 밑줄 친 ©**understand**의 어법상 올바른 형태로 알맞은 것은?

① understood
② understands
③ to understand
④ understanding
⑤ to understanding

05 윗글의 흐름상 빈칸 ⓓ에 들어갈 말로 알맞은 것은?

① creation
② production
③ condition
④ direction
⑤ combination

고
난도
06 윗글을 읽고 답할 수 <u>없는</u> 질문은?

① What is this year's Environment Day about?
② Who explained the meaning of "upcycling?"
③ What does the word "upcycling" mean?
④ What are examples of upcycling?
⑤ Which group will talk about their idea first?

[07~11] 다음 글을 읽고, 물음에 답하시오.

> **Pei:** My group wants to ⓐ hold a trashion show. "Trashion" is a combination of "trash" and "fashion." We'll use trash to make ___ⓑ___. We want other students ⓒ become interested in upcycling through the show.
>
> **Mr. Brown:** A trashion show sounds like fun! What about your group, Eric?
>
> **Eric:** ① My group is going to make musical instruments from old things. ② We'll make drums from old plastic buckets. ③ We'll also make a guitar from old boxes and rubber bands. ④ We'll make a toy car from old bottles and cartons. ⑤ We plan to play the instruments in a mini-concert.
>
> **Mr. Brown:** Thank you, Eric. Now, let's hear from Sumi's group.

07 윗글의 밑줄 친 ⓐ hold와 의미가 같은 것은?

① Hold your hands together.
② Mike is holding some flowers.
③ The hall holds two hundred people.
④ Can you hold my coat for a minute?
⑤ They will hold a meeting next Thursday.

08 윗글의 흐름상 빈칸 ⓑ에 들어갈 말로 알맞은 것은?

① clothes
② robots
③ flower pots
④ toy vehicles
⑤ food containers

09 윗글의 밑줄 친 ⓒ become의 형태로 알맞은 것은?

① become
② becomes
③ became
④ becoming
⑤ to become

10 윗글의 밑줄 친 ①~⑤ 중 글의 흐름과 관계 없는 문장은?

① ② ③ ④ ⑤

11 윗글의 내용과 일치하지 않는 것은?

① Pei knows the meaning of the word "trashion."
② Pei's group will go see a fashion show.
③ Mr. Brown thinks a trashion show sounds interesting.
④ Eric's group will use old things to make musical instruments.
⑤ Eric's group will play music in a mini-concert.

[12~15] 다음 글을 읽고, 물음에 답하시오.

> **Sumi:** My group ⓐ will make bags from old clothes. ___(A)___, we'll use blue jeans. Look at (B) this bag. This ⓑ made by Hajun, one of our group members. Isn't it nice? We'll make more bags and ⓒ sell them ___(C)___ Environment Day. We're going to give ⓓ all the money to a nursing home.
>
> **Mr. Brown:** That's a great idea. Your ideas are all so creative. I want everyone ⓔ to work hard for Environment Day.

12 윗글의 밑줄 친 ⓐ~ⓔ 중 어법상 틀린 것은?

① ⓐ ② ⓑ ③ ⓒ ④ ⓓ ⑤ ⓔ

13 윗글의 빈칸 (A)에 들어갈 말로 알맞은 것은?

① In short
② At last
③ However
④ In contrast
⑤ For example

14 윗글의 밑줄 친 (B) this bag에 대한 설명으로 알맞은 것은?

① 하준이가 만들었다.
② 새 청바지로 만들었다.
③ 양로원에서 판매할 것이다.
④ 장바구니로 사용할 수 있다.
⑤ 지난 환경의 날에 수미가 구입했다.

15 윗글의 빈칸 (C)에 들어갈 말로 알맞은 것은?

① in   ② at   ③ on
④ to   ⑤ with

[16~17] 다음 글을 읽고, 물음에 답하시오.

Blue Jeans Bag

You need: _____ ⓐ _____
Step
1. Cut off the legs of the blue jeans.
2. Sew the bottom together.
3. Make shoulder straps from one of the legs.
4. Sew the straps to the top of the jeans.
5. Decorate the bag with pins and buttons.

16 윗글의 빈칸 ⓐ에 들어갈 준비물로 알맞지 <u>않은</u> 것은?

① scissors   ② sewing kit
③ pieces of cloth   ④ old blue jeans
⑤ pins and buttons

17 윗글의 청바지 가방을 만들기 위해 세 번째로 해야 할 일은?

① 핀과 단추로 장식하기
② 윗부분에 어깨끈 붙이기
③ 청바지의 다리 부분 자르기
④ 다리 중 한 쪽으로 어깨끈 만들기
⑤ 아랫부분을 바느질하여 붙이기

서술형

[18~20] 다음 글을 읽고, 물음에 답하시오.

Mr. Brown: Hello, club members. As you know, this year's Environment Day is about upcycling. Before we talk about each group's event idea for ⓐthat day, I want you to understand the meaning of "upcycling." Can anyone explain upcycling?
Sumi: Yes. The word "upcycling" is a combination of "upgrade" and "recycling."
Eric: Like recycling, upcycling is good for the environment. When you upcycle, you make new and better things from old things.
Mr. Brown: Good. Now, let's talk about each group's idea for the event. Let's start with Pei's group.

18 윗글의 밑줄 친 ⓐthat day가 가리키는 것을 본문에서 찾아 4단어로 쓰시오.

_____

고
난도

19 윗글의 내용과 일치하도록 질문에 완전한 영어 문장으로 답하시오.

(1) What is this year's Environment Day about?
→ _____

(2) What does Mr. Brown want the students to understand?
→ _____

20 윗글의 upcycling에 대해 설명하는 세 문장을 완성하시오.

(1) It is _____
_____ .

(2) It is _____
_____ .

(3) It is to make _____
_____ .

[21~22] 다음 글을 읽고, 물음에 답하시오.

> **Pei:** My group wants ⓐto hold a trashion show. "Trashion" is a combination of "trash" and "fashion." (A) 우리는 옷을 만들기 위해 쓰레기를 사용할 것입니다. We want ⓑother students to become interested in ⓒupcycling through the show.
>
> **Mr. Brown:** A trashion show sounds like ⓓfunny! ⓔWhat about your group, Eric?

21 윗글의 밑줄 친 우리말 (A)와 의미가 같도록 괄호 안의 단어들을 사용하여 문장을 완성하시오.

→ We'll _____ .

(use, clothes)

22 윗글의 밑줄 친 ⓐ~ⓔ 중 어법상 틀린 것을 골라 기호를 쓰고 바르게 고쳐 쓰시오.

(   ) → _____

[23~24] 다음 글을 읽고, 물음에 답하시오.

> **Eric:** My group is going to make musical instruments from old things. We'll make drums from old plastic buckets. We'll also make a guitar from old boxes and rubber bands. We plan to play the instruments in a mini-concert.

23 What will Eric's group use to make a guitar? Complete the answer.

→ They will use _____ to make a guitar.

고
산도

24 윗글의 내용과 일치하도록 빈칸에 알맞은 말을 쓰시오.

> Eric's group's idea for the event is to _____ _____ _____ from old things and _____ _____ _____ in a mini-concert.

25 다음 글의 내용과 일치하도록 주어진 문장에서 틀린 부분을 찾아 바르게 고쳐 쓰시오.

> **Sumi:** My group will make bags from old clothes. For example, we'll use blue jeans. Look at this bag. This was made by Hajun, one of our group members. Isn't it nice? We'll make more bags and sell them on Environment Day. We're going to give all the money to a nursing home.
>
> **Mr. Brown:** That's a great idea. Your ideas are all so creative. I want everyone to work hard for Environment Day.

(1) Sumi's group will use trash to make bags.

_____ → _____

(2) Hajun bought the blue jeans bag for Environment Day.

_____ → _____

(3) Sumi's group is going to donate all the bags to a nursing home.

_____ → _____

Listen and Talk D

교과서 49쪽

Are you looking for a T-shirt? ❶How about this one? I bought it in Jeju-do last year. It's almost new. ❷It's only 2 dollars.

티셔츠를 찾고 있나요? 이것은 어떤가요? 저는 이것을 작년에 제주도에서 샀어요. 거의 새것이지요. 2달러밖에 안 해요.

❶ How about ~?은 '~은 어때요?'라는 의미로 물건을 보여 주며 권유할 때 사용하는 표현으로 What about ~?과 바꿔 쓸 수 있다.
❷ It은 앞에서 언급한 티셔츠를 가리키며, only는 부사로 '겨우, ~밖에'라는 의미로 쓰였다.

Around the World

교과서 57쪽

Teacher: Kids, I want to ❶give music lessons to you.
Student: But we don't have any musical instruments.
Man: I can help you. I have a good idea.
Teacher: Oh, thank you!
Man: I can ❷make musical instruments from trash.
Man: ❸The world sends us trash. We send back music. This is the power of upcycling.

선생님: 얘들아, 나는 너희들에게 음악 수업을 해 주고 싶어.
학생: 그렇지만 우리는 악기가 없어요.
남자: 제가 도와드릴 수 있어요. 저에게 아이디어가 있어요.
선생님: 아, 고맙습니다!
남자: 저는 쓰레기로 악기를 만들 수 있어요.
남자: 세상은 우리에게 쓰레기를 보내죠. 우리는 음악을 돌려보내요. 이것이 업사이클링의 힘이에요.

❶ give A to B: A를 B에게 주다
❷ make A from B: B로(를 원료로 하여) A를 만들다
❸ 「수여동사(send)+간접목적어+직접목적어」 (~에게 …을 보내다) = 「수여동사(send)+직접목적어+to+간접목적어」
  = The world sends trash to us.

Think and Write

교과서 60쪽

Creative Upcycling Idea: Blue Jeans Basket

There are many great upcycling ideas. Here is one example. I made a basket from my old blue jeans. Do you want to make ❶one, too? Then I ❷want you to follow these directions.

You need old blue jeans, a sewing kit, scissors, and pins and buttons.

❸First, cut off a leg of the old blue jeans.
❹Second, cut out a piece to make the bottom of the basket.
Third, sew the bottom to the leg.
Lastly, decorate with pins and buttons.
Upcycling ❺is good for the environment. I want you to ❻become interested in upcycling.

창의적인 업사이클링 아이디어: 청바지 바구니

멋진 업사이클링 아이디어들이 많이 있습니다. 여기 한 예가 있습니다. 저는 제 낡은 청바지로 바구니를 만들었습니다. 여러분도 하나 만들고 싶은가요? 그러면 저는 여러분이 이 방법을 따라 하기를 바랍니다.
여러분은 낡은 청바지, 바느질 도구, 가위, 그리고 핀과 단추가 필요합니다.
첫 번째, 낡은 청바지의 다리 부분을 잘라 내세요.
두 번째, 바구니의 바닥을 만들기 위해 한 조각을 오려 내세요.
세 번째, 다리 부분에 바닥을 바느질하여 붙이세요.
마지막으로, 핀과 단추로 장식하세요.
업사이클링은 환경에 좋습니다. 저는 여러분이 업사이클링에 관심을 갖게 되기를 바랍니다.

❶ one은 앞에서 언급한 불특정한 대상을 가리키며, 여기에서는 a basket을 가리킨다.
❷ 「want+목적어+목적격 보어(to부정사)」 (목적어)가 ~하기를 원하다
❸ 청바지 바구니 만드는 방법을 설명하기 위해 First, Second, Third, Lastly의 순서를 나타내는 말을 사용했다. / cut off: 잘라 내다
❹ cut out: 오려 내다 / to make는 목적을 나타내는 부사적 용법의 to부정사구이다.
❺ be good for: ~에 좋다
❻ become interested in은 '~에 관심을 갖게 되다'라는 의미이며, 전치사 in 뒤에는 명사(구)나 동명사(구)가 온다.

실전 TEST

01 다음 글을 쓴 목적으로 알맞은 것은?

> Are you looking for a T-shirt? How about this one? I bought it in Jeju-do last year. It's almost new. It's only 2 dollars.

① to buy　　　　② to sell
③ to show　　　④ to make
⑤ to report

[02~03] 다음 글을 읽고, 물음에 답하시오.

> Teacher: Kids, I want to give music lessons ___ⓐ___ you.
> Student: But we don't have any musical instruments.
> Man: I can help you. I have a good idea.
> Teacher: Oh, thank you!
> Man: ⓑ I can make musical instruments from trash.
> Man: The world sends trash ___ⓒ___ us. We send back music. This is the power of upcycling.

02 윗글의 빈칸 ⓐ와 ⓒ에 공통으로 들어갈 말로 알맞은 것은?

① in　　　　② at　　　　③ on
④ to　　　　⑤ for

03 윗글의 밑줄 친 ⓑ를 다음과 같이 바꿔 쓸 때, 빈칸에 알맞은 말을 쓰시오.

→ Musical instruments can _____ _____
_____ _____ _____ _____.

[04~06] 다음 글을 읽고, 물음에 답하시오.

> There are many great upcycling ideas. Here is one example. I made a basket from my old blue jeans. Do you want to make one, too? Then ⓐ저는 여러분이 이 방법을 따라 하기를 바랍니다.
> You need old blue jeans, a sewing kit, scissors, and pins and buttons.
> First, cut off a leg of the old blue jeans.
> Second, cut out a piece to make the bottom of the basket.
> Third, sew the bottom to the leg.
> Lastly, decorate with pins and buttons.
> ___ⓑ___ is good for the environment. I want you to become interested in upcycling.

04 윗글의 밑줄 친 우리말 ⓐ와 의미가 같도록 괄호 안의 단어들을 사용하여 영어로 쓰시오. (7단어)

→ _____

　　(want, follow, these directions)

05 윗글의 빈칸 ⓑ에 알맞은 말을 본문에서 찾아 한 단어로 쓰시오.

_____

06 윗글의 순서에 맞게 그림을 바르게 배열하시오.

(A) 　　　　(B)

(C) 　　　　(D)

(　　) – (　　) – (　　) – (　　)

W Words
고득점 맞기

01 다음 영영풀이에 해당하는 단어로 알맞은 것은?

> a set of tools or equipment that you use to do something

① item   ② kit   ③ strap
④ bucket   ⑤ instrument

02 다음 대화의 빈칸에 들어갈 말이 순서대로 바르게 짝지어진 것은?

> A: This doll was made _____ old socks.
> B: Let's make one. First, cut _____ the tops of the socks.

① of – in   ② of – by
③ for – from   ④ from – off
⑤ from – for

03 다음 중 짝지어진 단어의 관계가 나머지와 다른 하나는?

① sell – buy   ② top – bottom
③ wrong – right   ④ total – sum
⑤ cheap – expensive

04 Which word shows the relationship of the words?

> sign : signature = decorate : _____

① decorates   ② decorated
③ decoration   ④ decorative
⑤ decoratively

05 다음 ⓐ~ⓓ의 빈칸 중 어느 곳에도 들어갈 수 없는 것은?

> ⓐ Most tires are made of _____.
> ⓑ Use these _____ to cut the cloth.
> ⓒ We're going to buy a _____ car.
> ⓓ Using paper cups is bad for the _____.

① used   ② rubber   ③ bottom
④ scissors   ⑤ environment

[06~07] 다음 우리말과 의미가 같도록 빈칸에 알맞은 말을 쓰시오.

06 이 배낭은 새것은 아니지만 상태가 좋다.

→ This backpack isn't new, but it's _____
_____ _____.

07 그 재활용 전시회 이후, 나는 환경 보호에 관심을 갖게 되었다.

→ After the recycling exhibition, I _____
_____ _____ protecting environment.

08 다음 중 단어와 영영풀이가 바르게 연결되지 않은 것은?

① strap: a band of cloth or leather
② condition: the state of something
③ bottom: the lowest part of something
④ understand: to know what something means
⑤ bucket: something that you play in order to make music

[09~10] 다음 빈칸에 들어갈 말로 알맞은 것을 고르시오.

09

> Susan is very _____. I think she will become a great inventor.

① shy   ② kind   ③ creative
④ honest   ⑤ humorous

10

> I went to the store to buy a shirt. I picked a shirt, but it was a little expensive. I asked the clerk to give me a(n) _____.

① list   ② total   ③ report
④ discount   ⑤ example

11 다음 중 밑줄 친 부분의 우리말 의미가 알맞지 <u>않은</u> 것은?

① Regular exercise <u>is good for</u> your health.
       (~에 좋다)
② The man <u>invented</u> a small cleaning robot.
       (발견했다)
③ They help old people in a <u>nursing home</u>.
       (양로원)
④ He likes to express his thoughts <u>through</u> fashion.
       (~을 통해)
⑤ The school is going to <u>upgrade</u> its computer system.
       (개선하다)

12 다음 중 밑줄 친 부분의 뜻이 [보기]와 같은 것은?

> [보기] The boy is <u>holding</u> a large box.

① How often does he <u>hold</u> a meeting?
② Can you <u>hold</u> these books for a second?
③ They <u>hold</u> an international fair every year.
④ Where do you want to <u>hold</u> your wedding?
⑤ We <u>hold</u> a free event at the park every Sunday.

13 다음 영영풀이에 해당하는 단어가 <u>아닌</u> 것은?

> ⓐ to give money to someone when you buy something
> ⓑ the natural world, including the water, the air, and the soil
> ⓒ to make something look nice by adding pretty things to it
> ⓓ to tell someone about something so that he or she can understand it

① pay   ② explain   ③ decorate
④ discount   ⑤ environment

14 다음 중 밑줄 친 부분과 바꿔 쓸 수 있는 단어로 알맞지 <u>않은</u> 것은?

① I love this watch with a leather <u>strap</u>.
       (= band)
② Her opinion is <u>almost</u> the same as mine.
       (= nearly)
③ They bought <u>used</u> books at the bookstore.
       (= second-hand)
④ <u>Lastly</u>, I wrote a birthday card to Jessica.
       (= Finally)
⑤ For <u>example</u>, I made a clock from an old pan.
       (= reason)

15 다음 중 밑줄 친 단어의 의미가 나머지와 <u>다른</u> 하나는?

① You should develop basic <u>musical</u> skills.
② The cello is my favorite <u>musical</u> instrument.
③ Andrew's <u>musical</u> style always seems quite unique.
④ I look forward to seeing the <u>musical</u> next week.
⑤ The program shows kids with amazing <u>musical</u> talent.

Listen and Talk

영작하기

• 주어진 우리말 뜻과 일치하도록 교과서 대화문을 완성하시오.

Listen and Talk A-1

G: _____

M: _____

G: _____

M: _____

G: _____

교과서 48쪽

해석

G: 실례합니다. 저 동그란 안경은 얼마인가요?

M: 18달러입니다.

G: 음. 할인을 받을 수 있나요?

M: 죄송하지만 안 돼요. 죄송합니다.

G: 괜찮아요. 그것을 살게요.

Listen and Talk A-2

M: _____

G: _____

M: _____

G: _____

M: _____

G: _____

교과서 48쪽

M: 안녕하세요. 도와드릴까요?

G: 네. 저는 학교 갈 때 멜 배낭을 찾고 있어요.

M: 이 빨간색 배낭은 어때요? 12달러예요.

G: 할인을 받을 수 있나요?

M: 네. 2달러를 깎아 드릴게요.

G: 좋아요. 그것을 살게요.

Listen and Talk A-3

G: _____

M: _____

G: _____

M: _____

G: _____

교과서 48쪽

G: 실례합니다. 이 보라색 티셔츠는 얼마인가요?

M: 10달러예요.

G: 비싸네요. 할인을 받을 수 있나요?

M: 네. 1달러를 깎아 드릴게요. 9달러예요.

G: 그러면 그것을 살게요. 고맙습니다!

Listen and Talk A-4

M: _____

G: _____

M: _____

G: _____

M: _____

G: _____

교과서 48쪽

M: 안녕하세요. 도와드릴까요?

G: 저는 야구 글러브를 찾고 있어요.

M: 이 글러브는 15달러이고 상태가 좋아요.

G: 할인을 받을 수 있나요?

M: 네. 2달러를 깎아 드릴게요.

G: 그러면 13달러네요. 그것을 살게요.

Listen and Talk C

B: _____

W: _____

B: _____

W: _____

B: _____

W: _____

B: _____

W: _____

B: _____

W: _____

B: _____

Talk and Play

A: _____

B: _____

A: _____

B: _____

A: _____

B: _____

Review-1

G: _____

M: _____

G: _____

M: _____

G: _____

Review-2

W: _____

B: _____

W: _____

B: _____

W: _____

B: _____

해석

교과서 49쪽

B: 우와! 여기에는 흥미로운 것들이 정말 많이 있네요.

W: 여기 있는 모든 물건들은 오래됐거나 이미 사용한 것들입니다. 무엇을 찾으시나요?

B: 저는 시계를 찾고 있어요.

W: 이 빨간색 시계는 어때요?

B: 얼마인가요?

W: 15달러예요.

B: 제게는 너무 비싸네요. 할인을 받을 수 있나요?

W: 죄송하지만 안 돼요. 그것은 사용한 지 일 년밖에 안 됐어요. 거의 새것입니다.

B: 그러면, 숫자가 큰 이 파란색 시계는 얼마인가요?

W: 그것은 10달러예요.

B: 그러면, 이 파란색 시계를 살게요. 고맙습니다.

교과서 50쪽

A: 도와드릴까요?

B: 네. 이 티셔츠는 얼마인가요?

A: 20달러예요.

B: 할인을 받을 수 있나요?

A: 네. 3달러 깎아 드릴게요.

B: 좋아요. 그것을 살게요.

교과서 62쪽

G: 실례합니다. 이 노란색 배낭은 얼마인가요?

M: 18달러입니다.

G: 음. 제게는 비싸네요. 이 빨간색 배낭은 어떤가요?

M: 15달러입니다.

G: 좋은 가격이네요. 그걸로 살게요.

교과서 62쪽

W: 도와드릴까요?

B: 네. 이 파란색 티셔츠는 얼마인가요?

W: 10달러입니다.

B: 할인을 받을 수 있나요?

W: 네. 2달러를 깎아 드릴게요.

B: 좋아요. 그것을 살게요.

STEP B

[01~02] 다음 대화의 빈칸에 들어갈 말로 알맞은 것을 고르시오.

01

A: Excuse me. _____
B: It's 5 dollars.

① What can I do for you?
② Do you want a discount?
③ What are you looking for?
④ Do you need anything else?
⑤ How much is this pencil case?

02

A: What about this red bag? It's 12 dollars.
B: Can I get a discount?
A: OK. I'll take 2 dollars off.
B: _____ I'll take it.

① That sounds good.
② Sorry, I'm afraid not.
③ How about that blue one?
④ That's too expensive for me.
⑤ Please show me a different color.

03 자연스러운 대화가 되도록 (A)~(E)를 바르게 배열한 것은?

(A) No, I'm afraid not. Sorry.
(B) Hmm. Can I get a discount?
(C) That's OK. I'll take them.
(D) They're 18 dollars.
(E) Excuse me. How much are the round glasses?

① (A) – (C) – (B) – (D) – (E)
② (B) – (A) – (E) – (C) – (D)
③ (C) – (B) – (E) – (D) – (A)
④ (E) – (C) – (B) – (D) – (A)
⑤ (E) – (D) – (B) – (A) – (C)

[04~05] 다음 대화를 읽고, 물음에 답하시오.

Man: Hello. May I help you?
Girl: I'm looking for a clock.
Man: This one is 15 dollars and it's in good condition.
Girl: That's expensive for me. Can I get a discount?
Man: OK. I'll take 2 dollars off.
Girl: Then it's 13 dollars. I'll take it.

04 What is the relationship between the man and the girl?

① friend – friend　　② mother – child
③ doctor – patient　　④ clerk – customer
⑤ teacher – student

05 위 대화의 내용과 일치하는 것은?

① The girl wanted to buy a watch at first.
② The man thinks the clock is in poor condition.
③ The girl thinks the original price of the clock is cheap.
④ The man gave the girl a discount for the clock.
⑤ The girl is going to pay 15 dollars for the clock.

고난도
06 다음과 같은 상황에서 Alice가 점원에게 할 말로 가장 알맞은 것은?

Alice is in a clothing store now. She finds a pink blouse that she wants to buy in the store, but Alice doesn't have enough money to buy it.

① What can I do for you?
② I'm looking for a blouse.
③ Could you give me a discount?
④ That's a good price. I'll take it.
⑤ Can you show me another color?

[07~10] 다음 대화를 읽고, 물음에 답하시오.

> **Boy:** Wow! There are so many interesting things here.
> **Woman:** Everything here is old or used. What are you looking for?
> **Boy:** I'm looking for a clock.
> **Woman:** How about this red clock?
> **Boy:** How much is it?
> **Woman:** It's 15 dollars.
> **Boy:** That's too expensive for me. Can I get a discount?
> **Woman:** _____(A)_____ It's only one year old. It's almost new.
> **Boy:** Then, how much is this blue clock with the large numbers?
> **Woman:** It's 10 dollars.
> **Boy:** Then, I'll take the blue one. Thank you.

07 다음 ⓐ~ⓒ 중 위 대화의 내용과 일치하지 <u>않는</u> 것을 찾아 기호를 쓰고, 바르게 고쳐 쓰시오.

> ⓐ The boy wants to buy a used clock.
> ⓑ The boy thinks that the red clock is cheap.
> ⓒ The red clock is one year old.

(   ) _____ → _____

08 위 대화의 흐름상 빈칸 (A)에 들어갈 말을 쓰시오.

→ _____

09 According to the dialog, how much does the red clock cost more than the blue one?

→ The red clock costs _____ dollars more than the blue one.

10 위 대화의 내용과 일치하도록 빈칸에 알맞은 말을 쓰시오.

> The boy will buy the _____ _____ with the _____ _____ at the price of _____ _____.

[11~12] 다음 대화를 읽고, 물음에 답하시오.

> **Man:** Hello. May I help you?
> **Girl:** Yes. I'm looking for a backpack for school.
> **Man:** What about this red one? It's 12 dollars.
> **Girl:** Can you give me a discount?
> **Man:** OK. _____ⓐ_____ That'll be 10 dollars.
> **Girl:** That sounds good. I'll take it.

11 위 대화의 흐름상 빈칸 ⓐ에 알맞은 말을 완성하시오.

→ I'll _____ _____ _____ _____.

12 According to the dialog, answer the questions in complete English sentences.

(1) What does the girl want to buy?

→ _____

(2) How much will the girl pay?

→ _____

01 다음 빈칸에 들어갈 말이 순서대로 바르게 짝지어진 것은?

> • Do you want _____ to eat dinner now?
> • Mr. Jackson wanted me _____ the truth.

① we – tell   ② we – to tell
③ us – tell   ④ us – telling
⑤ us – to tell

한 단계 더!

02 다음 두 문장을 의미가 통하도록 한 문장으로 바꿔 쓸 때, 빈칸에 알맞은 말을 쓰시오.

> I joined the school band. Mom allowed it.
> → Mom allowed me _____ the school band.

① join   ② to join   ③ joining
④ joined   ⑤ to joining

03 다음 우리말과 의미가 같도록 할 때, 빈칸에 들어갈 말로 알맞은 것은?

> 나의 부모님은 내가 밤늦게 혼자 나가지 않기를 바라신다.
> → My parents want _____ late at night.

① I go out alone
② me not go out alone
③ I not to go out alone
④ me not to go out alone
⑤ me not going out alone

04 다음 중 어법상 틀린 문장은?

① The dish was broken by Thomas.
② I want you listen to my new song.
③ Dad wants me to go to bed early.
④ Jim's bike was repaired by my sister.
⑤ They wanted me to take care of their dog.

05 다음 문장에서 어법상 틀린 부분을 찾아 바르게 고친 것은?

> Many of the trees in our garden are planted by my grandpa in 1990.

① Many → Much   ② trees → tree
③ are → were   ④ planted → plant
⑤ in → for

고 산도   신 유형   한 단계 더!

06 다음 빈칸에 들어갈 동사 paint의 형태가 같은 것끼리 짝지어진 것은?

> ⓐ The fence will _____ by Jane.
> ⓑ Yesterday I _____ the room by myself.
> ⓒ The wall _____ blue by my brother last weekend.
> ⓓ The *Mona Lisa* _____ by Leonardo da Vinci in 1503.

① ⓐ, ⓑ   ② ⓐ, ⓒ   ③ ⓐ, ⓓ
④ ⓑ, ⓒ   ⑤ ⓒ, ⓓ

한 단계 더!

07 주어진 우리말을 영어로 옮긴 것 중 어법상 틀린 것은?

① 왜 너는 소미가 집에 가기를 바라니?
   → Why do you want Somi going home?
② 삼촌은 내게 세차를 해 달라고 부탁하셨다.
   → My uncle asked me to wash his car.
③ 나는 그에게 수업에 늦지 말라고 말했다.
   → I told him not to be late for the class.
④ 그 도둑들은 경찰에 의해 잡혔니?
   → Were the thieves caught by the police?
⑤ 무거운 상자는 Harry에 의해 옮겨질 것이다.
   → The heavy box will be carried by Harry.

08 한 단계 더! 다음 중 어법상 올바른 문장은?

① He wanted me join the reading club.
② The patient was taken to the hospital.
③ The doctor advised me exercised regularly.
④ The TV show was watched from many people.
⑤ The telephone was invent by Alexander Graham Bell.

09 고난도 한 단계 더! 다음 중 어법상 틀린 문장끼리 바르게 짝지어진 것은?

ⓐ I asked John to close the window.
ⓑ The house is built by my father last year.
ⓒ The teacher told us clean the classroom.
ⓓ The pictures were taken by a photographer.
ⓔ Do you want him to become an animal doctor?

① ⓐ, ⓑ
② ⓑ, ⓒ
③ ⓑ, ⓔ
④ ⓒ, ⓔ
⑤ ⓒ, ⓓ, ⓔ

10 다음 중 능동태를 수동태로 잘못 바꾼 것은?

① King Sejong made Hangeul.
→ Hangeul was made by King Sejong.
② Mary wrote the science report.
→ The science report was written by Mary.
③ Did Antonio Gaudi build Casa Mila?
→ Was Casa Mila built by Antonio Gaudi?
④ My sons drew the wall paintings.
→ The wall paintings was drawn by my sons.
⑤ Mom didn't bake the chocolate cookies.
→ The chocolate cookies weren't baked by Mom.

11 고난도 신유형 다음 중 두 문장에 대한 설명으로 올바른 것은?

(A) English is spoken in New Zealand.
(B) I want you to bring your digital camera.

① (A)는 능동태 문장이다.
② (A)에서 in을 by로 바꿔야 한다.
③ (A)에는 「by+행위자」가 생략되었다.
④ (B)에서 to bring의 주체는 I이다.
⑤ (B)에서 to bring을 bringing으로 바꿔 쓸 수 있다.

12 한 단계 더! 다음 중 밑줄 친 부분을 어법상 바르게 고친 것은?

ⓐ A new road will built next year.
ⓑ Your package sent by him yesterday.
ⓒ The lights didn't be turned off by Mom.
ⓓ The difficult problem was solve by Jessica.
ⓔ Fish can raised in large numbers in a small place.

① ⓐ → will be build
② ⓑ → was sent
③ ⓒ → wasn't turned
④ ⓓ → were solve
⑤ ⓔ → can raise

13 다음 대화의 밑줄 친 ①~⑤ 중 어법상 틀린 것은?

A: I want you ① to read this book. It's great.
B: *The Happy Prince*? Who ② wrote it?
A: Oscar Wilde ③ was written it.
B: Oh, I see. Did he also ④ write *The Little Prince*?
A: No, he didn't. It was written ⑤ by Antoine de Saint-Exupéry.

STEP B

14 다음 문자 메시지를 읽고, 아빠와 Jane이 서로에게 원하는 것을 나타내는 문장을 완성하시오.

Dad
Please buy some eggs on your way home, Jane.

Jane
Sure. Do you need anything else?

Dad
Can you get milk, too?

Jane
Yes. Dad, can you feed the cat?

Dad
OK, I will.

(1) Dad wants _____.

(2) Jane wants _____.

15 다음 그림을 보고, 주어진 [조건]에 맞게 대화를 완성하시오.

Ms. Jones

[조건] 1. 수동태 문장으로 쓸 것
 2. teach를 사용하여 7단어로 쓸 것
 3. 필요시 단어의 형태를 바꿀 것

A: Who was your English teacher last year?
B: English _____.

16 다음 능동태 문장은 수동태로, 수동태 문장은 능동태로 바꿔 쓰시오.

(1) The vase on the table was broken by Henry.
 → _____

(2) Some students didn't follow the rules.
 → _____

(3) The song is loved by a lot of young people.
 → _____

(4) Jessy borrowed some science magazines.
 → _____

17 괄호 안의 지시에 맞게 주어진 질문에 대한 답을 쓰시오.

Q: Who invented the airplane?

(1) (The Wright brothers를 주어로)
 → _____

(2) (The airplane을 주어로)
 → _____

18 다음 표를 보고, Williams 선생님이 학교 축제에서 학생들에게 원하는 것을 [예시]와 같이 쓰시오.

Name	What to do
[예시] Kevin	sing and dance
(1) Eric	play the drums
(2) Amy	draw cartoons
(3) Mary	do a magic trick

[예시] Mr. Williams wants Kevin to sing and dance.

(1) Mr. Williams _____.

(2) Mr. Williams _____.

(3) Mr. Williams _____.

영작하기

• 주어진 우리말 뜻과 일치하도록 교과서 본문의 문장을 쓰시오.

01 _____

동아리 회원 여러분, 안녕하세요.

02 _____

여러분도 알다시피, 올해 환경의 날은 업사이클링에 관한 것입니다.

03 _____

각 그룹이 그날에 할 행사 아이디어를 이야기하기 전에, 나는 여러분이 '업사이클링'의 의미를 이해하기를 바랍니다. ☆

04 _____

누가 업사이클링을 설명해 줄 수 있나요?

05 _____

네. 'upcycling'이라는 단어는 'upgrade'와 'recycling'이 결합한 것입니다.

06 _____

재활용과 마찬가지로, 업사이클링도 환경에 좋습니다.

07 _____

업사이클링을 하면 낡은 것으로 새롭고 더 좋은 것을 만들죠.

08 _____

좋아요. 이제 각 그룹의 행사 아이디어에 대해 이야기해 봅시다.

09 _____

Pei의 그룹부터 시작하죠.

10 _____

저희 그룹은 트래션 쇼를 열고 싶습니다.

11 _____

'trashion'은 'trash'와 'fashion'이 결합한 말입니다.

12 _____

저희는 옷을 만들기 위해 쓰레기를 사용할 겁니다.

13 _____

저희는 이 쇼를 통해서 다른 학생들이 업사이클링에 관심을 갖게 되기를 바랍니다. ☆

14 _____

트래션 쇼라니 재미있겠네요! Eric, 너희 그룹은 어떠니?

15 _____

저희 그룹은 낡은 물건으로 악기를 만들려고 합니다.

16 _____

저희는 낡은 플라스틱 양동이로 드럼을 만들 겁니다.

17 _____

저희는 또한 낡은 상자와 고무줄로 기타를 만들 겁니다.

18
_____

저희는 소규모 음악회에서 그 악기들을 연주할 계획입니다.

19
_____

고마워요, Eric. 그럼 이제 수미의 그룹의 아이디어를 들어 보죠.

20
_____

저희 그룹은 낡은 옷으로 가방을 만들 거예요.

21
_____

예를 들면, 저희는 청바지를 사용할 거예요.

22
_____

이 가방을 보세요.

23
_____

이것은 저희 모둠원 중 한 명인 하준이에 의해 만들어졌어요. ☆

24
_____

멋지지 않나요?

25
_____

저희는 가방을 더 많이 만들어서 환경의 날에 팔 거예요.

26
_____

저희는 번 돈을 모두 양로원에 드릴 예정이에요.

27
_____

훌륭한 생각이군요

28
_____

여러분의 아이디어들은 모두 무척 창의적이에요.

29
_____

여러분 모두 환경의 날을 위해 열심히 노력하길 바랍니다. ☆

30
_____

준비물: 낡은 청바지, 바느질 도구, 가위, 핀과 단추들

31
_____

청바지의 다리 부분을 잘라 내세요.

32
_____

맨 아랫부분을 바느질하여 붙이세요.

33
_____

다리 중 한 쪽으로 어깨끈들을 만드세요.

34
_____

청바지의 맨 윗부분에 끈들을 바느질하여 붙이세요.

35
_____

핀과 단추들로 가방을 장식하세요.

[01~03] 다음 글을 읽고, 물음에 답하시오.

> **Mr. Brown:** Hello, club members. ⓐ<u>As</u> you know, this year's Environment Day is about upcycling. Before we talk about each group's event idea for that day, I want you to understand the meaning of "upcycling." Can anyone explain upcycling?
>
> **Sumi:** Yes. The word "upcycling" is a combination of "___ⓑ___" and "recycling."
>
> **Eric:** Like recycling, upcycling is good for the environment. When you upcycle, you make new and better things from old things.
>
> **Mr. Brown:** Good. Now, let's talk about each group's idea for the event. Let's start with Pei's group.

01 윗글의 밑줄 친 ⓐ<u>As</u>와 쓰임이 같은 것은?

① <u>As</u> you can see, I'm not so busy.
② <u>As</u> it is noisy outside, I can't fall asleep.
③ <u>As</u> he was hungry, he ate up all the pizza.
④ I came into the classroom <u>as</u> the class began.
⑤ <u>As</u> it got darker, the weather got much colder.

고
산도
02 윗글의 빈칸 ⓑ에 들어갈 말의 영영풀이로 알맞은 것은?

① to know what something means
② to get something that is newer and better
③ the natural world, including the water, the air, and the soil
④ something that you play in order to make music
⑤ to make something look nice by adding pretty things to it

03 윗글 바로 뒤에 이어질 내용으로 알맞은 것은?

① making new words
② how to save the Earth
③ different examples of recycling
④ the reason for reusing old things
⑤ ideas for events on Environment Day

[04~06] 다음 글을 읽고, 물음에 답하시오.

> **Pei:** My group wants to hold a trashion show. "Trashion" is a combination of "trash" and "fashion." We'll use trash ⓐ<u>to make</u> clothes. We want other students ⓑ<u>become</u> interested in upcycling through the show.
>
> **Mr. Brown:** A trashion show sounds like fun! What about your group, Eric?
>
> **Eric:** My group is going to make musical instruments from old things. We'll make drums from old plastic buckets. We'll also make a guitar from old boxes and rubber bands. We plan ⓒ<u>play</u> the instruments in a mini-concert.

04 윗글의 밑줄 친 ⓐ**to make**와 쓰임이 같은 것은?

① He wanted <u>to return</u> to France.
② <u>To swim</u> in this river is dangerous.
③ We like <u>to play</u> basketball after school.
④ My dream is <u>to be</u> a scientist in the future.
⑤ I went to the bookstore <u>to buy</u> a magazine.

05 윗글의 밑줄 친 ⓑ**become**과 ⓒ**play**의 어법상 올바른 형태가 순서대로 바르게 짝지어진 것은?

① to become – play   ② to become – playing
③ to become – to play   ④ becoming – to play
⑤ becoming – playing

06 윗글을 읽고 답할 수 <u>없는</u> 질문은?

① What is "trashion" a combination of?
② What will Eric's group make a guitar from?
③ Why does Pei's group want to hold a trashion show?
④ How many people will participate in the trashion show?
⑤ What is Eric's group going to do with the musical instruments?

[07~09] 다음 글을 읽고, 물음에 답하시오.

> **Sumi:** My group ___(A)___ bags from old clothes. For example, we'll use blue jeans. Look ___ⓐ___ this bag. This ___(B)___ by Hajun, one of our group members. Isn't it nice? We'll make more bags and sell them ___ⓑ___ Environment Day. We're going to give all the money ___ⓒ___ a nursing home.
>
> **Mr. Brown:** That's a great idea. Your ideas are all so creative. I want everyone to work hard ___ⓓ___ Environment Day.

07 윗글의 빈칸 (A)와 (B)에 들어갈 make의 어법상 올바른 형태가 순서대로 바르게 짝지어진 것은?

① will make – made
② will make – was made
③ will make – were made
④ will be made – was made
⑤ will be made – were made

08 윗글에서 ⓐ~ⓓ의 빈칸 중 어느 곳에도 들어갈 수 <u>없는</u> 것은?

① to   ② at   ③ in
④ on   ⑤ for

09 What is the purpose of Sumi's group's event?

① to make clothes from trash
② to sell old and used things
③ to display the upcycled bags
④ to show the group members' talent
⑤ to donate the money from selling the bags

[10~11] 다음 글을 읽고, 물음에 답하시오.

> **Blue Jeans Bag**
>
> **You need:** old blue jeans, sewing kit, scissors, pins and buttons
>
> **Step**
> 1. ___ⓐ___ off the legs of the blue jeans.
> 2. ___ⓑ___ the bottom together.
> 3. Make shoulder straps from one of the legs.
> 4. (A) <u>Sew the straps to the top of the jeans.</u>
> 5. ___ⓒ___ the bag with pins and buttons.

10 윗글의 빈칸 ⓐ~ⓒ에 들어갈 말이 순서대로 바르게 짝지어진 것은?

① Cut – Make – Sew
② Make – Cut – Decorate
③ Make – Cut – Sew
④ Make – Sew – Cut
⑤ Cut – Sew – Decorate

11 윗글의 밑줄 친 문장 (A)에 해당하는 그림은?

① 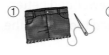   ②   ③

④    ⑤

[12~14] 다음 글을 읽고, 물음에 답하시오.

Mr. Brown: Hello, club members. As you know, this year's Environment Day is about upcycling. Before we talk about each group's event idea for that day, ⓐ 나는 여러분이 '업사이클링'의 의미를 이해하기 바랍니다. Can anyone explain upcycling?
Sumi: Yes. The word "upcycling" is a combination of "upgrade" and "recycling."
Eric: ⓑLike recycling, upcycling is good for the environment. When you upcycle, you make new and better things from old things.
Mr. Brown: Good. Now, let's talk about each group's idea for the event. Let's start with Pei's group.

12 윗글의 밑줄 친 우리말 ⓐ와 의미가 같도록 [조건]에 맞게 문장을 쓰시오.

> [조건] 1. 9단어의 완전한 문장으로 쓸 것
> 2. 괄호 안의 단어들을 사용할 것

→ _____

(want, understand)

13 윗글의 밑줄 친 ⓑLike와 쓰임이 같은 문장을 고르고, 그 의미를 쓰시오.

> (A) What do you like to do on weekends?
> (B) The woman is dressed like a princess.
> (C) I like to read webtoons on my smartphone.

(   ) _____

14 What are Mr. Brown and his students going to talk about?

→ _____

15 Pei의 글을 읽고, Brown 선생님과 Pei의 대화를 완성하시오.

> My group wants to hold a trashion show. "Trashion" is a combination of "trash" and "fashion." We'll use trash to make clothes. We want other students to become interested in upcycling through the show.

↓

> Mr. Brown: What is your group planning to do?
> Pei: My group will (1) _____.
> Mr. Brown: Trashion? What does it mean?
> Pei: (2) _____
> Mr. Brown: Oh, I see. Why would you do the show?
> Pei: Because (3) _____
> _____.

[16~17] 다음 글을 읽고, 물음에 답하시오.

> First, cut off the legs of the blue jeans. Second, sew the bottom together. Third, (A)다리 중 한 쪽으로 어깨끈들을 만드세요. Fourth, sew the straps to the top of the jeans. Fifth, decorate the bag with pins and buttons.

16 윗글의 제목을 다음 [A]와 [B]에서 각각 알맞은 단어를 골라 완성하시오.

A	What	**B**	Cut
	How		Use
	Where		Make

→ _____ to _____ a Blue Jeans Bag

17 윗글의 밑줄 친 우리말 (A)와 일치하도록 주어진 단어들을 배열하시오.

> of, make, the legs, one, shoulder straps, from

→ _____

서술형 100% TEST

01 다음 영영풀이에 해당하는 단어를 빈칸에 쓰시오.

(1)
> *v.* to know what something means

→ I couldn't _____ what she was saying.

(2)
> *n.* something that you play in order to make music

→ Most students learn to play a musical _____.

02 다음 우리말과 의미가 같도록 빈칸에 알맞은 말을 쓰시오.

(1) 우리는 종이로 인형들을 만들 것이다.
→ We will _____ dolls _____ paper.

(2) 채소를 먹는 것은 네 건강에 좋다.
→ Eating vegetables _____ _____ _____ your health.

(3) 우리 가족은 지난 주말에 양로원을 방문했다.
→ My family visited a(n) _____ _____ last weekend.

[03~04] 다음을 보고, 물건을 사고파는 대화를 완성하시오.

 $25 $19 $30

03

A: Excuse me. _____ _____ are these pants?

B: They're _____ dollars.

A: Can I _____ _____ _____?

B: OK. I'll take 5 dollars off.

A: Then that'll be _____ dollars. I'll take them.

04

A: Hello. May I help you?

B: Yes, I'm looking for a _____ for school.

A: This one is 25 dollars and it's in good condition.

B: Can I get a discount?

A: OK. I'll _____ 2 dollars _____.

B: Then it's _____ dollars. I'll take it.

05 다음 대화의 흐름상 빈칸에 알맞은 말을 쓰시오.

A: Excuse me. How much is this pencil case?

B: _____

A: That's expensive. Can I get a discount?

B: OK. I'll take 1 dollar off. That'll be 9 dollars.

A: I'll take it, then. Thank you!

06 다음 글의 내용과 일치하도록 대화를 완성하시오.

Luna wants to buy a T-shirt. The clerk shows one to Luna. It's 20 dollars, and it's in good condition. She likes it, but she thinks it's too expensive. She asks the clerk if she can get a discount. The clerk takes 5 dollars off, and she buys it.

↓

Clerk: Hello. May I help you?

Luna: Yes, I'm (1) _____.

Clerk: This one is 20 dollars, and it's in good condition.

Luna: Can I get a discount?

Clerk: OK. (2) _____

Luna: Then it's (3) _____.
I'll take it.

07 다음 대화를 읽고, 질문에 대한 답을 완전한 영어 문장으로 쓰시오.

> Boy: Wow! There are so many interesting things here.
> Woman: Everything here is old or used. What are you looking for?
> Boy: I'm looking for a clock.
> Woman: How about this red clock?
> Boy: How much is it?
> Woman: It's 15 dollars.
> Boy: That's too expensive for me. Can I get a discount?
> Woman: No, I'm afraid not. It's only one year old. It's almost new.
> Boy: Then, how much is this blue clock with the large numbers?
> Woman: It's 10 dollars.
> Boy: Then, I'll take the blue one. Thank you.

(1) Why didn't the boy buy the red clock?

→ _____

(2) How much does the blue clock cost?

→ _____

08 다음 대화의 내용과 일치하도록 빈칸에 알맞은 말을 쓰시오.

> Girl: Excuse me. How much are the round glasses?
> Man: They're 15 dollars.
> Girl: Hmm. Can I get a discount?
> Man: OK. I'll take 3 dollars off.
> Girl: That sounds good. I'll take them.

⬇

> The girl is going to buy the _____ _____. She will pay _____ _____ for them.

09 괄호 안에 주어진 단어를 사용하여 문장을 완성하시오. (단, 필요시 형태를 바꿀 것)

(1) The tower _____ by a famous architect in 1990. (build)

(2) English _____ all around the world. (speak)

(3) *The Harry Potter* series _____ by J. K. Rowling. (write)

(4) The pictures _____ by unknown artists. (paint)

(5) The Olympic Games _____ every four years. (hold)

10 다음 그림을 보고, [보기]에 주어진 표현을 사용하여 Jane 이 친구들에게 원하는 것을 [예시]와 같이 쓰시오.

[예시]

(1)

(2)

(3)

> [보기] • feed the dog
> • water the plants
> • eat breakfast every day
> • not play the piano at night

[예시] Jane wants Mina to feed the dog.

(1) _____

(2) _____

(3) _____

STEP
B

11 다음 ⓐ~ⓔ 중 어법상 **틀린** 문장을 2개 찾아 기호를 쓰고 바르게 고쳐 문장을 다시 쓰시오.

> ⓐ Were your new glasses broken?
> ⓑ This letter was not written by Mike.
> ⓒ My parents want me get good grades.
> ⓓ This car is washes by him every weekend.
> ⓔ He wanted me to win a gold medal in the Olympics.

(1) (   ) → _____

(2) (   ) → _____

한 단계 | 더!

12 다음 선생님이 어제 쓰신 쪽지 내용을 괄호 안의 단어를 사용하여 [예시]와 같이 쓰시오.

> **To-Do List**
>
> [예시] Yuna – Please clean your desk.
> (1) Jiho – You should exercise more often.
> (2) Ben and Ann – You have to write your essays.

[예시] Ms. Lee wanted Yuna to clean her desk. (want)

(1) _____ (advise)

(2) _____ (tell)

[13~15] 다음 글을 읽고, 물음에 답하시오.

> **Mr. Brown:** Hello, club members. As you know, this year's Environment Day is about upcycling. Before we talk about each group's event idea for that day, (A)I want you understanding the meaning of "upcycling." Can anyone explain upcycling?
> **Sumi:** Yes. The word "upcycling" is a combination of "upgrade" and "recycling."
> **Eric:** Like recycling, upcycling is good for the environment. When you upcycle, you make new and better things from old things.

13 윗글의 밑줄 친 문장 (A)에서 어법상 **틀린** 부분을 찾아 바르게 고쳐 쓰시오.

_____ → _____

14 다음 영영풀이에 해당하는 단어를 윗글에서 찾아 쓰시오.

> the natural world, including the water, the air, and the soil

_____

15 윗글의 upcycling에 대해 **잘못** 설명한 것을 찾아 기호를 쓰고 바르게 고쳐 쓰시오.

> ⓐ It is the theme of this year's Environment Day.
> ⓑ It is a mix of the words "upside" and "recycling."
> ⓒ People can make new things from used things through it.

(   ) → _____

[16~17] 다음 글을 읽고, 물음에 답하시오.

> **Pei:** My group wants to hold a trashion show. "Trashion" is a combination of "trash" and "fashion." We'll use trash to make clothes. (A)우리는 이 쇼를 통해서 다른 학생들이 업사이클링에 관심을 갖게 되길 바랍니다.
> **Mr. Brown:** A trashion show sounds like fun! What about your group, Eric?
> **Eric:** My group is going to make musical instruments from old things. We'll make drums from old plastic buckets. We'll also make a guitar from old boxes and rubber bands. We plan to play the instruments in a mini-concert.

16 윗글의 밑줄 친 우리말 (A)와 의미가 같도록 주어진 표현들을 사용하여 문장을 완성하시오.

> want, become interested in, other students, upcycling

→ _____

through the show.

17 윗글의 내용과 일치하도록 환경의 날 행사에 관해 정리한 다음 표를 완성하시오.

	They plan to …	They will make …
Pei's Group	hold a (1) _____	clothes from (2) _____
Eric's Group	play music in a mini-concert	(3) _____ from old things

[18~19] 다음 글을 읽고, 물음에 답하시오.

Sumi: My group will make bags from old clothes. For example, we'll use blue jeans. Look at this bag. <u>Hajun, one of our group members made this.</u> Isn't it nice? We'll make more bags and sell them on Environment Day. We're going to give all the money to a nursing home.

Mr. Brown: That's a great idea. Your ideas are all so creative. I want everyone to work hard for Environment Day.

18 윗글의 밑줄 친 문장을 [조건]에 맞게 바꿔 쓰시오.

> [조건] 1. 수동태 문장으로 쓸 것
> 2. 10단어의 완전한 문장으로 쓸 것

→ _____

19 윗글의 내용과 일치하도록 질문에 완전한 영어 문장으로 답하시오.

(1) What will Sumi's group do for Environment Day?

→ _____

(2) How will Sumi's group use the money after they sell the bags?

→ _____

20 낡은 청바지로 가방을 만드는 방법을 나타낸 다음 그림을 보고, 빈칸에 알맞은 말을 [보기]에서 골라 쓰시오.

[보기]	sew	decorate	cut off

Blue Jeans Bag

Step

1. _____ the legs of the blue jeans.
2. _____ the bottom together.
3. Make shoulder straps from one of the legs.
4. Sew the straps to the top of the jeans.
5. _____ the bag with pins and buttons.

모의고사

01 다음 대화의 빈칸에 들어갈 말로 알맞은 것은? 3점

> A: Mr. Brown's new storybook is full of his imagination.
> B: Yes. He is a very _____ writer.

① musical   ② creative   ③ decorative
④ interested   ⑤ honest

서술형 1

02 다음 빈칸에 공통으로 들어갈 단어를 쓰시오. 3점

> • Can you _____ my bag for a minute?
> • The city is going to _____ the ice festival this winter.

03 다음 중 밑줄 친 부분의 우리말 의미가 알맞지 <u>않은</u> 것은? 3점

① Cheese <u>is made from</u> milk.
　　(~로 만들어지다)
② I tied my hair with a <u>rubber band</u>.
　　(고무줄)
③ The man <u>cut off</u> the top of the carrot.
　　(잘라 냈다)
④ The second-hand bag <u>is in good condition</u>.
　　(유용하다)
⑤ Bring your own cup to protect the <u>environment</u>.
　　(환경)

04 다음 대화의 빈칸에 들어갈 말로 알맞은 것은? 3점

> A: How much is this purple T-shirt?
> B: It's 10 dollars.
> A: That's expensive. Can I get a discount?
> B: _____ That'll be 9 dollars.
> A: I'll take it, then. Thank you!

① I'm afraid, but I can't.
② OK. I'll take 1 dollar off.
③ No, it's not that expensive.
④ I'll give you a 30% discount.
⑤ I'm sorry, but that's the final price.

서술형 2

05 자연스러운 대화가 되도록 (A)~(D)를 바르게 배열하시오. 4점

> A: Excuse me. How much are these shoes?
> (A) Can I get a discount?
> (B) They're 13 dollars.
> (C) Then that'll be 11 dollars. I'll take them.
> (D) OK. I'll take 2 dollars off.

(　　) – (　　) – (　　) – (　　)

06 다음 짝지어진 대화 중 <u>어색한</u> 것은? 3점

① A: How much is the coat?
　 B: I'll take 5 dollars off.
② A: This T-shirt is 10 dollars.
　 B: That's too expensive for me.
③ A: I'll give you a 10% discount.
　 B: That sounds good. I'll take it, then.
④ A: Hello. May I help you?
　 B: Yes. I'm looking for a baseball glove.
⑤ A: Could you give me a discount?
　 B: No, I'm afraid not. Sorry.

07 다음 대화의 밑줄 친 ①~⑤를 <u>잘못</u> 바꿔 쓴 것은? 4점

> A: Hello. ①May I help you?
> B: Yes. ②I'm looking for a backpack for school.
> A: What about this red one? It's 12 dollars.
> B: ③Can I get a discount?
> A: OK. ④I'll take 2 dollars off.
> B: That sounds good. ⑤I'll take it.

① Do you need some help?
② I want to buy a backpack for school.
③ Please give me a discount.
④ It costs just 2 dollars.
⑤ I'll buy it.

[08~10] 다음 대화를 읽고, 물음에 답하시오.

Boy: Wow! There are so many interesting things here.

Woman: Everything here is old or used. _____ⓐ_____

Boy: I'm looking for a clock.

Woman: _____ⓑ_____

Boy: How much is it?

Woman: _____ⓒ_____

Boy: That's too expensive for me. (A) Can I give you a discount?

Woman: No, I'm afraid not. _____ⓓ_____

Boy: Then, how much is this blue clock with the large numbers?

Woman: It's 10 dollars.

Boy: _____ⓔ_____ Thank you.

---

08 위 대화의 빈칸 ⓐ~ⓔ에 들어갈 말로 알맞지 <u>않은</u> 것은?

4점

① ⓐ: What are you going to sell?
② ⓑ: How about this red clock?
③ ⓒ: It's 15 dollars.
④ ⓓ: It's only one year old. It's almost new.
⑤ ⓔ: Then, I'll take the blue one.

서술형**3**

09 위 대화의 밑줄 친 문장 (A)에서 흐름상 <u>어색한</u> 부분을 고쳐 다시 쓰시오.

5점

→ _____

10 위 대화를 읽고 답할 수 있는 질문은?

4점

① Why is the boy trying to buy a clock?
② How much money does the boy have now?
③ How old is the blue clock?
④ How many clocks does the woman have?
⑤ What is the price of the blue clock?

서술형**4**

11 다음 문장을 수동태로 바꿔 쓸 때 빈칸에 알맞은 말을 쓰시오.

4점

Tom broke the glasses.
→ The glasses _____ by Tom.

---

12 다음 빈칸에 들어갈 말로 알맞지 <u>않은</u> 것은?

3점

My sister wants _____.

---

① a new smartphone
② us call her this evening
③ me to bring her raincoat
④ to go camping this weekend
⑤ them not to talk in a loud voice

서술형**5** 신유형

13 다음 대화를 읽고, Ben이 Amy에게 바라는 것을 나타내는 문장을 완성하시오.

5점

Ben: Amy, can you do me a favor?
Amy: Sure. What is it?
Ben: Can you walk my dog?
Amy: OK, I will.

→ Ben wants _____.

한 단계 더!

14 다음 중 어법상 <u>틀린</u> 문장은?

4점

① Laura wants her children to go to bed early.
② *Hamlet* was written by William Shakespeare.
③ This package will delivered by Jim tomorrow.
④ Did Mike want me to help him with his project?
⑤ The house was built by my grandfather ten years ago.

한 단계 더!

15 다음 빈칸에 들어갈 말이 순서대로 바르게 짝지어진 것은?

4점

> • Sujin asked me _____ the window.
> • Eddie's laptop will _____ by his uncle tomorrow.
> • The book _____ to the young children by the teacher.

① close – fixed – read
② closing – is fixed – read
③ to close – being fixed – reads
④ closing – be fixed – was read
⑤ to close – be fixed – was read

[16~19] 다음 글을 읽고, 물음에 답하시오.

> **Mr. Brown:** Hello, club members. As you know, this year's Environment Day is about upcycling. ①<u>Before</u> we talk about each group's event idea for that day, I want you ②<u>understand</u> the meaning of "upcycling." Can anyone explain upcycling?
> **Sumi:** Yes. The word "upcycling" is a combination of "upgrade" and "recycling."
> **Eric:** ③<u>Like</u> recycling, upcycling is good __ⓐ__ the environment. ④<u>When</u> you upcycle, you make new and better things __ⓑ__ old things.
> **Mr. Brown:** Good. Now, let's ⑤<u>talk about</u> each group's idea for the event. Let's start with Pei's group.

16 윗글의 밑줄 친 ①~⑤ 중 어법상 틀린 것은?

4점

①   ②   ③   ④   ⑤

서술형 **6**

17 윗글의 빈칸 ⓐ와 ⓑ에 들어갈 전치사를 각각 쓰시오. 각 3점

ⓐ _____

ⓑ _____

18 윗글의 내용과 일치하도록 할 때, 빈칸에 들어갈 말로 가장 알맞은 것은?

4점

> Mr. Brown is going to talk about _____ with the club members.

① examples of upcycling
② how to recycle used things
③ event ideas for Environment Day
④ what we should do to save the Earth
⑤ differences between recycling and upcycling

고난도 신유형

19 윗글의 내용에 따라 업사이클링을 올바르게 실천한 사람은?

5점

① 민수: I grow vegetables in my garden instead of buying them in a market.
② 수진: I sometimes don't take an elevator. I just walk up the stairs.
③ 진호: I turn off all the lights in my house when I go out.
④ 호준: I don't use paper cups. I always carry my own cup.
⑤ 혜미: I planted some flowers in an empty plastic bottle.

[20~22] 다음 글을 읽고, 물음에 답하시오.

> **Pei:** My group wants ⓐ to hold a trashion show. "Trashion" is a combination of "trash" and "fashion." We'll use trash ⓑ make clothes. We want other students ⓒ to become interested in upcycling through the show.
>
> **Mr. Brown:** A trashion show ⓓ sounds like fun! What about your group, Eric?
>
> **Eric:** My group is going to _____(A)_____. We'll make drums from old plastic buckets. We'll also make a guitar from old boxes and rubber bands. We plan ⓔ to play the instruments in a mini-concert.
>
> **Mr. Brown:** Thank you, Eric. Now, let's hear from Sumi's group.

서술형**7**

20 윗글의 밑줄 친 ⓐ~ⓔ 중, 어법상 틀린 것을 찾아 바르게 고쳐 쓰시오. 5점

( ) → _____

21 윗글의 빈칸 (A)에 들어갈 말로 알맞은 것은? 4점

① learn to play musical instruments
② go to our favorite singer's concert
③ buy new instruments for the concert
④ collect old and used musical instruments
⑤ make musical instruments from old things

22 윗글의 내용과 일치하지 <u>않는</u> 것은? 4점

① Pei's group will have a trashion show on Environment Day.
② Pei's group will make clothes by using trash.
③ Mr. Brown thinks a trashion show will be fun.
④ Eric's group will use an old plastic bucket to make drums.
⑤ Eric's group will play music at a trashion show.

[23~24] 다음 글을 읽고, 물음에 답하시오.

> **Sumi:** My group will make bags from old clothes. For example, we'll use blue jeans. Look at this bag. This ⓐ make by Hajun, one of our group members. Isn't it nice? We'll make more bags and ⓑ sell them on Environment Day. (A) <u>우리는 돈을 모두 양로원에 드릴 거예요.</u>
>
> **Mr. Brown:** That's a great idea. Your ideas are all so creative. I want everyone to work hard for Environment Day.

23 윗글의 밑줄 친 ⓐ make와 ⓑ sell의 어법상 올바른 형태가 순서대로 바르게 짝지어진 것은? 4점

① made – sell
② made – to sell
③ was made – sell
④ was made – to sell
⑤ was made – be sold

서술형**8**

24 윗글의 밑줄 친 우리말 (A)와 의미가 같도록 주어진 표현들을 바르게 배열하여 문장을 쓰시오. 5점

> all the money, to, give, are going to, we, a nursing home

→ _____

25 다음 글의 밑줄 친 (A)에 해당하는 그림으로 알맞은 것은? 3점

> **Blue Jeans Bag**
> 1. Cut off the legs of the blue jeans.
> 2. (A) <u>Sew the bottom together.</u>
> 3. Make shoulder straps from one of the legs.
> 4. Sew the straps to the top of the jeans.
> 5. Decorate the bag with pins and buttons.

01 다음 빈칸에 들어갈 말로 알맞은 것은? 3점

> Can you _____ a button on my coat, please?

① sew   ② sell   ③ invent
④ hold   ⑤ understand

02 다음 중 짝지어진 단어의 관계가 [보기]와 같은 것은? 3점

> [보기] almost – nearly

① bake – baker   ② top – bottom
③ first – lastly   ④ used – second-hand
⑤ decorate – decoration

03 다음 중 밑줄 친 단어의 의미가 나머지와 다른 하나는? 4점

① When did you finish your homework?
② Turn off the lights when you leave the house.
③ Where did you visit when you were in London?
④ When you were younger, what did you want to be?
⑤ When Tom came home, his parents were not home.

[04~05] 다음 대화의 빈칸에 들어갈 말로 알맞은 것을 고르시오.

각 3점

04

> A: _____
> B: It's 18 dollars.

① How much is this bag?
② How can I find this bag?
③ How about these red shoes?
④ What is the price of these shoes?
⑤ What do you think about this bag?

05

> A: _____
> B: OK. I'll give you a 10% discount.

① Can I get a discount?
② What can I do for you?
③ Do you have a discount coupon?
④ How much does this dress cost?
⑤ Can I try on these blue jeans, please?

서술형1

06 다음 대화의 밑줄 친 우리말과 의미가 같도록 빈칸에 알맞은 말을 쓰시오. 4점

> A: How much is this soccer ball?
> B: It's 6 dollars.
> A: Could you give me a discount?
> B: OK. 1달러를 깎아 드릴게요.

→ I'll _____ 1 dollar _____.

[07~09] 다음 대화를 읽고, 물음에 답하시오.

> Boy: Wow! There are so many interesting things here.
> Woman: Everything here is old or used. What are you looking for?
> Boy: I'm looking for a clock.
> (A) How much is it?
> (B) It's 15 dollars.
> (C) How about this red clock?
> (D) That's too expensive for me. Can I get a discount?
> Woman: No, I'm afraid not. It's only one year old. It's almost new.
> Boy: Then, how much is this blue clock with the large numbers?
> Woman: It's 10 dollars.
> Boy: Then, I'll take the blue one. Thank you.

07 위 대화의 흐름에 맞게 (A)~(D)를 바르게 배열한 것은? 3점

① (A) – (B) – (D) – (C)　　② (B) – (A) – (D) – (C)
③ (B) – (C) – (A) – (D)　　④ (C) – (A) – (B) – (D)
⑤ (C) – (D) – (A) – (B)

고난도
08 위 대화의 내용과 일치하는 것은? 4점

① The boy is asking the woman to fix his old clock.
② The woman sells old or used things.
③ The boy can get a discount for all the items here.
④ The blue clock is almost new.
⑤ The red clock has large numbers, so it is popular.

서술형2
09 위 대화의 내용과 일치하도록 질문에 대한 답을 완성하시오.
각 3점

(1) What is the boy going to buy?
　→ He's going to _____.

(2) How much will the boy pay for the item?
　→ He will _____.

10 다음을 수동태 문장으로 바르게 바꾼 것은? 3점

Cathy didn't draw the cartoon.

① The cartoon isn't drew by Cathy.
② The cartoon didn't draw by Cathy.
③ The cartoon weren't drew by Cathy.
④ The cartoon wasn't drawn by Cathy.
⑤ The cartoon didn't be drawn by Cathy.

11 다음 우리말을 영어로 바르게 옮긴 것은? 3점

내 여동생은 내가 우산을 가져다 주기를 원한다.

① I want my sister bring her umbrella.
② I want my sister to bring her umbrella.
③ My sister wants I bringing her umbrella.
④ My sister wants me bring her umbrella.
⑤ My sister wants me to bring her umbrella.

서술형3
12 다음 대화의 빈칸에 알맞은 말을 쓰시오. 4점

A: Who cooked the spaghetti? It's so delicious.
B: It _____ my dad.

고난도 한 단계 더!
13 다음 중 어법상 올바른 문장의 개수는? 5점

ⓐ The pizza was eaten by the kids.
ⓑ This old computer cannot fixed.
ⓒ Thomas wanted you to call Juila.
ⓓ Do you want we to understand you?
ⓔ Can anyone be solved this math problem?

① 1개　② 2개　③ 3개　④ 4개　⑤ 5개

서술형4 고난도 한 단계 더!

14 다음 ⓐ~ⓓ 중 어법상 틀린 문장 2개를 찾아 기호를 쓰고, 틀린 곳을 바르게 고쳐 쓰시오. 각 **4점**

> ⓐ The dish was broke by my brother.
> ⓑ My parents told me to get up early.
> ⓒ Will all the people here invite to the party?
> ⓓ What do you want me to do at the school festival?

(1) ( ) _____ → _____

(2) ( ) _____ → _____

[15~17] 다음 글을 읽고, 물음에 답하시오.

> **Mr. Brown:** Hello, club members. As you know, this year's Environment Day is about upcycling. Before we talk about each group's event idea for that day, I want you to understand the ⓐ problem of "upcycling." Can anyone explain upcycling?
> **Sumi:** Yes. The word "upcycling" is a ⓑ combination of "upgrade" and "recycling."
> **Eric:** (A) Like recycling, upcycling is good for the ⓒ environment. When you ⓓ upcycle, you make new and ⓔ better things from old things.
> **Mr. Brown:** Good. Now, let's talk about each group's idea for the event. Let's start with Pei's group.

15 윗글의 밑줄 친 ⓐ~ⓔ 중 흐름상 어색한 것은? **3점**

① ⓐ   ② ⓑ   ③ ⓒ   ④ ⓓ   ⑤ ⓔ

16 윗글의 밑줄 친 (A) Like와 의미가 같은 것은? **4점**

① We like to jog in the morning.
② Jenny is very kind, so I like her.
③ They like to go out on weekends.
④ The man started to cry like a baby.
⑤ Both my brother and I like swimming.

고난도

17 윗글의 내용과 일치하는 것은? **5점**

① The students are preparing for a test.
② Mr. Brown is introducing many event ideas about upcycling to the students.
③ "Upcycling" is a word which is made by combining "upgrade" and "recycling."
④ Eric doesn't know anything about upcycling.
⑤ No one in the class can explain the meaning of upcycling.

[18~20] 다음 글을 읽고, 물음에 답하시오.

> **Pei:** My group wants to hold a trashion show. "Trashion" is a combination of "trash" and "fashion." We'll use trash to make ___ⓐ___. (A) We want other students become interested in upcycling through the show.
> **Mr. Brown:** A trashion show sounds ___ⓑ___ fun! What about your group, Eric?
> **Eric:** My group is going to make ___ⓒ___ from old things. We'll make drums from old plastic buckets. We'll also make a guitar from old boxes and rubber bands. We plan to play the instruments in a mini-concert.
> **Mr. Brown:** Thank you, Eric. Now, let's hear ___ⓓ___ Sumi's group.

서술형5

18 윗글의 흐름상 빈칸 ⓐ와 ⓒ에 들어갈 말을 주어진 철자로 시작하여 쓰시오. 각 **3점**

ⓐ c_____

ⓒ m_____ _____

서술형6

19 윗글의 밑줄 친 문장 (A)에서 어법상 틀린 부분을 찾아 바르게 고쳐 쓰시오. **5점**

_____ → _____

20 윗글의 빈칸 ⓑ와 ⓓ에 들어갈 말이 순서대로 바르게 짝지어진 것은? 3점

① like – at
② at – of
③ with – of
④ with – from
⑤ like – from

[21~23] 다음 글을 읽고, 물음에 답하시오.

> **Sumi:** My group will make bags ___ⓐ___ old clothes. For example, we'll use blue jeans. Look ___ⓑ___ this bag. This was made ___ⓒ___ Hajun, one of our group members. Isn't it nice? We'll make more bags and sell (A)them on Environment Day. We're going to give all the money ___ⓓ___ a nursing home.
>
> **Mr. Brown:** That's a great idea. Your ideas are all so creative. I want everyone to work hard ___ⓔ___ Environment Day.

21 윗글의 빈칸 ⓐ~ⓔ에 들어갈 말로 알맞지 <u>않은</u> 것은? 3점

① ⓐ: from
② ⓑ: at
③ ⓒ: of
④ ⓓ: to
⑤ ⓔ: for

22 윗글을 읽고 답할 수 <u>없는</u> 질문은? 4점

① What will Sumi's group use to make bags?
② How will Sumi's group make money?
③ Where did Hajun get the old blue jeans?
④ How will Sumi's group use the money that they make?
⑤ What does Mr. Brown think of the students' ideas?

서술형 7

23 윗글의 밑줄 친 (A)them이 가리키는 것을 우리말로 쓰시오. 4점

→ _____

[24~25] 다음 글을 읽고, 물음에 답하시오.

> **You Need:** old blue jeans, sewing kit, scissors, pins and buttons
>
> **Step**
> 1. Cut off the legs of the blue jeans.
> 2. Sew the bottom together.
> 3. Make shoulder straps from one of the legs.
> 4. Sew the straps to the top of the jeans.
> 5. Decorate the bag with pins and buttons.

24 윗글의 제목으로 알맞은 것은? 3점

① How to Decorate Blue Jeans
② How to Be a Fashion Designer
③ How to Use a Sewing Machine
④ How to Choose Good Blue Jeans
⑤ How to Make a Bag with Old Blue Jeans

서술형 8

25 윗글의 내용과 일치하도록 다음 그림을 순서대로 바르게 배열하시오. 4점

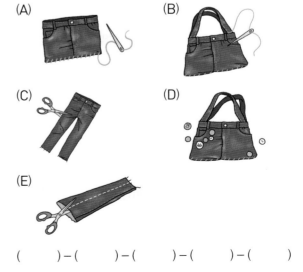

(A)　(B)　(C)　(D)　(E)

(   ) – (   ) – (   ) – (   ) – (   )

01 다음 빈칸에 들어갈 말로 알맞은 것은?   3점

> If you use something old or used again, you are _____ it.

① holding   ② recycling   ③ explaining
④ upgrading   ⑤ combining

02 다음 빈칸에 들어갈 말이 순서대로 바르게 짝지어진 것은?   3점

> • My sister cut _____ the ribbon on the box.
> • We became interested _____ playing the drums.

① of – in   ② off – on   ③ off – in
④ out – at   ⑤ out – off

03 다음 중 밑줄 친 부분의 의미가 나머지와 다른 하나는?   4점

① Let's hold a meeting this afternoon.
② She was holding the baby in her arm.
③ They hold a festival to celebrate the harvest.
④ The Art Museum will hold a special exhibition.
⑤ The singer is going to hold a concert next month.

04 다음 대화의 빈칸에 들어갈 말로 알맞은 것은?   3점

> A: How much is this blue T-shirt?
> B: It's 10 dollars.
> A: That's expensive. _____
> B: OK. I'll take 1 dollar off.

① Can I get a discount?
② Do you need some help?
③ Can I pay by credit card?
④ Can you show me another color?
⑤ Do you have one in a bigger size?

05 다음 중 짝지어진 대화가 어색한 것은?   4점

① A: May I help you?
  B: Yes. I want to buy a bag.
② A: Can I get a discount?
  B: No, I'm afraid not. Sorry.
③ A: How much are these sneakers?
  B: They're 17 dollars.
④ A: Excuse me. I'm looking for a T-shirt.
  B: Oh, it looks really good on you.
⑤ A: The hat over there is only 10 dollars.
  B: That sounds good. I'll take it.

신유형
06 다음 대화의 빈칸 ⓐ~ⓔ에 들어갈 말로 알맞지 않은 것은?   4점

> A: Hello. _____ ⓐ _____
> B: Yes. _____ ⓑ _____
> A: They're 18 dollars.
> B: Hmm. _____ ⓒ _____ Can I get a discount?
> A: _____ ⓓ _____ Sorry.
> B: That's OK. _____ ⓔ _____

① ⓐ: Can I help you?
② ⓑ: How much are the round glasses?
③ ⓒ: That's a good price.
④ ⓓ: No, I'm afraid not.
⑤ ⓔ: I'll take them.

서술형 1
07 자연스러운 대화가 되도록 (A)~(D)를 바르게 배열하시오.   4점

> A: Hello. May I help you?
> (A) I'm looking for a baseball glove.
> (B) OK. I'll take 2 dollars off.
> (C) Can I get a discount?
> (D) This one is 15 dollars and it's in good condition.
> B: Then it's 13 dollars. I'll take it.

(   ) – (   ) – (   ) – (   )

[08~10] 다음 대화를 읽고, 물음에 답하시오.

> **Boy:** Wow! There are so many interesting things here.
> **Woman:** Everything here is old or used. ____ⓐ____ are you looking for?
> **Boy:** I'm looking for a clock.
> **Woman:** ____ⓑ____ about this red clock?
> **Boy:** How much is it?
> **Woman:** It's 15 dollars.
> **Boy:** That's too expensive for me. Can I get a discount?
> **Woman:** No, I'm afraid not. It's only one year old. It's almost new.
> **Boy:** Then, how much is this blue clock with the large numbers?
> **Woman:** It's 10 dollars.
> **Boy:** Then, I'll take the blue one. Thank you.

08 위 대화의 빈칸 ⓐ와 ⓑ에 들어갈 말이 순서대로 바르게 짝지어진 것은? 3점

① What – How
② How – What
③ How – How
④ Where – What
⑤ What – Where

09 위 대화의 내용과 일치하지 <u>않는</u> 것을 <u>모두</u> 고르시오. 4점

① 손님과 점원 사이의 대화이다.
② 소년은 중고 시계를 사려고 한다.
③ 빨간색 시계는 15달러인데 거의 새것이다.
④ 소년은 빨간색 시계의 큰 숫자가 마음에 든다.
⑤ 빨간색 시계가 파란색 시계보다 더 싸다.

서술형 2

10 위 대화의 내용과 일치하도록 다음 문장에서 <u>틀린</u> 부분을 찾아 바르게 고쳐 쓰시오. 4점

> The boy is going to pay 10 dollars for the red clock.

_____ → _____

11 다음 두 문장의 뜻이 같도록 할 때 빈칸에 들어갈 말로 알맞은 것은? 3점

> The article was written by Minho.
> = Minho _____ the article.

① write
② wrote
③ written
④ was written
⑤ were writing

12 다음 우리말과 의미가 같도록 할 때 빈칸에 들어갈 말로 알맞은 것은? 3점

> 나의 부모님은 내가 아프리카로 여행을 가지 않기를 원하신다.
> → My parents want _____ on a trip to Africa.

① me not go
② I not to go
③ me going not
④ me to go not
⑤ me not to go

서술형 3

13 다음 문장을 수동태로 바꿔 쓸 때 빈칸에 알맞은 말을 쓰시오. 4점

> Hojin cut the apple into two pieces.
> → _____ into two pieces by Hojin.

한 단계 더!

14 다음 중 어법상 <u>틀린</u> 문장은? 4점

① Was this juice drank by Minho?
② The librarian told them to be quiet.
③ The movie was directed by Steven Spielberg.
④ My science report can be finished by next Monday.
⑤ Before you start cleaning, your desks should be moved outside.

서술형 4

15 다음 메모를 보고, 엄마와 아빠가 내게 원하는 것을 나타내는 문장을 완성하시오. 각 **4**점

(1) Why don't you eat more vegetables?
– Mom

(2) Don't be late for school.
– Dad

(1) Mom wants me _____ .

(2) Dad wants me _____ .

18 윗글의 내용을 잘못 이해한 사람끼리 짝지어진 것은? **4**점

- 소윤: 올해 환경의 날 주제는 업사이클링이야.
- 민호: 업사이클링은 두 단어가 결합되어 새롭게 만들어진 단어야.
- 지수: 업사이클링은 환경에 해로운 영향을 끼쳐.
- 성우: 낡은 것을 버리고 새것을 만드는 일을 업사이클링이라고 해.

① 소윤, 민호 ② 소윤, 지수 ③ 민호, 지수
④ 지수, 성우 ⑤ 민호, 지수, 성우

[16~18] 다음 글을 읽고, 물음에 답하시오.

Mr. Brown: Hello, club members. As you know, this year's Environment Day is ⓐ about upcycling. Before we talk about each group's event idea ⓑ for that day, (A) 나는 여러분이 '업사이클링'의 의미를 이해하기 바랍니다. Can anyone explain upcycling?
Sumi: Yes. The word "upcycling" is a combination of "upgrade" and "recycling."
Eric: ⓒ Like recycling, upcycling is good ⓓ at the environment. When you upcycle, you make new and better things ⓔ from old things.

16 윗글의 밑줄 친 ⓐ~ⓔ 중 쓰임이 잘못된 것은? 3점

① ⓐ ② ⓑ ③ ⓒ ④ ⓓ ⑤ ⓔ

서술형 5

17 윗글의 밑줄 친 우리말 (A)와 의미가 같도록 괄호 안의 단어들을 사용하여 문장을 완성하시오. 5점

→ _____ the meaning of "upcycling." (want, understand)

[19~22] 다음 글을 읽고, 물음에 답하시오.

Mr. Brown: Good. ⓐ Now, let's talk about each group's idea for the event. Let's start with Pei's group.
Pei: ⓑ My group wants to hold a trashion show. "Trashion" is a combination of "trash" and "fashion." We'll _____(A)_____ . ⓒ We want other students become interested in upcycling through the show.
Mr. Brown: A trashion show sounds like fun! What about your group, Eric?
Eric: My group is going to make musical instruments from old things. ⓓ We'll make drums from old plastic buckets. We'll also make a guitar from old boxes and rubber bands. ⓔ We plan to play the instruments in a mini-concert.
Mr. Brown: Thank you, Eric. Now, let's hear from Sumi's group.

19 윗글의 밑줄 친 ⓐ~ⓔ 중 어법상 틀린 것은? 4점

① ⓐ ② ⓑ ③ ⓒ ④ ⓓ ⑤ ⓔ

20 윗글의 빈칸 (A)에 들어갈 말로 알맞은 것은? 3점

① buy new clothes
② take out the old clothes
③ use trash to make clothes
④ go to a popular fashion show
⑤ meet famous fashion designers

서술형 6

21 다음 영영풀이에 해당하는 단어를 윗글에서 찾아 쓰시오.

3점

> something that you play in order to make music

_____

고난도

22 윗글의 내용과 일치하는 문장의 개수는?

5점

> ⓐ Pei's group's event for Environment Day is a trashion show.
> ⓑ Pei hopes that other students will become interested in fashion.
> ⓒ Eric's group will make instruments from old things.
> ⓓ Eric's group will use boxes and rubber bands to make a guitar.
> ⓔ Eric's group is going to sell musical instruments on Environment Day.

① 1개　　② 2개　　③ 3개　　④ 4개　　⑤ 5개

[23~24] 다음 글을 읽고, 물음에 답하시오.

> **Sumi:** My group will make bags from old clothes. (①) For example, we'll use blue jeans. Look at this bag. (②) Isn't it nice? We'll make more bags and sell them on Environment Day. (③) We are going to give all the money to a nursing home. (④)
> **Mr. Brown:** That's a great idea. Your ideas are all so creative. (⑤) I want everyone to work hard for Environment Day.

23 윗글의 ①~⑤ 중 주어진 문장이 들어갈 위치로 알맞은 것은?

3점

> This was made by Hajun, one of our group members.

①　　　　②　　　　③　　　　④　　　　⑤

서술형 7

24 윗글의 내용과 일치하도록 빈칸에 알맞은 말을 쓰시오. 6점

> Sumi's group is going to use old _____ to make _____. They will sell them on Environment Day, and all the money from the event will be given to a(n) _____ _____.

서술형 8

25 다음 그림의 내용과 일치하지 않는 부분을 두 군데 찾아 번호를 쓰고 바르게 고쳐 쓰시오. 각 3점

Blue Jeans Bag

Step
① Glue the legs of the blue jeans.
② Sew the bottom together.
③ Make shoulder straps from one of the legs.
④ Cut the straps to the top of the jeans.
⑤ Decorate the bag with pins and buttons.

(　　) _____ → _____

(　　) _____ → _____

01 다음 중 단어와 영영풀이가 바르게 연결되지 <u>않은</u> 것은? 3점

① strap: a band of cloth or leather

② bottom: the lowest part of something

③ upgrade: to get something that is old and used

④ environment: the natural world, including the water, the air, and the soil

⑤ explain: to tell someone about something so that he or she can understand it

02 다음 중 빈칸 ⓐ~ⓔ에 들어갈 말이 <u>잘못된</u> 것은? 4점

- Mom and I   ⓐ   the Christmas tree.
- We will   ⓑ   a fashion show tomorrow.
- The Wright brothers   ⓒ   the airplane.
- You need a needle and thread to   ⓓ   the button.
- Can you teach me how to play the   ⓔ   ?

① ⓐ: decorated   ② ⓑ: hold

③ ⓒ: invented   ④ ⓓ: cut

⑤ ⓔ: instrument

03 다음 대화의 빈칸 (A)~(C)에 들어갈 말로 알맞은 것을 [보기]에서 골라 순서대로 바르게 짝지은 것은? 4점

A: Hello. _____(A)_____

B: Yes. I'm looking for a backpack for school.

A: _____(B)_____ It's 12 dollars.

B: _____(C)_____

A: OK. I'll take 2 dollars off.

[보기]   ⓐ Can I get a discount?

      ⓑ May I help you?

      ⓒ What about this red one?

① ⓐ – ⓒ – ⓑ   ② ⓑ – ⓐ – ⓒ

③ ⓑ – ⓒ – ⓐ   ④ ⓒ – ⓐ – ⓑ

⑤ ⓒ – ⓑ – ⓐ

서술형 1

04 다음 그림을 보고, [조건]에 맞게 대화를 완성하시오. 4점

[조건]   1. 색깔을 나타내는 말과 backpack을 사용할 것

       2. 6단어의 의문문으로 쓸 것

A: _____

B: It's 15 dollars.

05 다음 대화의 밑줄 친 ⓐ~ⓔ 중 흐름상 <u>어색한</u> 것은? 3점

A: ⓐ May I help you?

B: Yes. ⓑ How much are those sunglasses?

A: They're 17 dollars.

B: ⓒ Can I get a discount?

A: ⓓ Sorry, I'm afraid not. I'll take 5 dollars off.

B: Then that'll be 12 dollars. ⓔ I'll take them.

① ⓐ   ② ⓑ   ③ ⓒ   ④ ⓓ   ⑤ ⓔ

고난도   서술형 2

06 다음 상황에서 Mason이 점원에게 할 알맞은 말을 괄호 안의 단어들을 사용하여 쓰시오. 5점

Mason is in a shoe store now. He wants to buy a pair of sneakers. He really likes the white ones, but he thinks they're too expensive for him. He wants to get 10% off.

→ _____?

(can, get)

[07~09] 다음 대화를 읽고, 물음에 답하시오.

> **Boy:** Wow! There are so many interesting things here.
>
> **Woman:** Everything here is old or ___ⓐ___. What are you looking for?
>
> **Boy:** ①I'm looking for a clock.
>
> **Woman:** How about this red clock?
>
> **Boy:** ②How much is it?
>
> **Woman:** It's 15 dollars.
>
> **Boy:** That's too ___ⓑ___ for me. ③Can I get a discount?
>
> **Woman:** ④No, I'm afraid not. It's only one year old. It's almost new.
>
> **Boy:** Then, how much is this blue clock with the large numbers?
>
> **Woman:** It's 10 dollars.
>
> **Boy:** ⑤Then, I'll take the blue one. Thank you.

07 위 대화의 흐름상 빈칸 ⓐ와 ⓑ에 들어갈 말이 순서대로 바르게 짝지어진 것은? **3점**

① new – cute
② new – short
③ used – cheap
④ used – difficult
⑤ used – expensive

08 위 대화의 밑줄 친 ①~⑤를 바꿔 쓴 말로 알맞지 <u>않은</u> 것은? **4점**

① I want to buy a clock.
② What's the price of it?
③ Please give me a discount.
④ Sorry, you can't get a discount.
⑤ Then, I'll take 5 dollars off.

서술형**3**
09 위 대화의 내용과 일치하도록 빈칸에 알맞은 말을 쓰시오. **6점**

> The woman says she can't cut the price of the _____ _____ because it is _____ _____. So, the boy decides to buy the _____ _____.

10 다음 우리말과 의미가 같도록 주어진 단어들을 배열할 때, 5번째로 오는 단어는? **4점**

> 그녀는 자신의 아이들이 뛰어다니지 않기를 바란다.
> (wants, around, not, run, her, she, kids, to)

① to
② her
③ not
④ run
⑤ around

한 단계 더!
11 다음 중 밑줄 친 부분을 어법상 바르게 고치지 <u>않은</u> 것은? **4점**

① The stadium <u>is built</u> in 2000.
  (→ was built)
② <u>Did</u> your bike stolen yesterday?
  (→ Was)
③ His new album <u>released</u> last week.
  (→ was released)
④ The flower pot <u>didn't break</u> by Jim.
  (→ didn't be broken)
⑤ The research <u>is finished</u> next month.
  (→ will be finished)

서술형**4**
12 다음 문장을 주어진 말로 시작하여 바꿔 쓰시오. **4점**

> Emily baked these cookies this morning.
> → These cookies _____
> _____.

고난도 신유형 한 단계 더!
13 How many sentences are grammatically correct? **5점**

> ⓐ The police was caught the thief.
> ⓑ Everyone will be invited to the party.
> ⓒ The dentist advised me not to eat sweets.
> ⓓ Ms. Lee allowed us staying here for a week.
> ⓔ She told her son to wash his hands before eating.

① 1개　② 2개　③ 3개　④ 4개　⑤ 5개

한 단계 더!

14 주어진 문장을 수동태로 바르게 바꾼 것은? 4점

> The mechanic must repair the car.

① The car must repaired by the mechanic.
② The car must repaired from the mechanic.
③ The car must be repaired by the mechanic.
④ The car must been repair by the mechanic.
⑤ The car must be repaired from the mechanic.

서술형5 고난도

15 다음 대화의 밑줄 친 ⓐ~ⓓ 중 어법상 틀린 것을 찾아 바르게 고쳐 쓰시오. 5점

> A: Mark, what are you doing?
> B: ⓐ I'm fixing the clock. It ⓑ broke by my dog yesterday.
> A: Can you ⓒ fix it by yourself?
> B: Sure. I'm good at ⓓ fixing things.

(   ) → _____

16 윗글의 ①~⑤ 중 주어진 문장이 들어갈 위치로 알맞은 것은? 3점

> As you know, this year's Environment Day is about upcycling.

①   ②   ③   ④   ⑤

17 윗글의 빈칸 ⓐ~ⓔ에 들어갈 말로 알맞지 않은 것은? 3점

① ⓐ: understand   ② ⓑ: create
③ ⓒ: combination   ④ ⓓ: environment
⑤ ⓔ: old

서술형6 고난도

18 다음 중 윗글을 읽고 답할 수 있는 질문을 골라 완전한 영어 문장으로 답하시오. 5점

> ⓐ What is Mr. Brown's idea for Environment Day?
> ⓑ What word was formed from "upgrade" and "recycling?"
> ⓒ What are common examples of upcycling?

(   ) → _____
_____

[16~18] 다음 글을 읽고, 물음에 답하시오.

> Mr. Brown: Hello, club members. (①) Before we talk about each group's event idea for that day, I want you to ___ⓐ___ the meaning of "upcycling." (②) Can anyone ___ⓑ___ upcycling? (③)
> Sumi: Yes. (④) The word "upcycling" is a ___ⓒ___ of "upgrade" and "recycling."
> Eric: Like recycling, upcycling is good for the ___ⓓ___. (⑤) When you upcycle, you make new and better things from ___ⓔ___ things.
> Mr. Brown: Good. Now, let's talk about each group's idea for the event. Let's start with Pei's group.

[19~22] 다음 글을 읽고, 물음에 답하시오.

> Pei: My group wants ⓐ holding a trashion show. "(A) Trashion" is a combination of "trash" and "fashion." We'll use trash ⓑ made clothes. We want other students ⓒ become interested in upcycling through the show.
> Mr. Brown: A trashion show sounds like ⓓ funny! What about your group, Eric?
> Eric: My group is going to make musical instruments from old things. We'll make drums from old plastic buckets. We'll also make a guitar from old boxes and rubber bands. We plan ⓔ playing the ___(B)___ in a mini-concert.

19 윗글의 밑줄 친 (A)Trashion과 성격이 같은 단어는? 3점

① peaceful ② plastic
③ upcycling ④ tradition
⑤ understand

20 윗글의 밑줄 친 ⓐ~ⓔ를 어법상 바르게 고치지 <u>않은</u> 것을 <u>모두</u> 고르시오. 5점

① ⓐ → to hold ② ⓑ → make
③ ⓒ → becoming ④ ⓓ → fun
⑤ ⓔ → to play

서술형7

21 윗글의 빈칸 (B)에 들어갈 말을 윗글에서 찾아 한 단어로 쓰시오. 3점

→ _____

22 다음 질문과 응답 중 윗글의 내용과 일치하지 <u>않는</u> 것은? 5점

① Q: What's the meaning of "trashion?"
A: It's a combination of "trash" and "fashion."
② Q: What will Pei's group use to make clothes?
A: They will use trash to make them.
③ Q: What does Mr. Brown think about the idea of Pei's group?
A: He thinks it's a little boring.
④ Q: What is Eric's group going to do?
A: They're going to make musical instruments from old things.
⑤ Q: What will Eric's group make with rubber bands?
A: They will make a guitar.

[23~25] 다음 글을 읽고, 물음에 답하시오.

Sumi: My group will make bags from old clothes. For example, we'll use blue jeans. Look at this bag. (A)이것은 하준이에 의해 만들어졌어요, one of our group members. Isn't ⓐ it nice? We'll make more bags and sell ⓑ them on Environment Day. We're going to give all the money to a nursing home.

Blue Jeans Bag

Step

1. ① Cut off the legs of the blue jeans.
2. ② Sew the bottom together.
3. ③ Make shoulder straps from one of the legs.
4. ④ Remove the straps to the top of the jeans.
5. ⑤ Decorate the bag with pins and buttons.

서술형8

23 윗글의 밑줄 친 우리말 (A)를 영어로 옮길 때 3번째로 오는 단어를 쓰시오. 5점

→ _____

24 윗글의 밑줄 친 ⓐit과 ⓑthem이 가리키는 것이 순서대로 바르게 짝지어진 것은? 3점

① my group – blue jeans
② this bag – more bags
③ my group – old clothes
④ this bag – blue jeans
⑤ my group – more bags

25 윗글의 밑줄 친 ①~⑤ 중 그림의 내용과 일치하지 <u>않는</u> 것은? 3점

① ② ③ ④ ⑤

○ 틀린 문항을 표시해 보세요.

○ 부족한 영역을 점검하고 어떻게 더 학습할지 계획을 적어 보세요.

〈제1회〉 대표 기출로 내신 적중 모의고사　　　총점 _____ / 100

문항	영역	문항	영역	문항	영역
01	p.156(W)	10	p.163(L&T)	19	p.178(R)
02	p.158(W)	11	p.170(G)	20	pp.178~179(R)
03	p.156(W)	12	p.171(G)	21	pp.178~179(R)
04	p.162(L&T)	13	p.171(G)	22	pp.178~179(R)
05	p.161(L&T)	14	pp.170~171(G)	23	p.179(R)
06	p.161(L&T)	15	pp.170~171(G)	24	p.179(R)
07	p.162(L&T)	16	p.178(R)	25	p.179(R)
08	p.163(L&T)	17	p.178(R)		
09	p.163(L&T)	18	p.178(R)		

제1회 오답 공략
부족한 영역
학습 계획

〈제2회〉 대표 기출로 내신 적중 모의고사　　　총점 _____ / 100

문항	영역	문항	영역	문항	영역
01	p.156(W)	10	p.170(G)	19	pp.178~179(R)
02	p.158(W)	11	p.171(G)	20	pp.178~179(R)
03	p.156(W)	12	p.170(G)	21	p.179(R)
04	p.161(L&T)	13	pp.170~171(G)	22	p.179(R)
05	p.161(L&T)	14	pp.170~171(G)	23	p.179(R)
06	p.161(L&T)	15	p.178(R)	24	p.179(R)
07	p.163(L&T)	16	p.178(R)	25	p.179(R)
08	p.163(L&T)	17	p.178(R)		
09	p.163(L&T)	18	pp.178~179(R)		

제2회 오답 공략
부족한 영역
학습 계획

〈제3회〉 대표 기출로 내신 적중 모의고사　　　총점 _____ / 100

문항	영역	문항	영역	문항	영역
01	p.156(W)	10	p.163(L&T)	19	pp.178~179(R)
02	p.156(W)	11	p.170(G)	20	pp.178~179(R)
03	p.158(W)	12	p.171(G)	21	pp.178~179(R)
04	p.161(L&T)	13	p.170(G)	22	pp.178~179(R)
05	p.161(L&T)	14	pp.170~171(G)	23	p.179(R)
06	p.162(L&T)	15	p.171(G)	24	p.179(R)
07	p.162(L&T)	16	p.178(R)	25	p.179(R)
08	p.163(L&T)	17	p.178(R)		
09	p.163(L&T)	18	p.178(R)		

제3회 오답 공략
부족한 영역
학습 계획

〈제4회〉 고난도로 내신 적중 모의고사　　　총점 _____ / 100

문항	영역	문항	영역	문항	영역
01	p.158(W)	10	p.171(G)	19	pp.178~179(R)
02	p.156(W)	11	p.170(G)	20	pp.178~179(R)
03	p.162(L&T)	12	p.170(G)	21	pp.178~179(R)
04	p.161(L&T)	13	pp.170~171(G)	22	pp.178~179(R)
05	p.161(L&T)	14	p.170(G)	23	p.179(R)
06	p.161(L&T)	15	p.170(G)	24	p.179(R)
07	p.163(L&T)	16	p.178(R)	25	p.179(R)
08	p.163(L&T)	17	p.178(R)		
09	p.163(L&T)	18	p.178(R)		

제4회 오답 공략
부족한 영역
학습 계획

동아출판 영어 교재 가이드

영역	브랜드	초1~2	초3~4	초5~6	중1	중2	중3	고1	고2	고3
문법	[초·중등] 개념서 그래머 클리어 스타터 중학 영문법 클리어		Grammar CLEAR Starter 1	Grammar CLEAR Starter 2	중학 영문법 클리어 1	중학 영문법 클리어 2	중학 영문법 클리어 3			
	[중등] 문법 문제서 그래머 클라우드 3000제				그래머 클라우드 3000제 LEVEL 1	그래머 클라우드 3000제 LEVEL 2	그래머 클라우드 3000제 LEVEL 3			
	[중등] 실전 문제서 빠르게 통하는 영문법 핵심 1200제				빠르게 통하는 영문법 1200 1	빠르게 통하는 영문법 1200 2	빠르게 통하는 영문법 1200 3			
	[중등] 서술형 영문법 서술형에 더 강해지는 중학 영문법 [고등] 시험 영문법 시험에 더 강해지는 고등 영문법				서술형에 더 강해지는 중학 영문법 1	서술형에 더 강해지는 중학 영문법 2	서술형에 더 강해지는 중학 영문법 3	시험에 더 강해지는 고등영문법		
	[고등] 개념서 Supreme 고등 영문법							Supreme 고등영문법		
어법	[고등] 기본서 Supreme 수능 어법 기본 실전							Supreme 수능 어법 기본	Supreme 수능 어법 실전	
쓰기	[중등] 영작 집중 훈련서 중학 문법+쓰기 클리어				중학 문법+쓰기 클리어 1	중학 문법+쓰기 클리어 2	중학 문법+쓰기 클리어 3			
기출	[중등] 기출예상문제집 특급기출 (중간, 기말) 윤정미, 이병민					특급기출 중학 영어 2-2	특급기출 중학 영어 3-2			

동아출판이 만든 진짜 기출예상문제집

특급기출

중간고사

중학영어 2-1

윤정미

정답 및 해설

동아출판

My Happy Everyday Life

STEP A

Words 연습 문제   p. 9

A 01 공포
02 건축가
03 공상 과학 소설(영화)의
04 탐정, 형사
05 진실
06 종류; 친절한
07 흥미진진한, 신나는
08 사막
09 소고기
10 소개하다
11 문화
12 순간
13 고기
14 고전 음악, 클래식 음악
15 채소
16 낮잠
17 밖에, 밖에서
18 로맨틱한, 낭만적인
19 선물
20 (장편) 소설

B 01 exercise
02 sunset
03 peaceful
04 race
05 lie
06 survey
07 dessert
08 ride
09 especially
10 end
11 brush
12 win
13 pork
14 free time
15 practice
16 usually
17 boring
18 baker
19 soup
20 carrot

C 01 낮잠 자다
02 ~을 자랑스러워하다
03 모이다
04 ~을 잘하다
05 방과 후에
06 ~을 돌보다
07 사실은, 실제로

D 01 be proud of
02 after school
03 get together
04 in fact
05 be good at
06 take a nap
07 take care of

Words Plus 연습 문제   p. 11

A 1 nap, 낮잠 2 truth, 진실, 사실 3 especially, 특별히, 특히 4 desert, 사막 5 race, 경주, 시합 6 win, 이기다 7 carrot, 당근 8 joke, 농담
B 1 brushing 2 introduce 3 ride 4 boring 5 moments

C 1 good at 2 gets together 3 in fact 4 took a nap 5 took care of
D 1 outside 2 vegetable 3 sunset 4 peaceful 5 usually

A |해석|
1 낮 동안의 짧은 잠
2 어떤 것에 대한 참된 사실
3 특별한 방법으로; 평소보다 더
4 더운 장소에 있는 넓은 면적의 건조한 땅
5 누가 또는 무엇이 가장 빠른지를 보기 위한 시합
6 어떤 것을 가장 먼저 끝내거나 가장 잘하다
7 땅 아래에서 자라는 긴 주황색 채소
8 사람들을 웃기기 위해 말하거나 행동하는 재미있는 것

B |해석|
1 그녀는 자신의 길고 붉은 머리를 빗고 있다.
2 한국의 인기 있는 몇 가지 음식을 소개합니다.
3 나는 학교에 가기 위해 매일 자전거를 탄다.
4 그 영화는 지루해서 나는 거의 잠이 들 뻔했다.
5 그것은 그의 삶에서 가장 신나는 순간들 중 하나였다.

D |해석|
1 이기다 : 지다 = 안에 : 밖에
2 돼지고기 : 고기 = 당근 : 채소
3 시작하다 : 끝나다 = 일출 : 일몰
4 문화 : 문화의 = 평화 : 평화로운
5 주의 깊은 : 주의하여 = 보통의 : 보통

Words 실전 TEST   p. 12

01 ③ 02 dessert 03 ① 04 ③ 05 takes a, nap
06 ⑤ 07 ⑤

01 |해석| ① 이기다 – 지다 ② 시작하다 – 끝나다 ③ 고기 – 소고기 ④ 안에 – 밖에 ⑤ 일출 – 일몰
|해설| ③은 '전체 – 부분'의 관계이고, 나머지는 모두 반의어 관계이다.

02 |해설| '식사의 마지막에 먹는 달콤한 음식'을 뜻하는 단어는 dessert (후식)이다.

03 |해석| • 그는 그의 축구팀을 매우 자랑스러워한다.
• 나는 아이들을 돌보는 것을 잘한다.
|해설| be proud of는 '~을 자랑스러워하다'라는 뜻이고, take care of는 '~을 돌보다'라는 뜻이므로 빈칸에 공통으로 알맞은 말은 of 이다.

04 |해석| ① 그 마을은 매우 평화로워 보인다.
② 그녀는 방과 후에 동아리 활동이 있다.
③ 우리는 점심을 위해 곧 모여야 한다.
④ 나는 여가 시간 동안에 보드게임을 한다.
⑤ Tim은 고전 음악을 좋아하지만 나는 재즈를 좀 더 좋아한다.
|해설| ③ get together는 '모이다'라는 뜻이다.

05 |해설| '낮잠을 자다'는 take a nap이다. 주어가 3인칭 단수이므로 동사를 takes로 쓴다.

06 |해석| [보기] 나는 보통 아이스크림과 같은 후식을 먹는다.
① 나는 새 학급 친구들이 좋다.
② 초콜릿 케이크를 좋아하니?
③ 우리는 축구와 야구 둘 다 좋아한다.
④ 그녀는 여가 시간에 영화 보는 것을 좋아한다.
⑤ Tom은 동물원에서 사자나 코끼리 같은 동물들을 보았다.
|해설| [보기]와 ⑤는 '~와 같은'이라는 뜻의 전치사로 쓰였고, 나머지는 모두 '좋아하다'라는 뜻의 동사로 쓰였다.

07 |해석| ① 그녀는 매우 똑똑한 탐정이다.
② 모든 나라는 그들 자신의 문화를 가지고 있다.
③ 우리 할머니는 종종 내게 재미있는 농담을 하신다.
④ 사람들은 마침내 그 뉴스의 진실을 알았다.
⑤ 첫 기차가 일몰(→ 일출) 전 아침에 출발한다.
|해설| ⑤ 문맥상 '첫 기차가 일출 전 아침에 출발한다.'는 의미가 되어야 자연스러우므로, sunset(일몰)을 sunrise(일출)로 고쳐야 알맞다.

Listen and Talk 만점 노트 pp. 14~15

Q1 T   Q2 ⓐ   Q3 탐정 소설   Q4 ⓐ   Q5 F   Q6 ⓑ
Q7 T   Q8 공상 과학 소설   Q9 ⓐ   Q10 Bruce Lee

Listen and Talk 빈칸 채우기 pp. 16~17

Listen and Talk A-1 in your free time, like playing games, What kind of
Listen and Talk A-2 usually do, read books, kind of books, reading
Listen and Talk A-3 what do you do, listen to, do you listen to
Listen and Talk A-4 when you have, enjoy baking, usually make
Listen and Talk C what do you usually, exercise, What kind of exercise, in your free time, watching movies, do you like, Why don't we, this weekend
Talk and Play usually, books, novels
Review-1 what do you usually, detective stories
Review-2 you have free time, watch movies, What kind of movies

---

Listen & Talk 대화 순서 배열하기 pp. 18~19

1 ⓓ-ⓑ-ⓒ-ⓐ   2 ⓒ-ⓑ-ⓐ-ⓓ   3 ⓑ-ⓓ-ⓐ-ⓒ
4 ⓒ-ⓐ-ⓑ-ⓓ   5 ⓐ-ⓔ, ⓒ-ⓑ, ⓕ   6 ⓓ-ⓑ-ⓐ-ⓒ
7 ⓒ-ⓑ-ⓐ   8 ⓓ-ⓐ-ⓒ-ⓑ

Listen and Talk 실전 TEST pp. 20~21

01 ⑤   02 ②   03 ②   04 ④   05 ⑤   06 ③   07 ⑤
08 ①   09 ④

[서술형]
10 (1) What do you usually do in your free time?
(2) What kind of music do you listen to?
11 (1) play sports (2) playing soccer
12 (1) She (usually) listens to music (in her free time).
(2) He likes detective stories.

01 |해석| A: 너는 여가 시간이 있을 때 무엇을 하니?
B: 나는 아빠와 게임 하는 것을 좋아해.
① 언제 여가 시간이 있니?
② 지난 주말에 무엇을 했니?
③ 얼마나 오랫동안 게임을 했니?
④ 가장 좋아하는 컴퓨터 게임이 무엇이니?
|해설| 자신이 좋아하는 활동에 대해 답하고 있으므로 어떤 여가 활동을 하는지 묻는 말이 알맞다.

02 |해석| A: Clair, 너는 여가 시간에 무엇을 하는 것을 좋아하니?
B: 나는 운동하는 것을 좋아해.
A: 어떤 종류의 운동을 하니?
B: 나는 남동생과 테니스를 쳐.
① 너는 왜 운동하는 것을 좋아하니?
③ 너는 보통 어디서 테니스를 치니?
④ 너는 전에 테니스를 쳐 본 적이 있니?
⑤ 너는 일주일에 얼마나 자주 운동을 하니?
|해설| 테니스를 친다는 대답이 이어지므로 어떤 종류의 스포츠를 하는지 묻는 말이 알맞다.

03 |해석| A: 소라야, 너는 여가 시간에 보통 무엇을 하니?
(B) 나는 보통 TV를 봐.
(A) 어떤 종류의 TV 프로그램을 보니?
(C) 나는 요리 프로그램을 봐.

04 |해석| A: 안녕, Eric. 너는 여가 시간에 보통 무엇을 하니?
B: 나는 보통 책을 읽어.
A: 어떤 종류의 책을 읽니?
B: 나는 남동생과 함께 도서관에 가. 나는 Sherlock Holmes 이야기를 정말 좋아해.
|해설| ⓓ 평소에 어떤 종류의 책을 읽는지 묻는 말에 남동생과 함께 도서관에 간다는 대답은 어색하다.

[05~06] |해석|
A: Chris, 너는 여가 시간이 있을 때 무엇을 하니?
B: 나는 쿠키를 만들어. 나는 베이킹을 즐겨해.
A: 어떤 종류의 쿠키를 만드니?
B: 나는 보통 딸기 쿠키를 만들어. 나는 딸기를 정말 좋아해.

05 |해석| ① 언제 한가하니
② 지금 무엇을 하고 있니
③ 오늘 좋은 시간을 보냈니
④ 여가 시간이 얼마나 있니

⑤ 여가 시간을 어떻게 보내니

|해설| 밑줄 친 ⓐ는 여가 시간에 무엇을 하는지 묻는 말이므로 여가 시간을 어떻게 보내는지 묻는 ⑤와 바꿔 쓸 수 있다.

06 |해설| 밑줄 친 ⓑ를 영어로 옮기면 What kind of cookies do you make?이므로 4번째로 오는 단어는 cookies이다.

[07~09] |해석|
A: 수빈아, 너는 여가 시간에 보통 무엇을 하니?
B: 나는 밖에서 운동을 해.
A: 어떤 종류의 운동을 하니?
B: 나는 남동생과 배드민턴을 쳐. 나는 학교 배드민턴 팀에 속해 있어. 너는 여가 시간에 보통 무엇을 하니, Andy?
A: 나는 영화 보는 것을 좋아해.
B: 어떤 종류의 영화를 좋아하니?
A: 나는 액션 영화를 좋아해. 액션 영화는 재미있어.
B: 오, 나도 가끔 액션 영화를 봐. 우리 이번 주말에 액션 영화 보러 가는 게 어때?
A: 그래. 좋아.

07 |해설| 주어진 문장은 '우리 이번 주말에 액션 영화 보러 가는 게 어때?'라는 의미의 제안이므로 제안을 수락하는 Andy의 마지막 말 앞에 오는 것이 자연스럽다.

08 |해석| ① 나는 액션 영화를 좋아해.
② 나는 영화를 보러 가지 않아.
③ 나는 공포 영화를 좋아하지 않아.
④ 나는 영화 감독이 되고 싶어.
⑤ 나는 그 영화를 세 번 봤어.
|해설| 빈칸 앞에서 Andy가 어떤 종류의 영화를 좋아하는지 물었으므로 좋아하는 영화의 종류를 말하는 응답이 알맞다.

09 |해설| 수빈이는 가끔 액션 영화를 본다고 했으므로 ④가 대화의 내용과 일치하지 않는다.

10 |해설| (1) 어떤 여가 활동을 하는지 물을 때는 What do you usually do in your free time?으로 말한다.
(2) 상대방이 말한 대상의 구체적인 종류를 물을 때는 What kind of ~ do you ...?라고 말한다.

11 |해설| 안녕, 나는 준호야. 여가 시간에 난 보통 운동을 해. 나는 특히 축구하는 것을 좋아해.
A: 준호야, 여가 시간이 있을 때 무엇을 하니?
B: 나는 보통 (1) 운동을 해.
A: 너는 어떤 종류의 운동을 하니?
B: 나는 (2) 축구하는 것을 좋아해.

12 |해석| A: Emma, 너는 여가 시간에 보통 무엇을 하니?
B: 나는 보통 음악을 들어. 너는 어떠니, Chris?
A: 나는 책을 읽어. 나는 탐정 소설을 좋아해.
(1) Emma는 여가 시간에 보통 무엇을 하는가?
→ 그녀는 (여가 시간에 보통) 음악을 듣는 것을 좋아한다.
(2) Chris는 어떤 종류의 책을 좋아하는가?
→ 그는 탐정 소설을 좋아한다.
|해설| (1) Emma는 여가 시간에 보통 음악을 듣는다고 했다.
(2) Chris는 탐정 소설을 좋아한다고 했다.

G Grammar 핵심 노트 1 QUICK CHECK p. 22

1 (1) him the truth (2) for (3) the students science
2 (1) me a picture / a picture to me (2) her
  (3) for her sister

1 |해석| (1) 나는 그에게 진실을 말했다.
(2) 그는 어머니께 꽃을 사 드렸다.
(3) 박 선생님은 학생들에게 과학을 가르치셨다.

2 |해석| (1) 유나는 나에게 사진을 보여주었다.
(2) 그들은 그녀에게 생일 선물을 줬다.
(3) 수빈이는 그녀의 여동생에게 스파게티를 요리해 주었다.

G Grammar 핵심 노트 2 QUICK CHECK p. 23

1 (1) and (2) beautiful (3) were
2 (1) and (2) are (3) swimming

1 |해석| (1) 나는 고양이와 개를 둘 다 좋아한다.
(2) 그 섬은 조용하면서 아름답다.
(3) Sue와 Jake는 둘 다 컴퓨터 게임을 하고 있었다.

2 |해석| (1) 수지는 피자와 스파게티를 모두 만들었다.
(2) 엄마와 아빠 두 분 다 식사를 하고 계신다.
(3) James는 축구하는 것과 수영하는 것 둘 다 좋아한다.

G Grammar 연습 문제 1 p. 24

A 1 I gave him some advice. 2 He bought his son a jacket. 3 We showed Ann our pictures. 4 Did you send me a package?
B 1 teaches her brother math 2 bought Sally some cookies 3 send Sam the book
C 1 a long letter to Mina 2 dinner for her friends 3 the soccer ball to me 4 some cookies for the children
D 1 He brought a cup of milk to me. 2 Tom told us a funny story. 3 Will you get a movie ticket for her?

A |해석| 1 나는 그에게 몇 가지 조언을 했다.
2 그는 아들에게 재킷을 사 주었다.
3 우리는 Ann에게 우리의 사진들을 보여 주었다.
4 너는 내게 소포를 보냈니?
|해설| 수여동사가 사용된 4형식 문장은 「수여동사＋간접목적어＋직접목적어」의 형태로 쓴다.

B |해설| 수여동사가 사용된 4형식 문장이므로 「수여동사＋간접목적어＋직접목적어」 형태로 나타낸다.

C |해석| 1 Joe는 미나에게 긴 편지를 썼다.
2 Mia는 자신의 친구들에게 저녁을 요리해 줬다.

3 내게 축구공을 건네줘.
4 그녀는 아이들에게 쿠키를 좀 만들어 주었다.
|해설| 수여동사가 사용된 4형식 문장은 「수여동사+직접목적어+전치사+간접목적어」 형태의 3형식 문장으로 바꿔 쓸 수 있다. write와 pass는 전치사 to를, cook과 make는 전치사 for를 쓴다.

D |해설| 전치사가 없을 경우에는 「수여동사+간접목적어+직접목적어」, 전치사가 있을 경우에는 「수여동사+직접목적어+전치사+간접목적어」 형태로 쓴다.

Ⓖ Grammar 연습 문제 2
p. 25

A 1 were 2 makes 3 and 4 watching
B 1 tired and thirsty 2 Minho and James are
   3 visit the museum and see a movie
C 1 Adams can speak both Korean and Japanese.
   2 Both my sister and I are going to go shopping.
   3 There is food both on the table and in the refrigerator.
D 1 Steve visited both Paris and London.
   2 I enjoy both skating and skiing.
   3 Both Judy and her mother don't like spiders.

A |해석| 1 Tim과 나는 모두 학교에 늦었다.
   2 Jessica는 옷을 디자인하고 제작한다.
   3 그는 곤충과 공룡 둘 다에 관심이 있다.
   4 나는 소설을 읽는 것과 TV를 보는 것 둘 다 즐긴다.
   |해설| 1~2 both A and B가 주어로 사용되면 동사도 그에 맞게 복수형으로 써야 한다.
   3~4 'A와 B 둘 다'라는 뜻의 both A and B를 쓸 때에는 A와 B에 품사가 같은 단어나 같은 성격의 구를 써야 한다.

B |해석| 1 그는 피곤하다. 그는 또한 목이 마르다.
   → 그는 피곤하기도 하고 목이 마르기도 하다.
   2 민호는 수학을 잘한다. James도 수학을 잘한다.
   → 민호와 James는 둘 다 수학을 잘한다.
   3 우리는 박물관을 방문할 수 있다. 우리는 또한 영화를 볼 수 있다.
   → 우리는 박물관을 방문하고 영화를 보는 것을 둘 다 할 수 있다.
   |해설| both A and B를 쓸 때 A와 B에 명사, 형용사, 동사 등 품사가 같은 단어나 같은 성격의 구를 쓴다.

C |해설| 'A와 B 둘 다'라는 뜻은 both A and B로 나타내며 both A and B에서 A와 B에는 같은 성격의 품사나 구를 써야 한다.

D |해설| both A and B에서 A와 B에는 같은 성격의 품사나 구를 써야 하며, 주어로 쓸 때에는 복수 동사를 써야 하는 것에 유의한다.

Ⓖ Grammar 실전 TEST
pp. 26~29

01 ②	02 ③	03 ④	04 ⑤	05 ①	06 ④	07 ①
08 ②	09 ②	10 ⑤	11 ⑤	12 ⑤	13 ④	14 ②
15 ⑤	16 ④	17 ①				

[서술형]
18 Both(both) 19 (1) some more water for me (2) his son old photos 20 ⓑ → are 21 (1) gave Olivia a box of chocolates (2) gave a box of chocolates to Olivia
22 (1) made us some sandwiches (2) made some sandwiches for us 23 ⓒ → Grandma sent me a red sweater. / Grandma sent a red sweater to me.
24 (1) Both Jisu and Hojun are interested in art. (2) Both Emma and I want to be a movie star. (3) I finished both cleaning my room and doing my homework. (4) Mia can speak both French and German well. 25 (1) Both Tony and Jason like pizza. (2) Both Tony and Jason want to be a musician. (3) Both Tony and Jason are good at singing. (4) Both Tony and Jason are poor(not good) at swimming.

---

01 |해석| Parker 선생님은 우리에게 음악을 가르쳐 주신다.
   |해설| 「teach+간접목적어+직접목적어」 형태가 되어야 하므로 간접목적어 자리에 인칭대명사의 목적격 us가 오는 것이 알맞다.

02 |해석| 나의 여동생과 나는 둘 다 내일 박물관에 방문할 것이다.
   |해설| both A and B가 주어로 쓰이면 복수 취급하여 복수 동사가 쓰이므로 are가 알맞다. 부사 tomorrow가 있으므로 were는 알맞지 않다.

03 |해석| Simon은 내게 과학 잡지를 한 권 _____.
   ① 빌려줬다 ② 줬다 ③ 보냈다 ④ 사 줬다 ⑤ 보여 줬다
   |해설| buy는 간접목적어 앞에 for를 쓰는 동사이므로 빈칸에 들어갈 수 없다.

04 |해석| Chloe는 똑똑하기도 하고 _____기도 하다.
   ① 친절한 ② 예쁜 ③ 사랑스러운 ④ 정직한 ⑤ 아름답게
   |해설| both A and B에서 A와 B는 품사가 같은 단어나 같은 성격의 구가 온다. smart가 형용사이므로 빈칸에는 형용사가 와야 한다.

05 |해석| James는 내게 쿠키 한 박스를 보냈다.
   |해설| send는 3형식 문장에서 간접목적어 앞에 to를 쓰는 동사이다.

06 |해석| • 너와 나는 둘 다 틀리지 않다.
   • Dave는 달리기와 스키 타기 둘 다 잘한다.
   • 나는 피자와 스파게티 둘 다 먹고 싶다.
   |해설| both A and B가 주어로 사용될 때는 주어가 복수이므로 동사도 복수로 쓴다. A와 B에는 품사가 같은 단어나 같은 성격의 구가 온다.

07 |해석| ① Dave는 나를 위해 저녁을 요리했다.
   ② 나는 Sally에게 나의 배낭을 줄 것이다.
   ③ 너는 Jason에게 책을 빌려주었니?
   ④ 그녀는 그에게 문자 메시지를 보냈다.
   ⑤ 그는 가끔 우리에게 무서운 이야기들을 해 준다.
   |해설| cook은 간접목적어 앞에 for를 쓰는 동사이고, give, lend, send, tell은 간접목적어 앞에 to를 쓰는 동사이다.

08 |해석| ① 할아버지는 우리에게 장난감 배를 만들어 주셨다.
   ② 제게 여권을 보여 주시겠어요?
   ③ 지호와 미나는 둘 다 파티에 있었다.
   ④ Sarah는 그녀의 반지를 딸에게 줄 것이다.
   ⑤ Chris는 피아노와 플루트 둘 다 연주할 수 있다.

09 |해설| 「buy+간접목적어+직접목적어」 또는 「buy+직접목적어+for+간접목적어」의 순서로 쓴다.

10 |해설| 'A와 B 둘 다'라는 뜻은 both A and B로 나타내며, both A and B가 주어로 사용될 때는 항상 복수 동사를 쓴다.

11 |해석| • Mike는 나에게 팬케이크를 만들어 주었다.
• 이 선생님은 그들에게 감동적인 이야기를 해 주셨다.
• Ryan과 Katie는 둘 다 개 두 마리가 있다.
|해설| • 「수여동사(made)+간접목적어(me)+직접목적어(pancakes)」 형태로 써야 한다.
• 간접목적어는 목적격 형태로 써야 하므로 them이 알맞다.
• both A and B가 주어로 사용되면 주어가 복수이므로 have가 알맞다.

12 |해석| ① Jason은 그녀에게 자신의 새 차를 보여 주었다.
② 그녀는 딸에게 옷을 만들어 주었다.
③ 도쿄와 서울은 둘 다 큰 도시들이다.
④ 네게 사적인 질문을 하나 해도 되겠니?
⑤ White 씨는 현명하고 온화해 보인다.
|해설| ⑤ both A and B에서 A와 B에는 품사가 같은 단어가 들어가야 하므로 gentle과 같은 형용사인 wise가 알맞다.

13 |해석| Steve는 책을 읽는 것과 음악을 듣는 것 둘 다를 즐긴다.
|해설| both A and B에서 A와 B는 품사가 같은 단어나 같은 성격의 구가 오므로 reading과 같은 형태인 동명사를 써야 한다.

14 |해석| Steve는 액션 영화를 좋아한다. Jason도 액션 영화를 좋아한다.
② Steve와 Jason은 둘 다 액션 영화를 좋아한다.
|해설| Steve와 Jason 둘 다 액션 영화를 좋아하므로 both A and B를 주어로 써서 표현한다. 동사는 복수 동사로 쓰는 것에 유의한다.

15 |해석| ① 나는 내 여동생에게 필통을 주었다.
② Jordan은 그의 선생님께 이메일을 보냈다.
③ Judy는 노래하는 것과 춤추는 것 둘 다 즐긴다.
④ 우리 아빠와 엄마 두 분 다 매우 키가 크시다.
⑤ Peter는 우리에게 그의 새 야구 글러브를 보여 주었다.
|해설| ① 「수여동사+간접목적어+직접목적어」 형태로 써야 한다. (a pencil case my sister → my sister a pencil case)
② send는 간접목적어 앞에 to를 쓰는 동사이다. (for → to)
③ both A and B에는 품사가 같거나 같은 성격의 구가 오며, enjoy는 동명사를 목적어로 쓰는 동사이다. (to dance → dancing)
④ both A and B가 주어로 쓰이면 복수 취급한다. (is → are)

16 |해석| ① 나는 배가 고프고 목도 마르다.
② Amy와 나는 둘 다 캠핑 가는 것을 좋아한다.
③ 나는 프랑스어와 독일어 둘 다 배우고 싶다.
④ 우리 가족은 이번 여름에 발리나 하와이를 방문할 것이다.
⑤ Angela는 Scott와 Tommy 둘 다를 자신의 파티에 초대했다.
|해설| both A and B의 형태로 'A와 B 둘 다'의 의미를 나타내는데 ④는 빈칸 뒤에 or가 있으므로 빈칸에 both가 아니라 either가 알맞다. either A or B는 'A 또는 B 둘 중 하나'라는 뜻이다.

17 |해석| ⓐ 저에게 결과를 말씀해 주세요.
ⓑ 소금을 저에게 건네 주실 수 있을까요?
ⓒ 우리 삼촌은 나에게 이 의자를 만들어 주셨다.
ⓓ Hanks 선생님은 우리에게 역사를 가르쳐 주신다.
ⓔ 선생님은 Jane에게 어려운 질문을 하셨다.
|해설| tell, pass, teach는 간접목적어 앞에 to를, make는 for를, ask는 of를 쓰는 수여동사이다.

18 |해설| 'A와 B 둘 다'라는 뜻은 both A and B로 나타낸다.

19 |해석| (1) 제게 물을 좀 더 주시겠어요?
(2) Davis 씨는 그의 아들에게 오래된 사진들을 보여 주었다.
|해설| 「수여동사+간접목적어+직접목적어」 형태의 문장은 「수여동사+직접목적어+전치사+간접목적어」로 바꿔 쓸 수 있다. get은 간접목적어 앞에 전치사 for를 쓰고, show는 전치사 to를 쓴다.

20 |해석| Mason과 Olivia 둘 다 과제를 시간에 맞춰 끝내는 것에 대해 걱정하고 있다.
|해설| ⓑ both A and B가 주어로 쓰이면 복수 취급한다.

21 |해석| (1) Mark는 Olivia에게 초콜릿 한 상자를 주었다.
(2) Mark는 초콜릿 한 상자를 Olivia에게 주었다.
|해설| 「give+간접목적어+직접목적어」 또는 「give+직접목적어+to+간접목적어」의 형태로 쓴다.

22 |해석| (1) 아빠는 우리에게 샌드위치를 만들어 주셨다.
(2) 아빠는 샌드위치를 우리에게 만들어 주셨다.
|해설| 「make+간접목적어+직접목적어」 또는 「make+직접목적어+for+간접목적어」의 형태로 쓴다.

23 |해석| 어제는 내 생일이었다. 엄마는 내 생일을 위해 맛있는 음식을 요리해 주셨다. 아빠는 내게 새 자전거를 사 주셨다. 할머니는 내게 빨간 스웨터 한 벌을 보내 주셨다. 내 친구 Angela는 내게 재미있는 책을 주었다.
|해설| 「send+간접목적어+직접목적어」 또는 「send+직접목적어+to+간접목적어」의 형태로 쓴다.

24 |해석| (1) 지수는 예술에 관심이 있다. 호준이도 예술에 관심이 있다.
→ 지수와 호진이는 둘 다 예술에 관심이 있다.
(2) Emma는 영화 배우가 되고 싶다. 나도 영화 배우가 되고 싶다.
→ Emma와 나는 둘 다 영화 배우가 되고 싶다.
(3) 나는 내 방 청소를 끝냈다. 나는 또한 내 숙제를 끝냈다.
→ 나는 내 방 청소와 내 숙제를 둘 다 끝냈다.
(4) Mia는 프랑스어를 잘 말할 수 있다. 그녀는 또한 독일어도 잘 말할 수 있다.
→ Mia는 프랑스어와 독일어 둘 다 잘 말할 수 있다.
|해설| both A and B에서 A와 B에는 품사가 같은 단어나 같은 성격의 구가 오며, both A and B가 주어 역할을 할 때는 항상 복수 동사를 쓴다.

25 |해석| [예시] Tony와 Jason 둘 다 정직하다.
(1) Tony와 Jason 둘 다 피자를 좋아한다.
(2) Tony와 Jason 둘 다 음악가가 되기를 원한다.
(3) Tony와 Jason 둘 다 노래를 잘한다.
(4) Tony와 Jason 둘 다 수영을 잘 못한다.
|해설| 두 사람의 공통점을 찾아 both A and B 구문을 주어로 써서 문장을 쓴다.

pp. 32~33

R Reading 빈칸 채우기

01 I'm **02** live in **03** tell, about **04** show me, pictures **05** my name is **06** favorite time **07** usually, around **08** On most, gets together **09** have **10** dessert like **11** After lunch, take, nap **12** Both, and **13** live near, Desert **14** when, ride **15** important **16** Almost **17** In fact, before **18** take, care of **19** brush, give him **20** riding, sunset **21** Then, peaceful **22** live in **23** My favorite time **24** are on **25** I'm happiest when **26** boring because, many **27** from, won races **28** proud of **29** Both, and, like

R Reading 바른 어휘·어법 고르기

pp. 34~35

01 in **02** of **03** me **04** is **05** is **06** ends **07** has **08** have **09** dessert **10** take **11** and **12** Desert **13** when **14** our **15** ride **16** before **17** of **18** often brush **19** riding **20** peaceful **21** and **22** running **23** on **24** happiest **25** because **26** from **27** of **28** want

R Reading 틀린 문장 고치기

pp. 36~37

01 ○ **02** ×, in **03** ×, about **04** ×, me **05** ○ **06** ×, of the day **07** ○ **08** ×, On **09** ○ **10** ○ **11** ×, take **12** ×, and **13** ○ **14** ×, when **15** ×, are **16** ×, can ride **17** ○ **18** ○ **19** ×, give **20** ×, riding **21** ○ **22** ×, live in **23** ○ **24** ×, are **25** ○ **26** ×, boring **27** ○ **28** ×, of **29** ○

R Reading 실전 TEST

pp. 40~43

01 ④ **02** ③ **03** ⑤ **04** ② **05** ④ **06** ④ **07** ①
08 ② **09** ② **10** ④ **11** ④ **12** ③ **13** ① **14** ③
15 ⑤ **16** ⑤ **17** ② **18** ⑤

[서술형]

19 favorite time of the day **20** like **21** (1) big, long lunch (2) soup, vegetables, and meat (3) a short nap **22** (1) bored → happy (2) washes → brushes **23** Both my friend, Tamu, and I are **24** can see many animals

[01~06] |해석|

안녕! 나는 소민이야. 나는 15살이고, 한국에 살아. 너희들이 하루 중 좋아하는 시간에 대해 내게 말해 줘. 너희들은 또한 나에게 사진 몇 장을

보여 줘도 돼.

안녕, 내 이름은 Diego이고, 나는 스페인의 세비야에 살아. 내가 하루 중 가장 좋아하는 시간은 점심시간이야. 우리 학교는 보통 오후 2시쯤 끝나. 대부분의 날에 우리 가족은 모여서 푸짐하고 긴 점심 식사를 해. 우리는 보통 수프, 채소, 그리고 고기를 먹어. 우리는 또한 추로스와 같은 후식도 먹어. 점심 식사 후에 우리는 보통 시에스타, 즉 짧은 낮잠을 자. 나는 우리 정원에 있는 나무 아래에서 자는 것을 좋아해. 나의 아버지도 또한 그것을 좋아해.

01 |해설| ⓐ tell A about B는 'A에게 B에 관해 말하다'라는 뜻이다.
ⓑ 요일이나 날짜, 특정한 날 앞에는 전치사 on을 쓴다.

02 |해설| 밑줄 친 우리말은 수여동사 show가 있는 문장이므로 You can also show me some pictures. 또는 You can also show some pictures to me.로 쓸 수 있다.

03 |해설| 점심을 먹은 후에 낮잠 자는 것을 즐긴다는 내용이므로 점심 식사에 대한 내용이 끝나는 ⑤에 들어가는 것이 알맞다.

04 |해설| '아버지와 나는 둘 다 정원에 있는 나무 아래에서 자는 것을 좋아한다.'라는 의미가 되어야 하므로, 'A와 B 둘 다'라는 뜻의 both A and B로 나타낸다.

05 |해설| Diego의 가족 구성원이 총 몇 명인지는 언급되어 있지 않다.

06 |해석| ① 소민은 다른 사람들이 가장 좋아하는 음식에 대해 알고 싶다.
② Diego는 학교 식당에서 점심 식사를 한다.
③ Diego는 주말에만 가족들과 점심을 먹는다.
④ Diego의 가족은 점심으로 채소와 고기를 즐긴다.
⑤ Diego와 그의 가족은 보통 어떤 후식도 먹지 않는다.
|해설| Diego의 가족은 점심 식사로 보통 수프, 채소와 고기를 먹는다고 했으므로, ④가 글의 내용과 일치한다.

[07~12] |해석|

안녕! 내 이름은 Tabin이고, 나는 몽골에 있는 고비 사막 근처에 살아. 나는 내 말을 탈 때 행복해. 말은 우리 문화에서 중요해. 몽골에서는 거의 모든 사람이 말을 탈 수 있어. 실제로, 우리는 "우리는 걷기도 전에 말을 탄다."라고 말해.

나는 내 말을 잘 돌봐. 나는 종종 내 말의 털을 빗겨 주고 당근을 줘. 나는 특히 해 지기 전 저녁에 말 타는 것을 즐겨. 그때는 하늘이 붉고 모든 것이 평화로워.

07 |해석| ① 나는 내 말을 탄다
② 나는 일몰을 본다
③ 나는 사막에서 걷는다
④ 나는 채소를 많이 먹는다
⑤ 나는 다른 문화들에 대해 배운다
|해설| 뒤에 말을 타는 것을 즐긴다는 내용이 나오므로 빈칸에는 Tabin이 자신의 말을 탈 때 가장 행복하다는 내용이 되도록 ①이 들어가는 것이 알맞다.

08 |해설| (A) '고비 사막'이라는 뜻이 되어야 하므로 Desert(사막)가 알맞다. / dessert: 후식
(B) 뒤에 말을 빗질해 주고 당근을 준다고 했으므로 잘(good) 돌본다는 뜻이 되어야 한다.
(C) 앞에 저녁(the evening)이라고 했으므로 sunset(일몰)이 알맞다. / sunrise: 일출

09 |해석| ① 그러나 ② 사실 ③ 그렇지 않으면

④ 그에 반해서 ⑤ 반면에

|해설| 빈칸 뒤에 앞에서 언급한 내용에 대해 부연 설명하는 말이 이어지므로 In fact(사실, 실제로)가 가장 알맞다.

10 |해설| ④ 「give+간접목적어+직접목적어」의 어순이므로 간접목적어를 전치사 없이 him으로 써야 한다.

11 |해설| ④ 자신의 말을 빗질해 주고 당근을 준다는 내용은 있지만 당근을 재배한다는 내용은 언급되지 않았다.

12 |해석| ① Tabin의 고향
② 다양한 몽골의 동물들
③ Tabin이 하루 중 가장 좋아하는 시간
④ 몽골의 아름다운 자연
⑤ 몽골의 문화적 전통
|해설| Tabin이 하루 중 가장 좋아하는 시간에 대해 쓴 글이다.

[13~18] |해석|

안녕! 나는 Musa이고, 케냐의 나이로비에 살아. 내가 하루 중 가장 좋아하는 시간은 달리기 연습 시간이야. 내 친구 Tamu와 나는 학교 달리기 팀에 속해 있어. 나는 Tamu와 함께 달리기를 할 때 가장 행복해. 우리의 연습 시간은 지루하지 않아. 왜냐하면 많은 동물들을 볼 수 있거든.
케냐 출신의 많은 달리기 선수들이 올림픽 경주에서 우승을 했어. 나는 그들이 정말 자랑스러워. Tamu와 나는 둘 다 그들처럼 되고 싶어 해.

13 |해설| ⓐ of the day: 하루 중
ⓒ be proud of: ~을 자랑스러워하다

14 |해설| ① ~지만 ② ~하지 않으면 ③ ~ 때문에
④ ~ 전에 ⑤ 비록 ~이지만
|해설| 달리기 연습 시간이 지루하지 않은 이유가 빈칸 뒤에 이어서 나오므로, '~ 때문에'의 의미를 나타내는 접속사 because가 알맞다.

15 |해설| ⑤ both A and B가 주어로 쓰일 경우 복수 취급하므로 복수 동사가 와야 한다. (→ want)

16 |해석| ① Musa의 친구들
② 학교 달리기 팀들
③ 케냐에 사는 많은 동물들
④ Musa와 Tamu를 지원하는 사람들
⑤ 올림픽 경기에서 우승한 케냐의 주자들
|해설| 밑줄 친 them은 앞 문장 Many runners from Kenya won races in the Olympics.에서 언급한 '올림픽 경기에서 우승한 케냐 출신의 주자들'을 가리킨다.

17 |해석| Q: Musa는 언제 가장 행복한가?
A: 그는 Tamu와 함께 달릴 때 가장 행복하다.
① Tamu와 함께 이야기하다
③ 많은 동물들을 보다
④ 혼자 달리기 연습을 하다
⑤ 그의 친구들과 함께 학교에 가다
|해설| I'm happiest when I run with Tamu.에서 Musa가 가장 행복할 때는 Tamu와 함께 달리기를 할 때라는 것을 알 수 있다.

18 |해설| 케냐에는 올림픽 경주에서 우승한 달리기 선수들이 많고 Tamu와 자신은 그들처럼 되고 싶어 한다는 내용은 있지만, ⑤는 본문에 언급되지 않았다.

19 |해설| 아래 단락에서 Diego가 자신이 하루 중 가장 좋아하는 시간인 점심시간에 대해서 설명하는 것으로 보아 favorite time of the day

가 알맞다.

20 |해설| ⓑ는 '~와 같은'이라는 의미의 전치사 like가 알맞다.
ⓒ는 주어가 Both my father and I이므로 '좋아하다'라는 의미의 복수 동사 like가 알맞다.

21 |해석| 소민: Diego, 너는 학교에서 친구들과 점심을 먹니?
Diego: 아니. 나는 보통 집에서 가족들과 푸짐하고 긴 점심 식사를 해.
소민: 그거 즐겁겠구나. 너는 점심으로 주로 뭘 먹니?
Diego: 나는 주로 수프, 채소, 그리고 고기를 먹어.
소민: 점심 식사 후에는 뭘 하니?
Diego: 나는 시에스타를 가져.
소민: 시에스타라고? 그게 뭐니?
Diego: 그건 짧은 낮잠이야.

22 |해석| (1) Tabin은 그녀의 말을 탈 때 지루하다(→ 행복하다).
(2) Tabin은 종종 그녀의 말을 씻기고(→ 빗겨 주고) 당근을 준다.

23 |해석| 내 친구 Tamu와 나는 둘 다 학교 달리기 팀에 속해 있다.
|해설| Tamu와 글쓴이 둘 다 학교 달리기 팀에 속해 있으므로 both A and B(A와 B 둘 다)를 주어로 사용해 표현한다.

24 |해석| 왜 Musa는 달리기 훈련 시간이 지루하지 않다고 생각하는가?
→ 그가 많은 동물들을 볼 수 있기 때문이다.

Ⓜ 기타 지문 실전 TEST p.45

| 01 ④ | 02 ① | 03 ② | 04 four or five times a day |
| 05 ⓒ → bought me some flowers / bought some flowers for me | 06 ③ | 07 my brother tells me funny jokes |

[01~02] |해석|

안녕. 나는 수진이야. 여가 시간에 나는 보통 음악을 들어. 나는 특히 랩 음악을 듣는 것을 좋아해. 내가 가장 좋아하는 랩 가수는 DJ Star야.

01 |해설| ① 그 노래를 왜 그렇게 좋아하니?
② 지금 어떤 음악을 듣고 있니?
③ 어젯밤 콘서트는 어땠니?
④ 여가 시간이 있을 때 무엇을 하니?
⑤ 여가 시간에 어떤 종류의 음악을 듣니?
|해설| 여가 시간에 하는 일에 대해 말하고 있으므로 여가 시간에 무엇을 하는지 묻는 표현인 ④가 알맞다.

02 |해설| 앞에서 여가 시간에 음악을 듣는다고 했고 뒤에서 좋아하는 랩 가수를 말하고 있으므로 빈칸에는 rap music이 알맞다.

[03~04] |해석|

a. 몽골의 일부 사람들은 한 장소에서 오랫동안 살지 않는다. 그들은 동물들을 데리고 이동한다.
b. 스페인의 사람들은 보통 하루에 네 번 또는 다섯 번의 식사를 한다. 그들은 식사와 식사 사이에 타파스를 먹는다.
c. 케냐에는 사자, 얼룩말, 코끼리, 그리고 기린과 같은 동물들이 있는 국립 공원이 많다.

03 |해설| 주어진 문장은 '동물들을 데리고 돌아다닌다'라는 뜻이므로 한 장소에서 오랫동안 살지 않는다는 내용 뒤인 ②에 들어가야 알맞다.

04 |해석| 스페인 사람들은 보통 하루에 몇 번 식사를 하는가?
→ 그들은 보통 하루에 네 번 또는 다섯 번 식사를 한다.
|해설| 스페인 사람들은 보통 하루에 네 번 또는 다섯 번의 식사를 한다고 했다.

05 |해석| 일기장에게,
오늘은 내 생일이었어. 엄마는 나에게 책을 주셨어. 진호는 나에게 야구 모자를 보내 주었어. Kate는 나에게 꽃을 사 주었어. 나는 오늘 정말 행복했어.
|해설| ⓒ buy는 간접목적어 앞에 전치사 for를 쓰는 동사이다. 전치사를 쓰지 않고 「buy+간접목적어+직접목적어」의 형태로 쓸 수도 있다.

[06~07] |해석|
나의 행복한 순간들
나는 흥미진진한 소설을 읽을 때 행복하다.
나는 사탕을 먹을 때 행복하다.
나는 내 남동생이 나에게 웃기는 농담을 할 때 행복하다.
나는 방과 후에 친구들과 놀 때 행복하다.

06 |해석| ① 나의 새 친구들　② 내가 가장 좋아하는 책
③ 나의 행복한 순간들　④ 내가 여가 시간을 보내는 방법
⑤ 방과 후에 할 재미있는 것들
|해설| I'm happy when ~.(나는 ~할 때 행복하다.)이 반복되는 것으로 보아 글쓴이가 행복을 느끼는 순간들이 무엇인지에 관한 내용이므로, ③ '나의 행복한 순간들'이 제목으로 가장 알맞다.

07 |해설| 6단어로 써야 하므로 「tell+간접목적어+직접목적어」의 순서로 쓴다.

STEP **B**

W Words 고득점 맞기　　　　pp. 46~47

01 ④	**02** ③	**03** ⑤	**04** ③	**05** ③	**06** ②	**07** ④
08 ④	**09** ④	**10** were proud of	**11** ③	**12** ③	
13 ①	**14** ③	**15** ④			

01 |해설| ④ '더운 장소에 있는 넓은 면적의 건조한 땅'은 사막(desert)이다.

02 |해설| pork(돼지고기)는 meat(고기)의 한 종류이므로 빈칸에는 vegetable(채소)의 종류가 와야 한다. 따라서 carrot(당근)이 알맞다.

03 |해석| ① 너는 네 신발을 솔질할 필요가 있다.
② 내 여동생은 자신의 머리를 빗질하지 않는다.
③ 나는 항상 하루에 세 번 양치질을 한다.
④ 그 남자는 내게 어떻게 말의 털을 빗겨 주는지 보여 주었다.
⑤ 우리는 고양이를 위한 새 빗을 사기를 원했다.
|해설| ⑤는 '빗'이라는 의미의 명사로 쓰였으며 나머지는 '솔질(빗질, 양치질)하다'라는 의미의 동사로 쓰였다.

04 |해석| • 그는 시간제로 근무하면서 개들을 돌봤다.
• 우리 할머니는 오후에 짧게 낮잠을 주무셨다.
|해설| take care of는 '~을 돌보다'라는 뜻이고, take a nap은 '낮잠을 자다'라는 뜻이므로, 빈칸에는 take의 과거형 took이 공통으로 들어가야 한다.

05 |해설| ① 시작하다 : 시작하다 = 진실 : 사실
② 책 : 소설 = 직업 : 건축가
③ 지루한 : 신나는 = 끝나다 : 끝나다
④ 안에 : 밖에 = 일몰 : 일출
⑤ 보통의 : 보통 = 평화로운 : 평화롭게
|해설| ③은 각각 반의어와 유의어로 짝지어져 있으므로 관계가 서로 같지 않다. ①은 유의어, ②는 '전체 – 부분', ④는 반의어, ⑤는 '형용사 – 부사'의 관계이다.

06 |해석| 우리 달리기 팀은 지난 대회에서 경주에 졌다. 경주 후에 우리는 많이 연습했고 마침내 이번 경주에서 이겼다!
|해설| 지난 대회에서는 졌지만 연습을 열심히 하여 이번 대회에서는 이겼다는 흐름이 자연스러우므로 각각 lose(지다)와 win(이기다)의 과거형인 lost, won이 알맞다.

07 |해석| ① 낮잠: 낮 동안의 짧은 잠
② 지루한: 흥미롭거나 신나지 않는
③ 보여 주다: 누군가에게 무엇을 보게 하다
④ 보통: 특별한 방법으로; 평소보다 더
⑤ 후식: 식사 마지막에 먹는 달콤한 음식
|해설| ④ usually는 '보통'의 의미이며 '특별한 방법으로; 평소보다 더'에 해당하는 단어는 especially이다.

08 |해석| ① 진실: 어떤 것에 대한 참된 사실
② 경주: 누가 또는 무엇이 가장 빠른지를 보기 위한 시합
③ 농담: 사람들을 웃기기 위해 말하거나 행동하는 재미있는 것
④ 일출: 하루가 끝날 무렵 해가 질 때
⑤ 연습: 무언가를 더 잘하기 위해 규칙적으로 어떤 것을 하는 활동
|해설| ④ '하루가 끝날 무렵 해가 질 때'를 의미하는 단어는 sunrise(일출)가 아닌 sunset(일몰)이다.

09 |해석| 식사: 매일 규칙적인 시간에 먹는 음식
① 매일 버리는
② 어려운 사람들과 나누는
③ 특별한 날에만 준비하는
⑤ 아침과 점심 사이에 먹는
|해설| meal은 '식사, 끼니'라는 의미이므로, 영영풀이는 '매일 규칙적인 시간에 먹는 음식'이 알맞다.

10 |해설| be proud of: ~을 자랑스러워하다

11 |해석| ① 나는 그녀의 책, 특히 소설을 정말 좋아한다.
② 그는 여가 시간에 록 음악을 듣는다.
③ Jason은 이탈리아 요리를 매우 잘한다.
④ 나는 방과 후에 내 친구들과 축구를 했다.
⑤ 소민이는 영어를 잘한다. 사실은, 그녀는 런던에 살았다.
|해설| ③ be good at은 '~을 잘하다, ~에 능숙하다'라는 뜻이다.

12 |해석| Fred는 호주에서 왔다. 그는 그 나라와 그곳의 문화에 대해 우리에게 많이 이야기한다.
|해설| 호주 출신이어서 자신의 나라와 그 나라의 문화에 대해 많이 이

야기한다는 내용이 자연스러우므로 빈칸에는 culture(문화)가 알맞다.

13 |해석| 어떤 종류의 책을 읽는 것을 즐기니?
　① 사람이나 사물의 유형
　② 사람들을 웃게 하는 재미있는 극
　③ 가상의 등장인물과 사건에 관한 긴 이야기
　④ 매일 경험한 것을 적는 책
　⑤ 고유의 생각, 믿음, 행동 양식을 가진 사회
　|해설| 맥락상 빈칸에는 '종류'라는 의미의 kind가 들어가야 하고, kind의 영영풀이는 ① '사람이나 사물의 유형'이다.

14 |해석| ① 누가 어제 경기를 이겼니?
　　　나는 내 여동생과 거리를 내려가며 경주했다.
　② 배드민턴은 좋은 운동이다.
　　　나는 매 주말마다 체육관에서 운동한다.
　③ 훌륭한 선수가 되기 위해, 나는 많이 연습한다.
　　　우리는 대회를 위해 더 많이 연습해야 한다.
　④ 동물원 사육사는 코끼리들을 잘 돌본다.
　　　Sarah는 내 감정에 대해 신경쓰지 않았다.
　⑤ Parker 씨는 그의 새 차에 우리를 태워 주었다.
　　　나는 이번 여름에 말을 타는 법을 배울 것이다.
　|해설| ③ practice는 두 문장에서 모두 '연습하다'라는 뜻의 동사로 쓰였다.

15 |해석| ① 이른 아침 시간은 평화롭다. (= 조용하고 고요한)
　② 영화가 끝날 때까지 조용히 해 주세요. (= 끝나다)
　③ 그는 매년 100미터 경주에서 이긴다. (= 첫 번째로 끝나다)
　④ Jason은 서울에서 거의 2년간 살았다. (= ~ 이상)
　⑤ 우리 가족 모두는 크리스마스에 모인다. (= 모이다)
　|해설| ④ almost는 '거의'라는 의미이므로 nearly와 바꿔 쓸 수 있다. more than은 '~ 이상의, ~보다 많이'라는 의미이다.

L&T Listen and Talk 고득점 맞기　　　pp. 50~51

01 ①　02 ②, ⑤　03 ③　04 ②　05 ④　06 ①
07 what do you usually do in your free time
08 (A) What kind of exercise　(B) What kind of movies
09 exercising outside, playing badminton, badminton team　10 ⓔ play badminton → watch((go) see) an action movie　11 free time　12 He enjoys playing baduk with his dad.

01 |해석| A: _____
　B: 나는 그림 그리는 것을 좋아해.
　① 직업이 무엇이니?
　② 여가 시간을 어떻게 보내니?
　③ 여가 시간에 무엇을 하기를 좋아하니?
　④ 여가 시간이 있을 때 무엇을 하니?
　⑤ 한가할 때 무엇을 하는 것을 즐기니?
　|해설| 그림 그리는 것을 좋아한다고 답하고 있으므로 여가 활동에 대해 묻는 말이 알맞다. ①은 직업이 무엇인지 묻는 표현이다.

02 |해석| A: 여가 시간에 무엇을 하니?

B: 나는 보통 여동생과 쇼핑을 가. 너는 어때?
A: _____
　① 나는 이 티셔츠를 샀어.
　② 나는 음악 듣는 것을 즐겨.
　③ 나는 패션 디자이너가 되고 싶어.
　④ 나는 내일 내 여동생을 볼 거야.
　⑤ 나는 공원에서 내 개 두 마리를 산책시키는 것을 정말 좋아해.
　|해설| 자신이 여가 시간에 주로 하는 것을 말한 후 상대방은 어떤지 How about you?라고 묻고 있으므로, 즐기거나 좋아하는 것을 답한 ②와 ⑤가 알맞다.

03 |해석| ① A: 어떤 종류의 동물을 좋아하니?
　　　B: 코알라. 정말 귀여워.
　② A: 나는 한가할 때 책을 읽으며 시간을 보내.
　　　B: 어떤 종류의 책 읽는 걸 좋아하니?
　③ A: 너는 여가 시간에 무엇을 하는 것을 즐기니?
　　　B: 이번 주말에 자전거를 타는 게 어떠니?
　④ A: 여가 시간이 있을 때 무엇을 하니?
　　　B: 나는 종종 축구나 농구를 해.
　⑤ A: 어떤 종류의 활동을 하는 것을 즐기니?
　　　B: 나는 등산이나 낚시 같은 야외 활동을 즐겨.
　|해설| ③ 여가 시간에 무엇을 하는지 묻는 질문에 제안하는 표현인 Why don't we ~?로 답하는 것은 어색하다.

04 |해석| (B) 여가 시간을 어떻게 보내니?
　(D) 나는 보통 남동생과 영화를 봐.
　(C) 어떤 종류의 영화를 보니?
　(A) 우리는 공포 영화를 좋아해.

05 |해석| 소라: Chris, 너는 여가 시간이 있을 때 무엇을 하니?
　Chris: 나는 쿠키를 만들어. 나는 베이킹을 즐겨.
　소라: 어떤 종류의 쿠키를 만드니?
　Chris: 나는 보통 딸기 쿠키를 만들어. 나는 딸기를 정말 좋아해.
　① 소라는 여가 시간에 무엇을 하는 것을 좋아하는가?
　② 소라는 어떤 종류의 쿠키를 좋아하는가?
　③ Chris는 언제 베이킹을 시작했는가?
　④ Chris는 어떤 종류의 과일을 좋아하는가?
　⑤ Chris는 얼마나 자주 베이킹 수업을 듣는가?
　|해설| Chris는 딸기를 좋아해서 주로 딸기 쿠키를 만든다고 했으므로 답할 수 있는 질문은 ④이다.

06 |해석| Jason은 Tommy가 여가 시간에 게임을 즐긴다는 것을 알고 있다. Jason은 Tommy가 가장 좋아하는 게임이 무엇인지 알고 싶다.
　① 너는 어떤 종류의 게임을 좋아하니?
　② 너는 게임하는 방법을 아니?
　③ 내일 무엇을 할 거니?
　④ 내일 우리 집에 올 수 있니?
　⑤ 하루에 몇 시간 동안 컴퓨터 게임을 하니?
　|해설| Tommy가 좋아하는 게임이 무엇인지 알고 싶어 하는 상황이므로 어떤 종류의 게임을 좋아하는지 묻는 ①이 알맞다.

07 |해설| 여가 활동을 물을 때 What do you (usually) do in your free time?을 사용할 수 있다.

08 |해설| 각 문장에서 What kind of ~ do you ...?로 상대방이 말한 대상의 구체적인 종류를 물을 수 있다.

09 |해석| 수빈이는 여가 시간이 있을 때 야외에서 운동하는 것, 특히 배드민턴 치는 것을 즐긴다. 그녀는 학교 배드민턴 팀의 일원이다.

10 |해석| ⓐ 수빈이는 여가 시간에 운동하는 것을 좋아한다.
ⓑ 수빈이는 학교 배드민턴 팀에 속해 있다.
ⓒ Andy는 한가할 때 영화 보는 것을 즐긴다.
ⓓ Andy는 액션 영화가 재미있다고 생각한다.
ⓔ 수빈이와 Andy는 이번 주말에 배드민턴을 칠 것이다(→ 영화를 볼 (보러 갈) 것이다).
|해설| ⓔ 수빈이와 Andy는 이번 주말에 함께 액션 영화를 보러 가기로 했다.

[11~12] |해석|
미나: 하준아, 너는 여가 시간에 보통 무엇을 하니?
하준: 나는 아빠와 게임을 하는 것을 좋아해.
미나: 어떤 종류의 게임을 하니?
하준: 나는 보통 바둑을 둬.

11 |해석| 미나와 하준이는 하준이의 여가 시간 활동에 대해 이야기하고 있다.
|해설| 미나가 하준이에게 여가 시간에 무엇을 하는지 묻고 하준이가 그에 대해 답하고 있으므로 여가 시간 활동에 대해 대화하고 있음을 알수 있다

12 |해석| Q: 하준이는 여가 시간이 있을 때 무엇을 하는가?
A: 그는 아빠와 바둑을 둔다.

Ⓖ Grammar 고득점 맞기
pp. 52~54

01 ③　**02** ②　**03** ①, ⑤　**04** ⑤　**05** ④　**06** ④
07 ⑤　**08** ③　**09** ②　**10** ④　**11** (1) I wrote Tom a long letter. / I wrote a long letter to Tom. (2) He is good at both swimming and running.　**12** were absent from school today　**13** a bunch of flowers for his girlfriend
14 (1) ⓑ or → and　(2) ⓒ to → for　(3) ⓔ was → were
15 (1) Kevin gave Lisa a blue cap. (2) Susan sent Lisa a red scarf. (3) Eric bought Lisa two comic books.
16 I made (a) pizza for my family.　**17** (1) her dad a scarf (2) Both Ann and Emily　**18** (1) Both Minho and Jisu are in the second grade. (2) Both Minho and Jisu like science. (3) Both Minho and Jisu are good at dancing. (4) Both Minho and Jisu want to be an animal doctor.

01 |해석| • 엄마는 나에게 멋진 티셔츠를 사 주셨다.
• 아빠는 가끔 우리에게 사과 파이를 만들어 주신다.
|해설| 수여동사 buy와 make는 3형식 문장으로 쓸 때 간접목적어 앞에 전치사 for를 쓴다.

02 |해석| 우리 형은 조종사가 되기를 원한다. 나도 조종사가 되기를 원한다.
→ 우리 형과 나는 둘 다 조종사가 되고 싶다.
|해설| '우리 형과 나는 둘 다 비행기 조종사가 되기를 원한다.'는 문장이 되어야 하므로 both A and B(A와 B 둘 다)로 나타낸다

03 |해설| 수여동사 make가 사용된 4형식 문장은 「make+간접목적

어+직접목적어」로 쓰고, 「make+직접목적어+for+간접목적어」 형태의 3형식 문장으로 바꿔 쓸 수 있다.

04 |해석| • 이 영화는 무서우면서 흥미진진하다.
• Ben과 나는 스키 타는 것과 스노보드 타는 것 둘 다 즐긴다.
• 나는 부산과 제주도 두 곳 다 여행하고 싶다.
• 내 여동생과 나 둘 다 음악 듣는 것을 좋아한다.
• Emma와 Harry 둘 다 우리 학교 밴드의 일원들이다.
|해설| both A and B는 'A와 B 둘 다'라는 의미이며 주어로 사용되면 복수 취급하여 복수 동사를 쓴다.

05 |해석| ① 진실을 누구에게도 말하지 말아줘.
② 나는 영어와 스페인어 둘 다 말할 수 있다.
③ 아이들과 어른들 모두 그 책을 좋아한다.
④ 그들은 아름답고 행복하게 춤을 췄다.
⑤ 내 친구 Jason은 내게 문자 메시지를 보냈다.
|해설| ④ both A and B의 A와 B는 같은 품사가 와야 하고, danced를 수식하는 부사가 와야 하므로 형용사 beautiful을 부사 beautifully로 바꿔야 알맞다.

06 |해석| ① 선생님은 우리에게 학급 규칙을 이야기해 주셨다.
② 나에게 네 가족 사진을 보여 주렴.
③ Mia와 나는 둘 다 요가 수업을 받고 있다.
④ 그는 남동생에게 스마트폰을 주었다.
⑤ 엄마는 시장에서 소고기와 돼지고기 둘 다 사셨다.
|해설| ④ 「give+간접목적어+직접목적어」 또는 「give+직접목적어+to+간접목적어」로 써야 한다. (the smartphone his brother → his brother the smartphone / the smartphone to his brother)

07 |해석| ① Jessy는 나에게 자신의 방을 보여 주었다.
② 이 선생님은 너희에게 역사를 가르치실 것이다.
③ 네 카메라를 Jeff에게 빌려 주었니?
④ 사서에게 책을 주세요.
⑤ 그 요리사는 나에게 토마토 스파게티를 요리해 주었다.
|해설| 수여동사 show, teach, lend, give가 사용된 3형식 문장은 간접목적어 앞에 전치사 to를 쓰고, cook은 for를 쓴다.

08 |해석| ① 그녀는 그녀의 강아지에게 간식을 좀 주었다.
② 내 친구는 내게 좋은 좌석을 찾아 주었다.
③ 차가운 물을 좀 갖다주시겠어요?
④ 종업원은 우리에게 스테이크를 가져다주었다.
⑤ Evans 씨는 그 아이에게 몇 가지 질문을 했다.
|해설| ③ 4형식 문장을 3형식으로 바꿀 때 수여동사 get은 간접목적어 앞에 전치사 for를 쓴다. (to → for)

09 |해석| ⓐ 우리는 Jamie에게 멋진 운동화를 주었다.
ⓑ Liam은 똑똑하고 친절하다.
ⓒ 할머니는 우리에게 맛있는 식사를 만들어 주셨다.
ⓓ 누가 네게 이 초콜릿 쿠키들을 보냈니?
ⓔ 가격과 질 둘 다 중요하다.
|해설| ⓑ both A and B에서 A와 B 자리에는 같은 품사의 단어나 같은 성격의 구를 쓴다. (kindly → kind)
ⓓ send는 3형식 문장에서 간접목적어 앞에 전치사 to를 쓴다. (for → to)

10 |해석| 일기장에게,

오늘은 내 생일이었어. 엄마는 내게 생일 케이크를 만들어 주셨어. 아빠는 내게 하얀 모자를 사 주셨어. 내 여동생은 내게 꽃을 좀 주었어. 나는 오늘 정말 행복했어.

|해설| ④「수여동사(gave)+간접목적어(me)+직접목적어(some flowers)」 또는 「수여동사(gave)+직접목적어(some flowers)+to+간접목적어(me)」로 써야 한다.

11 |해설| (1)「write+간접목적어+직접목적어」 또는 「write+직접목적어+to+간접목적어」 형태로 쓴다.

(2) 'A와 B 둘 다'라는 뜻은 both A and B로 나타내고, A와 B 자리에는 어법상 같은 형태를 쓴다. 전치사 뒤에 동사가 목적어로 올 경우 동명사 형태로 써야 한다.

12 |해석| Susie는 오늘 학교에 결석했다.
→ Susie와 Tim 둘 다 오늘 학교에 결석했다.

|해설| both A and B는 복수 취급하므로 was를 were로 바꾼다.

13 |해석| Andy는 그의 여자 친구에게 꽃 한 다발을 주었다.
→ Andy는 그의 여자 친구에게 꽃 한 다발을 사 주었다.

|해설| 수여동사 buy는 3형식 문장으로 쓸 때 「buy+직접목적어+for+간접목적어」의 형태로 쓴다.

14 |해석| ⓐ 제게 소금을 건네 주시겠어요?
ⓑ 나는 Jessy와 Kate 둘 다 초대하고 싶다.
ⓒ 나는 내 친구에게 오렌지 주스를 만들어 주었다.
ⓓ 그녀는 그녀의 아기에게 이야기책을 읽어 주고 있었다.
ⓔ Tony와 Kevin 둘 다 기차 시간에 늦었다.

|해설| ⓑ 'A와 B 둘 다'라는 뜻은 both A and B로 나타내고, A와 B 자리에는 어법상 같은 형태를 쓴다.
ⓒ「make+간접목적어+직접목적어」 또는 「make+직접목적어+for+간접목적어」 형태로 쓴다.
ⓔ both A and B가 주어일 경우 복수 취급한다.

15 |해설| (1) Kevin은 Lisa에게 파란색 모자를 주었다.
(2) Susan은 Lisa에게 빨간색 머플러를 보냈다.
(3) Eric은 Lisa에게 두 권의 만화책을 사 주었다.

|해설| 4형식 문장은 「주어+수여동사+간접목적어+직접목적어」의 어순으로 쓴다.

16 |해석| Jane: Tom, 지난 주말에 무엇을 했니?
Tom: 나는 우리 가족들을 위해 피자를 만들었어.
Jane: 오, 정말? 나는 언젠가 네 피자를 맛보길 바라.

|해설| 마지막 Jane의 대답으로 보아 Tom은 가족을 위해 피자를 만들었다는 것을 알 수 있다.

17 |해석| A: Ann, 뭐 하고 있니?
B: 나는 아빠를 위해 목도리를 뜨고 있어. 그것은 아빠께 드릴 생신 선물이야.
A: 오, 멋지다. 너희 아빠가 틀림없이 좋아하실 거야.
B: 음, 너는 뜨개질을 할 수 있니, Emily?
A: 응, 나는 여가 시간에 뜨개질하는 것을 즐겨.
B: 오, 우리가 같은 취미를 가지고 있어서 기뻐.
(1) Ann은 아빠께 생신 선물로 목도리를 드릴 것이다.
(2) Ann과 Emily 둘 다 여가 시간에 뜨개질하는 것을 즐긴다.

|해설| (1)「give+간접목적어+직접목적어」의 형태로 쓴다.

(2) 취미가 같다고 했으므로 'Ann과 Emily 둘 다 뜨개질하는 것을 즐긴다'라는 의미의 문장을 both A and B를 사용하여 쓴다.

18 |해설| (1) 민호와 지수는 둘 다 2학년이다.
(2) 민호와 지수는 둘 다 과학을 좋아한다.
(3) 민호와 지수는 둘 다 춤을 잘 춘다.
(4) 민호와 지수는 둘 다 수의사가 되고 싶다.

|해설| 두 사람의 공통점을 찾아 both A and B 구문을 사용하여 문장을 쓴다.

R Reading 고득점 맞기   pp. 57~59

01 ② **02** ① **03** ④ **04** ① **05** ② **06** ④ **07** ③
08 ④ **09** ③ **10** ① **11** ⑤ **12** ② **13** ③

[서술형]

14 Both my father and I like to sleep under the tree in our garden. **15** dessert **16** (1) He lives in Seville, Spain. (2) It is lunch time. (3) They (usually) eat(have) soup, vegetables, and meat (for lunch). (4) He usually takes a siesta(short nap). **17** ride a(her) horse, sunset, gives some carrots to **18** ⓑ → He feels happiest when he runs with Tamu.

01 |해설| ⓑ 수여동사 show는 3형식 문장일 때 간접목적어 앞에 전치사 to를 쓴다. (→ show some pictures to me / show me some pictures)

02 |해석| ① 낮 동안의 짧은 잠
② 어떤 것에 대한 참된 사실
③ 누가 또는 무엇이 가장 빠른지를 보기 위한 시합
④ 식사 마지막에 먹는 달콤한 음식
⑤ 매일 정해진 시간에 먹는 음식

|해설| 시에스타에 대한 설명으로, 점심 식사 후에 나무 아래에서 잠을 자는 것을 좋아한다고 했으므로 빈칸에는 '낮잠'이라는 뜻의 nap이 알맞다.

03 |해석| ① Diego가 하루 중 가장 좋아하는 시간은 언제인가?
② Diego의 학교는 보통 몇 시에 끝나는가?
③ 점심 식사 후에 Diego는 보통 무엇을 하는가?
④ Diego는 보통 몇 시간 동안 시에스타를 갖는가?
⑤ Diego와 그의 아버지는 어디에서 자는 것을 좋아하는가?

|해설| ④ Diego가 몇 시간 동안 시에스타를 갖는지는 언급되지 않았다.

04 |해석| ① 소윤: 하루 중 그가 가장 좋아하는 시간은 점심시간이야.
② 민호: 그는 보통 학교에서 점심 식사를 해.
③ 지수: 그의 가족은 종종 간단한 점심 식사를 해.
④ 수호: 그는 보통 점심 식사 후에 정원에서 그의 아빠와 놀아.
⑤ 나리: 그의 아빠는 보통 오후에 주무시지 않아.

|해설| ② 보통 집에서 점심을 먹는다. ③ 가족들과 함께 긴 점심 식사를 한다. ④ 점심을 먹고 보통 짧은 낮잠을 잔다. ⑤ Diego는 아빠와 함께 정원 나무 아래에서 낮잠 자는 것을 좋아한다고 했으므로, 아빠가 낮잠을 잔다는 것을 알 수 있다.

05 |해석| 이 글의 제목은 무엇인가?

① 점심시간을 즐기는 방법

② 하루 중 내가 가장 좋아하는 시간

③ 시에스타를 갖는 것의 이점들

④ 스페인의 특별한 음식 문화

⑤ 건강한 식습관의 중요성

|해설| ② 하루 중 자신이 가장 좋아하는 시간에 대해 말하는 글이다.

06 |해석| ① 더운 장소에 있는 넓은 면적의 건조한 땅

② 고유의 생각, 믿음, 행동 양식을 가진 사회

③ 평소보다 더

④ 하루가 시작할 때 해가 떠오르는 시간

⑤ 조용하고 고요한

|해설| ④ sunset은 '일몰, 해 질 녘'의 의미이므로 the time when the sun goes down at the end of the day가 알맞다. 현재 영영풀이는 sunrise(일출)에 대한 설명이다.

07 |해설| 우리말과 의미가 같도록 바르게 배열하면 I often brush him and give him some carrots.가 되므로 6번째로 오는 단어는 give이다.

08 |해설| ⓐ enjoy는 동명사를 목적어로 취하는 동사이다.

ⓑ everything은 단수 취급한다.

09 |해석| ⓐ 몽골 사람들은 말이 중요하다고 생각한다.

ⓑ Tabin은 해 지기 전 저녁에 자신의 말을 타는 것을 정말 좋아한다.

ⓒ 대부분의 몽골 사람들은 말 타는 것을 배우지 않는다.

ⓓ Tabin은 자신의 말을 잘 돌본다.

|해설| 대부분의 몽골 사람들은 말을 탈 수 있다고 했으므로 ⓒ는 글의 내용과 일치하지 않는다.

10 |해석| ① 우리의 달리기 연습 시간

② 오후의 간식 시간

③ 친구 Tamu와 함께 하는 점심시간

④ 학교에서 동물들에게 먹이를 주는 시간

⑤ 케냐의 달리기 선수들과의 경주 시간

|해설| Musa는 친구 Tamu와 함께 달리기 연습을 할 때 가장 행복하다고 했으므로, Musa가 가장 좋아하는 시간은 '우리의 달리기 연습 시간'이다.

11 |해설| ⓐ am → are   ⓑ most happy → happiest

ⓒ bored → boring   ⓓ wins → won

12 |해석| ① 그녀는 보드게임 하는 것을 좋아하니?

② 그는 그의 아빠처럼 의사가 되고 싶다.

③ 나는 꽃의 향기 때문에 꽃을 좋아하지 않는다.

④ 어떤 종류의 음악을 듣는 것을 좋아하니?

⑤ 주말에 나는 탐정 소설 읽는 것을 좋아한다.

|해설| 본문의 (B)와 ②의 밑줄 친 like는 '~와 같은, ~처럼'이라는 의미의 전치사로 쓰였고, 나머지는 모두 '좋아하다'라는 뜻의 동사로 쓰였다.

13 |해석| ① Q: Musa는 어디에 사는가?

A: 그는 케냐의 나이로비에 산다.

② Q: Tamu는 누구인가?

A: 그는 Musa의 친구이다.

③ Q: Tamu와 Musa 둘 다 학교 달리기 팀에 속해 있는가?

A: 아니다. Musa만이 팀의 일원이다.

④ Q: 왜 Musa는 연습 시간에 지루해지지 않는가?

A: 그는 많은 동물들을 볼 수 있기 때문이다.

⑤ Q: 올림픽에서 우승한 케냐 달리기 선수들이 있는가?

A: 그렇다.

|해설| ③ Musa와 Tamu는 둘 다 학교 달리기 팀에 속해 있다고 했다.

14 |해설| 'A와 B 둘 다'라는 뜻의 both A and B를 주어로 하는 문장을 쓴다. 주어를 복수 취급하므로 동사를 주어에 일치시키는 것에 유의한다.

15 |해설| 아이스크림 또는 케이크 중 후식으로 어떤 것을 원하니?

16 |해설| (1) Diego는 어디에 사는가?

→ 그는 스페인 세비야에 산다.

(2) Diego가 하루 중 가장 좋아하는 시간은 언제인가?

→ 그것은 점심시간이다.

(3) Diego의 가족은 점심 식사로 무엇을 먹는가?

→ 그들은 (보통 점심 식사로) 수프, 채소, 그리고 고기를 먹는다.

(4) Diego는 점심 식사 후에 보통 무엇을 하는가?

→ 그는 보통 시에스타(짧은 낮잠)를 잔다.

17 |해설| 몽골에서 온 Tabin은 특히 해가 지기 전에 말을 타는 것을 좋아한다. 그녀는 자신의 말을 잘 돌본다. 그녀는 종종 말의 털을 빗겨 주고 말에게 당근을 준다.

18 |해설| ⓐ Musa와 Tamu는 몇 학년인가?

ⓑ Musa는 언제 가장 행복한가?

→ 그는 Tamu와 함께 달릴 때 가장 행복하다.

ⓒ Tamu는 특히 언제 달리는 것을 좋아하는가?

|해설| Musa는 Tamu와 함께 달릴 때 가장 행복하다고 했다.

서술형 **100% TEST**

pp. 60~63

01 (1) (e)specially (2) (p)ractice (3) (s)unset   **02** (1) get together (2) taking care of (3) were proud of   **03** in your free time, play badminton   **04** you have free time, cooking   **05** (1) What do you usually do (2) What kind of books do you read   **06** (1) I (usually) watch TV. (2) I watch comedy shows. (3) I (usually) play sports. **07** (1) She exercises outside. (2) He likes action movies. (3) They are going to watch(go see) an action movie. **08** listens to music, rock music   **09** (1) Peter told a funny story to me. (2) Ms. Park made chocolate cookies for her son. (3) Please show your student ID card to me. (4) He bought some flowers for his girlfriend. (5) Can you give your new phone number to me?   **10** (1) He can speak both English and Chinese. (2) We will visit both Spain and Portugal. (3) The children are both smart and wise. (4) Both Jake and I don't eat shrimp.   **11** (1) Ms. Evans taught Jiho English. / Ms. Evans taught English to Jiho. (2) Somi's mom bought Somi(her) a new backpack. / Somi's mom bought a new backpack for Somi(her).

12 (1) ⓐ → I gave my brother an umbrella. / I gave an umbrella to my brother. (2) ⓒ → The students look both tired and sleepy. (3) ⓔ → Both Kate and Tom are in the second grade. **13** (1) Both Kevin and Peter live in Busan. (2) Both Kevin and Peter have brown hair. (3) Both Kevin and Peter like tacos. (4) Both Kevin and Peter are good at swimming. **14** show me some pictures **15** Both my father and I like to sleep **16** (1) lunch (2) family (3) school (4) dessert (5) short nap **17** give some carrots to him **18** (1) She lives near the Gobi Desert in Mongolia. (2) She feels happy when she rides her horse. (3) She often brushes her horse and gives him some carrots. **19** ⓓ → because **20** 올림픽 경주에서 우승한 케냐 출신의 달리기 선수들

01 |해설| (1) 특별한 방법으로; 평소보다 더 → especially(특별히, 특히)
(2) 어떤 것을 더 잘할 수 있기 위해 규칙적으로 하는 활동
→ practice(연습)
(3) 하루가 끝날 무렵 해가 질 때 → sunset(일몰, 해 질 녘)

02 |해설| (1) get together: 모이다
(2) take care of: ~을 돌보다
(3) be proud of: ~을 자랑스러워하다

03 |해석| A: 너는 여가 시간에 보통 무엇을 하니?
B: 나는 보통 배드민턴을 쳐.
|해설| 여가 활동을 물을 때 What do you usually do in your free time?으로 말할 수 있고, '배드민턴을 치다'는 play badminton으로 표현한다.

04 |해석| A: 너는 여가 시간이 있을 때 보통 무엇을 하니?
B: 나는 요리하는 것을 즐겨.
|해설| 여가 활동을 물을 때 What do you usually do when you have free time?으로 말할 수 있다. enjoy는 목적어로 동명사를 쓰는 것에 유의한다.

05 |해석| A: 너는 여가 시간에 보통 무엇을 하니?
B: 나는 도서관에 가서 책을 읽어.
A: 어떤 종류의 책을 읽니?
B: 나는 탐정 소설 읽는 것을 좋아해. 나는 Sherlock Holmes 이야기를 정말 좋아해.
|해설| (1) 여가 활동을 물을 때는 What do you usually do in your free time?으로 말할 수 있다.
(2) 상대방이 말한 대상의 구체적인 종류를 물을 때는 What kind of ~ do you ...?로 말한다.

06 |해석| 수호: Kevin, 너는 여가 시간에 보통 무엇을 하니?
Kevin: 나는 (보통) TV를 봐.
수호: 어떤 종류의 TV 프로그램을 보니?
Kevin: 나는 코미디 프로그램을 봐. 너는 어떠니, 수호야? 너는 여가 시간에 보통 무엇을 하니?
수호: 나는 (보통) 스포츠를 해.
Kevin: 어떤 종류의 스포츠를 하니?
수호: 나는 농구를 해.

|해설| (1), (2) Kevin은 여가 활동으로 TV를 보고, TV 프로그램 중에서 코미디 프로그램을 본다고 했다.
(3) 수호는 여가 활동으로 스포츠를 한다고 했다.

07 |해석| (1) 수빈이는 한가할 때 무엇을 하는가?
→ 그녀는 밖에서 운동을 한다.
(2) Andy는 어떤 종류의 영화를 좋아하는가?
→ 그는 액션 영화를 좋아한다.
(3) 수빈이와 Andy는 이번 주말에 무엇을 할 것인가?
→ 그들은 액션 영화를 보러 갈 것이다.

08 |해석| A: Jim, 너는 여가 시간에 보통 무엇을 하니?
B: 나는 보통 음악을 들어.
A: 어떤 종류의 음악을 좋아하니?
B: 나는 록 음악을 좋아해.
→ Jim은 여가 시간이 있을 때 보통 음악을 듣는다. 특히 그는 록 음악을 좋아한다.

09 |해석| [예시] 나는 내 친구에게 이메일을 보냈다.
(1) Peter는 내게 재미있는 이야기를 해 주었다.
(2) 박 선생님은 자신의 아들에게 초콜릿 쿠키를 만들어 주었다.
(3) 저에게 당신의 학생증을 보여 주세요.
(4) 그는 여자 친구에게 꽃을 사 주었다.
(5) 나에게 네 새 전화번호를 줄 수 있니?
|해설| 4형식 문장을 3형식 문장으로 바꿀 때 send, tell, show, give는 간접목적어 앞에 전치사 to를 쓰고, make와 buy는 전치사 for를 쓴다.

10 |해설| both A and B를 사용하여 'A와 B 둘 다 ~하다'라는 의미의 문장으로 쓴다.

11 |해석| (1) Evans 선생님은 지호에게 영어를 가르치셨다.
(2) 소미의 엄마는 소미에게 새 배낭을 사 주셨다.
|해설| 수여동사가 사용된 4형식 문장은 「수여동사+간접목적어+직접목적어」의 순서로 쓰고, 「수여동사+직접목적어+전치사+간접목적어」 형태의 3형식 문장으로 바꿔 쓸 수 있다. teach는 3형식 문장에서 간접목적어 앞에 전치사 to를 쓰고, buy는 전치사 for를 쓴다.

12 |해석| ⓐ 나는 내 남동생에게 우산을 주었다.
ⓑ Joe 삼촌은 내게 생일 선물을 보냈다.
ⓒ 학생들은 피곤하고 졸려 보인다.
ⓓ Andy와 나 둘 다 숙제가 많다.
ⓔ Kate와 Tom은 둘 다 2학년이다.
|해설| ⓐ 수여동사 give가 사용된 4형식 문장은 「give+간접목적어+직접목적어」로 쓰고, 3형식 문장은 「give+직접목적어+to+간접목적어」로 쓴다. (an umbrella my brother → my brother an umbrella / an umbrella to my brother)
ⓒ both A and B에서 A와 B 자리에는 품사가 같은 단어가 온다. (sleep → sleepy)
ⓔ both A and B가 주어일 경우 복수 취급한다. (is → are)

13 |해석| [예시] Kevin과 Peter는 둘 다 캐나다에서 왔다.
(1) Kevin과 Peter 둘 다 부산에 산다.
(2) Kevin과 Peter 둘 다 갈색 머리를 가지고 있다.
(3) Kevin과 Peter는 둘 다 타코를 좋아한다.
(4) Kevin과 Peter는 둘 다 수영을 잘한다.

|해설| 공통점에 해당하는 내용을 both *A* and *B*를 사용하여 표현한다.

14 |해설| 수여동사 show가 사용된 4형식 문장은 「show+간접목적어+직접목적어」의 어순으로 쓴다.

15 |해석| **아빠:** Diego, 낮잠 자자.
　Diego: 네, 아빠. 우리 정원에 있는 나무 아래에서 잘 수 있을까요? 저는 거기서 자는 게 정말 좋아요.
　아빠: 물론이지. 나도 그걸 좋아해.
　→ 나의 아버지와 나는 둘 다 정원에 있는 나무 아래에서 자는 것을 좋아한다.
|해설| 'A와 B 둘 다'는 both *A* and *B*로 나타낸다. both *A* and *B*가 주어일 경우 복수 취급하므로 동사도 주어에 맞게 수를 일치시킨다.

16 |해설| Diego가 하루 중 가장 좋아하는 시간은 점심시간이다. 그는 학교가 끝난 후에 가족과 함께 점심을 먹는다. 그들은 점심으로 보통 수프, 채소와 고기를 먹는다. 식사 끝에 그들은 추로스와 같은 후식도 먹는다. 그들은 점심을 먹은 후, 짧은 낮잠인 시에스타를 갖는다.

17 |해설| 수여동사 give가 사용된 4형식 문장은 「give+직접목적어+to+간접목적어」 형태의 3형식 문장으로 바꿔 쓸 수 있다.

18 |해석| (1) Tabin은 어디에 사는가?
　→ 그녀는 몽골의 고비 사막 근처에 산다.
　(2) Tabin은 언제 행복을 느끼는가?
　→ 그녀는 자신의 말을 탈 때 행복을 느낀다.
　(3) Tabin은 그녀의 말을 어떻게 돌보는가?
　→ 그녀는 자주 자신의 말의 털을 빗겨 주고 당근을 준다.

19 |해설| 뒤에 절이 왔으므로 접속사 because를 써야 한다. because of 뒤에는 명사(구)가 온다.

20 |해설| 밑줄 친 them은 앞 문장인 Many runners from Kenya won races in the Olympics.에 언급된 '올림픽 경주에서 우승한 케냐 선수들'을 가리킨다.

모의고사

제 1 회 대표 기출로 내신 **적중** 모의고사　pp. 64~67

01 ③　02 take　03 ④　04 ①　05 ②
06 (C) – (D) – (B) – (A)　07 ②　08 ②　09 exercises outside, watches movies　10 ⑤　11 ④　12 ③
13 ⓒ → Both Jinho and I like baseball.　14 ②　15 some pictures to　16 ②　17 (B) has (C) to sleep(sleeping)
18 ④　19 ④　20 I take good care of my horse.
21 culture　22 ②　23 ③　24 ④　25 ⑤

01 |해설| '매일 규칙적인 시간에 먹는 음식'은 meal(식사)이다.

02 |해석| • 지금 졸리면 낮잠을 자라.

　• 걱정 마. 내가 내 자신을 돌볼게.
　|해설| take a nap: 낮잠을 자다 / take care of: ~을 돌보다

03 |해석| ① 그 콘서트는 저녁 8시쯤 끝날 것이다.
　② 너는 공상 과학 영화 보는 것을 좋아하니?
　③ 민호는 보통 그의 여가 시간에 바둑을 둔다.
　④ Jessica는 그때 탐정 소설을 읽고 있었다.
　⑤ 그녀의 가족은 추수감사절 만찬을 위해 모인다.
　|해설| ④ detective story는 '탐정 소설'이라는 뜻이다.

04 |해석| **A:** 세호야, 너는 여가 시간에 무엇을 하니?
　B: 나는 음악을 들어.
　A: 어떤 종류의 음악을 듣니?
　B: 록 음악.
　② 하루에 두 번.
　③ 나는 밤에 TV 보는 것을 즐겨.
　④ 나는 미래에 가수가 되고 싶어.
　⑤ Michael Jackson은 우리 엄마가 가장 좋아하는 가수야.
　|해설| 어떤 종류의 음악을 좋아하는지 물었으므로 음악의 종류를 말하는 ①이 알맞다.

05 |해석| **A:** 너는 여가 시간이 있을 때 보통 무엇을 하니?
　B: _____
　① 나는 요리하는 걸 즐겨.
　② 나는 어제 쇼핑을 갔어.
　③ 나는 보통 스포츠 경기를 봐.
　④ 나는 컴퓨터 게임을 하는 것을 좋아해.
　⑤ 나는 내 친구들과 영화를 보러 가.
　|해설| 여가 활동에 대해 묻는 말에 대한 대답으로 어제 했던 일을 말하는 ②는 어색하다.

06 |해석| (C) 안녕, Eric. 너는 여가 시간에 보통 무엇을 하니?
　(D) 나는 도서관에 가서 책을 읽어.
　(B) 어떤 종류의 책을 읽니?
　(A) 나는 탐정 소설 읽는 것을 좋아해. 나는 Sherlock Holmes 이야기를 정말 좋아해.

07 |해석| ① 너는 보통 언제 운동하니?
　② 어떤 종류의 운동을 하니?
　③ 어젯밤에 공원에서 조깅했니?
　④ 너는 농구를 잘하니?
　⑤ 이번 주말에 무엇을 할 거니?
　|해설| 배드민턴을 친다고 답한 것으로 보아 어떤 종류의 운동을 하는지 묻는 것이 자연스럽다.

08 |해설| 수빈이가 Andy에게 여가 활동에 대해 묻는 질문이므로, 영화 보는 것을 좋아한다는 Andy의 말 앞인 ②에 들어가야 알맞다.

09 |해석| **Q:** 수빈이와 Andy는 그들의 여가 시간에 보통 무엇을 하는가?
　A: 수빈이는 보통 밖에서 운동을 하고 Andy는 영화를 본다.
　|해설| 여가 시간에 수빈이는 보통 밖에서 운동을 한다고 했고, Andy는 영화 보는 것을 좋아한다고 말했다.

10 |해석| 내게 주스를 좀 가져다 주겠니?
　|해설| 「get+간접목적어+직접목적어」는 「get+직접목적어+for+간접목적어」로 바꿔 쓸 수 있다.

11 |해설| both *A* and *B*에서 A와 B 자리에는 품사가 같은 단어나 같은

성격의 구가 와야 한다.

12 |해설| ① 나는 그에게 생일 선물을 보냈다.
② 그는 소년들에게 그의 새 차를 보여 주었다.
③ Susan은 우리에게 맛있는 식사를 요리해 주었다.
④ 그녀는 학생들에게 오래된 시를 한 편 가르쳤다.
⑤ Benjamin은 그의 딸에게 긴 편지를 썼다.
|해설| send, show, teach, write는 간접목적어 앞에 전치사 to를 쓰고, cook은 전치사 for를 쓴다.

13 |해설| 내 생일이었다. 진호는 나에게 야구 경기 티켓을 보냈다. 진호와 나는 둘 다 야구를 좋아한다. 우리는 이번 주말에 함께 경기를 보러 갈 것이다. 그것은 지금까지 최고의 선물이었다.
|해설| ⓒ both A and B가 주어일 때 복수 취급하므로 동사 likes를 like로 고쳐야 한다.

14 |해설| ⓐ 미나와 진호는 둘 다 매우 키가 크다.
ⓑ 나는 삼촌에게 초대장을 보냈다.
ⓒ Daniel은 우리에게 오렌지 케이크를 만들어 주었다.
ⓓ 엄마는 내게 새 스마트폰을 사 주셨다.
ⓔ 한국에서 많은 사람들은 축구와 야구 둘 다 좋아한다.
|해설| ⓐ both A and B가 주어일 때 복수 취급한다. (is → are)
ⓒ 「make+직접목적어+for+간접목적어」 형태로 쓴다. (to → for)
ⓓ 「buy+간접목적어+직접목적어」 또는 「buy+직접목적어+for+간접목적어」 형태로 써야 한다. (a new smartphone me → me a new smartphone / a new smartphone for me)

15 |해설| 「show+간접목적어+직접목적어」는 「show+직접목적어+to+간접목적어」로 바꿔 쓸 수 있다.

16 |해설| ① 조깅은 내가 가장 좋아하는 여가 시간 활동이다.
② 만약 기계가 멈춘다면, 너는 처음부터 다시 끝내야 한다.
③ 토마토는 과일인가 채소인가?
④ 나는 아기가 낮잠 자기를 원한다고 생각한다.
⑤ 그는 그의 정원에 많은 다른 종류의 꽃을 심을 것이다.
|해설| ② '만약 기계가 멈추면, 처음부터 그것을 다시 시작해야 한다.'라는 의미가 되어야 자연스러우므로, 빈칸에는 start(시작하다)가 알맞다.

17 |해설| (B) 등위접속사 and에 의해 gets와 병렬로 연결되어 있으므로 has가 알맞다.
(C) like의 목적어로 쓰여야 하므로 to sleep 또는 sleeping의 형태가 알맞다.

18 |해설| ④ Diego는 보통 가족과 함께 푸짐하고 긴 점심 식사를 한다고 했다.

19 |해설| 「give+간접목적어+직접목적어」 또는 「give+직접목적어+to+간접목적어」의 형태로 써야 하므로, give him some carrots 또는 give some carrots to him으로 고쳐야 한다.

20 |해설| take good care of는 '~을 잘 돌보다'라는 의미이다.

21 |해설| '고유한 생각, 믿음, 행동 양식을 가진 사회'는 culture(문화)에 대한 설명이다.

22 |해설| ① Tabin은 고비 사막을 여행하고 있다.
② 말은 몽골 사람들에게 중요하다.
③ 몽골에서 말을 탈 수 있는 사람은 거의 없다.
④ Tabin의 엄마는 보통 말에게 당근을 준다.

⑤ Tabin은 특히 해가 뜰 때 말을 타는 것을 좋아한다.
|해설| ① → Tabin은 몽골의 고비 사막 근처에 살고 있다.
③ → 거의 모든 몽골 사람들이 말을 탈 수 있다.
④ → Tabin의 어머니가 아니라 Tabin이 말에게 종종 당근을 준다.
⑤ → Tabin은 특별히 해 지기 전 저녁에 말 타는 것을 즐긴다.

23 |해설| ⓒ 출신을 나타낼 때에는 전치사 from을 쓴다.

24 |해설| (A) happy의 최상급은 happiest이다.
(B) 주어가 감정을 '느끼게 하는' 경우이므로 boring이 알맞다.
(C) both A and B 형태가 주어일 때 복수 취급하므로 want가 알맞다.

25 |해설| ① 지수: Musa는 하루 중 그의 달리기 연습 시간을 가장 좋아해.
② 민수: Musa와 Tamu 둘 다 학교 달리기 팀의 일원이야.
③ 하민: Musa는 Tamu와 함께 달리는 것을 정말 좋아해.
④ 준호: 뛰는 동안, Musa와 Tamu는 많은 동물들을 볼 수 있어.
⑤ 유나: Musa와 Tamu는 경주에서 메달을 땄어.
|해설| ⑤ → Musa와 Tamu는 올림픽 경주에서 우승한 케냐의 달리기 선수들처럼 되고 싶다고 했다.

제 2 회 대표 기출로 **내신 적중 모의고사** pp. 68~71

01 ③ **02** ② **03** ⑤ **04** ③ **05** I never make strawberry cookies. → I (usually) make strawberry cookies. **06** (1) listen to music (2) kind of music **07** what do you usually do in your free time **08** ④ **09** ① **10** ⑤ **11** gave his sister gloves **12** Both Juho and Somi like to play table tennis. **13** ④ **14** ⑤ **15** ③ **16** ② **17** his favorite time of the day **18** ④ **19** brush him and give him some carrots **20** ④ **21** ④ **22** ⑤ **23** ④ **24** Both Tamu and I want to be like them. **25** ①

01 |해설| A: 네가 가장 좋아하는 스포츠 선수는 누구니?
B: 나는 Michael Jordan을 가장 좋아해.

02 |해설| ① 낮잠: 낮 동안의 짧은 잠
② 사막: 식사 마지막에 먹는 달콤한 음식
③ 이기다: 어떤 것을 가장 먼저 끝내거나 가장 잘하다
④ 채소: 음식으로 쓰이는 식물이나 식물의 부분
⑤ 탐정: 범죄나 다른 상황에서 무슨 일이 일어났는지를 밝히는 것이 직업인 사람 1

03 |해설| ① 나는 Joe의 강아지를 일주일 동안 돌보았다.
② 피곤하면 낮잠을 자는 게 어떠니?
③ 우리는 매주 일요일 저녁 식사를 위해 모인다.
④ 나는 그가 독일인이라고 생각했지만, 실제로 그는 프랑스인이다.
⑤ 너는 또 거짓말을 한 것에 대해 너 스스로를 자랑스러워해야 한다.
|해설| ⑤ be proud of는 '~을 자랑스러워하다'라는 뜻으로, 또 거짓

말을 했다는 내용과 어울리지 않는다.

04 |해석| A: _____
B: 나는 보통 도서관에 가서 책을 읽어.
① 네 여가 시간 활동은 무엇이니?
② 네 여가 시간을 어떻게 보내니?
③ 왜 너는 더 많은 여가 시간이 필요하니?
④ 여가 시간에 보통 무엇을 하니?
⑤ 한가할 때 무엇을 하는 것을 즐기니?
|해설| 모두 여가 활동에 대해 묻는 질문인데 ③은 이유를 묻는 표현으로 어색하다.

05 |해석| A: Chris, 너는 여가 시간이 있을 때 무엇을 하니?
B: 나는 쿠키를 만들어. 나는 베이킹을 즐겨해.
A: 어떤 종류의 쿠키를 만드니?
B: 나는 전혀 딸기 쿠키를 만들지 않아.(→ 나는 보통 딸기 쿠키를 만들어.) 나는 딸기를 정말 좋아해.
|해설| 딸기를 좋아한다는 말이 뒤에 이어지는 것으로 보아, 어떤 종류의 쿠키를 만드는지 묻는 말에 '딸기 쿠키를 전혀 만들지 않는다'는 응답은 어색하다. 딸기 쿠키를 (주로) 만든다는 말이 되어야 한다.

06 |해석| A: 민수야, 너는 여가 시간에 보통 무엇을 하니?
B: 나는 보통 음악을 들어.
A: 어떤 종류의 음악을 듣니?
B: 나는 고전 음악을 들어.
|해설| (1) 여가 활동으로 음악을 듣는다고(listen to music) 했다.
(2) What kind of ~?를 사용해서 상대방이 말한 대상의 구체적인 종류가 무엇인지 물어볼 수 있다.

07 |해설| 여가 시간에 보통 무엇을 하는지 물을 때는 What do you usually do in your free time?을 사용한다.

08 |해설| • 배드민턴 팀에 속한 사람은 수빈이고, Andy가 배드민턴 팀 소속인지는 알 수 없다.
• Andy는 여가 시간에 영화 보는 것을 좋아하며, 영화 종류 중 액션 영화를 좋아한다.

09 |해석| A: 수빈이와 Andy는 이번 주말에 무엇을 할 것인가?
B: 그들은 액션 영화를 볼 예정이다.

10 |해석| • Amy와 나 둘 다 15살이다.
• 이 샐러드는 맛있고 건강에 좋다.
• 우리는 Tom과 Emily 둘 다에게 말할 필요가 있다.
|해설| • both A and B가 주어로 쓰일 때는 복수 취급한다.
• both A and B에서 A와 B의 자리에는 같은 품사의 단어가 와야 한다.
• 'A와 B 둘 다'라는 뜻은 both A and B로 나타낸다.

11 |해설| 수여동사 give를 사용하여 「give+간접목적어+직접목적어」의 어순으로 쓴다.

12 |해석| 주호: 너는 여가 시간에 무엇을 하는 것을 좋아하니?
소미: 나는 탁구 치는 것을 좋아해.
주호: 아, 정말? 나도!
→ 주호와 소미는 둘 다 탁구를 치는 것을 좋아한다.
|해설| 'A와 B 둘 다'라는 뜻을 나타내는 both A and B를 사용하여 문장을 쓴다.

13 |해석| ⓐ 그는 그 아이들에게 몇 개의 장난감을 보냈다.

ⓑ 나는 호진이에게 내 옛날 사진들을 보여 주었다.
ⓒ Jamie는 그의 선생님에게 또 거짓말을 했다.
ⓓ 그와 나 둘 다 작문을 못한다.
ⓔ 우리 형은 내게 파란색 티셔츠를 사 주었다.
ⓕ 그 책은 재미있으면서 감동적이다.
|해설| ⓐ 수여동사 send가 사용된 문장은 「send+간접목적어+직접목적어」 또는 「send+직접목적어+to+간접목적어」로 쓴다. (a few toys the children → the children a few toys / a few toys to the children)
ⓓ both A and B가 주어일 때 복수 취급한다. (am → are)

14 |해설| ⓐ 'A에게 B에 대해 말하다'는 tell A about B이다.
ⓑ 수여동사 show는 간접목적어 앞에 전치사 to를 쓰는 동사이다.

15 |해설| ⓒ like가 '~와 같은'이라는 뜻의 전치사로 쓰였으므로 '추로스와 같은'이 알맞다.

16 |해석| ⓐ Diego는 점심시간을 가장 좋아한다.
ⓑ Diego의 학교는 보통 정오에 끝난다.
ⓒ Diego는 보통 학교에서 점심을 먹는다.
ⓓ Diego의 가족은 추로스와 같은 후식을 먹는다.
ⓔ Diego의 가족은 점심 식사 전에 낮잠을 잔다.
|해설| ⓑ Diego의 학교는 보통 오후 2시쯤 끝나고, ⓒ 집에서 가족들과 점심을 함께 먹고, ⓔ 점심 식사 후에 낮잠을 잔다고 했다.

17 |해석| Q: Diego는 무엇에 대해 이야기하고 있는가?
A: 그는 하루 중 그가 가장 좋아하는 시간에 대해 말하고 있다.

18 |해설| '우리는 걷기 전에 말을 탄다'와 '나는 특히 해 지기 전 저녁에 말을 타는 것을 좋아한다'라는 의미가 되어야 자연스러우므로 before(~ 전에)가 알맞다.

19 |해설| 「give+간접목적어+직접목적어」 형태를 사용하여 문장을 완성한다.

20 |해설| ⓓ enjoy는 목적어로 동명사를 취한다. (to ride → riding)

21 |해석| ① Tabin은 어디에 사는가?
② Tabin은 언제 행복한가?
③ 몽골 문화에서 중요한 것은 무엇인가?
④ Tabin의 가족은 몇 마리의 말을 가지고 있는가?
⑤ Tabin은 자신의 말을 어떻게 돌보는가?
|해설| ④ Tabin의 가족이 몇 마리의 말을 가지고 있는지는 알 수 없다.

22 |해설| 주어진 문장은 그들이 자랑스럽다는 내용이므로 케냐 출신의 달리기 선수들이 올림픽에서 우승을 했다는 문장 뒤인 ⑤에 들어가는 것이 자연스럽다.

23 |해설| ④ 달리기 연습 시간을 좋아하며 연습 중에 많은 동물들을 볼 수 있다고 하였으므로 '연습 시간은 지루하지 않다'는 흐름이 자연스럽다. (exciting → boring)

24 |해설| 나는 그들처럼 되고 싶고 Tamu도 또한 그들처럼 되고 싶어 해.
→ Tamu와 나는 둘 다 그들처럼 되고 싶어 해.
|해설| both A and B는 'A와 B 둘 다'라는 의미를 나타낸다.

25 |해설| ② Musa와 Tamu 모두 학교 달리기 팀의 일원이다.
③ Musa는 Tamu와 함께 달리기 연습을 한다.
④ Musa는 Tamu와 함께 달릴 때 가장 행복하다.
⑤ 올림픽 경주에서 우승한 케냐 출신의 달리기 선수들처럼 되고 싶다.

01 ①　02 of　03 ①　04 ⑤　05 ①　06 ⑤　07 ④
08 ①　09 What kind of exercise do you do?　10 ④
11 ③　12 for me　13 ⓑ am → are　14 ①　15 ③
16 Both Minsu and Sumi like pizza.　17 ④　18 Both my
father and I like to sleep under the tree in our garden.
19 nap　20 ⑤　21 ②　22 ②　23 ⑤　24 ③
25 (1) running practice time　(2) can see many animals

01 |해설| '누가 또는 무엇이 가장 빠른지 보기 위한 대회'는 race(경주)에 대한 설명이다.

02 |해석| • 네 남동생을 잘 돌보아라.
• Davis 부부는 항상 그들의 딸을 자랑스러워한다.
|해설| take care of는 '~을 돌보다'라는 뜻이고, be proud of는 '~을 자랑스러워하다'라는 뜻이다.

03 |해설| ① <u>연습</u>이 완벽을 만든다.
그는 매일 한 시간씩 피아노 <u>연습</u>을 한다.
② 그 영화는 어떻게 <u>끝나니</u>?
나는 이번 달 <u>말</u>에 파리를 방문할 것이다.
③ Sam은 자전거를 어떻게 <u>타는</u>지 모른다.
엄마는 보통 나를 학교에 <u>태워다</u> 주신다.
④ 나는 내 <u>붓(빗)</u>을 잃어버렸다. 나는 새것이 필요하다.
그녀는 자신의 고양이를 그렇게 자주 <u>빗질해</u> 주지 않는다.
⑤ 그들은 보통 아침에 그들의 개를 <u>산책시킨다</u>.
저녁 식사 후에 <u>산책</u> 가는 것이 어때?
|해설| ①의 practice는 모두 '연습'이라는 뜻의 명사로 쓰였다. (② 끝나다 – 끝(하순), ③ 타다 – (탈것에) 타기, ④ 붓(빗) – 빗질하다, ⑤ 걷게 하다(산책시키다) – 산책)

04 |해석| A: <u>여가 시간이 있을 때 보통 무엇을 하니?</u>
B: 나는 자전거 타기를 즐겨.
① 너는 어제 무엇을 했니?
② 쇼핑 몰까지 우리를 태워줄 수 있니?
③ 네가 하루 중 가장 좋아하는 시간은 언제니?
④ 장래에 무엇이 되고 싶니?
|해설| 자전거 타는 것을 즐긴다는 대답에 어울리는 질문은 여가 시간에 무엇을 하는지 물어보는 ⑤가 알맞다.

05 |해석| A: 세호야, 너는 여가 시간에 보통 무엇을 하니?
B: 나는 아빠와 게임을 하는 것을 좋아해.
A: 어떤 종류의 게임을 하니?
B: 나는 보통 바둑을 둬.
② 나는 체스를 두는 방법을 몰라.
③ 나는 그 새로운 게임에 대해 들어 본 적이 없어.
④ 나는 피아노와 플루트를 둘 다 연주할 수 있어.
⑤ 늦게까지 컴퓨터 게임을 하지 마라.
|해설| 어떤 종류의 게임을 하는지 묻고 있으므로 주로 하는 게임에 대해 말한 ①이 대답으로 알맞다.

06 |해석| ① A: 너는 한가할 때 무엇을 하니?
B: 나는 보통 TV를 봐.
② A: 너는 어떤 종류의 프로그램을 보니?

B: 나는 퀴즈 프로그램 보는 것을 즐겨.
③ A: 내일 쇼핑하러 가는 것이 어때?
B: 그거 좋다.
④ A: 어떤 종류의 음악을 듣니?
B: 나는 특히 랩 음악 듣는 것을 좋아해.
⑤ A: 나는 여가 시간에 밖에서 운동해. 너는 어떠니?
B: 물론이지. 축구하자.
|해설| ⑤ How about you?는 문맥상 '너는 여가 시간에 무엇을 하니?'라는 의미이므로 어떤 여가 활동을 하는지 답하는 것이 자연스럽다.

07 |해석| A: Emma, 너는 여가 시간에 보통 무엇을 하니?
B: 나는 보통 음악을 들어. 너는 어떠니, Chris?
A: 나는 영화를 봐.
B: 얼마나 자주 영화관에 가니? (→ 어떤 종류의 영화를 좋아하니?)
A: 나는 공상 과학 영화 보는 것을 좋아해. 나는 '스타워즈' 시리즈를 정말 좋아해.
|해설| 공상 과학 영화를 좋아한다고 답하고 있으므로 ④는 어떤 종류의 영화를 좋아하는지 묻는 말인 What kind of movies do you like?가 되어야 자연스럽다.

08 |해석| ① 이번 주에 언제 한가하니
② 네 여가 시간을 어떻게 보내니
③ 여가 시간이 있을 때 무엇을 하니
④ 여가 시간에 보통 무엇을 하니
⑤ 여가 시간에 무엇을 하는 것을 즐기니
|해설| 밖에서 운동을 한다는 대답을 했으므로 여가 활동에 대해 묻는 것이 자연스럽다.

09 |해설| 상대방이 말한 대상의 구체적인 종류를 묻는 What kind of ~ do you ...?는 '너는 어떤 종류의 ~을 …하니?'라는 뜻이다.

10 |해석| ① 수빈이와 Andy는 동아리 활동에 대해 이야기하고 있다.
② 수빈이는 실내 활동을 즐긴다.
③ Andy는 학교 배드민턴 팀의 일원이다.
④ Andy는 액션 영화를 보는 것을 좋아한다.
⑤ 수빈이와 Andy는 이번 주말에 배드민턴을 칠 것이다.
|해설| ① → 여가 활동에 대해 이야기하고 있다.
② → 수빈이는 야외에서 하는 운동을 좋아한다.
③ → 배드민턴 팀에 속한 사람은 수빈이다.
⑤ → 수빈이와 Andy는 이번 주말에 액션 영화를 볼 것이다.

11 |해석| Kate는 미술에 관심이 있다. 그녀는 음악에도 관심이 있다.
③ Kate는 미술과 음악에 둘 다 관심이 있다.
|해설| 'A와 B 둘 다'라는 뜻의 both A and B를 사용한다.

12 |해석| 내 삼촌은 내게 새 재킷을 사 주셨다.
|해설| 수여동사 buy는 「buy+간접목적어+직접목적어」 또는 전치사를 사용하여 「buy+직접목적어+for+간접목적어」의 형태로 쓸 수 있다.

13 |해석| Tom과 나는 둘 다 학교 독서 동아리에 속해 있다.
|해설| both A and B가 주어로 쓰일 때에는 복수 취급을 한다.

14 |해설| 주어진 단어들을 바르게 배열하여 문장을 완성하면 Our teacher gave us a lot of homework.이므로 4번째로 오는 단어는 us이다.

15 |해석| ⓐ 나에게 우유 한 잔을 갖다줄 수 있니?

ⓑ Eric과 그의 친구는 둘 다 틀리지 않았다.

ⓒ 그는 학생들에게 한국사를 가르쳤다.

ⓓ Brown 씨에게 이메일을 보내는 것을 잊지 마라.

ⓔ 나는 호주와 뉴질랜드를 둘 다 여행할 것이다.

|해설| ⓐ「get + 간접목적어 + 직접목적어」 또는 「get + 직접목적어+for+간접목적어」의 형태로 써야 한다. (a glass of milk me → me a glass of milk / a glass of milk for me)

ⓑ both A and B가 주어로 사용될 때 복수 취급한다. (is → are)

16 |해석| 민수와 수미 둘 다 피자를 좋아한다.

|해설| 표를 통해 민수와 수미 둘 다 피자를 좋아함을 알 수 있으므로 'A와 B 둘 다'라는 뜻의 both A and B를 사용하여 문장을 쓴다.

17 |해석| ① Eric의 친구들은 그의 농담을 좋아하지 않는다.

② 미나는 피아노 연주하는 것을 좋아하니?

③ 한국 사람들은 보통 매운 음식을 좋아한다.

④ 햄버거와 같은 정크 푸드를 피하도록 해라.

⑤ 주말에 나는 보통 집에서 휴식을 취하는 것을 좋아한다.

|해설| ⓐ와 ④의 like는 전치사로 '~처럼, ~와 같은'의 의미로 쓰였다. 나머지는 '좋아하다'라는 뜻의 동사로 쓰였다.

18 |해석| • 나의 아버지는 우리 정원에 있는 나무 아래에서 주무시는 것을 좋아한다.

• 나도 또한 우리 정원에 있는 나무 아래에서 자는 것을 좋아한다.

→ 나의 아버지와 나 둘 다 우리 정원에 있는 나무 아래에서 자는 것을 좋아한다.

|해설| both A and B(A와 B 둘 다)를 사용하여 문장을 쓴다.

19 |해석| 점심 식사 후에 짧게 낮잠을 자는 것은 건강에 좋다.

20 |해석| ① 소민이는 다른 사람들의 하루 중 가장 좋아하는 시간을 알고 싶어 한다.

② Diego는 하루 중 점심시간을 가장 좋아한다.

③ Diego의 학교는 보통 오후 2시쯤에 끝난다.

④ Diego의 가족은 보통 점심을 함께 먹는다.

⑤ Diego의 아버지는 점심 식사 후에 바로 일하러 가신다.

|해설| ⑤ Diego의 가족은 점심 식사 후에 보통 낮잠을 잔다고 했다.

21 |해설| 주어진 문장은 "우리는 걷기 전에 말을 탄다."는 말을 인용한 것이므로 몽골에서는 거의 모두가 말을 탈 수 있다는 내용 뒤인 ②에 들어가는 것이 알맞다.

22 |해설| (A) 등위접속사 and에 의해 brush와 병렬로 연결되어 있으므로 같은 형태인 동사원형을 쓴다.

(B) enjoy는 목적어로 동명사를 쓴다.

(C) everything은 단수 취급한다.

23 |해설| ⑤ Tabin은 특히 해가 지기 전 저녁에 말 타는 것을 즐긴다고 했다.

24 |해설| ⓐ be on the team: 팀에 속해 있다

ⓑ with: ~와 함께

ⓒ be proud of: ~을 자랑스러워하다

25 |해석| A: Musa, 하루 중 가장 좋아하는 시간이 언제니?

B: 그것은 내 달리기 연습 시간이야.

A: 오, 정말? 지루하다고 생각하지 않니?

B: 아니. 많은 동물들을 볼 수 있어서 재미있어.

|해설| (1) Musa가 하루 중 가장 좋아하는 시간은 달리기 연습 시간이다.

(2) Musa는 많은 동물들을 볼 수 있어서 달리기 연습 시간이 지루하지 않다고 했다.

제4회 고난도로 내신 적중 모의고사 pp. 76~79

01 ② 02 ④ 03 ④ 04 ③ 05 ② 06 ②, ③

07 ⑤ 08 ③ → |모범 답| I watch(like watching) movies.

09 (C) → He(Andy) likes action movies. 10 ③ 11 ④

12 ① 13 Both Tim and I are interested in all kinds of sports. 14 ⑤ 15 ⓒ → You can also show me some pictures. / You can also show some pictures to me.

16 ④ 17 ③ 18 Both my father and I like to sleep

19 ③ 20 ② 21 (1) They can ride horses. (2) She enjoys riding (her horse) especially in the evening before the sunset. 22 of 23 ⑤ 24 from Kenya, won races, the Olympics 25 ②

01 |해설| practice는 '연습'이라는 뜻으로 영영풀이로는 '무언가를 더 잘할 수 있도록 규칙적으로 하는 활동'이 알맞다.

02 |해석| ⓐ 그 숲은 평화로운 곳이다.

ⓑ 해변에서의 일몰은 매우 아름다웠다.

ⓒ 그는 사막에서 낙타를 타고 싶어 한다.

ⓓ 많은 사람들이 경마 경기를 보고 있다.

|해설| ⓐ에는 peaceful(평화로운), ⓑ에는 sunset(일몰), ⓒ에는 desert(사막), ⓓ에는 race(경주)가 들어간다.

03 |해석| A: ⓒ 너는 여가 시간이 있을 때 보통 무엇을 하니?

B: 나는 보통 영화를 봐.

A: ⓐ 어떤 종류의 영화를 좋아하니?

B: 나는 액션 영화를 좋아해.

A: ⓑ 네가 가장 좋아하는 배우는 누구니?

B: 나는 Bruce Lee를 좋아해.

|해설| (A)에는 여가 시간에 무엇을 하는지 묻는 말이, (B)에는 어떤 종류의 영화를 좋아하는지 묻는 말이, (C)에는 가장 좋아하는 배우가 누구인지 묻는 말이 각각 알맞다.

04 |해석| ① Emily는 모든 종류의 동물을 좋아한다.

② 많은 다양한 종류의 빵이 있다.

③ Angela는 매우 친절해서 모든 사람들이 그녀를 좋아한다.

④ 그들은 새로운 종류의 스마트폰을 개발했다.

⑤ Jake는 다른 사람들을 돕는 유형의 사람이다.

|해설| ⓐ는 명사로 쓰여 '종류'의 의미를 나타낸다. ③은 형용사로 쓰여 '친절한'의 의미이며, 나머지는 모두 '종류'의 의미로 쓰였다.

05 |해석| ① 나는 한 주에 책을 세 권 읽어.

② 나는 탐정 소설 읽는 것을 좋아해.

③ J. K. Rowling은 내가 가장 좋아하는 작가야.

④ 나는 어떤 책을 읽어야 할지 결정할 수가 없어.

⑤ 도서관에는 책이 많이 있어.

|해설| What kind of ~?를 사용하여 구체적인 종류의 책을 묻고 있으므로 탐정 소설 읽기를 좋아한다는 ②가 가장 알맞다.

06 |해설| 대화의 내용과 일치하는 것은? 모두 고르시오.

① Eric은 도서관에 전혀 가지 않는다.
② Eric은 여가 시간이 있을 때 책을 읽는 것을 즐긴다.
③ Eric은 Sherlock Holmes 이야기를 정말 좋아한다.
④ Eric은 Sherlock Holmes와 같은 탐정이 되고 싶다.
⑤ Eric은 내일 Sherlock Holmes 영화를 볼 것이다.
|해설| ②, ③ Eric은 여가 시간에 도서관에 가서 책을 읽으며, Sherlock Holmes 이야기를 좋아한다고 했다. ④, ⑤에 대한 내용은 대화에 언급되지 않았다.

07 |해설| ① 여가 시간을 어떻게 보내니
② 여가 시간이 있을 때 무엇을 하니
③ 한가할 때 무엇을 하는 것을 좋아하니
④ 여가 시간에 무엇을 하는 것을 즐기니
⑤ 취미 활동을 하는 데 얼마나 많은 시간을 보내니
|해설| 밑줄 친 ⓐ는 여가 시간에 무엇을 하는지 묻는 말로 ①~④ 모두 같은 의미를 나타낸다. ⑤는 '취미 활동을 하는 데 얼마나 많은 시간을 보내니?'라는 의미이다.

08 |해설| 어떤 종류의 영화를 좋아하는지 묻는 말이 이어지는 것으로 보아, ③은 영화를 본다거나 영화 보는 것을 좋아한다는 말이 알맞다.

09 |해설| (A) 수빈이는 얼마나 자주 배드민턴을 치는가?
(B) 수빈이는 언제 배드민턴 팀에 들어갔는가?
(C) Andy는 무슨 종류의 영화를 좋아하는가?
　→ 그는 액션 영화를 좋아한다.
(D) 수빈이와 Andy는 이번 주말에 어디에서 만날 예정인가?

10 |해설| 나의 할아버지는 우리에게 옛날 이야기를 해 주셨다.
|해설| 주어진 4형식 문장을 3형식으로 바꾸면 My grandfather told an old story to us.이므로 7번째 단어는 to이다.

11 |해설| • 소라는 그에게 소포를 보냈다.
• Alice는 우리에게 스파게티를 요리해 주었다.
• 나는 노래하는 것과 춤추는 것 둘 다 잘한다.
• Jennifer는 아름답고 지적이다.
• Bob은 그녀에게 사적인 질문을 했다.
|해설| ④ both A and B에서 A와 B에는 품사가 같은 단어나 같은 성격의 구가 와야 한다. (intelligence → intelligent)

12 |해설| ① Scott은 내게 만화책을 몇 권 빌려주었다.
② Angela는 그에게 꽃다발을 가져다주었다.
③ Amy와 Emily 둘 다 공상 과학 소설을 좋아한다.
④ 나는 그 이야기가 재미있으면서 이상했다.
⑤ Laura는 자신의 딸에게 노란색 스웨터를 만들어 주었다.
|해설| ① 수여동사 lend는 「lend+간접목적어+직접목적어」 또는 「lend+직접목적어+to+간접목적어」의 순서로 쓴다.

13 |해설| • 나는 모든 종류의 스포츠에 관심이 있다.
• Tim도 또한 모든 종류의 스포츠에 관심이 있다.
　→ Tim과 나 둘 다 모든 종류의 스포츠에 관심이 있다.
|해설| both A and B를 주어로 사용하여 문장을 완성한다. I는 주로 B의 자리에 쓰며, both A and B가 주어로 사용되었으므로 동사도 그에 맞게 복수형으로 쓴다.

14 |해설| 그녀는 예쁜 인형을 그녀의 딸에게 _____.
ⓐ 만들어 줬다　ⓑ 줬다　ⓒ 마련해 줬다
ⓓ 보냈다　ⓔ 보여 줬다　ⓕ 사 줬다

15 |해설| 간접목적어 앞에 전치사 to를 썼으므로 빈칸에는 gave, sent, showed가 들어갈 수 있다.

15 |해설| show는 수여동사로 「show+간접목적어+직접목적어」 또는 「show+직접목적어+to+간접목적어」의 형태로 쓴다.

16 |해설| ⓓ 흐름상 desert(사막)가 아니라 dessert(후식)가 알맞다.

17 |해석| ① Q: Diego는 어디에 사는가?
A: 그는 스페인의 세비야에 산다.
② Q: Diego가 하루 중 가장 좋아하는 시간은 언제인가?
A: 점심시간이다.
③ Q: Diego의 가족은 언제 함께 점심 식사를 하는가?
A: 그의 가족은 매주 주말마다 함께 점심 식사를 한다.
④ Q: 그들은 보통 점심 식사로 무엇을 먹는가?
A: 그들은 보통 수프, 채소, 그리고 고기를 먹는다.
⑤ Q: Diego와 그의 아버지는 점심 식사 후에 보통 무엇을 하는가?
A: 그들은 보통 짧은 낮잠을 잔다.
|해설| 대부분의 날에 함께 모여서 점심을 먹는다고 했으므로 ③은 내용과 일치하지 않는다.

18 |해석| 나의 아버지와 나 둘 다 우리 정원에 있는 나무 아래 자는 것을 좋아한다.
|해설| both A and B의 표현을 사용하여 문장을 완성한다.

19 |해석| [보기] 나의 부모님은 내게 가장 중요한 사람이다.
① 조용하고 고요한
② 흥미롭거나 신나지 않은
③ 높이 평가되거나 필요한
④ 어떤 것을 가장 먼저 끝내거나 가장 잘하다
⑤ 사람들을 웃기기 위해 말하거나 행동하는 재미있는 것
|해설| 본문의 ⓐ와 [보기]의 빈칸에는 문맥상 '중요한'이라는 뜻의 important가 알맞다.

20 |해설| 밑줄 친 우리말을 영어로 옮기면 I often brush him and give him some carrots. 또는 I often brush him and give some carrots to him.이므로 for는 불필요하다.

21 |해설| 윗글을 읽고 질문에 완전한 문장으로 답하시오.
(1) 대부분의 몽골 사람들은 무엇을 할 수 있는가?
　→ 그들은 말을 탈 수 있다.
(2) Tabin은 특히 언제 말 타는 것을 즐기는가?
　→ 그녀는 특히 해 지기 전 저녁에 말 타는 것을 즐긴다.

22 |해설| (A) '~ 중, ~에서'의 의미를 나타내는 전치사 of가 알맞다.
(B) be proud of(~을 자랑스러워하다)의 of가 알맞다.

23 |해설| ⓔ both A and B가 문장의 주어 역할을 할 때에는 복수 취급하므로 복수 동사로 써야 한다.

24 |해석| 그들은 올림픽 경주에서 우승한 케냐 출신의 달리기 선수들이다.
|해설| 밑줄 친 them은 바로 앞 문장의 '올림픽 경주에서 우승을 한 케냐 출신의 달리기 선수들'을 가리킨다.

25 |해석| Musa는 그의 달리기 연습 시간을 가장 좋아한다. 그의 남동생 (→ 친구) Tamu와 그는 둘 다 학교 달리기 팀에 속해 있다. 그는 Tamu와 함께 달리기를 할 때 가장 행복감을 느낀다. 그들은 달리기 연습을 할 때 많은 동물들을 볼 수 있다. 그들은 장래에 올림픽 경주에서 우승하기를 원한다.
|해설| ⓑ Tamu는 Musa의 남자 형제가 아니라 친구이다.

Lesson 2
Enjoying Local Culture

STEP A

A
01 결합(물), 조합(물)
02 생산하다
03 주
04 전기의
05 북쪽의, 북쪽에 있는; 북쪽
06 다채로운, 화려한
07 지하철역
08 회전 관람차
09 해외로, 해외에서
10 ~ 동안
11 바느질하다, 꿰매다
12 취소하다
13 축제 마당, 풍물 장터
14 블록, 구역
15 매운, 매콤한
16 무서워하는, 겁먹은
17 전통
18 직물, 천
19 지역, 구역
20 문, 출입문

B
01 straight
02 miss
03 healthy
04 enter
05 blanket
06 fasten
07 quilt
08 over
09 unique
10 walk
11 south
12 follow
13 festival
14 contest
15 complete
16 direction
17 save
18 stage
19 fun
20 city hall

C
01 전화를 걸다
02 재미있게 놀다, 즐기다
03 상을 타다
04 ~로 옮기다, 이동하다
05 ~에게 (…을) 둘러보도록 안내하다
06 서두르다
07 설거지하다
08 ~로 유명하다
09 노력을 들이다

D
01 win a prize
02 make a call
03 hurry up
04 wash the dishes
05 be full of
06 move on to
07 have fun
08 walk around
09 be famous for

A 1 abroad, 해외로, 해외에서　2 healthy, 건강한
　3 blanket, 담요　4 follow, 따라가다　5 combination, 결합(물), 조합(물)　6 produce, 생산하다　7 straight, 똑바로, 곧장　8 unique, 유일무이한, 독특한
B 1 fasten　2 scared　3 enter　4 tradition　5 cancel
C 1 showed, around　2 Hurry up　3 made, calls
　4 is full of　5 won a prize
D 1 enter　2 fabric　3 healthy　4 scared　5 traditional

A |해석|
1 외국에서 혹은 외국으로
2 신체적으로 좋고 튼튼한
3 잠자리를 위한 두껍고 따뜻한 덮개
4 뒤쫓아 혹은 뒤에서 오거나 가다
5 다른 사람들 혹은 물건들의 혼합체
6 ~을 생기게 하다; 만들거나 제조하다
7 구부러지거나 곡선이 아닌 일렬로 혹은 한 방향으로
8 특별한 그리고 모든 다른 사람 또는 사물과는 다른

B |해석|
1 안전벨트를 매 주십시오.
2 나의 남동생은 거미를 무서워한다.
3 나는 빨리 달린다. 그래서 나는 몇몇 경기에 참가할 계획이다.
4 그들이 식사를 시작하기 전에 감사 기도를 드리는 것은 그들의 전통이다.
5 그들은 나쁜 날씨 때문에 내일 경기를 취소해야만 했다.

D |해석|
1 묶다 = 묶다 = (~에) 참가하다 : 참가하다
2 축제 : 축제 = 직물, 천 : 직물, 천
3 색 : 다채로운, 화려한 = 건강 : 건강한
4 걱정하다 : 걱정하는 = 무섭게 하다 : 무서워하는
5 전기 : 전기의 = 전통 : 전통적인

01 ①　02 ⑤　03 ①　04 ②　05 ④　06 ③
07 hurry up　08 ①

01 |해설| ① sew는 '바느질하다, 꿰매다'라는 뜻이다.
02 |해설| ① 색 – 다채로운, 화려한　② 건강 – 건강한
　　③ 전기 – 전기의　④ 전통 – 전통적인　⑤ 생산 – 생산하다
　|해설| ⑤ production과 produce는 '명사 – 동사'의 관계이고, 나머지는 모두 '명사 – 형용사'의 관계이다.
03 |해석| 그 커튼은 싼 초록색 천으로 만들어졌다.
　　① 직물, 천　② (장식용으로 덮는) 누비이불, 퀼트　③ 담요
　　④ 축제　⑤ 전통

|해설| fabric은 '직물, 천'이라는 의미로, cloth와 바꿔 쓸 수 있다.

04 |해설| 특별한 그리고 모든 다른 사람 또는 사물과는 다른

① 매운, 매콤한 ② 유일무이한, 독특한 ③ 해외로, 해외에서

④ 똑바로, 곧장 ⑤ 무서워하는, 겁먹은

|해설| '특별한 그리고 모든 다른 사람 또는 사물과는 다른'을 뜻하는 단어는 unique(유일무이한, 독특한)이다.

05 |해석| ① 나는 노래 경연 대회에 참가할 것이다.

② 너는 경주에 참가하길 원하니?

③ Jane은 경기에 참가하기로 결정했다.

④ 그녀의 남동생이 부엌에 들어갔다.

⑤ 그들은 작년에 글쓰기 대회에 참가했다.

|해설| ④의 enter는 '들어가다'라는 뜻으로 쓰였고, 나머지는 모두 '참가하다'라는 뜻으로 쓰였다.

06 |해석| • 너는 내가 전화 걸 동안 기다릴 수 있니?

• 그 아이들은 춤 경연 대회에서 상을 받았다.

|해설| make a call: 전화를 걸다 / win a prize: 상을 받다

07 |해설| '서두르다'라는 뜻은 hurry up으로 표현한다.

08 |해석| • 이번 일요일에 패션 쇼에 가자.

• 이 선생님이 너에게 도시를 구경시켜줄 것이다.

|해설| show는 명사로 '(무대의) 쇼, 공연', 동사로 '보여 주다'라는 의미이다. / show ~ around: ~에게 (…을) 둘러보도록 안내하다

 Listen and Talk 만점 노트 pp. 88~89

Q1 Star Mall Q2 ⓒ Q3 the bakery, the school
Q4 Green Street(가) Q5 ⓐ Q6 Green 공원의 북문 근처
Q7 F Q8 straight, left Q9 Main Street(가)

 Listen and Talk 빈칸 채우기 pp. 90~91

Listen and Talk A-1 looking for, two blocks, left, right
Listen and Talk A-2 across from, How do, get, Go straight, on your right
Listen and Talk A-3 Excuse me, three blocks, turn left, between, miss it
Listen and Talk A-4 Where is, It's on, How, get there, turn right, next to
Listen and Talk C May I help, looking for, see, Go straight, across from, going to start, where is, near
Talk and Play police station, one block, next to
Review-1 How, get, Walk straight, on your right
Review-2 on Main Street, next to

Listen and Talk 대화 순서 배열하기 pp. 92~93

1 ⓓ-ⓑ-ⓐ-ⓒ 2 ⓔ-ⓐ-ⓒ-ⓑ-ⓓ
3 ⓑ-ⓔ, ⓐ-ⓒ 4 ⓒ-ⓑ-ⓓ-ⓔ-ⓐ
5 ⓘ, ⓒ-ⓕ, ⓑ, ⓐ-ⓓ 6 ⓒ-ⓐ-ⓓ
7 ⓒ-ⓐ-ⓑ 8 ⓒ-ⓑ-ⓐ

Listen and Talk 실전 TEST pp. 94~95

01 ① 02 ② 03 ② 04 ② 05 ⑤ 06 ④ 07 ④
08 ② 09 ③

[서술형]

10 (1) across from (2) between
11 (1) There is one next to the post office. (2) Go straight one block and turn right. 12 (1) go straight two blocks, turn left (2) next to the museum

01 |해석| A: 실례합니다. 극장에 어떻게 가나요?

B: 한 블록을 곧장 가세요. 극장은 오른쪽에 있어요.

② 언제 극장에 갔나요?

③ 극장에 가는 것이 어떤가요?

④ 극장에 가 본 적이 있나요?

⑤ 극장까지 가는 데 얼마나 걸리나요?

|해설| B가 극장으로 가는 길을 안내해 주는 것으로 보아, 극장으로 가는 길을 묻는 말이 알맞다.

02 |해석| A: Joe의 피자 가게는 어디에 있나요?

B: _____

① Purple가에 있어요.

② 제가 가장 좋아하는 곳이에요.

③ 도서관 옆에 있어요.

④ 우체국 맞은편에 있어요.

⑤ 도서관과 병원 사이에 있어요.

|해설| ② Joe의 피자 가게의 위치를 묻는 말에 '그곳이 자신이 가장 좋아하는 장소'라고 답하는 것은 어색하다.

03 |해석| A: 실례합니다. 역사 박물관이 어디에 있나요?

(C) Green가에 있어요.

(B) 그곳에 어떻게 가나요?

(D) 세 블록 곧장 가서 오른쪽으로 도세요. 오른쪽에 보일 거예요. 은행 옆에 있어요.

(A) 정말 감사합니다.

04 |해석| 곧장 한 블록 걷다 왼쪽으로 도세요. 오른쪽에 있을 거예요. 은행 맞은편에 있어요.

|해설| 곧장 한 블록 걷다 좌회전한 후 오른쪽에 있으며, 은행 맞은편에 있는 건물은 ②이다.

[05~06] |해석|

A: 실례합니다. Star Mall을 찾고 있어요.

B: 세 블록을 곧장 가서 왼쪽으로 도세요. 오른쪽에 있는 첫 번째 건물일 거예요.

A: 아, 그렇군요. 고맙습니다.

B: 천만에요.

05 |해석| ① Star Mall에 갔나요?

② Star Mall에 갈 건가요?

③ Star Mall의 무엇이 좋은가요?

④ 얼마나 자주 Star Mall에 가나요?

⑤ Star Mall로 가는 길을 알려 주시겠어요?

|해설| 밑줄 친 ⓐ는 Star Mall을 찾고 있다는 뜻으로 길을 묻는 표현인 ⑤와 바꿔 쓸 수 있다.

06 |해설| ⓑ와 의미가 같도록 배열하면 Go straight three blocks and turn left.이다.

07 |해석| A: 경찰서에 어떻게 가나요?

B: 세 블록을 곧장 걸어가세요. 오른쪽에 있을 거예요.

A: 아, 그렇군요.

B: 빵집과 학교 사이에 있어요. 놓칠 거예요.(→ 꼭 찾으실 거예요.)

A: 고맙습니다!

|해설| 경찰서에 가는 길을 자세히 알려 준 후 틀림없이 찾을 수 있을 거라고 말하는 것이 자연스러우므로 ④는 You can't miss it.이나 You'll find it.이 되어야 알맞다.

[08~09] |해석|

소년: 안녕하세요. 도와드릴까요?

소녀: 네. 저는 Green 공원을 찾고 있어요.

소년: 네. 이 지도를 보세요. 우리는 여기에 있어요.

소녀: 아, 그렇군요. 그러면 공원은 어떻게 가나요?

소년: 두 블록을 곧장 가서 왼쪽으로 도세요. 공원은 기차역 맞은편에 있어요.

소녀: 그렇군요. 그곳에서 아프리카 음악 콘서트가 열리죠, 맞나요?

소년: 네. 오후 4시에 Star Concert 무대에서 시작할 거예요.

소녀: 맞아요. 그런데 무대는 어디에 있나요?

소년: 공원의 북문 근처에 있어요.

소녀: 네, 고맙습니다!

08 |해설| 주어진 문장은 공원에 어떻게 가는지 묻는 질문이므로 길을 안내해 주는 대답 앞인 ②에 오는 것이 알맞다.

09 |해설| ③ 소년의 세 번째 말을 통해 Green 공원이 기차역 맞은편에 있음을 알 수 있다.

10 |해석| (1) A: 병원은 어디에 있나요?

B: 장난감 가게 맞은편에 있어요.

(2) A: 우체국은 어디에 있나요?

B: 빵집과 공원 사이에 있어요.

|해설| (1) across from: ~의 맞은편에

(2) between A and B: A와 B 사이에

11 |해석| A: 실례합니다. 서점이 어디에 있나요?

B: 우체국 옆에 하나 있어요.

A: 그곳에 어떻게 가나요?

B: 한 블록 곧장 가서 오른쪽으로 도세요.

|해설| (1) next to: ~ 옆에

(2) go straight ~ block(s): ~ 블록을 곧장 가다 / turn right: 오른쪽으로 돌다

12 |해석| 소년: Bob의 빵집은 어디에 있니?

소녀: Main가에 있어.

소년: 거기에 어떻게 가니?

소녀: 두 블록을 곧장 가서 왼쪽으로 돌아. 박물관 옆에 있어.

(1) 소년은 Bob의 빵집에 가기 위해 두 블록을 곧장 가서 왼쪽으로 돌아야 한다.

(2) Bob의 빵집은 박물관 옆에 있다.

G Grammar 핵심 노트 1 QUICK CHECK p. 96

1 (1) go (2) had (3) don't have to

2 (1) to get (2) doesn't (3) had

1 |해석| (1) 엄마는 이번 토요일에 일하러 가셔야 한다.

(2) 지나는 어제 자신의 방을 청소해야 했다.

(3) 너는 병원에 갈 필요가 없다.

2 |해석| (1) 그는 오늘 일찍 일어나야 한다.

(2) Mike는 우산을 가져갈 필요가 없다.

(3) 유나는 지난 일요일에 농구를 연습해야 했다.

G Grammar 핵심 노트 2 QUICK CHECK p. 97

1 (1) to play (2) to lose (3) in order to catch

2 (1) (in order) to play (2) (in order) to get

(3) (in order) to buy

1 |해석| (1) 나는 게임을 하기 위해 스마트폰을 사용한다.

(2) 우리는 살을 빼기 위해 매일 운동한다.

(3) 그는 첫 기차를 타기 위해 일찍 일어났다.

2 |해석| (1) 그녀는 농구를 하기 위해 체육관에 갔다.

(2) 그들은 충분히 자기 위해 일찍 잠자리에 들었다.

(3) 나는 모자를 사기 위해 쇼핑몰에 갔다.

G Grammar 연습 문제 1 p. 98

A 1 must not 2 had to 3 don't have to 4 have to

B 1 don't have to 2 has to/must 3 had to

4 don't have to 5 don't need(have) to/need not

C 1 must 2 must not 3 have to 4 don't have(need) to

5 didn't have(need) to

D 1 You didn't have to bring any food.

2 Graham will have to sleep on the sofa tonight.

3 We had to show our passports at the airport.

A |해설| **1** 빨간 불에 길을 건너면 <u>안 된다</u>.

2 그녀는 버스를 놓쳐서 집으로 걸어<u>가야</u> 했다.

3 오늘은 화창하다. 우리는 우산을 가져갈 <u>필요가 없다</u>.

4 학생들은 학교에서 교복을 입어<u>야 한다</u>.

|해설| 각 문장의 의미와 시제에 유의하여 알맞은 표현을 사용한다.

1 must not+동사원형: ~하면 안 된다

2 had to+동사원형: ~해야 했다

3 don't have to+동사원형: ~할 필요가 없다

4 have to+동사원형: ~해야 한다

B |해석| **1** 나는 주말에 일할 필요가 없다.

2 그는 그의 숙제를 먼저 <u>해야 한다</u>.

3 나는 늦게 일어나서 서둘러<u>야 했다</u>.

4 너는 나에 대해 걱정할 필요가 없다.

5 너는 집에 가도 된다. 여기에 머물 <u>필요가 없다</u>.

|해설| **1** don't have to: ~할 필요가 없다

2 현재 시제에서 주어가 3인칭 단수일 때 has to를 쓴다. must로 바꿔 쓸 수도 있다.

3 have to의 과거형은 had to이다.

4 주어가 2인칭이므로 don't have to를 쓴다.

5 don't need(have) to 또는 need not으로 쓴다.

C |해석| **1** 나는 잠을 좀 자<u>야 한다</u>.

2 너는 부모님께 거짓말을 하<u>면 안 된다</u>.

3 늦어지고 있다. 나는 정말 지금 가<u>야 한다</u>.

4 어린이는 입장하기 위해 돈을 지불할 <u>필요가 없다</u>.

5 나는 그의 대답을 오래 기다릴 <u>필요가 없었다</u>.

|해설| '~해야 한다'는 뜻의 의무를 나타낼 때 must 또는 have to를, '~할 필요가 없다'는 뜻의 불필요를 나타낼 때 don't have(need) to를 사용한다.

D |해설| **1** have가 주어졌으므로 '~할 필요가 없었다'는 didn't have to로 쓴다.

2~3 '~해야 한다'는 의미를 나타내는 have to는 과거 시제일 때 had to, 미래 시제일 때 will have to로 쓴다.

G Grammar 연습 문제 2   p. 99

A **1** to stay **2** hear **3** not to catch **4** in order
B **1** to win the race **2** to help those people **3** to eat pizza
C **1** to see his kids **2** to take pictures **3** very hard to read
D **1** He went to the market to buy some fruit.
　　2 Mike ran fast not to miss the bus.
　　3 We were surprised to see a big spider.

A |해석| **1** 너는 건강을 유지하기 위해서 운동을 해야 한다.

2 그들은 그 나쁜 소식을 듣고 슬펐다.

3 감기에 걸리지 않도록 조심하세요.

4 그는 마지막 시험을 통과하기 위해서 열심히 공부했다.

|해설| **1~2** 목적과 감정의 원인을 나타내는 부사적 용법의 to부정사를 사용한다.

3 to부정사의 부정은 「not to+동사원형」 형태로 쓴다.

4 목적의 뜻을 명확히 나타낼 때 「in order to+동사원형」으로 쓸 수 있다.

B |해석| **1** 나는 경기에 이기고 싶어서 많이 연습했다.

= 나는 경기에 이기기 위해서 많이 연습했다.

2 저 사람들을 돕기 위해서 우리가 무엇을 해야 하나요?

3 수지는 피자를 먹고 싶어서 쇼핑몰에 갔다.

= 수지는 피자를 먹기 위해서 쇼핑몰에 갔다.

|해설| 목적을 나타내는 문장이 되도록 to부정사의 부사적 용법을 사용하여 문장을 완성한다.

C |해설| to부정사의 부사적 용법(1.~2. 목적, 3. 형용사 수식)을 사용하여 문장을 쓴다.

D |해설| **1~3** 목적과 감정의 원인을 나타내는 to부정사의 부사적 용법이 사용된 문장을 쓴다.

2 '~하지 않기 위해'라는 뜻을 나타낼 때는 부정형인 「not to+동사원형」 형태로 쓴다.

G Grammar 실전 TEST   pp. 100~103

01 ④   **02** ③   **03** ④   **04** ③, ⑤   **05** ⑤   **06** ①
07 ⑤   **08** ⑤   **09** ④   **10** ③   **11** ④   **12** ①   **13** ②
14 ②   **15** ⑤   **16** ②

[서술형]

17 have to brush   **18** have to bring

19 ⓓ → (in order) to do   **20** to return some books

21 (1) have to   (2) don't have to   **22** (1) Mark had to walk the dog., Mark will have to walk the dog.   (2) Jennifer doesn't have to feed the dog., Does Jennifer have to feed the dog?   **23** (1) to buy some vegetables   (2) to make a waste bin   (3) to pass the exam   **24** (1) Maria doesn't eat between meals to lose some weight.   (2) Jack turned on the computer to write the report.   (3) They left early not to miss the train.   **25** (1) Kate has to water the flowers.   (2) Kate has to do her homework.   (3) Kate doesn't have to read a book.   (4) Kate doesn't have to wash the dishes.   (5) Kate doesn't have to practice playing the piano.

01 |해석| 우리는 충분한 시간이 없어서 서둘러야 <u>한다</u>.

|해설| '~해야 한다'는 뜻의 의무를 나타내는 조동사 must는 have to로 바꿔 쓸 수 있다.

02 |해석| Dave는 내일 시험이 있어서 오늘밤에 열심히 공부해야 할 것이다.

|해설| 의미상 의무를 나타내는 표현이 자연스러우며, 미래의 일이므로 have to의 미래형인 will have to가 알맞다.

03 |해석| Angela는 빵을 좀 <u>사기 위해</u> 빵집에 가고 있다.

|해설| 문맥상 '사기 위해'라는 의미가 되어야 하므로 목적을 나타내는 부사적 용법의 to부정사가 알맞다.

04 |해설| Steve와 Olivia는 어제까지 그들의 과제를 끝내야 했다(끝낼 필요가 없었다).
|해설| 과거를 나타내는 부사 yesterday가 있으므로 have to의 과거형인 had to나 불필요를 나타내는 don't have to의 과거형인 didn't have to가 알맞다.

05 |해설| '~할 필요가 없다'라는 의미는 don't have(need) to 또는 need not으로 나타낸다.

06 |해설| '~하지 않기 위해서'라는 목적의 의미는 to부정사의 부정형인 「not to+동사원형」의 형태로 쓴다.

07 |해설| [보기] 우리는 자전거를 타기 위해 공원에 갔다.
① 나는 언젠가 파리에 가는 것을 원한다.
② 우리는 내일 우리 삼촌을 뵈러 갈 계획이다.
③ Ann의 꿈은 음악가가 되는 것이다.
④ 규칙적으로 운동하는 것은 건강에 좋다.
⑤ Jason은 책을 좀 빌리기 위해 도서관에 간다.
|해설| [보기]와 ⑤의 to부정사는 목적을 나타내는 부사적 용법으로 쓰였고, 나머지는 모두 명사적 용법(①, ② 목적어, ③ 보어, ④ 주어)으로 쓰였다.

08 |해설| ① 나는 늦지 않기 위해 일찍 떠났다.
② Tommy는 오늘 의사에게 가 봐야 한다.
③ 너는 파티에 올 필요가 없다.
④ Jessica는 기분이 좋아지도록 음악을 듣는다.
⑤ 나는 어젯밤에 남동생을 돌봐야 했다.
|해설| 과거의 의무를 나타낼 때는 had to로 써야 한다. (→ had to take)

09 |해설| 나는 Rena를 내 파티에 초대하고 싶어서(초대하기 위해서), 그녀에게 전화했다.
|해설| ④ because절이 전화를 건 목적에 해당하므로 목적을 나타내는 부사적 용법의 to부정사나 「in order to+동사원형」으로 나타낼 수 있다.

10 |해설| have to의 과거는 주어의 인칭과 수에 상관없이 「had to+동사원형」으로 나타낸다.

11 |해설| '~하기 위해'라는 뜻의 목적을 나타내는 부사적 용법의 to부정사를 사용한다.

12 |해설| • 너는 강에서 수영하면 안 된다. 그것은 매우 위험하다.
• 나는 심한 감기에 걸려서 어제 약을 먹어야 했다.
|해설| 첫 번째 빈칸은 문맥상 '~하면 안 된다'는 뜻의 금지를 나타내는 must not이 알맞고, 두 번째 빈칸은 과거를 나타내는 부사 yesterday가 있으므로 had to가 알맞다.

13 |해설| ① 나는 차를 만들기 위해 물을 좀 끓였다.
② 그들은 그 소식을 들어서 기뻤다.
③ Emma는 변호사가 되기 위해 매우 열심히 공부한다.
④ Bob은 새 노트북 컴퓨터를 사기 위해 돈을 모으고 있다.
⑤ Judy는 살을 빼기 위해 저녁 7시 이후에 먹지 않는다.
|해설| ②는 감정의 원인을 나타내는 부사적 용법의 to부정사이다. 나머지는 모두 목적을 나타내는 부사적 용법의 to부정사이므로 in order to와 바꿔 쓸 수 있다.

14 |해설| ① 애완동물을 데려와야 한다.
② 애완동물을 데려오면 안 된다.
③, ④, ⑤ 애완동물을 데려올 필요가 없다.
|해설| 애완동물 금지 표지판이므로 금지의 표현 must not이 알맞다.

15 |해설| ① 전등을 꺼야 한다.
② 부모님께 전화할 필요가 없다.
③ 그는 음악을 공부하기 위해 미국으로 갔다.
④ 교복을 꼭 입어야 하나요?
⑤ 방문객들은 박물관에서 사진을 찍으면 안 된다.
≠ 방문객들은 박물관에서 사진을 찍을 필요가 없다.
|해설| ⑤ must not은 '~해서는 안 된다'의 의미로 금지를 나타내며, don't have to는 '~할 필요가 없다'의 의미로 불필요를 나타낸다.

16 |해설| ⓐ Emily는 식물에 물을 줘야 한다.
ⓑ 우리는 마지막 버스를 타기 위해 서둘러야 한다.
ⓒ 나는 비에 젖지 않기 위해 비옷을 입었다.
ⓓ 어린이는 입장료를 낼 필요가 없다.
ⓔ Alex는 좋은 좌석을 얻기 위해 일찍 도착했다.
|해설| ⓐ 주어가 3인칭 단수이므로 has to로 써야 한다. (have to → has to)
ⓒ '~하지 않도록, ~하지 않기 위해'라는 뜻은 to부정사의 부정으로 표현한다. (not get → not to get)
ⓔ 「in order to+동사원형」은 목적의 뜻을 명확하게 나타내기 위해 쓴다. (in order → in order to)

17 |해설| 잠자리에 들기 전에 이를 닦아야 한다.
|해설| must가 '~해야 한다'라는 의무를 나타낼 경우 have to로 바꿔 쓸 수 있다.

18 |해설| Kate는 어제 도시락을 가져올 필요가 없었다.
|해설| didn't need to는 '~할 필요가 없었다'라는 의미로, didn't have to로 바꿔 쓸 수 있다.

19 |해설| 나는 수학 과제를 하기 위해 종종 컴퓨터를 쓴다.
|해설| 문맥상 '~하기 위해서'라는 의미가 되어야 하므로 목적을 나타내는 to부정사의 형태로 쓰는 것이 알맞다. 「in order to+동사원형」으로 나타낼 수도 있다.

20 |해설| Ben: 너는 어제 왜 도서관에 갔니?
Jane: 나는 책들을 반납해야 했어.
Ben: 아, 그렇구나.
→ Jane은 책들을 반납하기 위해 도서관에 갔다.
|해설| Jane이 도서관에 간 목적을 나타내는 문장을 to부정사를 사용하여 완성한다.

21 |해설| (1) 밖에 비가 내린다. 나는 우산을 가져가야 한다.
(2) 비가 그쳤다. 나는 우산을 가져갈 필요가 없다.
|해설| (1) 우산을 가져가야 하는 상황이므로 have to(~해야 한다)가 알맞다.
(2) 우산을 가져갈 필요가 없는 상황이므로 don't have to(~할 필요가 없다)가 알맞다.

22 |해설| (1) Mark는 개를 산책시켜야 한다.
→ Mark는 개를 산책시켜야 했다.
→ Mark는 개를 산책시켜야 할 것이다.
(2) Jennifer는 개에게 먹이를 주어야 한다.

→ Jennifer는 개에게 먹이를 줄 필요가 없다.

→ Jennifer는 개에게 먹이를 주어야 하니?

|해설| (1) have to의 과거 시제는 had to로, 미래 시제는 will have to로 쓴다.

(2) has to의 부정문은 doesn't have to로, 의문문은 「Does+ 주어+have to ~?」로 쓴다.

23 |해석| [예시] 나는 일출을 보기 위해 일찍 일어났다.

(1) 엄마는 채소를 좀 사기 위해 시장에 가셨다.

(2) 아빠는 쓰레기통을 만들기 위해 그 상자를 쓰실 것이다.

(3) 내 남동생은 시험에 합격하기 위해 매우 열심히 공부했다.

|해설| 목적을 나타내는 부사적 용법의 to부정사를 사용하여 문장을 완성한다.

24 |해석| [예시] 나는 Tom을 방문했다. 나는 그의 카메라를 빌리기를 원했다.

→ 나는 Tom의 카메라를 빌리기 위해 그를 방문했다.

(1) Maria는 간식을 먹지 않는다. 그녀는 살을 좀 빼기를 원한다.

→ Maria는 살을 좀 빼기 위해 간식을 먹지 않는다.

(2) Jack은 컴퓨터를 켰다. 그는 보고서를 쓰기를 원했다.

→ Jack은 보고서를 쓰기 위해 컴퓨터를 켰다.

(3) 그들은 일찍 떠났다. 그들은 기차를 놓치기를 원하지 않았다.

→ 그들은 기차를 놓치지 않기 위해 일찍 떠났다.

|해설| '~하기 위해서'의 목적을 나타내는 부사 용법의 to부정사를 사용하여 문장을 완성한다. '~하지 않기 위해서'의 의미를 나타낼 때는 「not to+동사원형」의 형태로 쓴다.

25 |해석| [예시] Kate는 방을 청소해야 한다.

(1) Kate는 꽃에 물을 줘야 한다.

(2) Kate는 자신의 숙제를 해야 한다.

(3) Kate는 책을 읽을 필요가 없다.

(4) Kate는 설거지를 할 필요가 없다.

(5) Kate는 피아노 치는 연습을 할 필요가 없다.

|해설| 주어가 3인칭 단수이므로 해야 하는 일은 has to를 사용하고, 하지 않아도 될 일은 doesn't have to를 사용한다.

ℝ Reading 빈칸 채우기   pp. 106~107

01 I'm   02 live in   03 at   04 over, the biggest
05 show, around   06 Follow   07 Look at   08 This is
09 entered   10 don't have to, have to   11 win a prize
12 took, care of   13 won, third prize   14 proud of
15 so   16 are eating   17 They are   18 combination of
19 getting, because   20 are eating   21 taste
22 move on to   23 long tradition   24 In the past
25 To make, had to collect   26 every week
27 work on, for over   28 colorful, unique
29 The most exciting   30 Ferris wheel   31 on the top
32 scared, amazing   33 living, going   34 some day

ℝ Reading 바른 어휘·어법 고르기   pp. 108~109

01 I'm   02 in   03 at   04 the biggest   05 show
06 Follow   07 at   08 is   09 entered
10 don't have to be   11 to win   12 took   13 third
14 of   15 so   16 are   17 They   18 of   19 because
20 are eating   21 great   22 move on to   23 has
24 In the past   25 collect   26 week   27 for
28 unique   29 The most exciting   30 tall
31 on the top   32 amazing   33 living   34 some day

ℝ Reading 틀린 문장 고치기   pp. 110~111

01 ○   02 ×, live in   03 ×, at   04 ×, the biggest
05 ×, show you around   06 ○   07 ×, Look at   08 ○
09 ○   10 ×, don't have to be   11 ○   12 ○   13 ○
14 ×, proud of   15 ×, we're eating   16 ○   17 ○
18 ×, combination of   19 ×, because   20 ○   21 ○
22 ○   23 ×, tradition   24 ×, In the past   25 ×, collect
26 ○   27 ×, for   28 ×, colorful
29 ×, The most exciting part   30 ○   31 ×, on the top
32 ×, scared   33 ×, going   34 ○

ℝ Reading 실전 TEST   pp. 114~117

01 ②   02 ④   03 ⑤   04 ④   05 ⑤   06 ③   07 ①
08 ⑤   09 ③   10 ④   11 ①   12 ①   13 ①
14 blanket   15 ⑤   16 ⑤   17 ⑤   18 ①   19 ①, ④

[서술형]
20 (1) don't have to be big (2) have to be healthy
21 (1) entered a goat show (2) won third prize
(3) produce a lot of milk   22 (1) corn dogs → fajitas
(2) salty → spicy   23 had to collect small pieces of fabric, sew them together   24 for over six months

[01~06] |해석|

안녕, 나는 Eddie Parker야. 나는 텍사스의 댈러스에 살아. 지금 우리 가족과 나는 텍사스 지역 축제에 와 있어. 이 축제는 역사가 130년이 넘고, 미국에서 가장 큰 축제야. 내가 구경시켜 줄게. 나를 따라와!

여기 염소들을 봐! 이것은 염소 쇼야. 내 남동생 Steve가 이 쇼에 참가했어. 이 쇼의 염소들은 클 필요는 없지만, 건강해야 해. 그들은 상을 타기 위해서 우유를 많이 생산해야 해. Steve는 자신의 염소인 Bonnie를 잘 돌봤어. 와! Steve와 Bonnie가 3등상인 흰색 리본을 탔어! 나는 그들이 정말 자랑스러워!

01 |해설| 주어진 문장의 The fair는 주어진 문장의 the State Fair of Texas를 가리키므로, ②에 들어가는 것이 알맞다.

02 |해설| (A) it은 앞 문장의 a goat show를 가리킨다.
(C) them은 자랑스러운 대상인 Steve and Bonnie를 가리킨다.

03 |해설| '～을 돌보다'라는 뜻은 take care of로 나타내므로 ⓔ에는 of가 알맞다.

04 |해석| 그들은 상을 타기 위해서 우유를 많이 생산해야 해.
|해설| '～해야 한다'는 「have to+동사원형」이나 「must+동사원형」으로 나타내고, '～하기 위해서'는 목적을 나타내는 부사적 용법의 to부정사로 나타낸다.

05 |해설| ⑤ 염소 쇼에 출전하는 염소는 클 필요는 없고, 건강해야 한다고 했다.

06 |해석| Q: Steve는 염소 쇼에서 무엇을 받았는가?
A: 그는 3등상을 받았다.
① 아무것도 ② 아기 염소 ④ 리본 세 개 ⑤ 우유병
|해설| Steve가 염소 쇼에서 받은 것은 3등상인 흰색 리본이다.

[07~10] |해석|
지금은 점심시간이어서, 우리는 축제 음식을 먹고 있어. 엄마와 아빠는 나초와 파히타를 드시고 계셔. 그것들은 Tex-Mex 음식이야. Tex-Mex 음식은 텍사스 음식과 멕시코 음식이 결합된 거야. 파히타가 너무 매워서 아빠 얼굴이 빨개지고 있어. Steve와 나는 콘도그를 먹고 있어. 그것들은 맛이 매우 좋아.

07 |해설| ⓐ, ⓑ는 nachos and fajitas, ⓓ, ⓔ는 corn dogs를 각각 가리킨다.

08 |해석| ① 맛 ② 조리법 ③ 문화 ④ 전통 ⑤ 결합
|해설| 텍사스와 멕시코 음식의 '결합'이라는 표현이 되어야 하므로 combination이 알맞다.

09 |해석| ① 만약 ～라면 ② ～하기 전에 ③ ～ 때문에
④ ～이 아니라면 ⑤ ～이긴 하지만
|해설| 빈칸 뒤에 아빠의 얼굴이 빨개지고 있는 이유가 나오므로, '～ 때문에'라는 의미의 접속사 because가 알맞다.

10 |해석| ① 엄마와 아빠가 점심으로 무엇을 먹고 있는가?
② Tex-Mex 음식은 무엇인가?
③ 왜 아빠의 얼굴이 빨개졌는가?
④ 파히타를 만들기 위해 어떤 재료가 필요한가?
⑤ 누가 축제에서 콘도그를 먹고 있는가?
|해설| ④ 파히타를 만들기 위해 필요한 재료가 무엇인지는 본문에 언급되어 있지 않다.

[11~16] |해석|
퀼트 대회로 이동하자. 퀼트 만들기는 오랜 전통을 가지고 있어. 과거에는 천이 비쌌어. 담요를 만들기 위해서 사람들은 작은 천 조각들을 모아서 꿰매 붙여야 했지.
할머니와 할머니의 친구분들은 매주 퀼트 만드는 모임을 가지셨어. 그분들은 이 대회를 위해서 6개월 이상 퀼트 만드는 작업을 하셔야 했어. 봐! 그것은 색깔이 정말 화려하고 독특해.

11 |해설| ⓐ move on to는 '～로 이동하다'라는 뜻의 표현이다.

12 |해석| ① Amy는 도움을 청하기 위해 그에게 전화했다.
② 나는 세계를 여행하기를 원한다.
③ 그의 취미는 영화 포스터를 모으는 것이다.
④ 새로운 언어를 배우는 것은 쉽지 않다.

⑤ 그녀는 한 달에 책 세 권을 읽기로 계획했다.
|해설| (A)와 ①은 목적을 나타내는 부사적 용법으로 쓰였다. 나머지는 모두 명사적 용법(②, ⑤ 목적어, ③ 보어, ④ 주어)으로 쓰였다.

13 |해설| had to 뒤에 collect와 병렬로 연결되었으므로 동사원형 sew가 알맞다.

14 |해석| 담요는 잠자리를 위한 두껍고 따뜻한 덮개이다.

15 |해설| ⑤ 퀼트 대회에 출품된 퀼트가 어떤 용도로 사용될지는 언급되지 않았다.

16 |해설| 과거에 사람들은 천이 비싸지(→ 싸지) 않았기 때문에 담요를 만들기 위해 작은 천 조각들을 모아야 했다.

[17~19] |해석|
오늘 가장 신나는 부분은 Texas Star를 타는 거야. 그것은 높은 회전 관람차야. 우와! Steve와 나는 지금 꼭대기에 있어. 무섭긴 하지만, 전망이 굉장해!
나는 텍사스에 사는 것과 축제에 가는 것이 정말 좋아. 언젠가 축제에 오렴!

17 |해설| ⓔ love는 목적어로 동명사와 to부정사를 모두 취하는 동사인데, 접속사 and에 의해 living과 병렬 연결된 관계이므로 동명사 going으로 써야 한다.

18 |해석| ① Texas Star ② Texas에 사는 것
③ Texas의 경치 ④ Texas 지역 축제
⑤ 하루 중 가장 신나는 부분
|해설| 밑줄 친 It은 바로 앞 문장의 the Texas Star를 가리킨다.

19 |해설| ② Texas Star는 높은 회전 관람차이다.
③ 글쓴이는 남동생 Steve와 함께 Texas Star를 탔다.
⑤ 글쓴이는 텍사스에서 사는 것과 텍사스 축제에 가는 것을 좋아한다.

20 |해설| '～할 필요가 없다'라는 뜻의 불필요는 don't have to로, '해야 한다'는 뜻의 의무는 have to로 나타낸다.

21 |해석| A: Eddie, 어제 축제에서 이벤트에 참가했니?
B: 아니, 하지만 내 남동생 Steve가 염소 쇼에 참가했어. 그애와 염소는 3등상을 탔어!
A: 잘됐다! 쇼에서 상을 타기 위해 염소들은 무엇을 해야 하니?
B: 우유를 많이 생산해야 해.
A: 아 그렇구나.

22 |해석| (1) 글쓴이의 부모님은 점심으로 나초와 콘도그(→ 파히타)를 먹고 있다.
(2) 음식이 너무 짜서(→ 매워서) 글쓴이의 아버지는 얼굴이 빨개지셨다.

23 |해석| 과거에 사람들은 담요를 만들기 위해 무엇을 해야 했는가?
→ 그들은 작은 천 조각들을 모아서 꿰매 붙여야 했다.

24 |해석| 할머니와 할머니의 친구분들은 대회를 위한 퀼트를 만드시는 데 얼마나 오래 걸렸는가?
→ 6개월 이상 걸렸다.

M 기타 지문 실전 **TEST**　　　　　　p.119

01 on your right　**02** ③　**03** ⓐ butter ⓑ cheese
04 you have to go there　**05** ④　**06** ③

[01~02] |해석|

Rose 빵집은 학교 근처에서 제가 가장 좋아하는 장소입니다. 학교 정문에서, 먼저 오른쪽으로 도세요. 그리고 나서 하나로를 따라 곧장 걸어가세요. Sun 은행이 오른쪽에 보이면 왼쪽으로 도세요. 틀림없이 찾을 거예요.

01 |해설| 학교 정문에서 오른쪽으로 돌아 하나로를 따라 곧장 걸어가면 오른쪽에 Sun 은행이 보이므로 빈칸에는 on your right가 알맞다.

02 |해설| You can't miss it.은 직역하면 '당신은 그것을 놓칠 수 없다.'라는 뜻으로 주로 길 안내를 마친 후 쉽게 찾을 수 있다는 의미로 하는 말이다.

03 |해석| 아이오와 지역 축제
이 주는 버터로 유명하다. 이 주의 축제를 위해 사람들은 약 272kg의 버터로 버터 소(조각상)를 만든다.
위스콘신 지역 축제
이 주는 미국에서 가장 많은 양의 치즈를 생산한다. 이 주의 축제에서 사람들은 맛있는 여러 치즈 음식을 먹을 수 있다.
|해설| ⓐ 아이오와 지역 축제를 위해 버터로 소를 만든다고 한 것으로 보아, 아이오와 주는 버터로 유명하다는 것을 알 수 있다.
ⓑ 위스콘신 주는 미국에서 가장 치즈를 많이 생산한다고 했으므로, 위스콘신 지역 축제에서 여러 치즈 음식을 먹을 수 있다고 하는 것이 적절하다.

[04~06] |해석|

서촌은 재미있는 것들로 가득 차 있어. 너는 통인 시장에 갈 수 있어. 그곳은 기름 떡볶이로 유명해서, 너는 그것을 맛 보러 그곳에 가야 해. 그곳에는 또한 한국의 전통 가옥들이 많이 있어. 너는 그것들을 보기 위해 돌아다닐 수 있어.
서촌에 우리를 보러 와. 정말 재미있을 거야!

04 |해설| '~해야 한다'는 「have to+동사원형」으로 쓸 수 있다.

05 |해설| '그것들을 보기 위해'라는 의미가 되어야 하므로 목적을 나타내는 to부정사의 부사적 용법으로 써야 한다.

06 |해석| ① 서촌에 무슨 시장이 있는가?
② 통인 시장에서 어떤 음식이 유명한가?
③ 통인 시장에 어떻게 가는가?
④ 통인 시장에서 무엇을 먹을 수 있는가?
⑤ 서촌에서 무엇을 볼 수 있는가?
|해설| ③ 통인 시장으로 가는 길을 알려 주는 내용은 언급되어 있지 않다.

STEP B

 Words 고득점 맞기　　　pp. 120~121

01 ④	**02** ⑤	**03** traditional	**04** ④	**05** ①
06 won third prize	**07** ②	**08** ③	**09** ⑤	**10** (f)air
11 ②	**12** ①	**13** ④	**14** ①, ⑤	**15** ⑤

01 |해석| 다음 의미를 갖는 단어는 무엇인가?
사람들이 오랫동안 해 왔고 계속 하고 있는 것
① 축제 마당; 공정한 ② 주 ③ 직물, 천 ④ 전통 ⑤ 방향, 지도
|해설| '사람들이 오랫동안 해 왔고 계속 하고 있는 것'은 tradition(전통)이다.

02 |해석| 'brunch'는 'breakfast(아침 식사)'와 'lunch(점심 식사)'라는 두 단어의 조합이다.
① 지역, 구역 ② 디저트, 후식 ③ 담요 ④ 생산
|해설| 'brunch'는 'breakfast(아침 식사)'와 'lunch(점심 식사)'를 결합한 단어이므로 빈칸에는 combination(조합)이 알맞다.

03 |해석| 전기 : 전기의 = 전통 : 전통의
|해설| 명사와 형용사의 관계이다.

04 |해석| A: 뉴욕에 놀러 와. 재미있게 놀 수 있어!
B: 그래. 내가 거기에 갔을 때 너한테 전화할게.
|해설| have fun: 재미있게 놀다, 즐기다 / make a call: 전화를 걸다

05 |해석| ① 독특한 : 보통의 ≠ 문 : 문
② 색 : 다채로운 = 자랑스러움 : 자랑스러운
③ 양념 : 매운, 양념 맛이 강한 = 건강 : 건강한
④ 무섭게 하다 : 무서워하는 = 걱정하다 : 걱정하는
⑤ 생산하다 : 생산 = 결합하다 : 결합
|해설| ① unique(독특한)와 usual(보통의)은 반의어 관계이고, gate(문)와 door(문)는 유의어 관계이다.

06 |해석| win third prize: 3등상을 타다

07 |해석| ① 지역: 장소의 일부
② 무서워하는: 어떤 것에 대해 흥분한
③ 따라가다: 뒤쫓아 혹은 뒤에서 오거나 가다
④ 건강한: 신체적으로 좋고 튼튼한
⑤ 방향: 누군가 또는 무언가가 움직이거나 가리키는 길
|해설| ② scared는 '무서워하는, 겁먹은'이라는 의미로 영영풀이는 afraid of or nervous about something이 되어야 한다.

08 |해석| ⓐ 런던에서 공연을 보는 게 어떠니?
ⓑ 여권을 보여 주시겠어요?
ⓒ Jane은 자신의 고양이 사진들을 내게 보여 줬다.
ⓓ 학급 친구들에게 네 그림을 보여 줘.
ⓔ 아이들은 마술 쇼를 놓치고 싶지 않았다.
|해설| ⓐ, ⓔ의 show는 명사로 '(무대의) 쇼, 공연'이라는 의미이고, ⓑ, ⓒ, ⓓ의 show는 동사로 '보여 주다'라는 의미이다.

09 |해석| ① 그 소녀는 큰 개들을 무서워한다.
② 아빠가 저녁 식사 후에 설거지를 하셨다.
③ 나는 새 자전거를 사기 위해 저축했다.
④ 크리스마스에 선물을 교환하는 것은 전통이다.
⑤ 모든 곳에서 그 무늬를 볼 수 있어서, 그것은 독특하다.
|해설| ⑤ unique는 '독특한, 유일무이한'이라는 의미로, 그 무늬를 어디에서나 볼 수 있다는 내용의 앞 문장과 자연스럽게 연결되지 않는다.

10 |해석| • Ted와 나는 축제 마당에서 몇몇 놀이 기구들을 탔다.
• 교사들은 모든 학생들에게 공정해야 한다.
|해설| fair는 명사로 '축제 마당', 형용사로 '공정한, 타당한'이라는 뜻을 갖는다.

11 |해석| ① 저를 위해서 이 단추를 꿰매 주실 수 있나요?

② 다음 질문으로 넘어갑시다.

③ 그는 해외에서 6개월 동안 일하기로 결정했다.

④ 내가 너에게 농산물 시장을 구경시켜줄게.

⑤ Ann의 집은 우리 집에서 단 한 구역 떨어져 있다.

|해설| ② move on to는 '~로 옮기다, 이동하다'라는 의미의 표현이다.

12 |해석| ⓐ 우리는 티셔츠를 만들기 위해 천을 사용한다.

ⓑ 나는 그 위에서 자기 위해 바닥에 담요를 놓았다.

ⓒ 그 공장은 사무실용 가구를 생산한다.

ⓓ Jane은 이번 주말에 웅변 대회에 참가할 것이다.

|해설| ⓐ에는 fabric, ⓑ에는 blanket, ⓒ에는 produces, ⓓ에는 contest가 들어간다.

13 |해석| ① 그는 몇몇 대회에 참가할 것이다.

② Benjamin은 항상 우리에게 재미있는 이야기를 해 준다.

③ 엄마는 새 커튼을 만들기 위해 천을 사셨다.

④ 나는 Jenny에게 서류들을 함께 묶으라고 요청했다.

⑤ 그는 도서관에서 2년 이상 일했다.

|해설| ④ fasten은 '매다, 묶다'라는 뜻으로 동의어는 tie이다.

14 |해석| [보기]의 밑줄 친 단어와 의미가 같은 것을 모두 고르시오.

[보기] 도둑들은 집으로 들어갔다.

① 너는 들어가기 전에 노크해야 한다.

② 그녀는 2024년 올림픽에 출전하기를 원한다.

③ 약 100명의 학생들이 대회에 참가했다.

④ 너는 대회에 참가할 예정이니?

⑤ 내가 공원에 들어갔을 때, 나는 시계탑을 보았다.

|해설| [보기]와 ①, ⑤의 enter는 '들어가다'라는 의미이고, ②~④의 enter는 '참가하다, 출전하다'라는 의미이다.

15 |해석| • 생산하다: 만들거나 제조하다

• 주: 미국이 나누어진 부분 중 하나

• 결합(물), 조합(물): 다른 사람들이나 물건들의 혼합체

• 똑바로, 곧장: 구부러지거나 곡선이 아닌 일렬로 혹은 한 방향으로

• 독특한, 유일무이한: 특별한 그리고 모든 다른 사람 또는 사물과는 같은(→ 다른)

|해설| unique는 '유일무이한, 독특한'이라는 뜻이므로 빈칸 ⓔ에는 different가 들어가야 알맞다.

L·T Listen and Talk 고득점 맞기   pp. 124~125

01 ③   **02** ④   **03** ④   **04** ①, ③   **05** ③   **06** ②, ③

[서술형]

07 can you tell me the way to the park   **08** across from the train station   **09** Star Concert Stage, north gate, Green Park   **10** one block, turn left, across from

11 straight, turn right, between, and

12 (1) |모범 답| Go straight two blocks. (2) |모범 답| Turn right. (3) |모범 답| It'll be the third building on your left.

01 |해석| A: 실례합니다. 서점은 어디에 있나요?

B: _____

---

① 병원 옆에 있어요.

② 죄송하지만 저도 여기가 처음입니다.

③ 좋은 책들을 찾는 것은 쉽지 않습니다.

④ 그냥 곧장 걸으세요. 왼쪽에 있을 겁니다.

⑤ 우체국 맞은편에 하나 있습니다.

|해설| ③ 서점의 위치를 묻는 말에 대한 대답으로 좋은 책들을 찾는 것은 쉽지 않다고 말하는 것은 적절하지 않다.

02 |해석| (C) 실례합니다. 학교는 어디에 있나요?

(A) Green가에 있어요. 병원 맞은편이에요.

(D) 그곳에 어떻게 가나요?

(B) 세 블록을 곧장 가서 왼쪽으로 도세요. 오른쪽에 있을 거예요.

A: 고맙습니다.

03 |해석| ① A: 경찰서 옆에 은행이 하나 있습니다.

　　B: 네. 정말 감사합니다.

② A: 도서관에 어떻게 갈 수 있나요?

　　B: 세 블록 곧장 가서 오른쪽으로 도세요.

③ A: 안녕하세요. 도와드릴까요?

　　B: 네. 빵집을 어디서 찾을 수 있나요?

④ A: 그냥 하나로로 걸어가세요. 왼쪽에 보일 거예요.

　　B: 저는 하나 중학교를 찾고 있어요.

⑤ A: 현대 미술관은 어디에 있나요?

　　B: 그것은 Pine가에 있어요. 서점 앞에 있죠.

|해설| ④ 길을 알려 주는 말에 대한 대답으로 길을 묻는 말을 하는 것은 어색하다.

[04~05] |해석|

A: 실례합니다. 경찰서에 어떻게 가나요?

B: 세 블록을 곧장 걸어가서 왼쪽으로 도세요. 오른쪽에 있을 거예요.

A: 아, 그렇군요.

B: 빵집과 학교 사이에 있어요. 꼭 찾으실 거예요.

A: 고맙습니다!

04 |해석| ① 저는 경찰서를 찾고 있어요.

② 왜 경찰서에 갔나요?

③ 경찰서가 어디인지 말씀해 주시겠어요?

④ 경찰서가 언제 문을 여는지 아세요?

⑤ 여기에서 경찰서까지 얼마나 걸리나요?

|해설| 길을 묻는 표현에는 How do I get to ~?, I'm looking for ~., Can you tell me where ~?, Where can I find ~? 등이 있다.

05 |해설| 주로 길 안내를 마친 후 쉽게 찾을 수 있을 것이라는 의미로 You can't miss it.이라고 말한다.

06 |해석| 소년: 실례합니다. 서점이 어디에 있나요?

소녀: 우체국의 맞은편에 하나 있어요.

소년: 그곳에 어떻게 가나요?

소녀: 한 블록을 곧장 가서 오른쪽으로 도세요. 오른쪽에 있을 거예요.

소년: 감사합니다!

① 소년은 길을 물어보고 있다.

② 소녀는 우체국을 가는 중이다.

③ 서점은 우체국 옆에 있다.

④ 소녀는 서점에 가는 방법을 안다.

⑤ 소년은 서점에 가기 위해 한 블록을 곧장 가서 오른쪽으로 돌아야 한다.

|해설| ② 소녀가 어디에 가고 있는지는 대화에 언급되어 있지 않다.

③ 서점은 우체국 맞은편에 있다.

07 |해석| 그러면 공원으로 가는 길을 알려 주시겠어요?

|해설| 길을 물을 때 the way를 사용하여 Can you tell me the way ~?로 말할 수 있다.

08 |해석| 대화에 따르면, Green 공원은 어디에 있는가?

→ 그것은 기차역 맞은편에 있다.

|해설| 소년은 Green 공원에 가는 길을 설명한 후, 그것이 기차역 맞은편에 있다고 소녀에게 알려 주었다.

09 |해석| 아프리카 음악 콘서트는 <u>Star Concert</u> 무대에서 오후 4시에 열립니다. 그 무대는 <u>Green 공원의 북문</u> 근처에 있습니다. 오셔서 즐기세요!

|해설| 아프리카 음악 콘서트는 Star Concert 무대에서 오후 4시에 열리며, 그 무대는 Green 공원 북문 근처에 있다.

10 |해석| A: Bob의 빵집은 어디에 있나요?

B: 한 블록을 곧장 가서 <u>왼쪽으로 도세요</u>. 경찰서 <u>맞은편</u>에 있어요.

11 |해석| A: 은행에 어떻게 가나요?

B: 한 블록 곧장 가서 <u>오른쪽으로 도세요</u>. 병원과 신발 가게 <u>사이</u>에 있어요.

12 |해석| (1) 두 블록을 곧장 가세요.

(2) <u>오른쪽으로 도세요.</u>

(3) <u>그것은 왼쪽에 있는 세 번째 건물일 거예요.</u>

|해설| 출발 위치에서 두 블록 곧장 가서 오른쪽으로 돈 후, 왼쪽에 있는 세 번째 건물임을 순서대로 설명한다.

Ⓖ Grammar 고득점 맞기　　　　　　pp. 126~128

01 ②　**02** ⑤　**03** ④　**04** ④　**05** ③　**06** ④　**07** ②

08 ④　**09** ③　**10** ③　**11** ②　**12** ①　**13** ④

[서술형]

14 go to the stadium to see a baseball game

15 (1) has to wear　(2) had to finish　(3) doesn't have to cook　**16** (1) went to the park to ride a bike　(2) went to the park to take pictures　(3) went to the park to fly a drone　**17** She went to Junho's(his) house to borrow his bike.　**18** (1) has to get up early　(2) doesn't have to go swimming　(3) doesn't have to go to work　(4) has to wash his car

01 |해석| A: 왜 Mike는 쇼핑몰에 갔니?

B: 그는 새 운동화를 <u>사기 위해</u> 그곳에 갔어.

|해설| '~하기 위해, ~하도록'이라는 뜻으로 목적을 나타낼 때는 부사적 용법의 to부정사를 사용한다.

02 |해설| '~해야 했다'라는 뜻은 have to의 과거형 had to로 나타내며, '~하지 않기 위해'라는 뜻은 to부정사의 부정형인 「not to+동사원형」으로 나타낸다.

03 |해석| ①, ②, ③ 자전거를 탈 때 주의해야 한다.

④ 자전거를 탈 때 주의할 필요가 없다.

⑤ 자전거를 탈 때 주의하는 것을 잊지 마라.

|해설| ④는 자전거를 탈 때 조심할 필요가 없다는 뜻이고, 나머지는 모두 자전거를 탈 때 조심하라는 뜻이다.

04 |해설| 주어진 단어들을 바르게 배열하면 She went to the park to meet her friends.이므로, 7번째로 오는 단어는 meet이다.

05 |해석| ① 제 스마트폰을 꺼야 하나요?

② 너는 살을 빼기 위해 덜 먹어야 한다.

③ 너는 그림을 만지면 안 된다.

　≠ 그림을 만질 필요가 없다.

④ 나는 첫 버스를 타기 위해 일찍 일어났다.

⑤ 너는 그 일에 대해 걱정할 필요가 없다.

|해설| ③ must not은 '~하면 안 된다'는 뜻으로 금지를 나타내고, don't have to는 '~할 필요가 없다'는 뜻으로 불필요를 나타낸다.

06 |해석| 어법상 틀린 것은?

① 나는 사진을 찍기 위해 스마트폰을 사용한다.

② 우리는 어제 학교에 갈 필요가 없었다.

③ Eric은 경주에서 이기기 위해 최선을 다했다.

④ 너는 내일까지 그 일을 끝내야 할 것이다.

⑤ 그는 무용수가 되기 위해 매일 춤을 연습한다.

|해설| ④ must는 시제를 표현할 수 없으므로 미래를 나타낼 때는 have to의 미래형인 will have to를 써야 한다. (will must → will have to)

07 |해석| ⓐ 나는 긴장을 풀기 위해 종종 음악을 듣는다.

ⓑ Matt는 자라서 유명한 배우가 되었다.

ⓒ 그는 유럽을 여행하기 위해 돈을 모으고 있다.

ⓓ Jessy는 농구를 하기 위해 체육관에 갔다.

ⓔ 이웃들은 그 소식을 들어서 매우 행복했다.

|해설| ⓐ, ⓒ, ⓓ는 목적을 나타내는 부사적 용법의 to부정사이므로 in order to와 바꿔 쓸 수 있다. ⓑ는 결과, ⓔ는 감정의 원인을 나타내는 부사적 용법의 to부정사이다.

08 |해석| ① 이 표는 무료이므로 너는 표값을 지불할 필요가 없다.

② 비가 많이 와서 우리는 경기를 취소해야 했다.

③ 우리 엄마는 병원에 계신다. 언니와 나는 엄마를 돌봐야 한다.

④ 오늘은 운동회 날이다. 모든 학생이 운동복을 입어야 한다.

⑤ 집에 음식이 없다. 우리는 M마트에 들러야 할 것이다.

|해설| ④ 주어 Every student가 단수이며 현재 시제이므로 「has to+동사원형」으로 써야 한다.

09 |해석| ① 그는 자신의 고양이들을 돌봐야 한다.

② Jane은 해가 지기 전에 떠나야 할 것이다.

③ Ann이 아파서 나는 어제 그녀를 방문해야 한다(→ 방문해야 했다).

④ 그들은 주말에 일찍 일어날 필요가 없다.

⑤ 너는 우산을 가져갈 필요가 없다.

|해설| ③ must는 시제를 표현할 수 없으므로 과거를 나타낼 때는 have to의 과거형인 had to를 써야 한다.

10 |해석| [보기] 나는 시험을 통과하기 위해 열심히 공부했다.

ⓐ 내 계획은 학교 밴드에 가입하는 것이다.

ⓑ 우리는 시간에 맞춰 극장에 도착하기 위해 빠르게 달렸다.

ⓒ 그는 전화를 받기 위해 일을 멈췄다.

ⓓ Jane은 자라서 조종사가 되기를 원한다.

|해설| [보기]와 ⓑ, ⓒ는 목적을 나타내는 부사적 용법의 to부정사이다. ⓐ는 보어 역할을 하는 명사적 용법, ⓓ는 목적어 역할을 하는 명사적 용법으로 쓰였다.

11 |해설| 현재 해야 하는 일을 나타내며 주어인 Jane이 3인칭 단수이므로 「has to+동사원형」으로 써야 한다.

12 |해설| Kevin은 어제 학교에 갈 필요가 없어서 집에 있었다. 그는 휴대폰 게임을 하고 싶었지만 그의 어머니는 그에게 방을 청소하라고 했다. 그래서 그는 게임을 하기 전에 그의 방을 청소해야 했다.
|해설| ⓐ 과거를 나타내는 부사 yesterday가 있으므로 '~할 필요가 없었다'라는 뜻의 불필요를 나타낼 때, didn't have to를 써야 한다.

13 |해설| ⓐ Davis 씨는 졸리지 않기 위해 커피를 마셨다.
ⓑ 경기에 이기기 위해, 그들은 열심히 연습했다.
ⓒ 우리는 많은 동물들을 보기 위해 동물원에 갔다.
ⓓ 학생들은 교복을 입어야 한다.
ⓔ 그녀는 쿠키를 좀 굽기 위해 오븐을 사용했다.
|해설| ⓐ to부정사의 부정은 「not to + 동사원형」으로 나타낸다. (not feel → not to feel)
ⓒ '~하기 위해'라는 뜻의 목적을 나타낼 때는 부사적 용법의 to부정사를 쓴다. (see → to see)

14 |해설| Jack은 내일 경기장에 갈 것이다. 그는 그곳에서 야구 경기를 보기를 원한다.
→ 내일 Jack은 야구 경기를 보러 경기장에 갈 것이다.
|해설| 목적을 나타내는 부사적 용법의 to부정사를 사용하여 문장을 완성한다.

15 |해설| (1) 지금 비가 오고 있다. 그녀는 비옷을 입어야 한다.
(2) Tony는 숙제를 끝내야 해서 어젯밤에 늦게까지 깨어 있었다.
(3) 엄마는 지금 저녁을 요리하실 필요가 없다. 우리 가족은 오늘 외식할 것이다.
|해설| (1) 주어가 3인칭 단수이고 현재 시제이므로 has to를 사용한다.
(2) 과거 시제이므로 had to를 사용한다.
(3) 불필요의 의미가 되어야 하므로 doesn't have to를 사용한다.

16 |해설| [예시] Mike는 그의 개를 산책시키기 위해 공원에 갔다.
(1) Sally는 자전거를 타기 위해 공원에 갔다.
(2) Liam은 사진을 찍기 위해 공원에 갔다.
(3) Tom은 드론을 날리기 위해 공원에 갔다.
|해설| 그림 속 각 인물의 행동을 나타내는 표현을 골라 목적을 나타내는 부사적 용법의 to부정사를 사용하여 완성한다.

17 |해설| 나는 내 친구들과 공원을 갈 계획이다. 내 친구들은 모두 자전거를 가지고 올 건데, 나는 자전거가 없다. 그래서 나는 내 사촌인 준호에게 그의 자전거를 내게 빌려줄 것을 부탁했다. 나는 저녁에 그의 집으로 가서 그것을 빌려왔다.
Q: 미나는 왜 준호의 집에 갔는가?
A: 그녀는 자전거를 빌리기 위해 준호의 집에 갔다.
|해설| '미나는 자전거를 빌리기 위해서 준호의 집에 갔다.'라는 의미의 문장을 목적을 나타내는 to부정사를 사용하여 쓴다.

18 |해설| (1) Eric은 평일에 일찍 일어나야 한다.
(2) Eric은 평일에 수영하러 갈 필요가 없다.
(3) Eric은 주말에 일하러 갈 필요가 없다.
(4) Eric은 주말에 세차해야 한다.

|해설| 주어가 3인칭 단수이므로 해야 하는 일은 「has to+동사원형」으로 나타내고, 할 필요가 없는 일은 「doesn't have to+동사원형」으로 나타낸다.

ⓡ Reading 고득점 맞기
pp. 131~133

| 01 ⑤ | 02 ⑤ | 03 ① | 04 ④ | 05 ④ | 06 ① | 07 ③ |
| 08 ④ | 09 ③ | 10 ⑤ | 11 ② | 12 ④ | | |

[서술형]
13 The goats(They) have to produce a lot of milk (to win a prize).　**14** ⓒ → have to　**15** (1) nachos (2) fajitas (3) corn dogs　**16** Tex-Mex food, too spicy, red, corn dogs　**17** ⓐ small pieces of fabric ⓑ Grandma and her friends ⓒ the quilt for the contest
18 expensive, collected, blanket

01 |해설| Steve와 Bonnie가 3등상인 흰색 리본을 탔어!
|해설| 주어진 문장은 Steve와 그의 염소가 3등상을 탔다는 내용이므로 그들이 자랑스럽다는 문장 앞인 ⑤에 들어가는 것이 자연스럽다.

02 |해설| ① 나는 화가가 되기를 원한다.
② 친구들과 캠핑하러 가는 것은 재미있다.
③ Emma의 취미는 드럼을 연주하는 것이다.
④ 내 남동생은 외국에서 공부하기로 결정했다.
⑤ 나는 고기를 좀 사기 위해 슈퍼마켓에 갔다.
|해설| 본문의 to win과 ⑤는 목적을 나타내는 부사적 용법의 to부정사이다. 나머지는 명사적 용법(①, ④ 목적어, ② 주어, ③ 보어)으로 쓰였다.

03 |해설| ① 텍사스 지역 축제는 미국에서 가장 큰 축제다.
② Eddie는 텍사스 지역 축제에 가 본 적이 없다.
③ 쇼에 참가하는 염소들은 상을 타기 위해서 크기가 커야 한다.
④ Steve는 그의 염소를 전혀 돌보지 않았다.
⑤ Steve와 그의 염소는 1등상을 탔다.
|해설| 텍사스 지역 축제는 미국에서 가장 큰 지역 축제라고 했으므로 ①이 본문의 내용과 일치한다.

04 |해설| ⓓ 뒤에 이유를 나타내는 절이 나오므로 접속사 because를 써야 한다. because of는 뒤에 이유를 나타내는 명사(구)가 온다.

05 |해설| ⓐ 나초와 파히타는 축제 음식이다.
ⓑ 글쓴이의 부모님은 콘도그를 드시고 있다.
ⓒ 축제에 몇 가지 Tex-Mex 음식이 있다.
ⓓ 글쓴이가 먹는 음식은 맛있다.
|해설| ⓑ 글쓴이의 부모님은 나초와 파히타를 드셨고, 글쓴이와 남동생 Steve는 콘도그를 먹었다.

06 |해설| 윗글을 통해 답할 수 있는 것은?
① Tex-Mex 음식은 무엇인가?
② 나초의 맛은 어떠한가?
③ 점심 식사 후에 글쓴이의 가족들은 무엇을 할 것인가?
④ 가장 인기 있는 축제 음식은 무엇인가?
⑤ 축제에는 얼마나 많은 종류의 음식이 있는가?

|해설| ① Tex-Mex food is a combination of food from Texas and Mexico.를 통해 Tex-Mex 음식이 무엇인지 알 수 있다.

07 |해석| ① 사람들이 오랫동안 해 왔고 계속하는 어떤 것
② 옷을 만들고 가구를 덮기 위한 천 또는 직물
③ 어떤 것을 부분이나 그룹으로 분리하다
④ 사람들이 이기려고 노력하는 대회 또는 시합
⑤ 특별한 그리고 모든 다른 사람 또는 사물과는 다른
|해설| ③ collect는 '모으다'라는 의미이므로 to get things and bring them together가 알맞다. 현재 영영풀이는 divide에 대한 설명이다.

08 |해석| ① 그 치즈케이크는 내 여동생을 위한 것이다.
② 이것은 십 대들을 위한 잡지이다.
③ 그들은 스쿨버스를 기다리고 있다.
④ 그는 3년 동안 파리에 살고 있다.
⑤ 그 탑은 유리 바닥으로 유명하다.
|해설| (A)와 ④의 밑줄 친 for는 '~ 동안'이라는 의미로 기간을 나타내는 전치사로 쓰였다.

09 |해설| ① 지수: 퀼트의 역사는 매우 짧아.
② 유리: 과거에 사람들은 천을 쉽게 구할 수 있었어.
③ 미소: 글쓴이의 할머니는 퀼트 대회에 참가하셨어.
④ 호진: 글쓴이의 할머니는 6개월이 넘게 혼자 퀼트를 만드셨어.
⑤ 진수: 글쓴이는 할머니가 만드신 퀼트를 볼 수 없었어.
|해설| ① 퀼트는 오랜 전통이 있다.
② 과거에는 천이 비쌌기 때문에 쉽게 구할 수 없어서 퀼트를 만들었다.
④ 글쓴이의 할머니는 친구분들과 함께 퀼트를 만드셨다.
⑤ 글쓴이는 할머니가 만드신 퀼트를 보고 색이 화려하고 독특하다고 했다.

10 |해설| (A) 신나는 감정을 느끼게 하는 것이므로 현재분사형 형용사 exciting이 알맞다.
(B) 무서운 감정을 느끼는 것이므로 과거분사형 형용사 scared가 알맞다.
(C) 동사 love의 목적어가 등위접속사 and로 연결되었으므로 앞의 living과 같은 형태인 동명사 going이 알맞다.

11 |해석| ① 하늘이 맑지 않다
② 전망이 굉장하다
③ 꼭대기가 매우 높다
④ 나는 타는 것을 멈추고 싶다
⑤ 나는 고소공포증이 있다
|해설| ② but이 있으므로 앞의 절과 반대 의미의 내용이 들어가야 한다. 즉, 무섭지만 전망이 굉장하다는 의미가 알맞다.

12 |해석| ① Q: 글쓴이가 축제에서 가장 좋아하는 것은 무엇인가?
A: 그는 Texas Star를 타는 것을 정말 좋아한다.
② Q: Texas Star는 무엇인가?
A:: 축제에 있는 높은 회전 관람차이다.
③ Q: 글쓴이는 지금 무엇을 하고 있는가?
A:: 그는 Steve와 함께 Texas Star를 타고 있다.
④ Q: 글쓴이는 Texas Star 꼭대기에서 기분이 어떤가?
A:: 그는 신났고 전혀 무서워하지 않는다.
⑤ Q: 글쓴이는 텍사스에 사는 것을 즐기는가?
A:: 그렇다, 그는 그곳에 사는 것을 매우 좋아한다.

|해설| ④ 글쓴이는 Texas Star에 탄 것이 하루 중 가장 신나는 일이라고 했지만, 꼭대기에서는 무섭다고 했다.

13 |해설| 염소 쇼에 참가한 염소들은 상을 타기 위해 많은 우유를 생산해야 한다고 했다.

14 |해설| ⓒ 주어가 복수이므로 have to로 써야 한다.

15 |해설| 글쓴이의 가족이 fair food(축제 음식)를 먹었는데, 아빠와 엄마는 나초와 파히타(nachos and fajitas), Steve와 글쓴이는 콘도그 (corn dogs)를 먹었다고 했다.

16 |해석| 오늘 나는 가족들과 축제에 갔다. 우리는 그곳에서 점심으로 축제 음식을 먹었다. 엄마와 아빠는 나초와 파히타와 같은 Tex-Mex 음식을 드셨다. 파히타가 너무 매워서 아빠 얼굴이 빨개졌다. Steve와 내가 먹은 콘도그는 맛있었다.

17 |해설| ⓐ는 바로 앞의 '작은 천 조각들', ⓑ는 앞 문장의 '할머니와 할머니의 친구분들', ⓒ는 할머니와 할머니의 친구분들이 만드신 '대회 출품용 퀼트'를 가리킨다.

18 |해석| 과거에는 천이 비싸서 사람들은 쉽게 담요를 만들지 못했다. 그래서 그들은 담요를 만들 때 천 조각들을 모으고 그것들을 꿰맸다.

서술형 **100% TEST**

pp. 134~137

01 (1) produce (2) blanket (3) unique (4) fair
02 (1) move on to (2) won, prize (3) are, proud of
03 You can't find it. → |모범 답| You can't miss it.
04 Walk(Go) straight, turn left, right
05 Walk(Go) straight one block, on your left, across from
06 (1) do(can) I get to the police station (2) between the bank and the school   **07** (1) It's across from the train station. (2) It will start at 4 p.m. (3) It's near the north gate of the park.   **08** (1) have to wear
(2) don't have to wear (3) had to take (4) will have to finish
09 (1) She went to the bakery to buy some cookies.
(2) I studied hard last night to get good grades. (3) Dad jogs every day to keep his body healthy.   **10** (1) to the park to walk the dog (2) to the theater to watch a movie
(3) to the shopping mall to buy a hat   **11** (1) ⓑ → Chris doesn't have to write an essay. (2) ⓓ → Lisa went to the restaurant to eat spaghetti.   **12** ⓐ the State Fair of Texas ⓑ a goat show   **13** fair   **14** (1) 130 years old
(2) the biggest fair (3) my family   **15** (1) don't have to be big (2) have to be healthy   **16** combination
17 too spicy, his face is getting red   **18** people had to collect small pieces of fabric and sew them together
19 (1) |모범 답| They made them because fabric was expensive. (2) |모범 답| They had it(one) every week.
(3) |모범 답| Riding(To ride) the Texas Star is the most exciting part of the day for the writer.
20 (1) ⓔ go → going (2) and 앞의 living과 함께 love의 목적어 역할을 하므로 동명사 형태인 going이 와야 한다.

01 |해석| (1) 생산하다: 만들거나 제조하다

(2) 담요: 잠자리를 위한 두껍고 따뜻한 덮개

(3) 유일무이한, 독특한: 특별한 그리고 모든 다른 사람이나 물건과 다른

(4) 축제 마당, 풍물 장터: 재미있는 놀이기구를 탈 수 있고 상을 타기 위해 게임을 할 수 있는 야외 행사

02 |해설| (1) move on to: ~로 이동하다

(2) win a prize: 상을 타다

(3) be proud of: ~을 자랑스러워하다

03 |해석| A: 안녕하세요. 도와드릴까요?

B: 네. 서점에 어떻게 가나요?

A: 두 블록을 곧장 걸어가서 왼쪽으로 도세요. 오른쪽에 있을 거예요. 찾을 수 없을 거예요.(→ 꼭 찾으실 거예요.)

B: 쉬울 것 같네요. 고맙습니다.

|해설| 흐름상 A가 B에게 길을 알려 주고 있으므로 You can't find it.을 '(틀림없이) 찾을 것이다.'라는 뜻의 표현인 You can't miss it.이나 You can find it. 등으로 고쳐야 자연스럽다.

04 |해석| A: 영화관에 어떻게 가나요?

B: 두 블록을 곧장 가서 왼쪽으로 도세요. 오른쪽 두 번째 건물일 거예요.

|해설| 영화관은 곧바로 두 블록 가서 왼쪽으로 돌면 오른쪽 두 번째 건물이다.

05 |해석| A: 실례합니다. 피자 가게를 찾고 있어요.

B: 한 블록을 곧장 걸어가서 오른쪽으로 도세요. 왼쪽에 보일 거예요.

A: 아, 그렇군요.

B: 은행 맞은편에 있어요. 꼭 찾으실 거예요.

|해설| 피자 가게는 한 블록 곧장 걸어가다가 오른쪽으로 돌면 왼쪽에 있으며, 은행 맞은편에 있다.

06 |해석| A: 실례합니다. 경찰서에 어떻게 가나요?

B: 세 블록을 곧장 걸어가서 왼쪽으로 도세요. 오른쪽에 있을 거예요.

A: 아, 그렇군요.

B: 그것은 은행과 학교 사이에 있어요.

|해설| (1) 길을 물을 때는 How do(can) I get to ~?를 사용할 수 있다.

(2) between A and B: A와 B 사이에

07 |해석| (1) Green 공원은 어디에 있는가?

→ 기차역 맞은편에 있다.

(2) 아프리카 음악 콘서트는 언제 시작할 것인가?

→ 오후 4시에 시작할 것이다.

(3) Star Concert 무대는 어디에 있는가?

→ 공원의 북문 근처에 있다.

|해설| (1) Green 공원은 기차역 건너편에 있다.

(2) 아프리카 음악 콘서트는 오후 4시에 시작할 것이다.

(3) Star Concert 무대는 공원 북문 근처에 있다.

08 |해석| (1) 너는 자전거를 탈 때 헬멧을 써야 한다.

(2) 오늘은 매우 따뜻하다. 너는 코트를 입을 필요가 없다.

(3) 어젯밤 Jim과 나는 파티에 늦어서 택시를 타야 했다.

(4) 그들은 내일 아침까지 과제를 끝내야 할 것이다.

|해설| 문맥과 시제에 맞게 have to(~해야 한다), had to(~해야 했다), will have to(~해야 할 것이다), don't have to(~할 필요가 없다)를 사용하여 문장을 완성한다.

09 |해석| (1) 그녀는 빵집에 갔다. 그녀는 쿠키를 좀 사기를 원했다.

→ 그녀는 쿠키를 좀 사기 위해 빵집에 갔다.

(2) 나는 어젯밤에 열심히 공부했다. 나는 좋은 성적을 받기를 원했다.

→ 나는 좋은 성적을 받기 위해 어젯밤에 공부를 열심히 했다.

(3) 아빠는 매일 조깅하신다. 그는 몸을 건강하게 유지하기를 원하신다.

→ 아빠는 몸을 건강하게 유지하기 위해 매일 조깅하신다.

|해설| 목적을 나타내는 부사적 용법의 to부정사를 사용하여 한 문장으로 나타낸다.

10 |해석| [예시] Tom은 책을 빌리기 위해 도서관에 갔다.

(1) Eric은 개를 산책시키기 위해 공원에 갔다.

(2) Katie는 영화를 보기 위해 극장에 갔다.

(3) Sue는 모자를 사기 위해 쇼핑몰에 갔다.

|해설| 목적을 나타내는 부사적 용법의 to부정사를 사용한다.

(1) '개를 산책시키기 위해'는 to walk the dog으로 쓴다.

(2) '영화를 보기 위해'는 to watch a movie로 쓴다.

(3) '모자를 사기 위해'는 to buy a hat으로 쓴다.

11 |해석| ⓐ 여기서 사진을 찍으면 안 된다.

ⓑ Chris는 에세이를 쓸 필요가 없다.

ⓒ 감기에 걸리지 않도록 따뜻한 자켓을 입어라.

ⓓ Lisa는 스파게티를 먹기 위해 식당에 갔다.

ⓔ 그들은 프로젝트를 위해 모여야 했다.

|해설| (1) ⓑ 주어가 3인칭 단수이므로 doesn't have to를 써야 한다.

(2) ⓓ '~하기 위해서'라는 뜻의 목적을 나타내는 부사적 용법의 to부정사인 to eat으로 써야 한다.

12 |해석| ⓐ 바로 앞 문장의 the State Fair of Texas를 가리킨다.

ⓑ 바로 앞 문장의 a goat show를 가리킨다.

13 |해석| • 나는 책 박람회에 가서 만화 소설을 한 권 샀다.

• 우리는 경기에서 양쪽 선수들에게 공정해야 한다.

|해설| fair는 명사로 '축제 마당, 풍물 장터', 형용사로 '공정한'이라는 의미를 갖는다.

14 |해석| A: Eddie, 텍사스 지역 축제를 아니?

B: 물론이지. 그 축제는 긴 역사를 가지고 있어. 그것은 130년이 넘었고, 미국에서 가장 큰 축제야.

A: 아, 그렇구나. 그 축제에 가 본 적 있니?

B: 응, 있어. 나는 가족들과 그곳에 갔어. 정말 재미있었어.

|해설| 텍사스 지역 축제는 130년이 넘었고, 미국에서 가장 큰 축제라고 했으며, Eddie는 그 축제에 가족과 함께 갔다.

15 |해석| 그 쇼의 염소들은 클 필요는 없지만 그들은 건강해야 한다.

|해설| (1) '~할 필요가 없다'는 뜻은 「don't have to+동사원형」으로 나타낸다.

(2) '~해야 한다'는 뜻은 「have to+동사원형」으로 나타낸다.

16 |해설| '다른 사람들이나 사물들의 혼합체'는 combination(결합(물), 조합(물))에 대한 영영풀이다.

17 |해석| 아빠의 파히타는 너무 매워서 아빠의 얼굴이 빨개지고 있다.

|해설| because는 원인을 나타내는 접속사이고 so는 결과를 나타내는 접속사이므로 서로 절의 위치를 바꿔 같은 의미의 문장을 만들 수 있다. (결과+because+원인 = 원인, so+결과)

18 |해설| people had to 뒤에 collect small pieces of fabric과 sew them together를 접속사 and로 연결하여 쓴다.

19 |해석| (1) 과거에 사람들은 왜 퀼트를 만들었는가?
→ 천이 비쌌기 때문에 그들은 그것들을 만들었다.
(2) 할머니와 할머니의 친구분들은 얼마나 자주 퀼트는 모임을 가지셨
는가?
→ 그들은 그것을 매주 가졌다.
(3) 글쓴이에게 하루 중 가장 신나는 일은 무엇인가?
→ Texas Star를 타는 것이 글쓴이에게 하루 중 가장 신나는 일
이다.
|해설| (1) 과거에는 천이 비쌌기 때문에 사람들은 천 조각을 모아서 꿰
맨 퀼트를 만들었다.
(2) 할머니와 할머니의 친구분들은 일주일마다 퀼트 모임을 가지셨다.
(3) 글쓴이에게 하루 중 가장 신나는 일은 Texas Star를 타는 것이다.

20 |해설| 접속사 and로 연결되는 단어들은 동일한 품사 혹은 문법 형식을
가진다. living과 and로 연결된 동사 go는 living처럼 love의 목적어
역할을 하므로 동명사 형태인 going이 와야 한다.

모의고사

제 1 회 대표 기출로 **내신 적중 모의고사** pp. 138~141

01 ②　　02 (s)how　　03 ④　　04 ①　　05 ⑤　　06 (C) – (B)
– (A) – (D)　　07 Go(Walk) straight two blocks and turn
left.　　08 ①　　09 ⑤　　10 ④　　11 ④　　12 to drink water
13 ④　　14 ③　　15 ④　　16 ②　　17 They have to produce
a lot of milk to win a prize.　　18 ③
19 Steve and Bonnie　　20 ③, ④　　21 ②　　22 ⑤　　23 ⓐ
To make ⓑ sew　　24 ③　　25 They had to work on the
quilt for the contest for over six months.

01 |해석| 옷을 만들거나 수선하기 위해 바늘과 실을 사용하여 꿰매다
① 타다　　② 바느질하다, 꿰매다　③ 참가하다, 들어가다
④ 무서워하다　⑤ 생산하다
|해설| '옷을 만들거나 수선하기 위해 바늘과 실을 사용하다'라는 뜻의
단어는 sew(바느질하다, 꿰매다)이다.

02 |해석| • 당신의 도서관 카드를 보여 주실 수 있나요?
• 오늘밤 공연을 놓치고 싶지 않다면 당신은 서둘러야 한다.
|해설| show는 동사로 '보여 주다', 명사로 '(무대의) 쇼, 공연'이라는 뜻
이다.

03 |해석| ① 그 건물은 공원 맞은편에 있다.
② 나는 마라톤에서 상을 타기를 원한다.
③ 나는 이 근처에서 우체국을 찾고 있다.
④ 그들은 그들의 새 집을 나에게 둘러보도록 안내했다.
⑤ 다음 단계로 이동하도록 버튼을 눌러라.
|해설| show ~ around는 '~에게 (…을) 둘러보도록 안내하다'라는 뜻
의 표현이다.

04 |해석| A: 실례합니다. 박물관이 어디에 있나요?
B: Green가에 있어요.
② 지금 어디로 가고 있나요?
③ 박물관은 언제 여나요?
④ 거기서 무엇을 찾고 있나요?
⑤ 내일 어디에 갈 계획인가요?
|해설| Green가에 있다고 위치를 말하고 있으므로, 위치를 묻는 질문
이 오는 것이 자연스럽다.

05 |해석| A: 서점은 어디에 있나요?
B: 우체국 맞은편에 하나 있어요.
A: _____
B: 한 블록을 곧장 가서 오른쪽으로 도세요. 오른쪽에 있을 거예요.
① 그곳에 어떻게 갈 수 있나요?
② 어떻게 서점을 찾을 수 있나요?
③ 그곳으로 가는 길을 알려 주세요.
④ 서점으로 가는 길을 알려 주시겠어요?
⑤ 언제 우체국이 여는지 알려 주시겠어요?
|해설| 뒤에서 길을 안내하고 있으므로 서점으로 가는 길을 묻는 말이
들어가야 한다.

06 |해석| (C) 기차역이 어디에 있나요?
(B) Main가에 있어요. 빵집과 학교 사이에 있어요.
(A) 그곳에 어떻게 가나요?
(D) 두 블록을 곧장 가서 왼쪽으로 도세요. 오른쪽에 있을 거예요.
A: 감사합니다.

07 |해설| 지도에서 기차역 건너편에 있는 공원인 Green Park는 두 블록
곧장 가서 왼쪽으로 돌아야 한다.

08 |해석| ① 무대는 어디에 있나요
② 지금 몇 시인가요
③ 어젯밤 콘서트는 어땠나요
④ 공원에서 무엇을 하고 있었나요
⑤ 콘서트에 함께 가는 것이 어떤가요
|해설| 대답에서 공원 북문 근처에 있다고 말하고 있으므로 위치를 묻는
말이 와야 한다.

09 |해석| ① 수진: 소녀는 Green 공원에 갈 거야.
② 미나: 소년과 소녀는 지도를 보고 있어.
③ 지민: Green 공원은 기차역 맞은편에 있어.
④ 유리: 소년은 어디서 콘서트가 열릴 것인지 알아.
⑤ 수호: 소년은 소녀를 콘서트에 초대하고 있어.
|해설| ⑤ 소년은 소녀에게 콘서트가 열리는 공원으로 가는 방법과 무
대의 위치를 알려 주고 있다.

10 |해석| 이것은 무료 선물이다. 당신은 그것에 대해 돈을 지불할 필요가
없다.

①, ②, ③ ~해야 한다 ④ ~할 필요가 없다 ⑤ ~할 것이다
|해설| 「don't have to+동사원형」은 '~할 필요가 없다'라는 뜻으로 불필요를 나타낸다.

11 |해설| [보기] 그녀는 치즈를 좀 사기 위해 슈퍼마켓에 갔다.
① 그는 새 가게를 열기로 결정했다.
② 저녁으로 무엇을 먹기를 원하니?
③ 내 꿈은 세계를 여행하는 것이다.
④ 우리는 자전거를 함께 타기 위해 공원에서 만났다.
⑤ 규칙적으로 운동하는 것은 건강에 좋다.
|해설| [보기]와 ④는 목적을 나타내는 to부정사의 부사적 용법으로 쓰였고, 나머지는 모두 to부정사의 명사적 용법(①, ② 목적어, ③ 보어, ⑤ 주어)으로 쓰였다.

12 |해설| '~하기 위해'는 목적을 나타내는 부사적 용법의 to부정사로 쓸 수 있다.

13 |해석| ① 그 사람은 작년에 일을 그만두어야만 했다.
② 나는 샐러드를 만들기 위해 채소를 좀 샀다.
③ 우리는 늦지 않았으니 서두를 필요가 없다.
④ Emma는 오늘 보고서를 제출할 필요가 없다.
⑤ 배를 탈 때 구명조끼를 입어야 한다.
|해설| ④ have to의 부정은 don't have to로 나타내며, 주어가 3인칭 단수이므로 doesn't have to로 쓴다. (has not to → doesn't have to)

14 |해석| ⓐ 그는 정각에 그곳에 도착해야 할 것이다.
ⓑ Alex는 마지막 기차를 타기 위해 빨리 달렸다.
ⓒ 그들은 좋은 성적을 받기 위해 매우 열심히 공부한다.
ⓓ 네 안전을 위해 너는 헬멧을 써야 한다.
ⓔ 나는 학교 축제에 대해 묻기 위해 Tom에게 전화했다.
|해설| ⓐ 미래의 의무를 나타낼 때는 will have to로 쓴다. (will has to → will have to)
ⓔ 목적의 의미를 나타낼 때는 to부정사의 형태로 쓴다. (to asking → to ask)

15 |해설| 글쓴이인 Eddie는 현재 가족과 함께 텍사스 지역 축제에 와 있으며 그 축제를 소개해 주겠다는 내용이므로 ④ '나는 언젠가 그 축제에 가고 싶어.'는 글의 흐름과 어울리지 않는다.

16 |해설| 글의 마지막 부분에 텍사스 지역 축제(the State Fair of Texas)를 구경시켜 주겠다고 했으므로, 그에 관해 소개할 것임을 알 수 있다.

17 |해설| '~해야 한다'는 have to로 나타내고, '~하기 위해'는 목적을 나타내는 부사적 용법의 to부정사로 나타낸다.

18 |해설| ⓐ take care of: ~을 돌보다
ⓑ be proud of: ~을 자랑스러워하다

19 |해설| 바로 앞 문장의 주어 Steve and Bonnie를 가리킨다.

20 |해석| ① Steve는 글쓴이의 남동생이다.
② Steve는 염소 쇼에 참가했다.
③ 쇼에 참가하는 염소들은 크고 건강해야 한다.
④ 글쓴이는 Bonnie를 잘 돌봤다.
⑤ Steve와 그의 염소는 3등상을 탔다.
|해설| ③ 염소 쇼에 참가하는 염소는 클 필요는 없지만 건강해야 한다고 했다.

④ 염소 Bonnie는 글쓴이의 남동생인 Steve가 돌봤다고 했다.

21 |해설| They가 문맥상 nachos and fajitas를 가리키며, ② 뒤에서 Tex-Mex food를 설명하고 있으므로 ②에 들어가는 것이 알맞다.

22 |해설| ⓐ 출처를 나타내는 from이 알맞다.
ⓑ 빈칸 뒤에 얼굴이 빨개지는 이유를 나타내는 말이 이어지므로, because(~ 때문에)가 알맞다.

23 |해설| ⓐ '~하기 위해'라는 의미가 되어야 하므로 목적을 나타내는 부사적 용법의 to부정사로 써야 알맞다.
ⓑ collect와 sew가 접속사 and로 대등하게 이어져야 하므로 동사원형이 알맞다.

24 |해석| ⓐ 과거에 사람들은 천을 사기 위해 매우 적은 돈을 지불했다.
ⓑ 할머니와 할머니의 친구분은 돈을 벌기 위해 퀼트 만드는 일을 했다.
ⓒ 글쓴이는 회전 관람차를 혼자 탔다.
ⓓ 글쓴이는 Texas Star 꼭대기에서 무서움을 느꼈다.
ⓔ 글쓴이는 Texas Star 타는 것을 즐겼다.
|해설| ⓐ 과거에는 천이 비쌌다고 언급되어 있다.
ⓑ 할머니와 할머니의 친구분들이 퀼트를 만들기 위해 매주 모이셨지만, 돈을 벌기 위해 퀼트를 만들었다는 언급은 없다.
ⓒ 글쓴이는 남동생 Steve와 함께 회전 관람차를 탔다.

25 |해설| Q: 할머니와 할머니의 친구들은 얼마나 오랫동안 퀼트 대회를 위해 준비해야 했는가?
A: 그들은 대회를 위해 6개월 이상 퀼트 만드는 작업을 해야 했다.
|해설| 할머니와 할머니의 친구분들이 퀼트 대회를 준비한 기간을 묻고 있으므로 6개월 이상 퀼트를 만들어야 했다는 문장이 알맞다.

제 2 회 대표 기출로 내신 적중 모의고사 pp. 142~145

01 ④ **02** (u)nique **03** ④ **04** ③ **05** ④ **06** ③
07 ③ **08** across from the train station **09** ③ **10** ②
11 don't have(need), to **12** ② **13** ② **14** to make foreign friends **15** ④ **16** ② **17** ⓐ the goats in the show ⓑ nachos and fajitas **18** |모범 답| they won a white ribbon(, third prize) **19** ⑤ **20** ⑤ **21** ②, ⑤
22 fabrics → fabric **23** ⓒ → scared **24** ⑤ **25** ④

01 |해석| [보기] 전기 – 전기의
① 축제 마당 – 축제 ② 직물, 천 – 직물, 천
③ 매다, 묶다 – 매다, 묶다 ④ 전통 – 전통적인
⑤ 생산하다 – 생산
|해설| [보기]와 ④는 '명사–형용사'의 관계이다. ①~③은 유의어, ⑤는 '동사–명사'의 관계이다.

02 |해석| 어떤 것이 독특하다면, 그것은 매우 일반적이지 않거나 특별하다.

03 |해석| A: 공원은 어디에 있나요?
B: 그것은 Pine가에 있어요.
A: 그곳에 어떻게 가나요?

B: 한 블록을 곧장 걸어가세요. 왼쪽에 있어요.

|해설| Where is ~?는 '~는 어디에 있나요?'라는 뜻으로 위치를 물을 때 사용할 수 있는 표현이고, How do I get (to) ~?는 '~에 어떻게 가나요?'라는 뜻으로 길을 물을 때 사용하는 표현이다.

04 |해석| ① A: 박물관은 어디에 있나요?
　　　 B: 그것은 Main가에 있어요.
　　② A: 안녕하세요. 도와드릴까요?
　　　 B: 네. 저는 도서관을 찾고 있어요.
　　③ A: Magic Mall에 어떻게 가나요?
　　　 B: 함께 쇼핑하러 가요.
　　④ A: 병원이 어디에 있는지 말씀해 주시겠어요?
　　　 B: 네. 그것은 공원 맞은편에 있어요.
　　⑤ A: 공원으로 가는 길을 말씀해 주실 수 있나요?
　　　 B: 한 블록을 곧장 걸어가서 오른쪽으로 도세요. 왼쪽에 있을 거예요.

|해설| ③ 길을 묻는 표현인 How do I get to ~?에 대한 대답으로 함께 쇼핑하러 가자고 말하는 것은 어색하다.

05 |해석| A: 실례합니다. _____
　　 B: 두 블록을 곧장 가서 왼쪽으로 도세요. 오른쪽에 있는 첫 번째 건물일 거예요.
　　 A: 아, 그렇군요. 고맙습니다.
　　① 저는 Star Mall을 찾고 있어요.
　　② Star Mall에 어떻게 가나요?
　　③ 어디서 Star Mall을 찾을 수 있나요?
　　④ Star Mall에 갈 건가요?
　　⑤ Star Mall로 가는 길을 말씀해 주시겠어요?

|해설| B가 길을 안내해 주고 있으므로 Star Mall에 가는 길을 묻는 말이 들어가야 한다.

06 |해석| ⓐ 학교는 병원 맞은편에 있다.
　　 ⓑ 지하철역은 공원 옆에 있다.
　　 ⓒ 빵집은 우체국 옆에 있다.
　　 ⓓ 장난감 가게는 아이스크림 가게와 동물원 사이에 있다.
　　 ⓔ 병원은 경찰서 뒤에 있다.

|해설| ⓑ 지하철역은 공원 맞은편에 있다.
ⓓ 장난감 가게는 아이스크림 가게와 식당 사이에 있다.

07 |해설| 주어진 문장은 길 안내를 하는 말이므로 공원 가는 길을 묻는 말 뒤인 ③에 들어가는 것이 알맞다.

08 |해설| 그림으로 보아 공원은 기차역 맞은편에 있으므로 across from을 사용하여 문장을 완성한다.

09 |해석| ① Green 공원은 어디에 있는가?
　　② 소녀는 어디로 가길 원하는가?
　　③ 누가 아프리카 음악 콘서트에서 연주할 것인가?
　　④ 아프리카 음악 콘서트는 몇 시에 시작할 것인가?
　　⑤ 아프리카 음악 콘서트는 어디에서 열릴 것인가?

|해설| ③ 아프리카 음악 콘서트에서 누가 연주하는지는 언급되지 않았다.

10 |해설| '~하기 위해'라는 뜻의 목적을 나타내는 to부정사를 사용하여 문장을 완성한다. 목적에 해당하는 내용이 낮잠을 자는 것임에 유의한다.

11 |해석| 우리는 콘서트에 늦지 않아서 서두를 필요가 없다.

|해설| '~할 필요가 없다'는 뜻의 불필요는 don't have(need) to 또는 need not으로 나타낸다.

12 |해석| ① 나는 책을 읽기 위해 도서관에 간다.
　　② 그는 아침 식사를 요리하기 위해 일찍 일어났다.
　　③ 그녀는 내일 집에 머물러야 할 것이다.
　　④ 정각에 도착하기 위해서, 그들은 일찍 떠나야 한다.
　　⑤ 작년에 나는 피아노 치는 법을 배워야 했다.

|해설| ③ 미래의 의무를 나타낼 때에는 「will have to+ 동사원형」의 형태로 쓴다. (→ will have to stay)

13 |해석| ⓐ 너는 화분에 물을 줘야 한다.
　　 ⓑ 그들은 경기에 이기기 위해 열심히 연습했다.
　　 ⓒ 우리는 오늘 학교에 갈 필요가 없다.
　　 ⓓ 너는 배드민턴을 치기 위해 공원에 갔니?
　　 ⓔ 어제 그는 아파서 침대에서 머물러야 했다.

|해설| ⓓ '~하기 위해'라는 의미의 목적은 to부정사로 나타낸다.
(played → to play)
ⓔ 과거의 의무를 나타낼 때는 had to로 써야 한다.
(has to → had to)

14 |해석| Eric: 너는 왜 그렇게 열심히 영어를 공부하니?
　　 미나: 나는 외국인 친구들을 사귀길 원해.
　　 → 미나는 외국인 친구들을 사귀기 위해 영어를 매우 열심히 공부한다.

|해설| to부정사의 형태로 '~하기 위해'라는 뜻의 목적을 나타낼 수 있다.

15 |해설| ④ 텍사스 지역 축제의 개최 시기는 언급되어 있지 않다.

16 |해설| (A) 주어 goats가 복수이므로 don't가 알맞다.
　　 (B) '~하기 위해'라는 의미의 목적을 나타낼 때는 부사적 용법의 to부정사를 쓴다.
　　 (C) 감각동사 taste 뒤에는 형용사를 보어로 쓴다.

17 |해설| ⓐ 앞 문장에 나온 '염소 쇼에 참가하는 염소들'을 가리킨다.
　　 ⓑ 엄마와 아빠가 점심으로 드신 '나초와 파히타'를 가리킨다.

18 |해석| 글쓴이는 Steve와 Bonnie가 염소 쇼에서 흰색 리본(3등상)을 탔기 때문에 그들을 자랑스럽게 느꼈다.

|해설| 글쓴이는 Steve와 그의 염소 Bonnie가 염소 쇼에 참가해 3등상인 흰색 리본을 탔다고 하면서 매우 자랑스러워하고 있다.

19 |해석| ① 유나: Steve의 염소는 크고 건강해.
　　② 민호: 염소 쇼에서 흰색 리본을 받는 것은 1등상을 타는 것을 뜻해.
　　③ 소미: Steve는 염소 쇼에 참가할 수 없어서 실망했어.
　　④ 태호: 글쓴이는 매운 음식을 좋아하지 않아.
　　⑤ 준수: 글쓴이의 부모님은 점심으로 Tex-Max 음식을 드셨어.

|해설| ① Steve의 염소가 큰지는 알 수 없다.
② 흰색 리본은 3등상이다.
③ Steve는 염소 쇼에 참가했다.
④ 글쓴이가 매운 음식을 좋아하는지는 언급되지 않았다.

20 |해설| ⓔ for over six months는 '6개월 이상 동안'이라는 뜻이다.

21 |해석| ① 그의 주업은 책을 파는 것이다.
　　② 나는 컴퓨터를 사용하기 위해 도서관에 간다.
　　③ 우리는 내일 양로원을 방문할 계획이다.
　　④ 충분한 물을 마시는 것은 우리 건강에 좋다.
　　⑤ 모든 학생들은 시험에 통과하기 위해 최선을 다하고 있다.

| 해설 | (A)와 ②, ⑤는 목적을 나타내는 to부정사의 부사적 용법으로 쓰였고, ①, ③, ④는 to부정사의 명사적 용법(① 보어, ③ 목적어, ④ 주어)으로 쓰였다.

22 | 해설 | fabric(직물, 천)은 물질명사이므로 복수형으로 쓸 수 없다.

23 | 해설 | ⓒ '무서운 감정을 느끼게 되는 것'이므로 과거분사형 형용사인 scared로 써야 한다.

24 | 해설 | Texas Star를 설명하는 말이 이어진 후, 꼭대기에 있어서 무섭다는 말이 나오고 마지막으로 글을 마무리하면서 초대하는 말이 나오는 순서가 자연스럽다.

25 | 해설 | ④ Texas Star를 타고 꼭대기에 있을 때, 글쓴이는 무서웠지만 전망이 멋지다고 했다.

제 3 회 대표 기출로 내신 적중 모의고사   pp. 146~149

01 ⑤   **02** ②   **03** ①   **04** ②   **05** between the hospital and the post office   **06** (C) – (B) – (D) – (A)   **07** ③
08 ②   **09** ④   **10** ⑤   **11** to buy a T-shirt   **12** ③
13 to buy some milk   **14** ①   **15** ③   **16** ⑤   **17** don't have(need) to, have to   **18** ①   **19** ④   **20** (A) the State Fair of Texas   (B) a goat show   **21** ⓐ so   ⓑ because
22 ⑤   **23** ②   **24** I'm scared, but the view is amazing!
25 ①

01 | 해석 | 크리스마스에 우리 가족은 선물을 교환하는데, 그것은 우리 가족의 전통이다.
① 퀼트 ② 주 ③ 담요 ④ 결합(물), 조합(물)

02 | 해석 | 300명 이상의 학생들이 춤 경연 대회에 참가했다.
| 해설 | enter는 '~에 참가하다'라는 뜻으로 쓰였으므로, join과 바꿔 쓸 수 있다.

03 | 해석 | [보기] 자, 다음 주제로 넘어갑시다.
① 민호 옆에 앉으세요.
② 책상은 책들로 가득 차 있었다.
③ 쇼핑몰은 왼쪽에 있을 것이다.
④ 장난감 가게는 빵집 앞에 있다.
⑤ Tom은 그의 개를 찾고 있다. 그는 어제 개를 잃어버렸다.
| 해설 | [보기] move on to: ~로 옮기다, 이동하다
① next to: ~ 옆에
② be full of: ~로 가득 차다
③ on your left: 왼편에
④ in front of: ~의 앞에
⑤ look for: ~을 찾다

04 | 해석 | A: 실례합니다. 도서관에 어떻게 가나요?
B: 두 블록을 곧장 가서 오른쪽으로 도세요. 오른쪽에 있을 거예요.
① 당신은 어디에 사나요?
② 도서관에 어떻게 가나요?
③ 지금 어디에 가고 있나요?

④ 거기서 무엇을 찾고 있나요?
⑤ 어떤 버스가 박물관으로 가나요?
| 해설 | B가 길을 안내해 주는 말을 하고 있으므로 길을 묻는 질문이 알맞다.

05 | 해석 | A: 경찰서는 어디에 있나요?
B: 그것은 병원과 우체국 사이에 있어요.
| 해설 | between *A* and *B*: A와 B 사이에

06 (C) 실례합니다. 서점이 어디에 있나요?
(B) 우체국 맞은편에 하나 있어요.
(D) 그곳에 어떻게 가나요?
(A) 한 블록을 곧장 가서 오른쪽으로 도세요. 오른쪽에 있을 거예요.
A: 고맙습니다!

07 | 해석 | ① ⓐ: 부탁 좀 드려도 될까요?
② ⓑ: 저는 Green 공원에서 길을 잃었어요.
③ ⓒ: 그럼 공원으로 가는 길을 말씀해 주시겠어요?
④ ⓓ: 그것은 기차역 뒤에 있습니다.
⑤ ⓔ: 아프리카 음악 콘서트는 기차역에서 열려요.
| 해설 | ⓒ How do I get to ~?는 길을 물을 때 사용하는 표현으로, Can you tell me the way to ~? 등으로 바꿔 쓸 수 있다.

08 | 해석 | ① 오후 4시 전에 열려요.
② 공원의 북문 근처에 있어요.
③ 당신은 많은 유명한 음악가들을 만날 수 있어요.
④ 공원에서부터 약 10분 걸려요.
⑤ 그것은 100명 이상의 사람을 수용할 수 있을 정도로 충분히 커요.
| 해설 | 무대가 어디에 있는지 물었으므로 위치를 알려 주는 대답이 와야 한다.

09 | 해석 | A: 왜 소녀는 Green 공원에 가고 있는가?
B: 그녀는 아프리카 음악 콘서트 때문에 그곳에 간다.
① 그녀의 친구들
② 그녀의 잃어버린 개
③ 노래 경연 대회
⑤ 아프리카에 대한 전시
| 해설 | 소녀는 Green 공원에서 열리는 아프리카 음악 콘서트를 가려고 공원으로 가는 길을 묻고 있다.

10 | 해석 | 수업이 오전에 끝날 것이다. 너는 도시락을 가져올 필요가 없다.

11 | 해석 | 나는 티셔츠를 하나 사기를 원해서 쇼핑몰에 갔다.
→ 나는 티셔츠를 하나 사기 위해 쇼핑몰에 갔다.
| 해설 | 목적을 나타내는 부사적 용법의 to부정사를 사용하여 문장을 완성한다.

12 | 해설 | • 그는 나를 다시 만날 필요가 없다.
• Katie는 설거지를 해야 할 건가요?
• 그들은 티켓을 살 필요가 없었다.
| 해설 | • 주어가 3인칭 단수이므로 doesn't have to가 알맞다.
• 조동사 will 뒤에는 동사원형을 쓴다.
• didn't로 과거 시제를 나타내므로 뒤에는 동사원형을 쓴다.

13 | 해석 | Ann: 너 어디 가니?
Dave: 나는 슈퍼마켓에 가고 있어.
Ann: 왜?
Dave: 나는 우유를 사야 해.

→ Dave는 <u>우유를 사기 위해</u> 슈퍼마켓에 가고 있다.

|해설| Dave가 슈퍼마켓에 가는 목적을 to부정사를 사용하여 나타낸다.

14 |해석| ① 그는 어제 일찍 일어나야 했다.

② 너는 오늘 네 방을 청소할 필요가 없다.

③ 그녀는 생선을 사기 위해 시장에 갔다.

④ 나는 숙제에 대해 묻기 위해 수지에게 전화했다.

⑤ 그들은 시험 공부를 하기 위해 도서관에 간다.

|해설| ① 과거를 나타내는 부사 yesterday가 있으므로 have to의 과거형인 had to를 써야 한다. (has to → had to)

15 |해석| ⓐ 제가 저녁 식사를 요리해야 하나요?

ⓑ 길에서 넘어지지 않도록 조심하세요.

ⓒ 그들은 노래를 연습하기 위해 매일 모인다.

ⓓ Sue는 토요일 마다 일찍 잠자리에 들 필요가 없다.

ⓔ 영화 감독이 되기 위해서는 영화를 많이 봐야 한다.

|해설| ⓒ 목적을 나타낼 때는 부사적 용법의 to부정사로 쓴다. (practice → to practice)

ⓓ has to의 부정은 doesn't have to로 쓴다. (has not to → doesn't have to)

16 |해설| ⑤ be proud of는 '~을 자랑스러워하다'라는 뜻이다.

17 |해석| 이 쇼의 염소들은 클 필요는 없지만, 건강해야 한다.

|해설| don't have(need) to: ~할 필요가 없다 / have to: ~해야 한다

18 |해설| ⓐ 뒤의 it은 a goat show를 가리키고, 뒤에 이어지는 내용으로 보아 염소 쇼에 참가했다(entered)는 내용이 알맞다.

ⓑ win a prize: 상을 타다

19 |해석| ① Eddie는 그의 친구들과 축제를 방문했다.

② 텍사스 지역 축제가 세계에서 가장 오래된 축제이다.

③ Eddie는 그의 염소를 염소 쇼에 데려갔다.

④ Steve는 그의 염소를 매우 잘 돌봤다.

⑤ Steve와 그의 염소는 염소 쇼에서 상을 타지 못했다.

|해설| ① Eddie는 가족과 함께 축제에 갔다.

② 텍사스 지역 축제가 130년 이상 되었지만 세계에서 가장 오래된 축제인지는 언급되어 있지 않다.

③ Steve가 그의 염소를 염소 쇼에 데려갔다.

⑤ Steve와 그의 염소는 3등상을 탔다.

20 |해설| (A)는 텍사스 지역 축제에 관해 소개하는 내용이고, (B)는 축제 프로그램 중 하나인 염소 쇼에 관한 내용이다.

21 |해설| ⓐ 점심시간이어서 축제 음식을 먹고 있다는 내용이 자연스러우므로 결과를 나타내는 접속사 so가 알맞다.

ⓑ 얼굴이 빨개지는 이유가 파히타가 맵기 때문이므로 이유를 나타내는 접속사 because가 알맞다.

22 |해석| ① 엄마와 아빠는 점심으로 무엇을 먹고 있는가?

② Tex-Mex 음식은 무엇인가?

③ 왜 아빠의 얼굴이 빨개졌는가?

④ Steve는 점심으로 무엇을 먹고 있는가?

⑤ 어떤 축제 음식이 가장 인기가 있는가?

|해설| ⑤ 어떤 축제 음식이 가장 인기가 있는지는 언급되어 있지 않다.

23 |해설| ⓑ had to 뒤에 동사원형 collect와 병렬로 연결된 것이므로 collect와 같은 형태인 동사원형으로 고쳐야 한다. (→ sew)

24 |해설| '무서운 감정을 느끼게 되는 것'이므로 scare는 과거분사형 형용사인 scared로 쓰고, '전망은 굉장한 것'이므로 amaze는 현재분사형 형용사인 amazing으로 쓴다.

25 |해설| • 하준 → 할머니는 친구분들과 함께 퀼트 대회에 출품할 퀼트를 만드셨다.

• 유빈 → 글쓴이가 오늘 가장 신났던 일은 Texas Star를 탄 것이다.

제4회 고난도로 내신 적중 모의고사 pp. 150~153

01 unique **02** ④ **03** ④ **04** ③ **05** ②
06 (A) |모범 답| Go straight one block and turn left.
(B) |모범 답| It's next to the school. **07** ③ **08** across
from the train station **09** ① **10** ① **11** ③
12 We don't have to change the meeting time.
13 Angela went to the bookstore to buy a fashion
magazine. **14** ④ **15** (1) ⓒ → had to (2) 지난 주말에 했
던 과거의 일이므로 have to의 과거형 had to로 써야 한다.
16 ⑤ **17** ①, ⑤ **18** ④ **19** ① **20** ④ **21** ①
22 |모범 답| (1) They are eating fair food. (2) |모범 답| His face
is getting red because his fajita is too spicy. **23** ⑤
24 I love living in Texas and going to the fair. **25** ②

01 |해석| 혱 특별한 그리고 모든 다른 사람 또는 사물과 다른
[예시] 그의 화풍은 매우 독특하다.

|해설| '특별한 그리고 다른 사람이나 사물과는 다른'은 unique(유일무이한, 독특한)에 대한 영영풀이다.

02 |해석| • 네게 우리 학교를 둘러보도록 안내할게.

• 우리 담임 선생님은 우리 집 바로 맞은편에 사신다.

• 다음 단계로 넘어가자.

|해설| show ~ around: ~에게 (…을) 둘러보도록 안내하다 / across from: ~ 맞은편에 / move on to: ~로 이동하다, 넘어가다

03 |해석| A: 실례합니다. 역사 박물관이 어디에 있나요?

B: Green가에 있어요.

A: 그곳에 어떻게 가나요?

B: 세 블록을 곧장 가서 오른쪽으로 도세요. 오른쪽에 있을 거예요. 꼭 찾으실 거예요.

A: 정말 감사합니다.

|해설| (A)에는 위치를 묻는 말이, (B)에는 길을 묻는 말이, (C)에는 길을 알려 준 후 '꼭 찾을 거예요.'라고 말하는 표현이 알맞다.

04 |해석| ① 은행은 병원 옆에 있다.

② 도서관은 박물관 옆에 있다.

③ 우체국은 시장 앞에 있다.

④ 박물관은 서점 맞은편에 있다.

⑤ 병원은 은행과 서점 사이에 있다.

|해설| ③ 우체국은 시장 맞은편에(across from) 있다. in front of는 '~ 앞에'라는 뜻이다.

05 |해석| A: 실례합니다. 빵집은 어떻게 가나요?

B: 두 블록을 곧장 가서 오른쪽으로 도세요. 왼쪽에 있을 거예요.

|해설| 두 블록 곧장 가서 오른쪽으로 돌면 왼쪽에 있다고 했으므로 bakery(빵집)를 찾고 있다는 것을 알 수 있다.

06 |해석| A: 경찰서에 어떻게 가나요?

B: 한 블록을 곧장 가서 왼쪽으로 도세요. 오른쪽에 있을 거예요. 학교 옆에 있어요.

07 |해설| ⓒ 뒤에 이어지는 응답이 길을 안내하는 말이므로 소요 시간을 묻는 말이 아닌 길을 묻는 말이 들어가야 한다.

08 |해석| 그것은 기차역 맞은편에 있다.

|해설| across from: ~ 맞은편에

09 |해석| ① 소년은 Green 공원에 가는 방법을 안다.

② 소녀는 Green 공원에 가기 위해 두 블록을 곧장 가서 오른쪽으로 돌아야 한다.

③ 소년은 아프리카 음악 콘서트에 대해 모른다.

④ Star Concert 무대는 Green 공원 밖에 있다.

⑤ 소년과 소녀는 아프리카 음악 콘서트에 함께 갈 것이다.

|해설| ② 두 블록 곧장 걸어간 후 좌회전을 하라고 했다.

③ 소년은 아프리카 음악 콘서트가 열리는 시간을 알고 있다.

④ Star Concert 무대는 공원 북문 근처에 있다고 했다.

⑤ 소녀는 아프리카 음악 콘서트에 가려고 길을 묻는 상황이며 소년이 같이 갈지 여부는 알 수 없다.

10 |해설| 주어진 말로 문장을 만들면 Steve went to the park to fly his drone.이 되므로, 6번째로 오는 단어는 to이다.

11 |해석| ① 지호는 축구 경기에 참가해야 한다.

② 그녀는 어젯밤에 일찍 잠자리에 들어야 했다.

③ 그들은 오늘 학교에 갈 필요가 없다.

④ 다음에 너는 좀 더 신중해야 할 것이다.

⑤ 학생들은 학교 규칙을 따라야 한다.

|해설| ③ have to의 부정은 don't have to로 나타낸다. (→ don't have to)

12 |해석| 우리는 회의 시간을 바꿀 필요가 없다.

|해설| need not은 '~할 필요가 없다'의 의미로 don't have to와 바꿔 쓸 수 있다.

13 |해석| Angela는 패션 잡지를 사고 싶어했다. 그래서 그녀는 서점에 갔다.

→ Angela는 패션 잡지를 사기 위해 서점에 갔다.

|해설| '~하기 위하여'라는 뜻으로 목적을 나타내는 부사적 용법의 to 부정사를 사용하여 문장을 완성한다.

14 |해석| ① 그 소녀는 자라서 수의사가 되었다.

② 우리는 미술관을 방문하기로 계획하고 있다.

③ 나는 내 오랜 친구를 만나서 기뻤다.

④ 결승전에서 이기기 위해 우리는 최선을 다했다.

⑤ 나는 우리 과학 과제에 대해 묻기 위해 Amy에게 전화했다.

|해설| ④ 문장의 주어가 아니라 목적을 나타내는 부사 역할을 하는 to 부정사로 쓰였다.

15 |해석| A: 지난 주말에 캠핑 갔니?

B: 아니. 알다시피 비가 심하게 와서 우리는 캠핑 여행을 취소해야 했어.

A: 아, 그 말을 듣게 되어 유감이야. 그럼 넌 무엇을 했니?

B: 나는 집에 있으면서 영화를 봤어.

16 |해석| ① Eddie는 어디에 사는가?

② 지금 Eddie는 어디를 방문하고 있는가?

③ Eddie는 지금 누구와 있는가?

④ 텍사스 지역 축제는 얼마나 오래되었는가?

⑤ 미국에서 가장 오래된 축제는 무엇인가?

|해설| ⑤ 미국에서 가장 오래된 축제는 언급되어 있지 않다.

17 |해설| '~할 필요는 없다'는 don't have(need) to 또는 need not으로 나타내고, '~해야 한다'는 have to 또는 must로 나타낸다.

18 |해석| ⓐ 나는 새 운동화를 사기 위해 돈을 모았다.

ⓑ 그들은 그들의 아들을 보기 위해 런던을 방문했다.

ⓒ 이번 주말에 무엇을 하고 싶니?

ⓓ 내 여동생은 살을 빼기 위해 매일 아침 조깅한다.

ⓔ 이번 겨울 그의 계획은 스키 타는 법을 배우는 것이다.

|해설| 밑줄 친 (B)와 ⓐ, ⓑ, ⓓ는 목적(~하기 위해)을 나타내는 부사적 용법의 to 부정사이다. ⓒ는 목적어로 쓰인 명사적 용법, ⓔ는 주격 보어로 쓰인 명사적 용법의 to부정사이다.

19 |해설| 염소 쇼에 참가해서 3등상을 받았으므로 동생인 Steve와 그의 염소가 자랑스럽다고 해야 자연스럽다. / be proud of: ~을 자랑스러워하다

20 |해설| ⓐ는 앞 문장의 nachos and fajitas를, ⓒ는 corn dogs를 가리킨다.

21 |해석| [보기] 'smog'는 'smoke'와 'fog'의 결합이다.

① 다른 사람들 혹은 사물들의 혼합체

② 어떤 것을 더 잘할 수 있기 위해 규칙적으로 하는 행동

③ 경기나 대회에서 이기는 것

④ 사람들이 오랫동안 해 왔고 계속 하고 있는 것

⑤ 신나는 놀이기구를 타고 상을 타기 위해 게임을 할 수 있는 야외 행사

|해설| 본문의 ⓑ와 [보기]의 빈칸에 공통으로 들어갈 단어는 '결합(물), 조합(물)'이라는 뜻의 combination이 알맞다.

22 |해석| (1) 글쓴이의 가족이 점심으로 무엇을 먹고 있는가?

→ 그들은 축제 음식을 먹고 있다.

(2) 글쓴이의 아빠의 얼굴은 왜 빨개 지는가?

→ 그의 파히타가 너무 매웠기 때문에 얼굴이 빨개졌다.

|해설| (1) 글쓴이의 가족은 점심으로 축제 음식을 먹고 있다.

(2) 파히타가 너무 매워서 글쓴이의 아버지는 얼굴이 빨개지셨다.

23 |해설| ⓔ '놀라운 감정을 느끼게 하는' 것이므로 현재분사형 형용사인 amazing으로 써야 한다.

24 |해설| 동사 love의 목적어 living in Texas와 going to the fair를 and로 연결하여 문장을 쓴다.

25 |해석| ① 글쓴이의 할머니와 할머니의 친구분들은 퀼트 대회에 참가하셨다.

② 과거에 사람들은 화려하고 독특해서 퀼트를 만들었다.

③ 글쓴이의 할머니와 할머니의 친구분들은 반 년 이상 퀼트 만드는 작업을 하셨다.

④ Texas Star는 높은 회전 관람차이다.

⑤ 글쓴이는 축제에서 회전 관람차 타는 것을 좋아한다.

|해설| ② 과거에 사람들이 퀼트를 만들었던 이유는 천이 비쌌기 때문이다.

Ideas for Saving the Earth

STEP A

W Words 연습 문제
p. 157

A
01 물품, 품목
02 둥근, 원형의
03 도구 세트
04 끈
05 열다, 개최하다
06 악기, 도구
07 마지막으로
08 고무줄
09 ~을 통해, ~ 사이로
10 가격, 값
11 거의
12 의미
13 다리
14 환경
15 보고서
16 양로원
17 개선하다, 승급시키다
18 서명, 사인
19 틀린, 잘못된
20 (빵 등을) 굽다

B
01 used
02 event
03 expensive
04 total
05 bottom
06 musical
07 bucket
08 trash
09 scissors
10 explain
11 understand
12 list
13 join
14 flower pot
15 pay
16 direction
17 decorate
18 creative
19 recycling
20 sell

C
01 ~에 좋다
02 ~을 잘라 내다
03 치우다, 없애다
04 할인을 받다
05 ~으로 만들어지다
06 사실대로 말하다
07 ~에 관심(흥미)을 갖게 되다
08 상태가 좋다

D
01 take out
02 get a discount
03 be made from
04 cut off
05 tell the truth
06 be in good condition
07 become interested in
08 be good for

W Words Plus 연습 문제
p. 159

A 1 condition, 상태 2 expensive, 비싼 3 bottom, 맨 아래
4 understand, 이해하다 5 upgrade, 개선하다, 승급시키다
6 instrument, 악기, 도구 7 bucket, 양동이 8 sell, 팔다

B 1 through 2 round 3 meaning 4 signature
5 Recycling
C 1 made from 2 Cut, off 3 in, good condition
4 good for 5 get a, discount
D 1 expensive 2 bottom 3 inventor 4 finally
5 decoration

A |해석|
1 어떤 것의 상태
2 돈이 많이 드는
3 어떤 것의 가장 낮은 부분
4 무언가가 의미하는 것을 알다
5 어떤 것을 더 새롭고 더 좋아지게 하다
6 음악을 만들기 위해 연주하는 것
7 맨 위에 손잡이가 있는 깊고 둥근 용기
8 대가로 돈을 받고 누군가에게 그 물건을 주다

B |해석|
1 그들은 천천히 숲을 통해 걸었다.
2 테니스 공과 오렌지는 둘 다 둥글다.
3 그의 말 속에 숨겨진 의미가 있었니?
4 나는 그 페이지의 맨 아래에 서명을 했다.
5 재활용은 우리의 환경을 보호하는 데 중요하다.

D |해석|
1 팔다 : 사다 = 저렴한 : 비싼
2 옳은 : 틀린 = 맨 위, 꼭대기 : 맨 아래
3 굽다 : 제빵사 = 발명하다 : 발명가
4 거의 : 거의 = 마지막으로 : 마지막으로
5 사인하다 : 서명 = 장식하다 : 장식

W Words 실전 TEST
p. 160

01 ② 02 ④ 03 ① 04 ④ 05 ③ 06 interested in
07 ①

01 |해석| 도시는 다음 달에 음악 축제를 개최할 것이다.

02 |해석| [보기] 중고의 – 중고의
① 사다 – 팔다 ② 맨 위 – 맨 아래 ③ 옳은 – 틀린
④ 마지막으로 – 마지막으로 ⑤ 저렴한 – 비싼
|해설| [보기]와 ④는 유의어 관계이고, 나머지는 모두 반의어 관계이다.

03 |해석| 그가 떠났을 때 거의 6시였다.
① 거의 ② 충분한 ③ 대개 ④ 조심히 ⑤ 때때로
|해설| almost는 '거의'라는 뜻으로 nearly와 바꿔 쓸 수 있다.

04 |해설| '어떤 것의 일반적인 가격에서 할인된 금액'이라는 뜻의 단어는
discount(할인)이다.

05 |해석| ① 그 피아노는 상태가 좋다.
② 쓰레기를 치우는 것을 잊지 마라.
③ 나는 양로원에서 자원봉사를 한다.
④ 그녀는 상자 둘레에 고무줄을 둘렀다.

⑤ 그는 원단으로부터 옷감을 1미터 잘라 냈다.

|해설| ③ a nursing home은 '양로원'을 뜻한다.

06 |해설| become interested in: ~에 관심[흥미]을 갖게 되다

07 |해석| ① 안 좋아 보인다. 무슨 창의적인 것이 있니?

② 나무를 심는 것은 환경에 좋다.

③ 우리는 오래된 컴퓨터를 업그레이드 하기로 결정했다.

④ 선생님은 학생들에게 규칙을 설명하실 것이다.

⑤ 그들은 리본과 꽃들로 웨딩카를 장식했다.

|해설| ① 문맥상 안색이 안 좋아 보이는 사람에게는 Is anything wrong?(무슨 일이니?)이라고 묻는 것이 알맞다. creative는 '창의적인'이라는 뜻이다.

🔵 Listen and Talk 만점 노트　　　pp. 162~163

Q1 18달러　　Q2 12달러　　Q3 ⓐ　　Q4 F　　Q5 ⓑ　　Q6 10
Q7 17달러　　Q8 ⓑ　　Q9 2

🔵 Listen and Talk 빈칸 채우기　　　pp. 164~165

Listen and Talk A-1 How much are, discount, afraid not
Listen and Talk A-2 help you, looking for, get a discount, take it
Listen and Talk A-3 How much, get, take, off
Listen and Talk A-4 in good condition, Can I get, off, take it
Listen and Talk C old or used, about, How much is it, too expensive, afraid, almost, take
Talk and Play May I help, How much is, get a discount, off
Review-1 How much is, expensive for, good price
Review-2 May I help, much, Can I get, take, off

🔵 Listen and Talk 대화 순서 배열하기　　　pp. 166~167

1 ⓔ－ⓒ－ⓑ－ⓐ　　　　**2** ⓔ－ⓒ, ⓕ－ⓑ－ⓓ
3 ⓒ－ⓔ－ⓑ, ⓐ　　　　**4** ⓔ－ⓒ, ⓑ－ⓓ
5 ⓓ－ⓑ－ⓒ－ⓐ, ⓖ－ⓘ－ⓗ－ⓔ
6 ⓔ－ⓑ, ⓒ－ⓐ　　　　**7** ⓑ－ⓔ－ⓐ－ⓒ
8 ⓓ－ⓑ－ⓐ, ⓕ－ⓔ

🔵 Listen and Talk 실전 TEST　　　pp. 168~169

01 ③　　**02** ②　　**03** ④　　**04** ②　　**05** ②　　**06** ⑤　　**07** ③
08 ④　　**09** ④

[서술형]

10 is this(the) T-shirt, take, off　　**11** (1) How much are these shoes? (2) Can I get a discount? (3) I will take them.　　**12** ⓑ, |모범 답| That's expensive.

---

01 |해석| A: 이 운동화는 얼마인가요?

B: 30달러예요.

① 신발 치수가 몇인가요?　　② 무엇을 찾으세요?

④ 그 안경은 어떻게 생겼나요?　　⑤ 제게 돈 좀 빌려주시겠어요?

|해설| B가 가격을 말하고 있으므로 빈칸에는 가격을 묻는 말이 알맞다.

02 |해석| A: 할인을 받을 수 있나요?

B: 네. 3달러를 깎아 드릴게요.

① 도와드릴까요?

③ 이 셔츠를 입어 봐도 되나요?

④ 이거 더 큰 사이즈가 있나요?

⑤ 다른 것을 보여 주시겠어요?

|해설| B가 가격을 할인해 주겠다고 말하고 있으므로, 빈칸에는 할인을 받을 수 있는지 묻는 말이 알맞다.

03 |해석| ① A: 안녕하세요. 도와드릴까요?

B: 저는 스카프를 찾고 있어요.

② A: 저 선글라스는 얼마인가요?

B: 17달러예요.

③ A: 할인을 받을 수 있나요?

B: 네. 1달러를 깎아 드릴게요.

④ A: 이 배낭의 가격은 얼마인가요?

B: 할인해 주세요.

⑤ A: 안타깝게도 할인 받으실 수 없어요.

B: 괜찮습니다. 그것으로 할게요.

|해설| ④ 배낭의 가격을 묻는 말에 할인을 요청하는 응답을 하는 것은 어색하다.

04 |해석| A: 이 빨간 모자 어때요? 20달러예요.

B: 음. 할인을 받을 수 있나요?

A: ＿＿＿＿＿＿＿＿

① 죄송하지만, 안 돼요.　　　　② 좋은 생각이에요.

③ 죄송하지만, 안 돼요. 죄송합니다.　　④ 네. 2달러를 깎아 드릴게요.

⑤ 10% 할인 받으실 수 있어요.

|해설| 할인을 받을 수 있는지 묻는 말에는 할인을 해 주거나 해 줄 수 없다는 대답이 알맞다.

05 |해석| (B) 실례합니다. 이 보라색 티셔츠는 얼마인가요?

(D) 10달러예요.

(E) 비싸네요. 할인을 받을 수 있나요?

(C) 네. 1달러를 깎아 드릴게요. 9달러예요.

(A) 그러면 그것을 살게요. 고맙습니다!

[06~07] |해석|

A: 도와드릴까요?

B: 네. 저 초록색 치마는 얼마인가요?

A: 12달러예요.

B: 할인을 받을 수 있나요?

A: 네. 2달러를 깎아 드릴게요.

B: 그러면 10달러가 되네요. 그걸 살게요.

06 |해석| ① 저 초록색 치마는 할인 판매 중인가요?

② 저 초록색 치마 어때요?

③ 저 초록색 치마가 마음에 드시나요?

④ 저 초록색 치마의 치수가 몇인가요?

⑤ 저 초록색 치마의 가격은 얼마인가요?

|해설| How much is ~?는 물건의 가격을 묻는 표현으로, What's the price of ~?와 바꿔 쓸 수 있다.

07 |해설| 할인해 주겠다고 말할 때는 「I'll take+할인 금액/할인율+off.」로 표현할 수 있다.

[08~09] |해석|

A: 우와! 여기에는 흥미로운 것들이 정말 많이 있네요.

B: 여기 있는 모든 물건들은 오래됐거나 이미 사용한 것들입니다. 무엇을 찾으시나요?

A: 저는 시계를 찾고 있어요.

B: 이 빨간색 시계는 어때요?

A: 얼마인가요?

B: 15달러예요.

A: 제게는 너무 비싸네요. 할인을 받을 수 있나요?

B: 죄송하지만 안 돼요. 그것은 일 년밖에 안 됐어요. 거의 새것입니다.

A: 그러면, 숫자가 큰 이 파란색 시계는 얼마인가요?

B: 그것은 10달러예요.

A: 그러면, 이 파란색 시계를 살게요. 고맙습니다.

08 |해설| 주어진 문장은 물건이 비싸다는 의미이므로, 할인을 요청하는 말인 Can I get a discount? 앞에 오는 것이 자연스럽다.

09 |해석| ① 가게에 새 물건들은 없다.
② 손님은 시계를 사기를 원한다.
③ 빨간색 시계는 1년 되었다.
④ 점원은 5달러를 할인해 줄 것이다.
⑤ 손님은 10달러를 지불할 것이다.
|해설| 할인을 요청하는 손님에게 거의 새것이라며 할인을 거절했으므로 ④는 대화의 내용과 일치하지 않는다.

10 |해석| A: 이 셔츠는 얼마인가요?
B: 10달러입니다.
A: 할인해 주세요.
B: 네. 2달러 깎아 드릴게요.
|해설| 티셔츠(T-shirt)의 가격을 물을 때 How much is this(the) T-shirt?를 사용하고, 할인해 주겠다고 말할 때 I'll take ~ off.를 사용할 수 있다.

11 |해석| A: 실례합니다. 이 신발은 얼마인가요?
B: 13달러입니다.
A: 음. 할인을 받을 수 있나요?
B: 죄송하지만 안 돼요. 죄송합니다.
A: 괜찮아요. 그것을 살게요.
|해설| (1) 가격을 묻는 물건이 복수이므로 How much are ~?로 쓴다. (2) 할인을 받을 수 있는지 묻는 표현은 Can I get a discount? 이다. (3) 선택한 물건을 사겠다고 할 때는 I'll take ~.로 쓴다.

12 |해석| A: 이 축구공은 얼마인가요?
B: 6달러예요.
A: 가격이 좋네요.(→ 비싸군요.) 할인해 주실 수 있나요?
B: 네. 1달러를 깎아 드릴게요. 그러면 5달러입니다.
A: 그러면 그것을 살게요. 감사합니다!
|해설| ⓑ 뒤에 할인을 요청하는 내용이 이어지는 것으로 보아, 처음 가격을 들었을 때 비싸다(That's expensive.)고 하는 것이 자연스럽다.

G Grammar 핵심 노트 1 QUICK CHECK   p. 170

1 (1) Was (2) was eaten (3) were used
2 (1) was planted (2) was not broken (3) must be cleaned

1 |해석| (1) 그 벽은 Davis 씨에 의해 칠해졌나요?
(2) 스파게티는 Jenny에 의해 먹어졌다.
(3) 병들은 Mark에 의해 어제 사용되었다.

2 |해석| (1) 이 나무는 작년에 아빠에 의해 심어졌다.
(2) 그 잔은 Eric에 의해 깨지지 않았다.
(3) 거실은 Tom에 의해 청소되어야만 한다.

G Grammar 핵심 노트 2 QUICK CHECK   p. 171

1 (1) her to be (2) to study (3) me not to
2 (1) to show (2) her not to meet (3) to think

1 |해석| (1) John은 그녀가 의사가 되기를 원했다.
(2) 선생님은 내가 시험 공부하기를 원하신다.
(3) 그녀는 내가 그녀와 함께 쇼핑하러 가지 않기를 원했다.

2 |해석| (1) 나는 그가 나에게 그의 집을 보여 주기를 원했다.
(2) 그는 그녀가 그의 부모님을 만나지 않기를 원한다.
(3) 우리 선생님은 우리에게 미래에 대해 생각해 보라고 하셨다.

G Grammar 연습 문제 1   p. 172

A 1 was stolen   2 is not read   3 were baked
4 was invented
B 1 speak → spoken   2 drank → drunk
3 built → was built   4 was → were
C 1 were not invited to the party by Jason   2 was painted by Leonardo da Vinci   3 is fed by Mary
4 will be sung by her
D 1 The button was dropped by Sally.
2 The bridge was built in 1990.
3 This table was not(wasn't) made by my father.

A |해석| 1 내 자전거는 며칠 전에 도둑맞았다.
2 그 책은 요즘 많이 읽히지 않는다.
3 이 과자는 어제 나의 언니에 의해 구워졌다.
4 전화기는 Alexander Graham Bell에 의해 발명되었다.
|해설| 수동태는 주어가 어떤 동작을 당할 때 쓰며 「주어+be동사+과거분사+by+행위자.」의 형태로 쓴다.

B |해석| 1 영어는 이 나라에서는 사용되지 않는다.
2 나는 그 주스가 Mary에 의해 마셔졌다고 생각한다.
3 그 아름다운 건물은 30년 전에 지어졌다.
4 이 책들은 도서관에 반납되었다.
|해설| 수동태 문장에서 동사는 「be동사+과거분사」의 형태이며, 이때 be동사는 주어의 수와 시제에 따라 달라진다.

C |해석| **1** Jason은 우리를 파티에 초대하지 않았다.
→ 우리는 Jason에 의해 파티에 초대되지 않았다.
2 레오나르도 다 빈치가 '모나리자'를 그렸다.
→ '모나리자'는 레오나르도 다 빈치에 의해서 그려졌다.
3 Mary는 개에게 항상 먹이를 준다.
→ 개는 항상 Mary에 의해 먹이가 먹여졌다.
4 그녀는 대회에서 유명한 노래를 부를 것이다.
→ 유명한 노래는 그녀에 의해서 대회에서 불려질 것이다.
|해설| 능동태 문장을 수동태로 바꾸면 목적어가 주어가 되고, 동사는 「be동사+과거분사」, 주어는 「by+행위자」의 형태가 된다. 부정문은 be동사 뒤에 not을 써서 나타내고, 미래시제는 「will be+과거분사」의 형태로 쓴다.

D |해설| 수동태 문장에서 동사는 「be동사+과거분사」의 형태이며, 부정문은 be동사 뒤에 not을 써서 나타낸다.

G Grammar 연습 문제 2　　　　　　　p.173

A **1** to know　**2** wants　**3** to clean　**4** not to do
B **1** to stay　**2** to exercise　**3** to ride　**4** to do
C **1** Jim to help Kate　**2** you to join our club　**3** Tom to water the plants　**4** me not to go swimming
D **1** I wanted him to leave the room right now.
2 They want Linda not to hear about this.
3 I asked my sister to wake me up early tomorrow morning.

A |해석| **1** 나는 네가 진실을 알기를 원한다.
2 그는 내가 비밀을 지키기를 원한다.
3 Brown 선생님은 우리가 교실을 청소하기를 원하셨다.
4 너는 Jake가 지금 그 일을 하지 않기를 원하니?
|해설| 「want+목적어+to부정사」는 '(목적어)가 ~하기를 원하다'라는 뜻으로, to부정사가 목적어의 상태나 행동을 나타내는 목적격 보어로 쓰인다.

B |해석| **1** 의사는 환자에게 침대에서 푹 쉬라고 말했다.
2 그녀는 그녀의 아버지가 운동을 더 하시기를 원했다.
3 나는 그에게 그의 형과 함께 자전거를 탈 것을 요청했다.
4 Tom의 어머니는 Tom에게 숙제를 먼저 하라고 조언하셨다.
|해설| tell, want, ask, advise는 목적격 보어로 to부정사를 쓰는 동사이다.

C |해설| want, ask, tell은 목적격 보어로 to부정사를 쓰는 동사이며, 부정의 의미를 나타낼 때는 to부정사 앞에 not을 쓴다.

D |해설| '(목적어)가 ~하기를 원하다/요청하다, 부탁하다'라는 뜻은 「want/ask+목적어+to부정사」의 형태로 나타낸다.

G Grammar 실전 TEST　　　　　　pp. 174~177

01 ⑤	02 ③	03 ⑤	04 ④	05 ⑤	06 ④	07 ③
08 ③	09 ④	10 ⑤	11 ②	12 ③	13 ②	14 ②
15 ③	16 ③	17 ①				

[서술형]
18 is loved by　**19** was written by　**20** want me to join the dance club　**21** (1) was built　(2) is spoken　(3) was broken　(4) is cleaned　**22** (1) was written by Julia (2) were collected by the students　(3) will be painted by us tomorrow　(4) this dress made by the famous designer
23 (1) My teacher wants us to clean the classroom.
(2) My teacher wants us to be kind to others.
(3) My teacher wants us not to be late for school.
(4) My teacher wants us not to use smartphones in class.
24 (1) *Sunflowers* was painted by Vincent van Gogh.
(2) The light bulb was invented by Thomas Edison.
(3) The Eiffel Tower was designed by Gustave Eiffel.
25 (1) Suji to bring her book
(2) Ted to call him after dinner　(3) Eric not to use his bike

01 |해석| 내가 가장 좋아하는 화가는 Edgar Degas이다. 'The Dance Class'는 1874년에 그에 의해 그려졌다.
|해설| 주어가 그림의 제목이므로 「be동사+과거분사」 형태의 수동태로 나타내며, 과거의 일이므로 be동사는 과거형을 사용한다.

02 |해석| 내 여동생은 자고 있는 중이다. 엄마는 내가 조용히 하기를 원하신다.
|해설| 목적격 보어로 to부정사(to keep)가 왔으므로 빈칸에는 wants가 알맞다.

03 |해석| 나는 형이 나와 함께 축구를 하기를 원한다.
|해설| want는 목적격 보어로 to부정사를 쓰므로 to play가 알맞다.

04 |해석| Jason은 창문을 청소하지 않았다.
→ 창문은 Jason에 의해 청소되지 않았다.
|해설| 수동태의 부정문은 be동사 뒤에 not을 써서 만든다. 주어가 복수이고 시제가 과거이므로 weren't cleaned가 알맞다.

05 |해설| 「want+목적어+to부정사」의 형태로 쓰며, 목적어가 인칭대명사일 때는 목적격으로 써야 한다.

06 |해설| • 이 사원은 1785년에 지어졌다.
• Mia는 크리스마스 카드를 내게 보냈다.
• 프랑스어는 많은 아프리카 나라에서 사용된다.
|해설| • 사원이 지어진 것이므로 수동태(be동사+과거분사)가 알맞다.
• Mia가 카드를 보낸 것이므로 능동태가 알맞다.
• 프랑스어가 사용되는 것이므로 수동태가 알맞다.

07 |해석| 부모님은 내가 언니와 싸우지 않기를 바라신다.
|해설| '(목적어)가 ~하지 않기를 원하다'는 「want+목적어+not+to부정사」로 나타낸다.

08 |해설| 주어가 my bag이므로 수동태인 「be동사+과거분사」로 표현하며, 과거 시제로 나타낸다.

09 |해설| 「want+목적어+not+to부정사」의 형태로 쓴다.

10 |해석| Susan은 종종 Kate의 스마트폰을 사용한다. 그러나 Kate는 Susan이 그녀의 스마트폰을 사용하지 않기를 원한다.
|해설| to부정사의 부정은 to부정사 앞에 not을 써서 나타낸다. (⑤ → not to use)

11 |해설| 조동사 must가 있는 수동태로, 문장을 배열하면 This

homework must be finished by Monday.가 된다. 따라서 4번째로 오는 단어는 be이다.

12 |해석| 그녀는 매일 아침을 요리한다.
|해설| 능동태 문장을 수동태로 전환하면 목적어가 주어가 되고 동사는 「be동사+과거분사」, 주어는 「by+목적격」의 형태가 된다.

13 |해석| 이 샌드위치들은 오늘 아침에 엄마에 의해 만들어졌다.
|해설| 주어가 복수이므로 be동사는 were로 써야 알맞다.

14 |해석| ① Mike가 이 보고서를 썼다.
→ 이 보고서는 Mike에 의해 쓰였다.
② 나는 그 문을 잠그지 않았다.
→ 그 문은 나에 의해 잠기지 않았다.
③ 나의 삼촌께서 그 자전거를 고치셨다.
→ 그 자전거는 나의 삼촌에 의해 수리되었다.
④ 그는 그 수학 문제를 풀 수 있다.
→ 그 수학 문제는 그에 의해 풀릴 수 있다.
⑤ Mark는 어제 꽃병을 깨뜨렸니?
→ 그 꽃병은 어제 Mark에 의해 깨졌니?
|해설| ② 수동태의 부정문은 be동사 뒤에 not을 써서 만든다. (didn't be locked → wasn't locked)

15 |해석| ① 나는 네가 이 일을 하기를 원한다.
② 그들은 그가 다치는 것을 원하지 않는다.
③ 우리는 그들이 무대에서 노래부르기를 _____.
④ 너는 내가 집에 일찍 오기를 원하니?
⑤ 그녀는 그녀의 부모님이 걱정하는 것을 원하지 않는다.
|해설| ③ 목적격 보어로 현재분사가 쓰였으므로 want가 들어갈 수 없다. want는 목적격 보어로 to부정사를 쓴다.

16 |해석| ① 한글은 세종대왕에 의해 만들어졌니?
② 윤 선생님은 많은 학생에게 존경받는다.
③ 도둑은 경찰에 의해 잡히지 않았다.
④ 많은 사람들이 그 사고로 다쳤다.
⑤ 여러 다른 종류의 채소가 시장에서 판매된다.
|해설| ③ 수동태의 부정문은 「be동사+not+과거분사」의 형태로 쓴다. (didn't be caught → wasn't caught)

17 |해석| ⓐ 그 열쇠는 내 여동생에 의해 발견되었다.
ⓑ Scott이 쿠키를 먹었니?
ⓒ 아빠가 우리에게 밤에 나가지 말라고 말씀하셨다.
ⓓ 의사는 그가 규칙적으로 운동하기를 원한다.
ⓔ Ann은 소풍을 위한 샌드위치를 만들 것이다.
|해설| ⓑ 주어가 복수(the cookies)이므로 be동사를 Were로 쓴다. (Was → Were)
ⓓ 「want+목적어+to부정사」의 형태로 써야 한다. (to exercise him → him to exercise)
ⓔ 주어가 행위를 하는 주체이므로 능동태로 써야 한다. (will be made → will make)

18 |해석| 많은 십 대들이 그 소년 밴드를 좋아한다.
→ 그 소년 밴드는 많은 십 대들에게 사랑받고 있다.
|해설| 능동태의 목적어가 주어로 쓰였으므로 빈칸에는 수동태인 「be동사+과거분사+by」의 형태로 쓴다.

19 |해석| Hemingway는 1952년에 '노인과 바다'를 썼다.

→ '노인과 바다'는 1952년에 Hemingway에 의해 쓰였다.
|해설| 능동태의 목적어가 주어로 쓰였으므로 빈칸에는 수동태인 「be동사+과거분사+by」의 형태로 쓴다.

20 |해설| '(목적어)가 ～하기를 원하다'는 「want+목적어+to부정사」의 형태로 쓴다.

21 |해석| (1) 이 다리는 2010년에 지어졌다.
(2) 영어는 호주에서 사용된다.
(3) 그 접시는 어제 Bob에 의해 깨졌다.
(4) 바닥은 매일 아빠에 의해 청소된다.
|해설| 행위의 대상이 주어가 되면 수동태 문장으로 나타내며, 동사를 「be동사+과거분사」 형태로 쓴다. 시제는 be동사를 사용하여 표현한다.

22 |해석| [예시] 내 여동생은 눈사람을 만들었다.
→ 눈사람은 내 여동생에 의해서 만들어졌다.
(1) Julia는 이 시를 썼다.
→ 이 시는 Julia에 의해서 쓰였다.
(2) 학생들은 빈 병들을 모았다.
→ 빈 병들은 학생들에 의해서 모아졌다.
(3) 우리는 내일 울타리를 칠할 것이다.
→ 울타리는 내일 우리에 의해서 칠해질 것이다.
(4) 유명한 디자이너가 이 드레스를 만들었니?
→ 이 드레스는 유명한 디자이너에 의해서 만들어졌니?
|해설| (1), (2) 과거 시제 수동태는 「주어+was/were+과거분사+by+행위자(목적격).」의 형태로 쓴다. 주어가 단수이면 was, 복수이면 were를 쓴다.
(3) 미래 시제 수동태는 「주어+will be+과거분사+by+행위자(목적격).」의 형태로 쓴다.
(4) 수동태 의문문은 「Be동사+주어+과거분사+by+행위자(목적격)?」의 형태로 쓴다.

23 |해석| [예시] 우리 선생님은 우리가 수업 중에 조용히 하기를 원하신다.
(1) 우리 선생님은 우리가 교실을 청소하기를 원하신다.
(2) 우리 선생님은 우리가 다른 사람들에게 친절하기를 원하신다.
(3) 우리 선생님은 우리가 학교에 늦지 않기를 원하신다.
(4) 우리 선생님은 우리가 수업 중에 스마트폰을 사용하지 않기를 원하신다.
|해설| 「want+목적어+to부정사」의 형태로 쓰고, 부정은 「want+목적어+not+to부정사」의 형태로 쓴다.

24 |해석| [예시] '로미오와 줄리엣'은 William Shakespeare에 의해 쓰였다.
(1) '해바라기'는 Vincent van Gogh에 의해 그려졌다.
(2) 전구는 Thomas Edison에 의해 발명되었다.
(3) 에펠탑은 Gustave Eiffel에 의해 설계되었다.
|해설| 주어가 단수인 과거 시제 수동태이므로 「주어+was+과거분사+by+행위자.」의 어순으로 쓴다.

25 |해석| [예시] 진호는 미나가 개를 산책시키기를 원한다.
(1) Kate는 수지에게 그녀의 책을 가져다줄 것을 요청한다.
(2) Brad는 Ted가 저녁 식사 후에 그에게 전화하기를 원한다.
(3) Jerry는 Eric에게 그의 자전거를 사용하지 말라고 말한다.
|해설| ask/want/tell+목적어+to부정사: (목적어)가 ～하기를 요청하다/원하다/말하다

01 club　02 As you know, about　03 want you to understand　04 explain　05 a combination of
06 Like recycling　07 better things　08 each
09 start with　10 to hold　11 combination, and
12 to make　13 become interested in　14 sounds like, about　15 musical instruments　16 make, from
17 from, rubber bands　18 plan to play　19 hear from
20 will make　21 For example　22 Look at
23 was made by　24 Isn't　25 on　26 to a nursing home　27 a great idea　28 creative　29 want, to work hard　30 sewing kit, buttons　31 Cut off　32 Sew
33 from one of　34 top of　35 Decorate, with

01 club members　02 As　03 to understand
04 explain　05 of　06 Like　07 from　08 talk
09 with　10 to hold　11 and　12 to make　13 in
14 fun　15 to make　16 make　17 from　18 to play
19 let's　20 make　21 For example　22 Look
23 was made　24 nice　25 sell　26 to　27 idea
28 creative　29 hard　30 scissors　31 off　32 Sew
33 from　34 of　35 with

01 ○　02 ○　03 ×, to understand　04 ○　05 ×, a combination of　06 ×, is good for　07 ×, from　08 ○
09 ○　10 ×, to hold　11 ○　12 ○　13 ×, become interested in　14 ×, sounds like　15 ×, to make
16 ○　17 ○　18 ×, to play　19 ×, hear from　20 ○
21 ×, For example　22 ○　23 ×, made by　24 ○
25 ×, sell　26 ×, to a nursing home　27 ○　28 ×, creative　29 ×, to work　30 ○　31 ×, Cut off　32 ○
33 ×, the legs　34 ○　35 ○

01 ②　02 ③　03 ④　04 ③　05 ⑤　06 ④　07 ⑤
08 ①　09 ⑤　10 ④　11 ②　12 ②　13 ⑤　14 ①
15 ③　16 ③　17 ④

[서술형]
18 this year's Environment Day　19 (1) It is about upcycling.　(2) He wants them to understand the meaning of "upcycling."　20 (1) a combination of "upgrade" and "recycling"　(2) good for the environment　(3) new and better things from old things　21 use trash to make clothes　22 ⓓ → fun　23 old boxes and rubber bands
24 make musical instruments, play the instruments
25 (1) trash → old clothes　(2) bought → made　(3) bags → money

[01~06] |해석|
Brown 선생님: 동아리 회원 여러분, 안녕하세요. 여러분도 알다시피, 올해 환경의 날은 업사이클링에 관한 것입니다. 각 그룹이 그날에 할 행사 아이디어를 이야기하기 <u>전에</u>, 나는 여러분이 '업사이클링'의 의미를 이해하기를 바랍니다. <u>누가 업사이클링을 설명해 줄 수 있나요?</u>
수미: 네. 'upcycling'이라는 단어는 'upgrade'와 'recycling'이 결합한 것입니다.
Eric: 재활용과 마찬가지로, 업사이클링도 환경에 좋습니다. 업사이클링을 하면 낡은 것으로 새롭고 더 좋은 것을 만들죠.
Brown 선생님: 좋아요. 이제 각 그룹의 행사 아이디어에 대해 이야기해 봅시다. Pei의 그룹부터 시작하죠.

01 |해설| 주어진 문장은 누가 업사이클링의 의미를 설명할지 묻는 말로, 업사이클링의 의미를 설명하는 수미의 말 앞인 ②에 들어가야 한다.
02 |해설| ⓐ as you know: 너도 알다시피
ⓑ 행사 아이디어에 대해 이야기하기 '전에' 업사이클링의 의미를 이해하기를 바란다는 내용이 되어야 하므로, before가 알맞다.
03 |해설| (A) talk about: ~에 관해 이야기하다
(B) be good for: ~에 좋다
(C) make A from B: B로 A를 만들다
04 |해설| '(목적어)가 ~하기를 바라다'라는 의미는 「want+목적어+to부정사」의 형태로 쓴다.
05 |해설| upcycling은 upgrade와 recycling이 합쳐진 말이므로 빈칸에는 '결합'을 의미하는 combination이 알맞다.
06 |해석| ① 올해 환경의 날은 무엇에 관한 것인가?
② 누가 'upcycling'의 의미를 설명했는가?
③ 단어 'upcycling'의 의미는 무엇인가?
④ upcycling의 예시는 무엇인가?
⑤ 어느 그룹이 먼저 그들의 아이디어에 대해 말할 것인가?
|해설| ④ 업사이클링의 예시는 나와 있지 않다.

[07~11] |해석|
Pei: 저희 그룹은 트래션 쇼를 열고 싶습니다. 'trashion'은 'trash'와 'fashion'이 결합한 말입니다. 저희는 <u>옷을 만들기 위해 쓰레기를 사용할 겁니다.</u> 저희는 이 쇼를 통해서 다른 학생들이 업사이클링에 관심을 갖게 되기를 바랍니다.
Brown 선생님: 트래션 쇼라니 재미있겠네요! Eric, 너희 그룹은 어떠니?
Eric: 저희 그룹은 낡은 물건으로 악기를 만들려고 합니다. 저희는 낡은 플라스틱 양동이로 드럼을 만들 겁니다. 저희는 또한 낡은 상자와 고무줄로 기타를 만들 겁니다. <u>저희는 낡은 병과 우유갑으로 장난감 자동차를 만들 것입니다.</u> 저희는 소규모 음악회에서 그 악기들을 연주할 계획입니다.
Brown 선생님: 고마워요, Eric. 그럼 이제 수미의 그룹의 아이디어를 들어보죠.

07 |해설| ① 손을 맞잡으세요.

② Mike는 꽃을 들고 있다.

③ 그 홀은 200명의 사람들을 수용한다.

④ 내 외투 좀 잠깐만 들어 주겠니?

⑤ 그들은 다음 주 목요일에 회의를 열 것이다.

|해설| ⓐ와 ⑤는 '열다, 개최하다'라는 의미로 쓰였고, ①, ②, ④는 '잡다, 가지고 있다', ③은 '수용하다'라는 의미로 쓰였다.

08 |해설| ① 옷 ② 로봇 ③ 화분 ④ 장난감 차 ⑤ 식료품 용기

|해설| 앞에서 trashion이 trash(쓰레기)와 fashion(패션)이 결합한 말이라고 하면서 trashion 쇼를 열겠다고 했으므로 clothes(옷)가 알맞다.

09 |해설| 「want+목적어+to부정사」 구문으로, to부정사 형태가 알맞다.

10 |해설| Eric의 그룹은 낡은 물건으로 악기를 만들어 음악회에서 연주를 할 계획이라고 했으므로 병과 우유갑으로 장난감을 만들 것이라는 ④는 글의 흐름과 관계없다.

11 |해설| ① Pei는 'trashion'이라는 단어의 의미를 알고 있다.

② Pei의 그룹은 패션쇼를 보러 갈 것이다.

③ Brown 선생님은 트래션 쇼가 흥미있겠다고 생각한다.

④ Eric의 그룹은 악기를 만들기 위해 낡은 물건들을 사용할 것이다.

⑤ Eric의 그룹은 소규모 음악회에서 음악을 연주할 것이다.

|해설| ② Pei의 그룹은 패션쇼를 보러 가는 것이 아니라 쓰레기로 만든 옷을 입고 패션쇼를 할 것이라고 했다.

[12~15] |해석|

수미: 저희 그룹은 낡은 옷으로 가방을 만들 거예요. 예를 들면, 저희는 청바지를 사용할 거예요. 이 가방을 보세요. 이것은 저희 모둠원 중 한 명인 하준이가 만들었어요. 멋지지 않나요? 저희는 가방을 더 많이 만들어서 환경의 날에 팔 거예요. 저희는 번 돈을 모두 양로원에 드릴 예정이에요.

Brown 선생님: 훌륭한 생각이군요. 여러분의 아이디어는 모두 무척 창의적이에요. 여러분 모두 환경의 날을 위해 열심히 노력하길 바랍니다.

12 |해설| ⓑ 주어가 행위의 대상인 This(= This bag)이므로 수동태인 was made가 되어야 알맞다.

13 |해설| ① 요컨대 ② 마침내 ③ 그러나 ④ 그에 반해서 ⑤ 예를 들면

|해설| 빈칸 뒤에 낡은 옷을 사용해 가방을 만드는 구체적인 예시가 나오므로, 예시를 나타내는 연결어 For example(예를 들면)이 알맞다.

14 |해설| 뒤에 이어지는 문장을 통해 가방을 하준이가 만들었음을 알 수 있다.

15 |해설| 특정한 날 앞에는 전치사 on을 쓴다.

[16~17] |해석|

준비물: _____

단계

1. 청바지의 다리 부분을 잘라 내세요.

2. 맨 아랫부분을 바느질하여 붙이세요.

3. 다리 중 한 쪽으로 어깨끈들을 만드세요.

4. 청바지의 맨 윗부분에 끈들을 바느질하여 붙이세요.

5. 핀과 단추로 가방을 장식하세요.

16 |해설| ① 가위 ② 바느질 도구 ③ 천 조각들

④ 낡은 청바지 ⑤ 핀과 단추

|해설| ③ 청바지 가방을 만드는 단계에서 천 조각들은 사용되지 않는다.

17 |해설| 청바지 가방을 만드는 단계 중 세 번째는 Make shoulder straps from one of the legs.이다.

18 |해설| 바로 앞 문장의 this year's Environment Day를 가리킨다.

19 |해설| (1) 올해 환경의 날은 무엇에 관한 것인가?

→ 업사이클링에 관한 것이다.

(2) Brown 선생님은 학생들이 무엇을 이해하기를 바라는가?

→ 그는 그들이 업사이클링의 의미에 대해 이해하기를 바란다.

20 |해설| (1) 'upgrade'와 'recycling'의 결합이다.

(2) 환경에 좋은 것이다.

(3) 낡은 것으로 새롭고 더 좋은 것을 만드는 것이다.

21 |해설| 우리는 옷을 만들기 위해 쓰레기를 사용할 것입니다.

|해설| '~하기 위해'라는 의미의 목적을 나타내는 부사적 용법의 to부정사를 사용한다.

22 |해설| sounds like 뒤에는 명사(구)가 와야 하므로 fun으로 고쳐야 한다.

23 |해설| Eric의 그룹은 기타를 만들기 위해 무엇을 사용할 것인가? 답을 완성하시오.

→ 그들은 기타를 만들기 위해 낡은 상자와 고무줄을 사용할 것이다.

24 |해설| 행사에 대한 Eric의 그룹의 아이디어는 낡은 물건으로 악기를 만들고 소규모 음악회에서 그 악기들을 연주하는 것이다.

25 |해설| (1) 수미의 그룹은 가방을 만들기 위해 쓰레기를(→ 낡은 옷을) 사용할 것이다.

(2) 하준이는 환경의 날을 위해 청바지로 만든 가방을 샀다(→ 만들었다).

(3) 수미의 그룹은 양로원에 모든 가방을(→ 돈을) 기부할 것이다.

Ⓜ 기타 지문 실전 TEST　　　　p.193

01 ②	**02** ④	**03** be made from trash by me
04 I want you to follow these directions		
05 Upcycling	**06** (D) – (A) – (B) – (C)	

01 |해설| 티셔츠를 찾고 있나요? 이것은 어떤가요? 저는 이것을 작년에 제주도에서 샀어요. 거의 새것이지요. 겨우 2달러밖에 안 해요.

|해설| 자신이 갖고 있는 티셔츠를 팔기 위해 쓴 글이다.

[02~03] |해석|

선생님: 얘들아, 나는 너희들에게 음악 수업을 해 주고 싶어.

학생: 그렇지만 우리는 악기가 없어요.

남자: 제가 도와드릴 수 있어요. 저에게 아이디어가 있어요.

선생님: 아, 고맙습니다!

남자: 저는 쓰레기로 악기를 만들 수 있어요.

남자: 세상은 우리에게 쓰레기를 보내죠. 우리는 음악을 돌려보내요. 이것이 업사이클링의 힘이에요.

02 |해설| ⓐ 「give+직접목적어+to+간접목적어」 ~에게 …을 주다

ⓒ 「send+직접목적어+to+간접목적어」 ~에게 …을 보내다

03 |해설| musical instruments를 주어로 하는 수동태 문장으로 쓴다. 조동사가 있는 문장의 수동태는 「조동사+be동사+과거분사+by+행위자」의 형태이다.

[04~06] |해석|

멋진 업사이클링 아이디어들이 많이 있습니다. 여기 한 예가 있습니다. 저는 제 낡은 청바지로 바구니를 만들었습니다. 여러분도 하나 만들고 싶나요? 그러면 저는 여러분이 이 방법을 따라 하기를 바랍니다.

여러분은 낡은 청바지, 바느질 도구, 가위, 그리고 핀과 단추가 필요합니다.

첫 번째, 낡은 청바지의 다리 부분을 잘라 내세요.

두 번째, 바구니의 바닥을 만들기 위해 한 조각을 오려 내세요.

세 번째, 다리 부분에 바닥을 바느질하여 붙이세요.

마지막으로, 핀과 단추로 장식하세요.

업사이클링은 환경에 좋습니다. 저는 여러분이 업사이클링에 관심을 갖게 되기를 바랍니다.

04 |해설| '(목적어)가 ~하기를 원하다'는 「want+목적어+to부정사」 형태로 나타낸다.

05 |해설| 업사이클링의 한 예로 낡은 청바지로 바구니를 만드는 일을 소개하고 있으므로 빈칸에는 Upcycling이 알맞다.

06 |해설| 만드는 순서에 따라 그림을 배열하면 (D) – (A) – (B) – (C)이다.

STEP B

W Words 고득점 맞기
pp. 194~195

01 ② **02** ④ **03** ④ **04** ③ **05** ③ **06** in good condition **07** became interested in **08** ⑤ **09** ③ **10** ④ **11** ② **12** ② **13** ④ **14** ⑤ **15** ④

01 |해설| '뭔가를 하기 위해 사용하는 도구나 장비의 한 세트'는 kit(도구 세트)이다.

02 |해석| A: 이 인형은 낡은 양말들로 만들어졌어.
B: 하나 만들어 보자. 먼저, 양말의 맨 위를 잘라 내.
|해설| '~으로 만들어지다'는 be made from, '잘라 내다'는 cut off로 나타낸다.

03 |해석| ① 팔다 – 사다 ② 맨 위 – 맨 아래 ③ 틀린 – 옳은 ④ 합계 – 합계 ⑤ 저렴한 – 비싼
|해설| ④는 유의어 관계이고, 나머지는 모두 반의어 관계이다.

04 |해석| 짝지어진 단어들의 관계를 보여주는 단어로 알맞은 것은?
서명하다 : 서명 = 장식하다 : 장식
|해설| 주어진 단어는 동사와 명사의 관계이므로 decorate의 명사형인 decoration이 알맞다.

05 |해석| ⓐ 대부분의 타이어는 고무로 만들어진다.
ⓑ 천을 자르기 위해 이 가위를 사용해라.
ⓒ 우리는 중고차를 구입할 예정이다.
ⓓ 종이컵을 사용하는 것은 환경에 나쁘다.
|해설| ⓐ에는 rubber(고무), ⓑ에는 scissors(가위), ⓒ에는 used(중고의), ⓓ에는 environment(환경)가 들어간다.

06 |해설| be in good condition: 상태가 좋다

07 |해설| become interested in: ~에 관심〔흥미〕을 갖게 되다

08 |해석| ① 끈: 천이나 가죽으로 된 띠
② 상태: 어떤 것의 상태
③ 맨 아래: 어떤 것의 가장 낮은 부분
④ 이해하다: 어떤 것이 의미하는 바를 알다
⑤ 양동이: 음악을 만들기 위해 연주하는 어떤 것
|해설| ⑤는 instrument(악기)의 영영풀이다. bucket의 영영풀이는 a deep round container with a handle over the top이다.

09 |해석| Susan은 매우 창의적이다. 나는 그녀가 훌륭한 발명가가 될 것이라고 생각한다.
|해설| 훌륭한 발명가가 될 것이라고 했으므로 creative(창의적인)가 알맞다.

10 |해석| 나는 셔츠를 사기 위해 가게에 갔다. 나는 셔츠를 하나 골랐지만, 그것은 약간 비쌌다. 나는 점원에게 할인해 달라고 요청했다.
|해설| 셔츠의 가격이 비싸다고 했으므로 점원에게 할인(discount)을 해 달라고 하는 것이 알맞다.

11 |해석| ① 규칙적인 운동은 건강에 좋다.
② 그 남자는 작은 청소 로봇을 발명했다.
③ 그들은 양로원에서 노인들을 돕는다.
④ 그는 패션을 통해 그의 생각을 표현하는 것을 좋아한다.
⑤ 학교는 컴퓨터 시스템을 개선할 것이다.
|해설| ② invent는 '발명하다'라는 뜻이다.

12 |해석| [보기] 그 소년은 큰 상자를 들고 있다.
① 그는 얼마나 자주 회의를 여나요?
② 잠시 이 책들을 들고 있어 줄래요?
③ 그들은 매년 국제 박람회를 개최한다.
④ 어디에서 결혼식을 열고 싶나요?
⑤ 우리는 일요일마다 공원에서 무료 행사를 연다.
|해설| [보기]와 ②의 hold는 '쥐다, 가지고 있다'의 뜻이고, 나머지 hold는 모두 '개최하다, 열다'의 뜻이다.

13 |해석| ⓐ 당신이 어떤 것을 살 때 누군가에게 돈을 주다
ⓑ 물, 공기, 토양을 포함한 자연의 세계
ⓒ 어떤 것에 예쁜 것들을 덧붙여 멋져 보이게 만들다
ⓓ 누군가가 이해하도록 어떤 것에 대해 말하다
|해설| ⓐ는 pay(지불하다), ⓑ는 environment(환경), ⓒ는 decorate(장식하다), ⓓ는 explain(설명하다)의 영영풀이다.

14 |해석| ① 나는 가죽 끈이 달린 이 시계가 좋다.
② 그녀의 의견은 거의 나의 의견과 같다.
③ 그들은 서점에서 중고 책을 샀다.
④ 마지막으로, 나는 Jessica에게 생일 카드를 썼다.
⑤ 예를 들면, 나는 낡은 냄비로 시계를 만들었다.
|해설| ⑤ example은 '예'라는 뜻으로 instance와 바꿔 쓸 수 있다. reason은 '이유'라는 뜻이다.

15 |해석| ① 너는 기본적인 음악 실력을 발전시켜야 한다.
② 첼로는 내가 가장 좋아하는 악기이다.
③ Andrew의 음악 스타일은 항상 꽤 독특해 보인다.
④ 나는 다음 주에 뮤지컬을 보는 것을 고대하고 있다.
⑤ 그 프로그램은 굉장한 음악적 재능을 지닌 아이들을 보여 준다.

| 해설 | ④는 '뮤지컬'이라는 뜻의 명사로 쓰였고, 나머지는 모두 '음악의, 음악적인'이라는 뜻의 형용사로 쓰였다.

L·T Listen and Talk 고득점 맞기　　pp. 198~199

01 ⑤　**02** ①　**03** ⑤　**04** ④　**05** ④　**06** ③

[서술형]

07 ⓑ cheap → expensive　**08** | 모범 답 | No, I'm afraid not. / Sorry, but you can't.　**09** 5(five)　**10** blue clock, large numbers, 10(ten) dollars　**11** take 2(two) dollars off
12 (1) | 모범 답 | She wants to buy a backpack (for school). (2) | 모범 답 | She will pay 10 dollars.

01 | 해석 | A: 실례합니다. 이 필통은 얼마예요?
　B: 5달러예요.
　① 무엇을 도와드릴까요?　② 할인을 원하세요?
　③ 무엇을 찾고 계세요?　④ 다른 것이 필요하세요?
　| 해설 | B가 물건의 가격을 알려 주고 있으므로 빈칸에는 가격을 묻는 표현이 알맞다.

02 | 해석 | A: 이 빨간색 가방은 어떠세요? 12달러입니다.
　B: 할인 받을 수 있나요?
　A: 네. 2달러 깎아 드릴게요.
　B: 좋아요. 그것을 살게요.
　② 죄송하지만 안 돼요.　③ 저 파란색은 어떠세요?
　④ 제게는 너무 비싸네요.　⑤ 다른 색을 보여 주세요.
　| 해설 | 빈칸 뒤에 물건을 사겠다는 말이 이어지므로 빈칸에는 가격에 만족한다는 뜻의 ①이 알맞다.

03 | 해석 | (E) 실례합니다. 저 동그란 안경은 얼마인가요?
　(D) 18달러입니다.
　(B) 음. 할인을 받을 수 있나요?
　(A) 죄송하지만 안 돼요. 죄송합니다.
　(C) 괜찮아요. 그것을 살게요.

04 | 해석 | 남자와 소녀의 관계는 무엇인가?
　① 친구 – 친구 ② 엄마 – 아이 ③ 의사 – 환자
　④ 점원 – 손님 ⑤ 교사 – 학생
　| 해설 | 시계를 사고파는 내용의 대화이므로 두 사람의 관계로 ④ clerk(점원) – customer(손님)가 알맞다.

05 | 해석 | ① 소녀는 처음에 손목시계를 사기를 원했다.
　② 남자는 그 시계가 상태가 좋지 않다고 생각한다.
　③ 소녀는 시계의 원래 가격이 저렴하다고 생각한다.
　④ 남자는 소녀에게 시계를 할인해 주었다.
　⑤ 소녀는 시계 값으로 15달러를 지불할 예정이다.
　| 해설 | ① 소녀는 처음부터 손목시계가 아닌 (벽/탁상)시계를 사려고 했다.
　② 남자는 시계의 상태가 좋다고 했다.
　③ 소녀는 시계의 가격이 비싸서 할인을 요청했다.
　⑤ 소녀는 시계 값으로 13달러를 지불할 것이다.

06 | 해석 | Alice는 지금 옷 가게에 있다. 그녀는 가게에서 사고 싶은 분홍색 블라우스를 발견하지만 Alice는 그것을 살 돈이 충분하지 않다.
　① 무엇을 도와드릴까요?

　② 블라우스를 찾고 있어요.
　③ 할인을 받을 수 있을까요?
　④ 가격이 좋네요. 그것을 살게요.
　⑤ 다른 색을 보여 주시겠어요?
　| 해설 | 사고 싶은 블라우스를 발견했지만 돈이 부족하다고 했으므로 할인을 부탁하는 말을 하는 것이 알맞다.

07 | 해설 | ⓑ 소년은 빨간색 시계가 자신에게 비싸다(expensive)고 하며 할인을 해 줄 수 있는지 물었다.

08 | 해설 | 거의 새것이라는 덧붙이는 말과 그 이후 소년이 다른 물건을 고르는 내용이 이어지는 것으로 보아 할인을 해 줄 수 없다는 표현이 알맞다.

09 | 해설 | 대화에 따르면, 빨간색 시계는 파란색 시계보다 얼마나 더 비싼가?
　→ 빨간색 시계는 파란색 시계보다 5달러가 더 비싸다.

10 | 해설 | 소년은 숫자가 큰 파란색 시계를 10달러에 살 것이다.

11 | 해설 | 빈칸에는 가격을 깎아 주겠다는 말이 들어가야 한다. 가방의 원래 가격은 12달러이고 할인된 가격이 10달러이므로, 깎아 준 가격은 2달러이다.

12 | 해설 | 대화 내용에 따라, 다음 질문에 완전한 영어 문장으로 답하시오.
　(1) 소녀는 무엇을 사기를 원하는가?
　　→ 그녀는 (학교에 메고 갈) 가방을 사기를 원한다.
　(2) 소녀는 얼마를 지불할 것인가?
　　→ 그녀는 10달러를 지불할 것이다.

G Grammar 고득점 맞기　　pp. 200~202

01 ⑤　**02** ②　**03** ④　**04** ②　**05** ③　**06** ⑤　**07** ①
08 ②　**09** ②　**10** ④　**11** ③　**12** ②　**13** ③

[서술형]

14 Jane to buy some eggs and milk / Jane to buy milk and some eggs　(2) Dad to feed the cat　**15** was taught by Ms. Jones last year　**16** (1) Henry broke the vase on the table. (2) The rules were not(weren't) followed by some students. (3) A lot of young people love the song. (4) Some science magazines were borrowed by Jessy.
17 (1) The Wright brothers invented the airplane. (2) The airplane was invented by the Wright brothers.
18 (1) wants Eric to play the drums (2) wants Amy to draw cartoons (3) wants Mary to do a magic trick

01 | 해석 | • 우리가 지금 저녁 식사를 하기를 원하나요?
　• Jackson 씨는 내가 진실을 말하기를 원했다.
　| 해설 | • 목적어 자리이므로 목적격 인칭대명사 us가 알맞다.
　• 동사 want의 목적격 보어 자리이므로 to tell이 알맞다.

02 | 해석 | 나는 학교 밴드에 가입했다. 엄마는 그것을 허락하셨다.
　→ 엄마는 내가 학교 밴드에 가입하는 것을 허락하셨다.
　| 해설 | allow는 목적격 보어로 to부정사를 쓰므로 빈칸에는 to join이 알맞다.

03 | 해설 | '(목적어)가 ~하지 않기를 바라다'는 「want+목적어+not+to 부정사」의 형태로 쓴다.

04 |해석| ① 접시는 Thomas에 의해 깨졌다.
② 나는 네가 나의 새 노래를 듣기를 원한다.
③ 아빠는 내가 일찍 자기를 원하신다.
④ Jim의 자전거는 나의 누나에 의해 수리되었다.
⑤ 그들은 내가 그들의 강아지를 돌보기를 원했다.
|해설| ② want는 목적격 보어로 to부정사를 쓴다. (listen → to listen)

05 |해석| 우리 정원의 많은 나무들은 1990년에 나의 할아버지에 의해 심어졌다.
|해설| 문장의 주어가 Many of the trees로 복수이고 과거의 일이므로 be동사는 were가 되어야 한다.

06 |해석| ⓐ 그 울타리는 Jane에 의해 칠해질 것이다.
ⓑ 어제 나는 방을 혼자서 칠했다.
ⓒ 벽은 지난 주말 나의 남동생에 의해 파란색으로 칠해졌다.
ⓓ '모나리자'는 1503년에 Leonardo da Vinci에 의해 그려졌다.
|해설| ⓐ, ⓒ, ⓓ는 주어가 행위의 대상이 되므로 수동태로 써야 한다. ⓐ는 조동사 will이 있으므로 be동사는 원형이 된다. (ⓐ be painted, ⓑ painted, ⓒ, ⓓ was painted)

07 |해설| ① want는 목적격 보어로 to부정사를 쓴다. (going → to go)

08 |해석| ① 그는 내가 독서 동아리에 가입하기를 원했다.
② 그 환자는 병원으로 이송되었다.
③ 그 의사는 나에게 규칙적으로 운동하라고 조언했다.
④ 그 텔레비전 프로그램은 많은 사람들에 의해 시청되었다.
⑤ 전화기는 Alexander Graham Bell에 의해 발명되었다.
|해설| ①, ③ want와 advise는 목적격 보어로 to부정사를 쓴다. (① join → to join, ③ exercised → to exercise)
④ 수동태에서 행위자는 「by+행위자」로 나타낸다. (from → by)
⑤ 수동태는 「be동사+과거분사」의 형태로 나타낸다. (was invent → invented)

09 |해석| ⓐ 나는 John에게 창문을 닫아 줄 것을 요청했다.
ⓑ 그 집은 작년에 나의 아버지에 의해 지어졌다.
ⓒ 선생님은 우리에게 교실을 청소하라고 말씀하셨다.
ⓓ 그 사진들은 사진작가에 의해 찍혔다.
ⓔ 그가 수의사가 되기를 원하나요?
|해설| ⓑ 과거를 나타내는 부사구 last year가 있으므로 be동사는 과거형을 쓴다. (is built → was built)
ⓒ tell은 목적격 보어로 to부정사를 쓴다. (clean → to clean)

10 |해석| ① 세종대왕이 한글을 만들었다.
→ 한글은 세종대왕에 의해 만들어졌다.
② Mary는 그 과학 보고서를 썼다.
→ 그 과학 보고서는 Mary에 의해 쓰였다.
③ Antonio Gaudi가 Casa Mila를 지었니?
→ Casa Mila는 Antonio Gaudi에 의해 지어졌니?
④ 나의 아들들이 그 벽화를 그렸다.
→ 그 벽화는 나의 아들들에 의해 그려졌다.
⑤ 엄마는 그 초콜릿 쿠키를 굽지 않으셨다.
→ 그 초콜릿 쿠키는 엄마에 의해 구워지지 않았다.
|해설| ④ 주어가 복수이므로 The wall paintings were drawn by my sons.가 되어야 한다. (was → were)

11 |해석| (A) 영어는 뉴질랜드에서 사용된다.

(B) 나는 네가 너의 디지털 카메라를 가져오기를 원한다.
|해설| ③ (A)는 「by+행위자」가 생략된 수동태 문장이다.
① (A)는 수동태 문장이다.
② New Zealand는 행위자가 아니므로 in을 by로 바꿀 수 없다.
④ to bring의 행동 주체는 목적어인 you이다.
⑤ want는 to부정사를 목적격 보어로 취하는 동사이므로 bringing으로 바꿔 쓸 수 없다.

12 |해석| ⓐ 새 도로가 내년에 지어질 것이다.
ⓑ 네 소포는 어제 그에 의해 보내졌다.
ⓒ 전등들은 엄마에 의해 꺼지지 않았다.
ⓓ 어려운 문제는 Jessica에 의해 풀렸다.
ⓔ 물고기는 좁은 장소에서 다량으로 양식될 수 있다.
|해설| ⓐ 미래 시제 수동태(will be+과거분사)로 나타낸다.
(→ will be built)
ⓒ 수동태의 부정문은 「be동사+not+과거분사」의 형태로 쓴다.
(→ weren't turned)
ⓓ 수동태는 「be동사+과거분사」의 형태로 나타낸다.
(→ was solved)
ⓔ 조동사가 쓰인 수동태는 「조동사+be동사+과거분사」의 형태로 쓴다. (→ can be raised)

13 |해석| A: 나는 네가 이 책을 읽기를 바라. 정말 좋아.
B: '행복한 왕자'? 누가 이 책을 썼니?
A: Oscar Wilde가 썼어.
B: 아, 그렇구나. 그가 '어린 왕자'도 썼니?
A: 아니, 안 썼어. 그것은 Antoine de Saint-Exupéry에 의해 쓰였어.
|해설| ③ 주어가 행위를 하는 주체이므로 능동태로 써야 한다.

14 |해석| 아빠: Jane, 집에 오는 길에 달걀 좀 사오렴.
Jane: 네. 다른 필요하신 거 있으세요?
아빠: 우유도 좀 사 올래?
Jane: 네. 아빠, 고양이 밥 좀 주실 수 있으세요?
아빠: 그래, 그럴게.
(1) 아빠는 Jane이 달걀과 우유[우유와 달걀을] 사 오기를 원하신다.
(2) Jane은 아빠가 고양이에게 밥을 주기를 원한다.
|해설| '(목적어)가 ~하기를 원하다'는 「want+목적어+to부정사」로 나타낸다.

15 |해석| A: 작년에 너의 영어 선생님이 누구셨니?
B: 영어는 작년에 Jones 선생님께 배웠어.
|해설| 작년에 영어가 Jones 선생님에 의해 가르쳐진 것이므로 과거 시제 수동태 문장으로 쓴다.

16 |해석| (1) 탁자 위의 꽃병은 Henry에 의해 깨졌다.
→ Henry는 탁자 위의 꽃병을 깼다.
(2) 몇 명의 학생들은 규칙들을 따르지 않았다.
→ 규칙들은 몇 명의 학생들에 의해서 따라지지 않았다.
(3) 그 노래는 많은 젊은이들에게 사랑받는다.
→ 많은 젊은이들은 그 노래를 사랑한다.
(4) Jessy는 과학 잡지를 몇 권 빌렸다.
→ 과학 잡지 몇 권은 Jessy에 의해 빌려졌다.
|해설| 수동태 문장은 「주어+be동사+과거분사+by+행위자.」 형태로 쓴다. 주어의 수와 시제에 따라 알맞은 be동사를 쓰는 것에 주의한다.

17 |해석| Q: 누가 비행기를 발명했나요?

(1) Wright 형제가 비행기를 발명했다.

(2) 비행기는 Wright 형제에 의해 발명되었다.

|해설| (1) 질문의 시제에 맞게 「주어(행위자)+동사의 과거형 ~.」형태의 능동태 문장으로 쓴다.

(2) 「주어(사물)+be동사의 과거형+과거분사+by+행위자.」형태의 수동태 문장으로 쓴다.

18 |해석| [예시] Williams 선생님은 Kevin이 노래하고 춤추기를 원하신다.

(1) Williams 선생님은 Eric이 드럼을 연주하기를 원하신다.

(2) Williams 선생님은 Amy가 만화를 그리기를 원하신다.

(3) Williams 선생님은 Mary가 마술을 하기를 원하신다.

|해설| 「want+목적어+to부정사」는 '(목적어)가 ~하기를 원하다'라는 뜻으로 to부정사가 목적격 보어로 목적어의 상태나 행동을 나타낸다.

Ⓡ Reading 고득점 맞기

pp. 205~207

01 ① **02** ② **03** ⑤ **04** ⑤ **05** ③ **06** ④ **07** ②
08 ③ **09** ⑤ **10** ⑤ **11** ③

[서술형]

12 I want you to understand the meaning of "upcycling."
13 (B) ~처럼, ~와 같이 **14** |모범 답| They are going to talk about each group's event idea for Environment Day.
15 (1) hold a trashion show (2) It is a combination of "trash" and "fashion." (3) we want other students to become interested in upcycling through the show
16 How, Make **17** make shoulder straps from one of the legs

---

01 |해석| ① 네가 보듯이 나는 그다지 바쁘지 않다.

② 밖이 시끄럽기 때문에 나는 잠이 들 수 없다.

③ 그는 배가 고팠기 때문에 피자를 모두 먹었다.

④ 그 수업이 시작했을 때 나는 교실로 들어왔다.

⑤ 날이 어두워짐에 따라 날씨가 훨씬 더 추워졌다.

|해설| ⓐ와 ①의 as는 '~하듯이'를 뜻하는 접속사로 쓰였다.

02 |해석| ① 어떤 것이 의미하는 것을 알다

② 더 새롭고 나은 것을 얻다

③ 물, 공기, 토양을 포함한 자연의 세계

④ 음악을 만들기 위해 연주하는 것

⑤ 어떤 것에 예쁜 것들을 더하여 보기에 멋지게 만들다

|해설| ⓑ에는 upgrade가 들어가며, upgrade는 '개선하다, 승급시키다'라는 의미이다. ①은 understand(이해하다), ③은 environment (환경), ④는 instrument(악기), ⑤는 decorate(장식하다)의 영영풀이다.

03 |해석| ① 새 단어들을 만드는 것 ② 지구를 구하는 방법

③ 재활용의 다른 예들 ④ 낡은 물건들을 재사용하는 이유

⑤ 환경의 날 행사를 위한 아이디어

|해설| Brown 선생님의 마지막 말을 통해 환경의 날 행사를 위한 그룹별 아이디어에 대한 내용이 이어질 것임을 알 수 있다.

04 |해석| ① 그는 프랑스에 돌아가기를 원했다.

② 강에서 수영하는 것은 위험하다.

③ 우리는 방과 후에 농구하는 것을 좋아한다.

④ 내 꿈은 미래에 과학자가 되는 것이다.

⑤ 나는 잡지를 사기 위해 서점에 갔다.

|해설| ⓐ와 ⑤는 목적을 나타내는 to부정사의 부사적 용법이다. (① 명사적 용법(목적어), ② 명사적 용법(주어), ③ 명사적 용법(목적어), ④ 명사적 용법(보어))

05 |해설| ⓑ want의 목적격 보어로 to부정사가 알맞다.

ⓒ plan은 to부정사를 목적어로 취하는 동사이다.

06 |해석| ① 'trashion'은 무엇이 결합한 말인가?

② Eric의 그룹은 무엇으로 기타를 만들 것인가?

③ 왜 Pei의 그룹은 트래션 쇼를 열기를 원하는가?

④ 몇 명의 사람들이 그 트래션 쇼에 참여할 것인가?

⑤ Eric의 그룹은 악기로 무엇을 할 것인가?

|해설| ④ 트래션 쇼에 몇 명이 참여할지는 알 수 없다.

07 |해설| (A) 미래의 일을 나타내며 주어가 행위의 주체이므로 능동태 will make가 알맞다.

(B) 주어 This는 앞 문장의 this bag을 가리키며 가방이 만들어진 것이므로 수동태가 되어야 한다. 주어가 3인칭 단수이므로 was made가 알맞다.

08 |해설| ⓐ '~을 보다'는 look at으로 나타낸다.

ⓑ 특정한 날 앞에는 전치사 on을 쓴다.

ⓒ 「give+직접목적어+to+간접목적어」의 형태이다.

ⓓ '~을 위해'라는 뜻의 for를 쓴다.

09 |해석| 수미의 그룹의 행사의 목적은 무엇인가?

① 쓰레기로 옷을 만들기 위해

② 낡고 사용한 물건들은 팔기 위해

③ 업사이클된 가방들을 전시하기 위해

④ 모둠원들의 재능을 보여주기 위해

⑤ 가방을 판 돈을 기부하기 위해

|해설| 수미의 그룹은 낡은 옷으로 만든 가방을 판 수익금을 양로원에 기부할 것이라고 했다.

10 |해설| ⓐ에는 낡은 청바지의 다리를 잘라 내고(cut off), ⓑ에는 맨 아랫부분을 꿰맨(sew) 후, ⓒ에는 마지막으로 핀과 단추들로 장식하는(decorate) 것이 알맞다.

11 |해설| 청바지의 맨 윗부분에 끈들을 꿰매 붙이는 그림 ③이 알맞다.

12 |해설| '(목적어)가 ~하기를 원하다'는 「주어+want+목적어+to부정사」형태로 쓴다.

13 |해석| (A) 주말에 무엇을 하는 것을 좋아하니?

(B) 그 여자는 공주처럼 입었다.

(C) 나는 스마트폰으로 웹툰 읽는 것을 좋아한다.

|해설| ⓑ와 (B)는 '~처럼'이라는 의미를 나타내는 전치사로 쓰였다. (A)와 (C)는 '좋아하다'라는 뜻의 동사이다.

14 |해석| Brown 선생님과 그의 학생들은 무엇에 관해 이야기할 것인가?

→ 그들은 환경의 날을 위한 각 그룹의 행사 아이디어에 대해 이야기할 것이다.

15 |해석| Brown 선생님: 너희 그룹은 무엇을 하려고 계획 중이니?

Pei: 트래션 쇼를 열 거예요.

Brown 선생님: Trashion? 그게 무슨 뜻이니?

Pei: 'trash'와 'fashion'이 결합한 말이에요.

Brown 선생님: 아, 그렇구나. 그 쇼를 왜 하려고 하지?

Pei: 그 쇼를 통해서 다른 학생들이 업사이클링에 대해 관심을 갖기를 바라서요.

16 |해설| '청바지 가방을 만드는 법'을 설명한 글이다.

17 |해설| 'B로(를 원료로 하여) A를 만들다'라는 뜻은 make A from B 로 나타낸다.

서술형 100% TEST

pp. 208~211

01 (1) understand (2) instrument **02** (1) make, from (2) is good for (3) nursing home **03** How much, 30, get a discount, 25 **04** backpack(bag), take, off, 23 **05** It's 10 dollars. **06** (1) looking for a T-shirt (2) I'll take 5 dollars off. (3) 15 dollars **07** (1) (Because) It was too expensive for him. (2) It costs 10 dollars. **08** round glasses, 12 dollars **09** (1) was built (2) is spoken (3) was written (4) were painted (5) are held **10** (1) Jane wants Jiho to eat breakfast every day. (2) Jane wants Eric to water the plants. (3) Jane wants Kate not to play the piano at night. **11** (1) ⓒ → My parents want me to get good grades. (2) ⓓ → This car is washed by him every weekend. **12** (1) Ms. Lee advised Jiho to exercise more often. (2) Ms. Lee told Ben and Ann to write their essays. **13** understanding → to understand **14** environment **15** ⓑ → It is a mix of the words "upgrade" and "recycling." **16** We want other students to become interested in upcycling **17** (1) trashion show (2) trash (3) musical instruments **18** This was made by Hajun, one of our group members. **19** (1) |모범 답| Her group will make (more) bags and sell them. (2) |모범 답| Her group will give all the money to a nursing home. **20** Cut off, Sew, Decorate

---

01 |해설| (1) 통 어떤 것이 의미하는 것을 알다
→ 나는 그녀가 하는 말을 이해할 수 없었다.
(2) 명 음악을 만들기 위해 연주하는 어떤 것
→ 대부분의 학생들은 악기 연주하는 것을 배운다.

02 |해설| (1) make A from B: B로 A를 만들다
(2) be good for: ~에 좋다 (3) nursing home: 양로원

03 |해설| A: 실례합니다. 이 바지는 얼마인가요?
B: 30달러예요.
A: 할인을 받을 수 있나요?
B: 네. 5달러를 깎아 드릴게요.
A: 그러면 25달러네요. 그것을 살게요.
|해설| 가격을 묻는 말은 How much is/are ~?이며, 할인을 받을 수 있는지 묻는 말은 Can I get a discount?이다. 바지의 가격은 30달러이고, 5달러를 할인 받아서 25달러를 지불할 것이다.

04 |해설| A: 안녕하세요. 도와드릴까요?
B: 네, 저는 학교 갈 때 멜 배낭을 찾고 있어요.
A: 이것은 25달러이고 상태가 좋아요.
B: 할인을 받을 수 있나요?
A: 네. 2달러를 깎아 드릴게요.
B: 그러면 23달러네요. 그것을 살게요.
|해설| 찾는 물건을 말할 때는 I'm looking for ~.를 사용하고, 가격을 깎아 주겠다고 할 때는 「I'll take+할인 금액+off.」라고 말한다. 25달러인 물건은 가방이며, 25달러에서 2달러를 할인 받았으므로 빈칸에는 23달러가 알맞다.

05 |해설| A: 실례합니다. 이 필통은 얼마인가요?
B: 10달러입니다.
A: 비싸네요. 할인을 받을 수 있나요?
B: 네. 1달러를 깎아 드릴게요. 9달러예요.
A: 그러면 그것을 살게요. 고맙습니다!
|해설| 빈칸에는 필통의 원래 가격을 말하는 표현이 들어가야 한다. 1달러를 할인한 가격이 9달러라고 했으므로 원래 가격은 10달러가 알맞다.

06 |해설| Luna는 티셔츠를 사기를 원한다. 점원은 Luna에게 티셔츠 하나를 보여 준다. 그것은 20달러이고 상태가 좋다. 그녀는 그것을 좋아하지만 너무 비싸다고 생각한다. 그녀는 점원에게 할인해 줄 수 있는지 묻는다. 점원은 5달러를 깎아 주고 그녀는 그것을 산다.
점원: 안녕하세요. 도와드릴까요?
Luna: 네, 저는 티셔츠를 찾고 있어요.
점원: 이것은 20달러예요. 그리고 상태도 좋죠.
Luna: 할인해 주실 수 있나요?
점원: 네. 5달러를 깎아 드릴게요.
Luna: 그러면 15달러네요. 그것을 살게요.

07 |해설| (1) 소년은 빨간색 시계를 왜 사지 않았는가?
→ 그에게 너무 비쌌기 때문이다.
(2) 파란색 시계는 얼마인가?
→ 10달러이다.

08 |해설| 소녀: 실례합니다. 둥근 안경은 얼마인가요?
남자: 15달러예요.
소녀: 음. 할인을 받을 수 있나요?
남자: 네. 3달러를 깎아 드릴게요.
소녀: 아주 좋군요. 그것을 살게요.
→ 소녀는 둥근 안경을 살 것이다. 그녀는 그것을 위해 12달러를 지불할 것이다.

09 |해설| (1) 그 탑은 유명한 건축가에 의해 1990년에 지어졌다.
(2) 영어는 전 세계에서 사용된다.
(3) '해리포터' 시리즈는 J. K. Rowling에 의해 쓰였다.
(4) 그 그림들은 알려지지 않은 화가들에 의해 그려졌다.
(5) 올림픽 대회는 4년마다 개최된다.
|해설| 주어가 모두 동작의 대상이 되므로 수동태 문장으로 쓴다. 수동태 문장에서 동사는 「be동사+과거분사」의 형태이며, 주어의 수와 시제에 따라 알맞은 be동사를 쓴다.

10 |해설| [예시] Jane은 미나가 개에게 먹이를 주기를 원한다.
(1) Jane은 지호가 매일 아침 식사를 하기를 원한다.
(2) Jane은 Eric이 화분에 물을 주기를 원한다.
(3) Jane은 Kate가 밤에 피아노를 치지 않기를 원한다.

|해설| '(목적어)가 ~하기를 원하다'는 「want+목적어+to부정사」로, '(목적어)가 ~하지 않기를 원하다'는 「want+목적어+not+to부정사」로 나타낸다.

11 |해석| ⓐ 네 새 안경이 깨졌니?
ⓑ 이 편지는 Mike에 의해 쓰이지 않았다.
ⓒ 부모님은 내가 좋은 점수를 받기를 원하신다.
ⓓ 이 차는 매 주말 그에 의해 세차된다.
ⓔ 그는 내가 올림픽에서 금메달을 따기를 원했다.
|해설| ⓒ want는 목적격 보어로 to부정사를 쓴다.
ⓓ 수동태는 「be동사+과거분사+by+행위자」의 형태로 쓴다.

12 |해석| [예시] 이 선생님은 유나가 그녀의 책상을 치우기를 원하셨다.
(1) 이 선생님은 지호에게 더 자주 운동하라고 조언하셨다.
(2) 이 선생님은 Ben과 Ann에게 에세이를 쓰라고 말씀하셨다.
|해설| '(목적어)가 ~하기를 원하다/조언하다/말하다'는 「want/advise/tell+목적어+to부정사」로 나타낸다.

13 |해설| want는 목적격 보어로 to부정사를 쓰므로, to understand로 써야 한다.

14 |해설| '물, 공기, 토양을 포함한 자연 세계'는 environment(환경)이다.

15 |해석| ⓐ 올해 환경의 날의 주제이다.
ⓑ 'upside'(→ 'upgrade')와 'recycling'이 합쳐진 말이다.
ⓒ 사람들은 이것을 통해 중고품들을 새 것으로 만들 수 있다.

16 |해설| '(목적어)가 ~하기를 원하다'는 「want+목적어+to부정사」로 나타낸다. / become interested in: ~에 관심을 갖게 되다

17 |해설| Pei의 그룹은 쓰레기로 옷을 만들어 트래션 쇼를 열 것이고, Eric의 그룹은 낡은 물건으로 악기를 만들어 소규모 음악회에서 악기를 연주할 것이라고 했다.

18 |해설| 수동태 문장이므로 「be동사+과거분사+by+행위자」의 형태로 쓴다. 과거 시제이므로 be동사의 과거형 was를 쓰고, 행위자 앞에는 by를 쓴다.

19 |해석| (1) 수미의 그룹은 환경의 날에 무엇을 할 것인가?
→ 그녀의 그룹은 가방을 (더) 만들어서 팔 것이다.
(2) 수미의 그룹은 가방을 판 후에 돈을 어떻게 사용할 것인가?
→ 그녀의 그룹은 돈을 전부 양로원에 드릴 것이다.

20 |해설| cut off: 잘라 내다 / sew: 바느질하다 / decorate: 장식하다

모의고사

제 1 회 대표 기출로 내신 **적중** 모의고사 pp. 212~215

01 ②　02 hold　03 ④　04 ②　05 (B) - (A) - (D) - (C)
06 ①　07 ④　08 ①　09 Can I get a discount? / Can you give me a discount?　10 ⑤　11 were broken
12 ②　13 Amy to walk his dog　14 ③　15 ⑤　16 ②
17 ⓐ for ⓑ from　18 ③　19 ⑤　20 ⓑ → to make
21 ⑤　22 ⑤　23 ③　24 We are going to give all the money to a nursing home.　25 ①

01 |해석| A: Brown 씨의 새 이야기책은 그의 상상으로 가득 차 있어요.
B: 네. 그는 매우 창의적인 작가예요.

02 |해석| • 잠깐 내 가방을 들어줄래요?
• 그 도시는 이번 겨울에 얼음 축제를 개최할 것이다.
|해설| 빈칸에는 '들고 있다, 개최하다'의 의미로 쓰이는 hold가 공통으로 알맞다.

03 |해석| ① 치즈는 우유로 만들어진다.
② 나는 고무줄로 내 머리카락을 묶었다.
③ 그 남자는 당근의 맨 윗부분을 잘라 냈다.
④ 그 중고 가방은 상태가 좋다.
⑤ 환경을 보호하기 위해 자신의 컵을 가지고 다녀라.
|해설| ④ be in good condition: 상태가 좋다

04 |해석| A: 이 보라색 티셔츠는 얼마예요?
B: 10달러예요.
A: 비싸네요. 할인 받을 수 있나요?
B: 좋아요. 1달러를 깎아 드릴게요. 9달러예요.
A: 그러면 그것을 살게요. 감사합니다!
① 죄송하지만, 안 돼요.
③ 아니요, 그것은 그렇게 비싸지 않아요.
④ 30퍼센트를 할인해 드릴게요.
⑤ 죄송하지만, 그것이 최종 가격입니다.
|해설| 10달러인 티셔츠를 할인받을 수 있는지 묻는 말에 9달러로 해 주겠다는 대답을 했으므로 빈칸에는 1달러를 할인해 주겠다는 말이 들어가야 한다.

05 |해석| A: 실례합니다. 이 신발은 얼마인가요?
(B) 13달러예요.
(A) 할인 받을 수 있을까요?
(D) 네. 2달러를 깎아 드릴게요.
(C) 그러면 11달러네요. 그것을 살게요.

06 |해석| ① A: 코트가 얼마예요?
B: 5달러를 깎아 드릴게요.
② A: 이 티셔츠는 10달러예요.
B: 그건 제게 너무 비싸네요.
③ A: 10퍼센트 할인해 드릴게요.
B: 아주 좋아요. 그러면 그것을 살게요.
④ A: 안녕하세요. 도와드릴까요?
B: 네. 야구 장갑을 찾고 있어요.
⑤ A: 할인해 주실 수 있나요?
B: 죄송하지만 안 돼요. 죄송합니다.
|해설| 물건의 가격이 얼마인지 묻는 질문에 가격을 깎아 주겠다고 답하는 것은 어색하다.

07 |해석| A: 안녕하세요. 도움이 필요하신가요?
B: 네. 학교 갈 때 멜 가방을 찾고 있어요.
A: 이 빨간색 가방은 어떠세요? 12달러예요.
B: 할인을 받을 수 있을까요?
A: 네. 2달러를 깎아 드릴게요.
B: 아주 좋아요. 그것을 살게요.
① 도움이 필요하신가요?
② 학교 갈 때 멜 가방을 사고 싶어요.
③ 할인해 주세요.

④ 2달러밖에 안 해요.

⑤ 그것을 살게요.

|해설| ④ I'll take 2 dollars off.는 2달러를 할인해 주겠다는 의미이고, It costs just 2 dollars.는 가격이 겨우 2달러라는 의미이다.

08 |해석| ① 무엇을 팔 건가요?

② 이 빨간 시계는 어때요?

③ 15달러예요.

④ 그것은 일 년밖에 안 됐어요. 거의 새것이에요.

⑤ 그러면 그 파란색을 사겠어요.

|해설| 대화의 흐름상 여자는 판매자이고 소년이 손님이므로 ⓐ는 What are you looking for?가 자연스럽다. What are you going to sell?은 무엇을 팔려고 하는지 묻는 말이다.

09 |해설| 대화의 흐름상 소년은 손님이고 뒤에 거절의 말이 이어지고 있으므로 '제가 할인을 해 드릴까요?'는 어색하다. 할인을 받을 수 있는지 묻는 말이 오는 것이 자연스럽다.

10 |해석| ① 왜 소년은 시계를 사려고 하는가?

② 소년은 지금 얼마의 돈을 갖고 있는가?

③ 파란색 시계는 얼마나 오래된 것인가?

④ 여자는 시계를 몇 개 갖고 있는가?

⑤ 파란색 시계의 가격은 얼마인가?

|해설| ⑤ 파란색 시계의 가격은 10달러라고 했다.

11 |해석| Tom이 안경을 깼다. → 안경이 Tom에 의해 깨졌다.

|해설| 수동태 문장은 「주어+be동사+과거분사+by+행위자」로 쓴다. break의 과거분사는 broken이다.

12 |해석| 내 여동생은 _____ 원한다.

① 새 스마트폰을

② 우리가 오늘 저녁에 그녀에게 전화하기를

③ 내가 그녀의 비옷을 가져오기를

④ 이번 주말에 캠핑하러 가기를

⑤ 그들이 큰 소리로 말하지 않기를

|해설| ② want는 목적격 보어로 to부정사를 쓴다. (call → to call)

13 |해석| Ben: Amy, 나 좀 도와줄래?

Amy: 물론이야. 그게 뭔데?

Ben: 내 개를 산책시켜 줄 수 있니?

Amy: 응, 그럴게.

→ Ben은 Amy가 그의 개를 산책시켜 주기를 원한다.

|해설| '(목적어)가 ~하기를 원하다'는 「want+목적어+to부정사」로 나타낸다.

14 |해석| ① Laura는 자신의 아이들이 일찍 자기를 원한다.

② 'Hamlet'은 William Shakespeare에 의해 쓰였다.

③ 이 소포는 Jim에 의해서 내일 배달될 것이다.

④ Mike는 내가 그의 프로젝트를 도와주기를 원했니?

⑤ 그 집은 10년 전에 나의 할아버지에 의해 지어졌다.

|해설| ③ 조동사가 있는 문장의 수동태는 「조동사+be동사+과거분사」의 형태로 쓴다. (will delivered → will be delivered)

15 |해석| • 수진이는 나에게 창문을 닫아 줄 것을 요청했다.

• Eddie의 노트북은 내일 그의 삼촌에 의해 수리될 것이다.

• 그 책은 선생님에 의해 어린 아이들에게 읽혀졌다.

|해설| • 「ask+목적어+to부정사」 ~에게 …해 달라고 부탁하다

• 조동사가 있는 문장의 수동태는 「조동사+be동사+과거분사」 형태로 쓴다.

• 「by+행위자」가 있으므로 수동태 문장이 알맞으며, 수동태 문장에서 동사는 「be동사+과거분사」 형태로 쓴다.

16 |해설| ② want의 목적격 보어 자리이므로 to부정사가 되어야 한다. (→ to understand)

17 |해설| ⓐ be good for: ~에 좋다

ⓑ make A from B: B로 A를 만들다

18 |해설| Brown 선생님은 동아리 회원들과 환경의 날을 위한 행사 아이디어에 관해 이야기할 것이다.

① 재활용의 예시들

② 중고 물건들을 재활용하는 방법

④ 지구를 구하기 위해 우리가 해야 하는 것

⑤ 재활용과 업사이클링의 차이점

19 |해설| ① 민수: 나는 시장에서 채소를 사는 대신 정원에서 재배해.

② 수진: 나는 가끔 엘리베이터를 타지 않아. 그냥 계단을 걸어 올라가.

③ 진호: 나는 외출할 때 집에 있는 모든 전등을 꺼.

④ 호준: 나는 종이컵을 사용하지 않아. 나는 항상 내 컵을 가지고 다녀.

⑤ 혜미: 나는 빈 플라스틱 병에 꽃을 좀 심었어.

|해설| upcycling은 오래된 물건을 재활용하여 더 좋은 것으로 만드는 것을 뜻한다고 했으므로 빈 플라스틱 병에 꽃을 심었다는 혜미가 업사이클링을 실천하고 있다고 볼 수 있다.

20 |해설| '~하기 위해'라는 목적의 의미를 나타낼 때 부사적 용법의 to부정사를 쓴다.

21 |해설| ① 악기를 연주하는 것을 배우다

② 가장 좋아하는 가수의 콘서트에 가다

③ 음악회를 위한 새 악기를 사다

④ 낡은 중고 악기를 수집하다

⑤ 낡은 물건들로 악기를 만들다

|해설| 빈칸 뒤에 이어지는 내용으로 보아 오래된 물건들로 악기를 만들 것이라는 내용이 적절하다.

22 |해설| ① Pei의 그룹은 환경의 날에 트래션 쇼를 할 것이다.

② Pei의 그룹은 쓰레기를 사용하여 옷을 만들 것이다.

③ Brown 선생님은 트래션 쇼가 재미있을 거라고 생각한다.

④ Eric의 그룹은 드럼을 만들기 위해 낡은 플라스틱 양동이를 사용할 것이다.

⑤ Eric의 그룹은 트래션 쇼에서 음악을 연주할 것이다.

|해설| ⑤ Eric의 그룹은 소규모 음악회에서 낡은 물건들로 만든 악기를 연주할 것이라고 했다.

23 |해설| ⓐ 수동태이므로 동사를 「be동사+과거분사」 형태로 쓴다.

ⓑ 조동사 will 다음에 오는 동사원형 make와 병렬로 연결되므로 동사원형으로 쓴다.

24 |해설| give A to B: A를 B에게 주다 / nursing home: 양로원

25 |해설| 주어진 문장은 '맨 아랫부분을 바느질하여 붙이세요.'라는 뜻이므로, 잘린 청바지의 아랫부분을 꿰매는 그림 ①이 알맞다.

01 ①   02 ④   03 ①   04 ①   05 ①   06 take, off
07 ④   08 ②   09 (1) buy the blue clock (2) pay 10
dollars (for it)   10 ④   11 ⑤   12 was cooked by
13 ②   14 (1) ⓐ broke → broken (2) ⓒ invite → be invited
15 ①   16 ④   17 ③   18 ⓐ (c)lothes ⓒ (m)usical
instruments   19 become → to become   20 ⑤   21 ③
22 ③   23 (모둠원들이) 낡은 옷으로 만든 가방들   24 ⑤
25 (C) – (A) – (E) – (B) – (D)

01 |해설| 외투에 단추를 달아 달라는 내용이므로 sew(바느질하다, 꿰매다)가 알맞다.

02 |해설| [보기] 거의 – 거의
① 굽다 – 제빵사 ② 맨 위 – 맨 아래 ③ 처음에 – 마지막으로
④ 중고의 – 중고의 ⑤ 장식하다 – 장식
|해설| [보기]와 ④는 유의어 관계이다. ①은 '동사 – 명사(행위자)'의 관계, ②와 ③은 반의어 관계, ⑤는 '동사 – 명사'의 관계이다.

03 |해석| ① 너는 언제 숙제를 다 했니?
② 집에서 나올 때 전등을 다 끄렴.
③ 런던에 있을 때 너는 어디에 갔니?
④ 더 어렸을 때, 너는 커서 무엇이 되고 싶었니?
⑤ Tom이 집에 왔을 때, 그의 부모님은 집에 안 계셨다.
|해설| ①의 when은 '언제'라는 뜻의 의문사로 쓰였고, 나머지는 모두 '~할 때'라는 뜻의 접속사로 쓰였다.

04 |해석| A: 이 가방은 얼마인가요?
B: 18달러예요.
② 이 가방을 어떻게 찾나요?
③ 이 빨간색 신발 어떠세요?
④ 이 신발은 얼마인가요?
⑤ 이 가방에 대해 어떻게 생각하나요?
|해설| B가 가격을 말하고 있으므로 가격을 묻는 말이 들어가야 하고, 대답의 주어가 It이므로 단수인 사물이어야 한다.

05 |해석| A: 할인 받을 수 있나요?
B: 네. 10퍼센트 할인해 드릴게요.
② 제가 무엇을 도와드릴까요?
③ 이 드레스는 얼마인가요?
④ 할인 쿠폰을 갖고 있나요?
⑤ 이 청바지를 입어 볼 수 있을까요?
|해설| 이어지는 대답으로 보아 할인을 받을 수 있는지 묻는 말이 들어가는 것이 자연스럽다.

06 |해석| A: 이 축구공은 얼마인가요?
B: 6달러예요.
A: 할인을 해 주실 수 있나요?
B: 네. 1달러를 깎아 드릴게요.
|해설| I'll take+할인 금액/할인율+off.: ~을 깎아 드릴게요.

07 |해설| 시계를 찾고 있다고 했으므로 빨간색 시계를 먼저 추천하고 가격을 묻고 답하는 대화가 이어지는 것이 자연스럽다.

08 |해석| ① 소년은 여자에게 낡은 시계를 수리해 주기를 요청하고 있다.

② 여자는 오래되었거나 중고 물건들을 판다.
③ 소년은 이곳의 모든 물건들을 할인 받을 수 있다.
④ 파란색 시계는 거의 새것이다.
⑤ 빨간색 시계는 큰 숫자가 있어서 인기가 있다.
|해설| ① 소년은 여자가 판매하는 시계를 사고 있다.
③ 여자는 빨간색 시계를 할인해 줄 수 없다고 했다.
④ 빨간색 시계가 사용한 지 1년밖에 안 된 거의 새것이다.
⑤ 큰 숫자가 있는 시계는 파란색 시계이다.

09 |해석| (1) 소년은 무엇을 살 것인가? → 그는 파란색 시계를 살 것이다.
(2) 소년은 그 물건을 사는 데 얼마를 지불할 것인가?
→ 그는 (그것에 대해) 10달러를 지불할 것이다.

10 |해석| Cathy는 만화를 그리지 않았다.
|해설| 수동태의 부정문은 「be동사+not+과거분사」의 형태로 쓴다. 과거의 일이며 주어가 단수이므로 be동사는 was를 쓴다.

11 |해설| '(목적어)가 ~하기를 원하다'는 「want+목적어+to부정사」로 나타낸다.

12 |해석| A: 누가 스파게티를 요리했니? 아주 맛있어.
B: 그것은 아빠에 의해 요리되었어.
|해설| 주어 It은 spaghetti를 가리키므로 수동태 문장으로 써야 한다. 수동태 문장에서 동사는 「be동사+과거분사」 형태이다.

13 |해석| ⓐ 그 피자는 아이들에 의해 먹혔다.
ⓑ 이 낡은 컴퓨터는 수리될 수 없다.
ⓒ Thomas는 네가 Julia에게 전화하기를 원했다.
ⓓ 너는 우리가 너를 이해하기를 원하니?
ⓔ 누가 이 수학 문제를 풀 수 있니?
|해설| ⓑ 조동사가 있는 문장의 수동태는 「조동사+be동사+과거분사」 형태이다.(fixed → be fixed)
ⓓ 「want+목적어+to부정사」 형태로 써야 하므로 we를 목적격 인칭대명사로 고쳐야 한다. (we → us)
ⓔ 주어가 행위의 주체이므로 능동태가 되어야 한다. (be solved → solve)

14 |해석| ⓐ 그 접시는 내 남동생에 의해 깨졌다.
ⓑ 부모님은 나에게 일찍 일어나라고 말씀하셨다.
ⓒ 이곳의 모든 사람들이 파티에 초대될 거니?
ⓓ 너는 내가 학교 축제에서 무엇을 하기를 원하니?
|해설| ⓐ 수동태 문장에서 동사는 「be동사+과거분사」 형태로 쓴다. break의 과거분사는 broken이다.
ⓒ 문맥상 사람들이 초대를 받는 것이므로 수동태(be동사+과거분사)로 써야 한다.

15 |해설| upcycling이라는 단어의 의미에 대한 내용이 이어지므로 ⓐ는 meaning(의미)이 알맞다.

16 |해석| ① 우리는 아침에 조깅하는 것을 좋아한다.
② Jenny는 매우 친절하다. 그래서 나는 그녀를 좋아한다.
③ 그들은 주말에 외출하는 것을 좋아한다.
④ 그 남자는 아기처럼 울기 시작했다.
⑤ 형과 나는 둘 다 수영하는 것을 좋아한다.
|해설| 본문과 ④의 like는 '~처럼, ~와 같이(마찬가지로)'라는 뜻의 전치사로 쓰였다. 나머지는 모두 '좋아하다'라는 뜻의 동사로 쓰였다.

17 |해석| ① 학생들은 시험을 준비하고 있다.

② Brown 선생님은 업사이클링에 대한 많은 행사 아이디어를 학생들에게 소개하고 있다.
③ 'upcycling'은 'upgrade'와 'recycling'이 결합해 만들어진 단어이다.
④ Eric은 업사이클링에 대해 아무것도 알지 못한다.
⑤ 반에서 아무도 업사이클링의 의미를 설명하지 못한다.
|해설| ① 학생들은 환경의 날 행사를 준비하고 있다.
② 각 그룹은 환경의 날 행사 아이디어를 준비했다.
④ Eric은 수미의 말에 덧붙여 업사이클링에 대해 설명했다.
⑤ 수미가 업사이클링의 의미를 설명했다.

18 |해설| ⓐ 패션쇼를 한다고 했으므로 문맥상 쓰레기로 옷을 만든다는 의미가 적절하다.
ⓒ 악기를 만들어 연주한다고 했으므로 문맥상 낡은 것들로 악기를 만든다는 의미가 적절하다.

19 |해설| want는 목적격 보어로 to부정사를 쓴다.

20 |해설| ⓑ sound like: ~처럼 들리다
ⓓ hear from: ~로부터 이야기를 듣다

21 |해설| ⓒ 수동태 문장에서 행위자 앞에는 전치사 by를 쓴다.

22 |해석| ① 수미의 그룹은 가방들을 만들기 위해 무엇을 사용할 것인가?
② 수미의 그룹은 어떻게 돈을 벌 것인가?
③ 하준이는 낡은 청바지를 어디에서 구했는가?
④ 수미의 그룹은 그들이 번 돈을 어떻게 쓸 것인가?
⑤ Brown 선생님은 학생들의 아이디어를 어떻게 생각하는가?
|해설| ③ 하준이가 낡은 청바지를 어디에서 구했는지는 언급되어 있지 않다.

23 |해설| 낡은 옷으로 가방을 더 만들어서 환경의 날에 판매할 것이라고 했다.

24 |해석| ① 청바지를 장식하는 법   ② 패션 디자이너가 되는 법
③ 재봉틀을 사용하는 법   ④ 좋은 청바지를 고르는 법
⑤ 낡은 청바지로 가방을 만드는 법
|해설| 필요한 것과 Step의 내용으로 보아 낡은 청바지로 가방을 만드는 방법을 설명하는 글임을 알 수 있다. 따라서 ⑤가 제목으로 알맞다.

25 |해설| 다리 부분을 잘라 내고(C), 맨 아랫부분을 바느질한 후(A), 다리 중 하나를 어깨끈으로 만들고(E), 맨 윗부분에 끈을 바느질해서(B), 핀과 단추로 장식하는(D) 순서로 배열한다.

제 3 회 대표 기출로 내신 **적중** 모의고사   pp. 220~223

01 ② **02** ③ **03** ② **04** ① **05** ④ **06** ③
07 (A) – (D) – (C) – (B) **08** ① **09** ④, ⑤
10 red → blue **11** ② **12** ⑤ **13** The apple was cut
14 ① **15** (1) to eat more vegetables
(2) not to be late for school **16** ④
17 I want you to understand **18** ④ **19** ③ **20** ③
21 instrument **22** ③ **23** ② **24** clothes(jeans), bags,
nursing home **25** ① Glue → Cut off ④ Cut → Sew

---

01 |해석| 만약 당신이 오래되거나 중고인 물건을 다시 사용한다면, 당신은 그것을 재활용하는 것이다.

02 |해석| • 내 여동생은 상자에 있는 리본을 잘라 냈다.
• 우리는 드럼을 연주하는 것에 관심을 갖게 되었다.
|해설| cut off는 '잘라 내다'라는 뜻이고, become interested in은 '~에 관심을 갖게 되다'라는 뜻이다.

03 |해석| ① 오늘 오후에 회의를 열자.
② 그녀는 그녀의 팔에 아기를 안고 있었다.
③ 그들은 추수를 기념하기 위해 축제를 연다.
④ 미술관은 특별 전시회를 열 것이다.
⑤ 그 가수는 다음 달에 콘서트를 열 예정이다.
|해설| ②의 hold는 '안고(들고) 있다'의 뜻으로 쓰였고, 나머지는 모두 '열다, 개최하다'의 뜻이다.

04 |해석| A: 이 파란색 티셔츠는 얼마인가요?
B: 10달러예요.
A: 비싸군요. 할인을 받을 수 있을까요?
B: 네. 1달러를 깎아 드릴게요.
② 도움이 필요하신가요?   ③ 신용카드로 결제할 수 있나요?
④ 다른 색상을 보여 주시겠어요? ⑤ 더 큰 사이즈로 있나요?
|해설| 빈칸 뒤에 할인해 주겠다는 말이 이어지므로 빈칸에는 할인을 받을 수 있는지 묻는 말이 알맞다.

05 |해석| ① A: 도와드릴까요?
B: 네. 가방을 사고 싶어요.
② A: 할인을 받을 수 있나요?
B: 죄송하지만 안 돼요. 죄송합니다.
③ A: 이 운동화는 얼마인가요?
B: 17달러예요.
④ A: 실례합니다. 티셔츠를 찾고 있어요.
B: 오, 그건 당신에게 정말 잘 어울려요.
⑤ A: 저쪽에 있는 모자는 10달러밖에 안 해요.
B: 좋아요. 그것을 살게요.
|해설| ④ 티셔츠를 찾고 있다는 말에 잘 어울린다는 대답은 어색하다.

06 |해석| A: 안녕하세요. 제가 도와드릴까요?
B: 네. 이 둥근 안경은 얼마인가요?
A: 18달러예요.
B: 음. 가격이 좋네요.(→비싸군요.) 할인을 받을 수 있을까요?
A: 죄송하지만 안 돼요. 죄송합니다.
B: 괜찮습니다. 그것들을 살게요.
|해설| ⓒ 뒤에 할인을 요청하는 말이 이어지는 것으로 보아 금액이 비싸다는 말이 들어가야 자연스럽다.

07 |해석| A: 안녕하세요. 도와드릴까요?
(A) 저는 야구 글러브를 찾고 있어요.
(D) 이 글러브는 15달러이고 상태가 좋아요.
(C) 할인을 받을 수 있나요?
(B) 네. 2달러 깎아 드릴게요.
B: 그러면 13달러네요. 그것을 살게요.

08 |해설| ⓐ What are you looking for?: 무엇을 찾고 있나요?
ⓑ How(What) about this red clock?: 이 빨간색 시계는 어때요?

09 |해설| ④ 큰 숫자가 있는 것은 파란색 시계이다.

⑤ 빨간색 시계는 15달러, 파란색 시계는 10달러로 파란색 시계가 빨간색 시계보다 더 싸다.

10 |해석| 소년은 빨간색(→ 파란색) 시계를 사는 데 10달러를 지불할 것이다.

11 |해석| 그 기사는 민호에 의해 쓰였다. → 민호가 그 기사를 썼다.
|해설| 수동태(be동사+과거분사) 문장을 능동태 문장으로 바꿔 쓴 것으로, 시제가 과거이므로 과거형 wrote가 알맞다.

12 |해설| '(목적어)가 ∼하지 않기를 원하다'는 「want+목적어+not+to부정사」 형태로 나타낸다.

13 |해석| 호진이는 사과를 두 조각으로 잘랐다.
→ 그 사과는 호진이에 의해 두 조각으로 잘렸다.
|해설| 주어인 호진이가 「by+행위자」가 되어 문장의 끝에 위치하고 있으므로 수동태 문장으로 써야 한다. 목적어인 the apple을 주어로 쓰고 동사는 「be동사+과거분사」 형태로 쓴다.

14 |해석| ① 이 주스는 민호에 의해 마셔졌니?
② 그 사서는 그들에게 조용히 하라고 말했다.
③ 그 영화는 Steven Spielberg에 의해 연출되었다.
④ 나의 과학 보고서는 다음 주 월요일까지 끝마쳐질 수 있다.
⑤ 청소를 시작하기 전에, 너희는 책상을 밖으로 옮겨야 한다.
|해설| ① 수동태의 의문문은 「Be동사+주어+과거분사 ∼?」 형태이다. drink의 과거분사는 drunk이다. (drank → drunk)

15 |해석| (1) 엄마는 내가 채소를 더 먹기를 원하신다.
(2) 아빠는 내가 학교에 늦지 않기를 바라신다.
|해설| (1) '(목적어)가 ∼하기를 원하다'는 「want+목적어+to부정사」로 나타낸다.
(2) '(목적어)가 ∼하지 않기를 원하다'는 「want+목적어+not+to부정사」로 나타낸다.

16 |해설| ⓓ 문맥상 '∼에 좋다'는 의미의 be good for가 알맞다. be good at은 '∼을 잘하다'라는 뜻이다.

17 |해설| '(목적어)가 ∼하기를 원하다'는 「want+목적어+to부정사」로 나타낸다.

18 |해설| 업사이클링은 환경에 좋고, 업사이클링을 하면 낡은 것으로 새롭고 더 좋은 것을 만든다고 했으므로 지수와 성우가 잘못 이해했다.

19 |해설| ⓒ 「want+목적어+to부정사」 형태로 써야 한다. (become → to become)

20 |해설| ③ 쓰레기와 패션을 결합한 말인 '트래션'으로 보아 쓰레기를 사용해 옷을 만들 것임을 알 수 있다.

21 |해설| '음악을 만들기 위해 연주하는 것'에 해당하는 단어는 instrument(악기)이다.

22 |해설| ⓐ Pei의 그룹의 환경의 날을 위한 행사는 트래션 쇼이다.
ⓑ Pei는 다른 학생들이 패션에 관심을 가지게 되기를 바란다.
ⓒ Eric의 그룹은 낡은 물건들로 악기를 만들 것이다.
ⓓ Eric의 그룹은 기타를 만들기 위해 상자와 고무줄을 사용할 것이다.
ⓔ Eric의 그룹은 환경의 날에 악기를 팔 것이다.
|해설| ⓑ Pei는 트래션 쇼를 통해 다른 학생들이 업사이클링에 관심을 가지길 바란다고 했다.
ⓔ Eric의 그룹은 환경의 날에 오래된 물건들로 만든 악기로 소규모 음악회를 열 것이라고 했다.

23 |해설| 주어진 문장의 This는 ② 앞 문장의 this bag을 가리키므로 ②에 들어가는 것이 알맞다.

24 |해석| 수미의 그룹은 가방을 만들기 위해 낡은 옷(청바지)을 사용할 것이다. 그들은 가방을 환경의 날에 팔 것이고, 행사를 통해 모은 돈은 양로원에 기부될 것이다.

25 |해설| ① 청바지의 다리를 잘라 내고 있으므로 Cut off로 고쳐야 한다.
④ 청바지의 맨 윗부분 끈들을 바느질하여 붙이고 있으므로 Sew로 고쳐야 한다.

제4회 **고난도로 내신 적중 모의고사** pp. 224~227

01 ③　**02** ④　**03** ③　**04** How much is this(the) red backpack?　**05** ④　**06** |모범 답| Can I get a 10% discount
07 ⑤　**08** ⑤　**09** red clock, almost new, blue clock
10 ③　**11** ④　**12** were baked by Emily this morning
13 ③　**14** ③　**15** ⓑ → was broken　**16** ①　**17** ②
18 ⓑ → |모범 답| (The word) "Upcycling" was formed from "upgrade" and "recycling."　**19** ③　**20** ②, ③
21 instruments　**22** ③　**23** made　**24** ②　**25** ④

01 |해석| ① 끈: 천이나 가죽으로 된 띠
② 맨 아래: 어떤 것의 가장 아랫부분
③ 개선하다: 오래되고 사용된 것을 더 얻다
④ 환경: 물, 공기, 토양을 포함한 자연의 세계
⑤ 설명하다: 누군가가 이해하도록 어떤 것에 대해 말하다
|해설| upgrade는 '개선하다'라는 뜻으로, 영영풀이는 to get something that is newer and better가 알맞다.

02 |해석| • 엄마와 나는 크리스마스트리를 장식했다.
• 우리는 내일 패션쇼를 열 것이다.
• Wright 형제가 비행기를 발명했다.
• 단추를 꿰매기 위해 바늘과 실이 필요하다.
• 제게 악기를 연주하는 법을 가르쳐 주시겠어요?
|해설| ⓓ는 내용상 '꿰매다, 바느질하다'의 의미를 나타내는 sew가 알맞다.

03 |해석| • A: 안녕하세요. 무엇을 도와드릴까요?
B: 네. 학교에 메고 갈 가방을 찾고 있어요.
A: 이 빨간색은 어떠세요? 12달러예요.
B: 할인을 받을 수 있을까요?
A: 네. 2달러를 깎아 드릴게요.
|해설| (A)에는 점원이 손님에게 원하는 게 있는지 묻는 말이, (B)에는 특정 물건이 어떤지 권하는 말이, (C)에는 할인을 받을 수 있는지 묻는 말이 각각 알맞다.

04 |해석| A: 이(그) 빨간색 가방은 얼마예요?
B: 15달러예요.
|해설| B가 빨간색 배낭의 가격을 말하고 있으므로 빈칸에는 빨간색 배낭의 가격을 묻는 말이 알맞다. 가격을 묻는 말로 How much is/are ∼?를 사용할 수 있다.

05 |해석| A: 무엇을 도와드릴까요?

B: 네. 저 선글라스는 얼마인가요?

A: 17달러예요.

B: 할인을 받을 수 있을까요?

A: 미안하지만, 안 돼요.(→ 네.) 5달러를 깎아 드릴게요.

B: 그렇다면 12달러겠네요. 그것들을 살게요.

|해설| 5달러를 깎아 준다는 말이 이어지므로 할인을 받을 수 있는지 묻는 말에 안 된다고 답하는 것은 어색하다.

06 |해석| Mason은 지금 신발 가게에 있다. 그는 운동화 한 켤레를 사고 싶어 한다. 그는 흰색 운동화가 정말 마음에 들지만, 그는 그것이 그에게 너무 비싸다고 생각한다. 그는 10퍼센트 할인을 받고 싶다.

→ 10퍼센트를 할인 받을 수 있나요?

|해설| 사고 싶은 운동화가 비싸서 할인 받기를 원하는 상황이므로 '10%를 할인 받을 수 있나요?'라는 의미의 할인을 요청하는 표현이 알맞다.

07 |해설| ⓐ 물건들이 오래되었거나 이미 사용되었다는 맥락이 되어야 하므로 used(사용된, 중고의)가 알맞다.

ⓑ 빨간색 시계의 가격을 듣고 할인 받을 수 있는지 묻고, 그보다 가격이 싼 파란색 시계를 사기로 한 것으로 보아 빈칸에는 expensive (비싼)가 알맞다.

08 |해석| ① 나는 시계를 사고 싶어요.

② 이것의 가격은 얼마인가요?

③ 할인해 주세요.

④ 미안하지만, 할인을 받을 수 없어요.

⑤ 그렇다면, 5달러를 깎아 줄게요.

|해설| 대화문의 ⑤는 파란색 시계를 사겠다는 의미이므로, 5달러를 깎아 주겠다는 말로 바꿔 쓸 수 없다.

09 |해설| 여자는 빨간색 시계가 거의 새것이어서 가격을 깎아 줄 수 없다고 말한다. 그래서 소년은 파란색 시계를 사기로 결정한다.

10 |해설| 주어진 단어들을 바르게 배열하면 She wants her kids not to run around.이므로 5번째로 오는 단어는 not이다.

11 |해석| ① 그 경기장은 2000년에 지어졌다.

② 네 자전거는 어제 도난당했니?

③ 그의 새 앨범은 지난주에 발매되었다.

④ 그 화분은 Jim에 의해 깨지지 않았다.

⑤ 그 연구는 다음 달에 끝마쳐질 것이다.

|해설| ④ 수동태의 부정문은 「be동사+not+과거분사」 형태로 쓰므로 wasn't broken이 알맞다.

12 |해석| Emily는 오늘 아침에 이 쿠키들을 구웠다.

→ 이 쿠키들은 오늘 아침에 Emily에 의해서 구워졌다.

|해설| 능동태의 목적어가 주어로 쓰였으므로 수동태 문장으로 바꿔 쓴다. 수동태 문장에서 동사는 「be동사+과거분사」 형태이며, 주어가 복수이고 시제가 과거이므로 be동사를 were로 쓰는 것에 주의한다.

13 |해석| 어법상 올바른 문장의 개수는?

ⓐ 그 경찰은 도둑을 잡았다.

ⓑ 모든 사람들은 파티에 초대될 것이다.

ⓒ 그 치과 의사는 나에게 단것을 먹지 말라고 조언했다.

ⓓ 이 선생님은 우리가 일주일 동안 이곳에 머무르는 것을 허락했다.

ⓔ 그녀는 자신의 아들에게 먹기 전에 손을 씻으라고 말했다.

|해설| ⓐ 주어가 행위를 하는 주체이므로 능동태로 써야 한다. (was caught → caught)

ⓓ allow는 목적격 보어로 to부정사를 쓰는 동사이다. (staying → to stay)

14 |해석| 그 정비공은 차를 수리해야 한다.

|해설| 조동사가 있는 문장의 수동태는 「조동사+be동사+과거분사+by+행위자」의 형태로 나타낸다.

15 |해석| A: Mark, 뭐하는 중이니?

B: 시계를 고치는 중이야. 이것은 어제 나의 개에 의해 고장났어.

A: 혼자 그것을 고칠 수 있니?

B: 물론이지. 나는 물건 고치는 것을 잘해.

|해설| ⓑ의 주어 It이 the clock을 가리키며 '고장 나게 된' 것이므로 수동태(be동사+과거분사)로 써야 한다.

16 |해설| 주어진 문장은 '올해의 환경의 날은 업사이클링에 관한 것이다'라는 내용이므로, 환경의 날(that day)과 upcycling의 의미에 대해 언급한 문장 앞인 ①이 알맞다.

17 |해석| ① 이해하다 ② 창조하다 ③ 결합(물) ④ 환경 ⑤ 낡은, 오래된

|해설| ⓑ upcycling의 의미를 설명하는 말이 이어서 나오므로 '설명하다'라는 뜻의 explain이 알맞다.

18 |해설| ⓐ 환경의 날을 위한 Brown 선생님의 아이디어는 무엇인가?

ⓑ 'upgrade'와 'recycling'으로 어떤 단어가 만들어졌는가?

→ (단어) 'upcycling'이 'upgrade'와 'recycling'으로 만들어졌다.

ⓒ 업사이클링의 흔한 예시들은 무엇인가?

19 |해석| ① 평화로운 ② 플라스틱 ③ 업사이클링 ④ 전통 ⑤ 이해하다

|해설| 'trash'와 'fashion'이 합해진 'trashion'과 같이 두 단어가 결합된 단어는 'upgrade'와 'recycling'이 합해진 'upcycling'이다.

20 |해설| ⓑ 목적을 나타내는 to부정사 형태가 알맞다. (→ to make)

ⓒ want는 to부정사를 목적격 보어로 쓴다. (→ to become)

21 |해설| 문맥상 오래된 물건들로 만든 '악기'를 소규모 음악회에서 연주할 계획이라는 내용이므로 instruments가 알맞다.

22 |해석| ① Q: 'trashion'의 의미는 무엇인가?

A: 'trash'와 'fashion'의 결합이다.

② Q: Pei의 그룹은 옷을 만들기 위해서 무엇을 할 것인가?

A: 그들은 옷을 만들기 위해 쓰레기를 사용할 것이다.

③ Q: Brown 선생님은 Pei의 그룹의 아이디어에 대해 어떻게 생각하는가?

A: 그는 그 아이디어가 약간 지루하다고 생각한다.

④ Q: Eric의 그룹은 무엇을 할 예정인가?

A: 그들은 낡은 물건들로 악기를 만들 예정이다.

⑤ Q: Eric의 그룹은 고무줄로 무엇을 만들 것인가?

A: 그들은 기타를 만들 것이다.

|해설| Brown 선생님은 Pei의 그룹의 아이디어를 듣고 재미있을 것 같다고 했으므로 ③은 내용과 일치하지 않는다.

23 |해설| 수동태는 「be동사+과거분사+by+행위자」의 형태이므로, 주어진 우리말을 영어로 옮기면 This was made by Hajun.이 된다.

24 |해설| ⓐ는 하준이가 만든 가방을, ⓑ는 수미의 그룹이 만들 더 많은 가방을 가리킨다.

25 |해설| 4번째 그림으로 보아 어깨 끈을 바느질하여 붙이는 것이므로 ④는 remove(제거하다)가 아니라 sew(꿰매다, 바느질하다)가 알맞다.

특급기출

기출예상문제집
중학 영어 **2-1** 중간고사 윤정미

정답 및 해설